中国社会科学院 学者文选

张守一集

中国社会科学院科研局组织编选

中国社会科学出版社

图书在版编目(CIP)数据

张守一集／中国社会科学院科研局组织编选. —北京：中国社会科学出版社，2008.6（2018.8 重印）
（中国社会科学院学者文选）
ISBN 978-7-5004-6554-6

Ⅰ. ①张… Ⅱ. ①中… Ⅲ. ①张守——文集②经济—文集 Ⅳ. ①F-53

中国版本图书馆 CIP 数据核字（2008）第 070129 号

出 版 人	赵剑英
责任编辑	易小放
责任校对	李　莉
责任印制	郝美娜

出　　版	中国社会科学出版社
社　　址	北京鼓楼西大街甲 158 号
邮　　编	100720
网　　址	http://www.csspw.cn
发 行 部	010-84083685
门 市 部	010-84029450
经　　销	新华书店及其他书店
印刷装订	北京市十月印刷有限公司
版　　次	2008 年 6 月第 1 版
印　　次	2018 年 8 月第 2 次印刷
开　　本	880×1230　1/32
印　　张	16
字　　数	383 千字
定　　价	99.00 元

凡购买中国社会科学出版社图书，如有质量问题请与本社营销中心联系调换
电话：010-84083683
版权所有　侵权必究

出版说明

一、《中国社会科学院学者文选》是根据李铁映院长的倡议和院务会议的决定，由科研局组织编选的大型学术性丛书。它的出版，旨在积累本院学者的重要学术成果，展示他们具有代表性的学术成就。

二、《文选》的作者都是中国社会科学院具有正高级专业技术职称的资深专家、学者。他们在长期的学术生涯中，对于人文社会科学的发展做出了贡献。

三、《文选》中所收学术论文，以作者在社科院工作期间的作品为主，同时也兼顾了作者在院外工作期间的代表作；对少数在建国前成名的学者，文章选收的时间范围更宽。

中国社会科学院
科研局
1999 年 11 月 14 日

目 录

序 …………………………………………………………（1）

第一编 宏观经济学

双重模式及其转变 ……………………………………（3）
社会需求与增长方式转变 ……………………………（16）
宏观经济间接调控的理论模型 ………………………（35）
软预算约束及其后果 …………………………………（49）
国有企业、银行系统与居民之间的资金循环 ………（60）
非均衡再生产理论与模型 ……………………………（75）
就业、消费与投资的非均衡分析 ……………………（86）
论经济对策、非均衡、非线性与经济周期的一致性 …（99）
经济周期产生的原因 …………………………………（110）

第二编 数量经济学

向社会主义市场经济过渡时期的数量经济学 ………（123）
传统经济学与数量经济学的融合 ……………………（135）
积累与消费比例及其优化 ……………………………（150）

在我国应用经济计量方法的问题 …………………… (175)
时间序列生产函数 …………………………………… (193)
横截面生产函数 ……………………………………… (205)
居民收入的数量分析 ………………………………… (220)
投入产出扩展模型 …………………………………… (233)
投入产出动态模型 …………………………………… (252)
产业结构的变动因素 ………………………………… (281)

第三编　知识经济学

知识经济要义 ………………………………………… (319)
知识经济的特征 ……………………………………… (350)
知识经济与两个转变 ………………………………… (360)
知识经济与产业结构 ………………………………… (387)
知识经济与可持续发展 ……………………………… (414)
知识产品的使用价值与价值 ………………………… (433)
知识经济的发展战略、管理与政策 …………………… (459)

主要论著目录 ………………………………………… (483)
作者年表 ……………………………………………… (491)

序

一

从 1961 年在《光明日报》上发表《谈谈计划工作对统计的要求》短文开始，到 2006 年写出《大力开展博弈论与实验经济学的研究》为止，在长达 45 年的时间中，我出版了专著六部；合著的著作有四部；主编与合编著作共 21 部；大约撰写了 200 篇文章，其中大部分是自己写的，小部分是与别人合写的，还有一部分没有发表。

在文集的整理过程中，我遵循了三条原则：一是政治原则，与党的路线、方针、政策保持一致，始终坚持马克思主义的基本原理，拥护改革开放；二是创新原则，文集的论文是按照这条原则挑选的；三是论文要符合文集的内在逻辑。

二

文集收集的 26 篇论文，分为宏观经济学、数量经济学与知识经济学三编。

第一编包括九篇论文，分为四组。

第一组只有两篇论文。所谓双重模式，是指经济体制模式与经济发展模式，它们都有新旧两种，总共有四种模式。有人对旧的双重模式持否认一切的态度，把它们说得一无是处。我不赞成这种看法。我认为，新中国成立后，从苏联和解放区搬来双重模式，有客观必然性，双重模式也发挥过有益的作用。随着国际关系的变化和生产力水平的提高，我国改革经济体制，转变经济发展方式，是适应时代要求的举措，取得了巨大的成功。在研究经济发展方式转变时，人们只重视供给因素，我强调了社会需求对它的意义，推动了这方面的研究。特别是我利用一项研究成果的数字，将1978—1995年的GDP分成了粗放型与集约型两列，以投资与消费作为解释变量，拟合出两个方程。在粗放型GDP方程中，消费的参数值仅为0.4201，而在集约型GDP方程中，这个参数值高达0.7887，充分说明我国经济增长方式的转变已经成为一项十分紧迫的任务。

第二组包括两篇论文。买方市场的出现，表明我国经济类型发生了变化，对经济运行的管理应从直接控制转变为间接调控。我以马克思主义再生产理论为指导，利用两大部类模型，对经济增长率进行了调控，达到了预期的目的。匈牙利经济学家科尔奈认为，国有经济是软预算约束。为了检验这种理论，我研制了一个包含12个方程的模型，估出的参数表明，确实存在这种现象，它使居民收入增长过快，引起了通货膨胀，在"收入赶物价"的压力下，居民收入增长更快。强烈的需求要求大幅度增加投资，这又引起贷款与货币发行的过快增长。我还提出了软硬结合、缺口互补的新非均衡理论的设想。

第三组只有一篇论文，即《国有企业、银行系统与居民之间的资金循环》。当时股市刚刚起步，规模很小，居民存款大幅度增加，稳拿利息，政府承担全部风险。我主张加快以股份制为主要内容的产权改革，变间接融资为直接融资，妥善处理"企业办社会"的问题，并对居民存款是不是"笼中虎"的问题发表了意见。

第四组的论文最多，共有四篇。研究表明，无论计划经济还是市场经济，都是非均衡系统，一般均衡是特例，非均衡是常态。马克思的再生产公式是均衡的，为了使它符合实际经济情况，将它变成了非均衡模型。1996年，我发表了论文《就业、消费与投资的非均衡分析》，除讨论工资与劳动生产率概念外，还讨论了收入与消费、储蓄与投资的关系。经济系统的非均衡是各个经济主体（局中人）博弈的结果。经过长期思考，1992年我提出了理论经济学的一个假说，即经济博弈是因，非均衡是果，非线性、非稳定和经济周期是三种表现形式，《论经济对策、非均衡、非线性与经济周期的一致性》和《经济周期产生的原因》两篇论文讨论了这个假说，如果这个观点能够成立，就为现代经济学的研究开辟了广阔的空间。

第二编是数量经济学，收集了10篇论文，也分为四组。

从1979年3月成立中国数量经济学会，我就担任秘书、副理事长、理事长，到2000年为止，为它服务了21年。第一组两篇论文是我在学会年会上作的报告。第一篇论文提出了理论与方法论研究的任务，讨论了划分数量经济学发展阶段的问题。传统经济学注重定性分析，数量经济学注重定量分析，为了消除"两张皮"现象，应将它们融合起来。这种融合分为理论与应用两个层次，前者涉及劳动价值论与生产要素论，困难很大；后者可以避开理论争论，应当先行融合。

第二组选择了一篇研究经济理论的论文《积累与消费比例及其优化》，写于1983年。论文以长期居民福利基金最大作为目标函数，对优化模型进行了深入的分析，讨论了实现积累与消费最优比例的途径。

　　第三组四篇论文都与经济计量学有关。经济计量学是从西方国家引进的，当时出现了不顾中国国情、照搬西方经济理论的倾向。论文列出了我国的六大特点，指出这种技术本身不能分辨因果关系，必须以马克思主义经济理论为指导。我在《时间序列生产函数》中讨论了它的各种用途，如开展多因素分析，计算劳动与基金的弹性，分析规模效益，研究生产要素的替代，测算技术进步对经济增长的贡献率。利用1985年工业普查资料，研制了横截面生产函数，使用不同技术水平的固定资产、劳动力数据，估算了它们的参数。这是一种测算技术进步对经济发展贡献率的新方法，很有理论与实际价值。第四篇论文研究了居民收入。个别经济学家认为我国不能应用基尼系数，我用事实提出了反驳意见。

　　第四组是关于投入产出技术的三篇论文。经济系统分为实际与财金两个方面，投入产出技术局限于研究实际经济，不能满足实际工作的需要，将两方面结合起来，是一项很有意义的研究工作，为此，我撰写了《投入产出扩展模型》，基本思路是编制一张反映财金活动的辅助表，将它的合计额并入投入产出表。投入产出动态模型是静态模型的发展，由于它涉及投资及其时滞，情况十分复杂，论文除分析投资矩阵、时滞因素外，还讨论了没有时滞、时滞为一年与时滞为多年的三种动态模型。《产业结构的变动因素》是一篇向国际会议提交的论文（合著），它应用中国四张投入产出表的数据，检验了两位外国学者提出的方法，此外，还提出并应用了产品替代的成本效益、部门技术变化的本部门和其他部门成本效益、联合与部门技术变化资源效益的比较、需求拉动的产出和技术变化的产出。虽然论文发表了17年，但至今无人超过它所达到的水平。

第三编知识经济学挑选了七篇论文，分为三组。

第一组的两篇论文讨论了知识经济的一般问题。《知识经济要义》给它下的定义是，所谓知识经济，是指知识劳动者利用高新技术创造价值与财富的经济，它是由知识的经济化与经济的知识化两大趋势融合的结果。此外，该文还讨论了这种经济在军事、经济与文化方面的负面影响。我将知识经济的特征概括为32条，是至今最全面的总结。

第二组的三篇论文从不同的角度分析了知识经济的现实意义。论文《知识经济与两个转变》全面地讨论了它与经济改革、经济发展方式转变的关系，前者是体制、管理创新，属于知识经济的范畴；后者从低到高划分为四个层次。用蒸汽机代替手工劳动，用电动机、内燃机代替蒸汽机，属于工农业；而以电脑、原子能为代表的第三次，以生物工程、互联网为代表的第四次技术与产业革命，则属于知识经济。各国产业结构的演变具有共同的规律性，科技进步与社会需求是推动和拉动其演变的主要力量，这两股力量都与知识经济有关。可持续发展是人类反思传统工业化道路所取得的重要成果，1994年我国实施了《21世纪议程》，2007年又制定了应对气候变化的国家方案，这一方面是一个大国应该承担的国际义务，另一方面也是国内经济发展迫切需要采取的对策。

第三组是两篇重要的论文，一篇讨论了知识产品的使用价值与价值，指出它的价值论是马克思主义劳动价值论的继承与发展，在经济学中第一次分析了使用价值的分配问题。当投入以货币计量、产出不能进行货币计量时，就需要开展费用—效用分析。根据主要矛盾理论，一个时期只能有一个总战略，科教兴国抓住了中国当前的主要矛盾，是知识经济的发展战略。知识经济管理的本质是管理人才，知识主管的主要任务是将隐性知识转化为可以共享的显性知识。为了促进知识经济的发展,除一般政策外,还要制定企业、人力资本等各方面的政策。

三

文集具有以下六个特点:

(1) 改革与发展是我们这个时代的主旋律,从第一篇论文《双重模式及其转变》到最后一篇论文《知识经济的发展战略、管理与政策》,都是从不同的角度讨论这两大主题。经济改革属于经济学的研究对象,无人质疑;而经济发展是不是属于它的研究对象,是有争论的。在我看来,经济发展分为社会与技术两个层面,前者是经济学的研究对象,后者是自然科学的研究对象。

(2) 文集的论文不是按时间顺序而是按内在逻辑排列的,把同一时期不同内容的论文堆集在一起,显得杂乱无章,而按内在逻辑排列,内容集中,思路清晰,就像一本专著。

(3) 定性分析与定量分析的结合,是文集的又一特色。经济系统是质与量的统一,作为这个系统理论思维的成果,应该在质的分析的基础上,开展定量分析,形成完整的理论体系。

(4) 理论研究先行,将其成果模型化,利用模型开展预测,在一切可能的地方都遵循了这个"三位一体"的原则。

(5) 文集三编的划分是相对的,特别是在第一编与第二编之间,这一点表现得特别明显,例如《积累与消费比例及其优化》开始放在第一编,考虑到它使用了较多的数学,将它移到了第二编。

(6) 文集的内容主要是讨论国内经济问题,也涉及国外的经济情况。

四

在整理文集的过程中，我做了以下工作：第一，改正错别字；第二，删去重复部分；第三，个别地方有文字改动；第四，更新数据。数量经济学研究离不开数据，利用数据的根本目的是揭示经济运行的规律性。以前能说明当时情况的数据，随着时间的推移，离我们越来越远。我们关心过去，更加关心以前揭示的规律性是否发生了变化，只有增加新的数据才能回答这个问题。更新数据采用了两种方式：一是加页下注，二是在统计表中增加了新的数据。需要说明的是，对统计表中增加的数据，一般没有进行文字分析，请读者根据数据自己作出相应的判断。

五

文集的出版得到了以下同志的帮助：中国社会科学院数量经济与技术经济研究所朱长虹、中国社会科学院经济研究所朱恒鹏、天津财经大学刘保珺、江西财经大学陶立新、《冶金经济与管理》编辑部王春媛、北方工业大学李则杲等，借此机会向他们表示衷心的感谢！

欢迎读者对文集的错误、缺点提出批评、指正！

张守一
2008年2月16日

第一编
宏观经济学

双重模式及其转变

我国的双重模式是指经济发展模式和经济体制模式,由于双重模式都有新旧两种,因此涉及到四种模式。下面简略地探讨一下我国双重模式的形成及其基本特征、它们的转变。

一 双重模式的形成及其基本特征

新中国成立后,经过三年恢复,于 1953 年开始实行第一个五年计划。这个计划实事求是地分析了当时的政治、经济情况,在此基础上制定了正确的发展模式。计划规定:"采取积极的工业化的政策,即优先发展重工业的政策,其目的就是在于求得建立巩固的国防,满足人民需要和对国民经济实现社会主义改造的物质基础。"[①] 为了实现这个发展战略,安排基本建设投资 427.6 亿元(实际完成 588.47 亿元),其中工业占 58.2%,农业占 7.6%,运输、邮电占 19.2%,其他部门占 15%。在经济体制方

[①] 《中华人民共和国发展国民经济的第一个五年计划(1953—1957)》,人民出版社 1955 年版,第 15 页。

面，基本任务是完成农业、手工业和资本主义工商业的社会主义改造，建立在国营经济领导下的新型体制。1956年以前，实际上是一种计划调节与市场调节相结合的经济体制，国营经济和重点建设项目属于计划调节的范围，农业、手工业和资本主义工商业在很大程度上是由市场调节的。

1956年在基本上完成农业、手工业和资本主义工商业的社会主义改造以后，我们不顾国情，照搬苏联的双重模式，直到1978年的22年间，虽然其中有种种具体情况，但总的趋势是双重旧模式不断强化，在经济生活中起着主导作用。

旧的经济发展模式具有以下基本特征：高积累，低消费；重工业孤军突出，忽视全面发展；重速度，轻效益；重数量，轻质量；大起大落，浪费惊人；重体力劳动，轻脑力劳动；重外延扩大再生产，轻内涵扩大再生产；闭关锁国，忽视开放。

这种发展模式的形成，既有客观原因，也有主观原因。斯大林提出的以重工业建设为中心的发展战略，经受了第二次世界大战的考验，享有崇高的威望。人口多是一种持久的压力，但这个问题至今还有争论，有人仍然坚持人多是好事的观点。抽象地讲，这种观点有一定的道理，但在我国的具体条件下，人多不是好事，而是一种压力。如果我国现在的人口不是13亿，而是六七亿甚至是两亿，那么，按人平均的资源就会比目前多一倍至数倍，我们的日子要好过得多。1840年以来，我国经常遭受外国的欺侮和侵略，1953年7月才结束朝鲜战争，因此，巩固国防始终是经济发展战略的重要目标。1943年，我国生铁的最高产量不过180多万吨，钢不过90多万吨，几乎没有机器制造业，不能生产汽车和飞机等等。面对这种情况，适当地优先发展重工业是必要的，因为有了重工业，既能巩固国防，保持经济独立，又能对整个国民经济进行技术改造。但是，片面发展重工业，以牺牲农业、轻工业和其他部门，以牺牲人民生活为代价来优先发展重工业，就会引起一系列难以克服的矛盾，使国民经济陷入严重比例失调的困境。

从主观方面来说，最大的失误是把发展生产力的艰巨任务放在一边，连续不断地搞政治运动。在指导思想上急于求成，在"大干快上"的口号下不顾国情国力，盲目冒进。如前所述，把巩固国防作为发展战略目标之一是正确的，但发展模式是一个多目标系统，不断提高全体人民的物质和文化生活水平是一个重要的目标，但过去我们常常忽视这个目标，把它放在可有可无的地位。例如全民所有制单位职工的实际平均工资，"一五"时期年平均增长5.4%，"二五"时期下降5.4%，"三五"时期下降1.2%，"四五"时期下降0.1%，这在世界上是罕见的。这种不把提高人民生活水平作为目标的旧发展模式，对广大群众没有什么吸引力。

在旧发展模式不断强化的同时，旧经济体制模式也在日益强化，其基本特征可以概括为：决策高度集中，各级地方政府没有发挥应有的作用；强调"一大二公"，鼓吹"穷过渡"，看不到多种所有制形式存在的必要性和重要性；指令性计划包揽一切，排斥市场机制；从中央到地方实行条条管理，自成系统，造成条块分割；政企职责不分，企业缺乏应有的自主权；层层吃"大锅饭"，存在严重的平均主义；等等。这种僵化和封闭的模式，严重地压抑了各级干部、企业和职工的积极性、主动性、创造性，使本来应该生机盎然的社会主义经济在很大程度上失去了活力。如前所述，这种模式基本上是从苏联学来的。苏联从20世纪50年代后期开始就在改革经济体制，但我们作出了错误的判断，把越来越不适应生产力发展的旧模式，视为神圣不可侵犯的东西，没有及时地进行经济体制改革，使社会主义优越性没有得到应有的发挥。

综上所述可以看出，虽然双重旧模式在历史上起过积极的作用，但它们在很大程度上不适合我国的国情和新的历史条件，需要进行相应的改革。

二 双重模式的转变

党的十一届三中全会标志着我国双重模式的转变。邓小平在这次会上的讲话中指出，"中央提出了把全党工作的重心转到实现四个现代化上来的根本指导方针"；"现在我国的经济管理体制权力过于集中，应该有计划地大胆下放，否则不利于充分发挥国家、地方、企业和劳动者个人四个方面的积极性，也不利于实行现代化的经济管理和提高劳动生产率"；"革命是在物质利益的基础上产生的，如果只讲牺牲精神，不讲物质利益，那就是唯心论"[①]。这些意见是我国双重模式转变的基本指导思想。

可以将新的经济发展模式概括为：真正从我国实际情况出发，走改革开放的新路子。为了实现这个新模式，必须认真贯彻执行以下方针：加快农业的发展，调整工业比例和重工业服务方向，加强能源和运输邮电业的建设，通过技术改造发挥现有企业的作用，对企业进行全面整顿和必要改组，讲究生财、聚财、用财之道，坚持对外开放政策，统筹安排生产建设和人民生活。这几年来我们在这些方面都取得了很大的成绩。例如，积累率已经从1978年的36.5%下降到1984年的31.2%。[②] 在此期间，农民人均纯收入增长了164.9%，年平均递增17.6%。每个职工每年用于生活费的收入，在扣除价格上涨因素后，增长了60.4%，年平均递

---

① 邓小平：《解放思想，实事求是，团结一致向前看》，载《邓小平文选》第2卷，人民出版社1994年版，第140、145、146页。

② 投资率从2000年的35.3%上升到了2005年的42.6%，很不正常。

增8.2%。住宅投资占全部基本建设投资的比重,"三五"时期仅为4%,1981年和1982年上升到25.1%,1984年仍占18.1%,这里既有"还债"的性质,也是纠正社会主义生产目的所取得的结果。居民的消费方式正在从温饱型向小康型过渡。

众所周知,这几年调整投资结构对发展模式的转变起了重要的作用。在基建投资来源方面,由于扩大企业的权力,预算外投资所占的比重迅速提高,1978年占16.7%,1984年达到了45.6%,几乎等于预算内投资①。在基建投资中,1984年与1978年相比,新建项目所占的比重从60.4%下降到49.6%,而改、扩建项目所占的比重相应地从39.6%上升到50.4%;大中项目的投资比重从51.0%下降到43.7%,而小型项目的投资比重相应地从49.0%上升到56.3%。这几年基建投资的部门结构也发生了很大的变化,详见下表。

表1　　　　　基建投资的部门结构　　　　　　单位:%

部门	1978年	1984年	增减
1. 工业	54.5	46.0	-8.5
2. 建筑业	1.8	1.6	-0.2
3. 地质勘探	2.3	0.5	-1.8
4. 农林、水利、气象	10.6	5.0	-5.6
5. 运输、邮电	13.6	14.6	+1.0
6. 商业、饮食业、服务业和物资供销	3.1	4.7	+1.6
7. 科研、文教、卫生和社会福利	4.3	10.6	+6.3
8. 城市公用事业	3.1	7.7	+4.6
9. 其他	6.7	9.3	+2.6

---

① 2005年国家预算内资金只占全部投资的4.4%,而自筹和其他资金所占的比重高达74.1%。

上表的数据说明,从 1978 年到 1984 年,前四个部门基建投资所占的比重是下降的,后五个部门基建投资所占的比重是上升的,这是发展模式转变所带来的结果。

由于实行新的发展战略,国民经济出现了持续、稳定、协调发展的新局面,农、轻、重的比例比较协调,农业在国内生产总值中所占的比重从 1978 年的 27.9% 上升到 1984 年的 31.8%,工业从 47.9% 下降到 43.1%。① 第三产业发展较快,社会服务业人员从 1978 年底的 88.4 万人增加到 1984 年底的 297.5 万人②,增长了 236.5%,年平均递增 27.5%。但是,与经济发达国家相比,我国的第三产业仍然落后,需要继续大力发展。实践证明,第一、第二产业是发展第三产业的物质基础,只有第一、第二产业迅速提高劳动生产率,较快地增加个人收入,才会向第三产业提出需求,促进其持续、稳定地发展。这几年我们在内涵扩大再生产方面做了不少工作,更新改造投资在全部固定资产投资中所占的比重,已从 1978 年的 25.1% 上升到 1984 年的 37.3%。同时,在对外开放方面也取得了很大的成绩,特区、开放城市和开放地区的开辟,为进一步对外开放创造了条件。

我国在经济体制模式的转变方面取得了举世瞩目的成就。从 1979 年开始,首先在农村展开了以实行家庭联产承包责任制为中心的一系列改革,从根本上改变了束缚农业生产力发展的旧体制。党的十二届三中全会通过的《中共中央关于经济体制改革的决定》,是以城市为重点的整个经济体制改革的纲领性文件。

---

① 这是调整政策的结果,在正常情况下,第一产业的比重是下降的,2005 年为 12.6%,第二产业为 47.5%,第三产业为 39.9%。

② 2005 年底约为 2.4 亿人。

这几年我们扩大了企业的权力，发展了多种所有制经济，除利改税外，还进行了价格和工资改革。总的来说，这些改革的方向是正确的，成绩是巨大的。

我国双重模式的转变不仅具有重大的实际意义，而且具有重大的理论意义。

首先，由于解放思想，冲破"左"倾思想的束缚，使我们认识到，社会主义社会既没有统一的经济发展模式，也没有统一的经济体制模式。每个社会主义国家都要根据自己的地理、资源、民族、政治、经济、文化、传统等等特点，选择最合适的双重模式，使生产关系与生产力、上层建筑与经济基础之间保持比较协调的关系。

其次，双重模式之间是一种互相制约、互相促进的关系。一种发展模式一定存在一种相应的经济体制，后者又对前者产生巨大的影响。这说明我们对双重模式不能只改一种，不改另一种，而要同时改革两种模式。在双重模式的转变中，一种模式出了问题，会影响到另一种模式的转变。例如，从1984年第四季度到1985年上半年，经济发展过热，固定资产投资规模过大，消费基金失控，外汇储备下降，发展模式出现的这些问题，干扰了经济体制改革。只有调整发展模式，使它走上正路，才有可能继续进行体制改革。

再次，旧模式重视物的作用，轻视人的作用。由于物要人去掌握、使用，没有人的积极性，物就不能发挥应有的作用，这是旧模式下经济效益不高的一个基本原因。新模式通过改善人民生活调动人的积极性，使物质资源的利用率有所提高。但这绝不是说可以忽视物的作用。这几年我们依靠政策充分调动了亿万农民的积极性，在国家对农业投资减少的情况下，农业发展较快，原因之一在于农民利用了以前积累的物质资源。不过，这种潜力是有限的，如果不及时增加农业投资，今后农业就很难上去。除国家要适当增加农业投资外，主要依靠乡镇企业，走城市帮助农村、工业反哺农业的道路。从经济学原理来看，在条件成熟时提高农产品价格，使经营农业有利可图，提高其自我改造和自我发展的能力，才是解决问题的根本办法。①

最后，当我们实行强速政策、忽视居民需求的多样性时，要求集中决策，集中使用资源，指令性计划是达到这一目标的理想手段。当我们端正社会主义生产的目的、重视居民需求的多样性时，就需要在保持集中决策的前提下，取消指令性计划，扩大企业的权力，使企业能够根据市场的变化安排生产。从产业结构来说，直接满足居民需求的是农业、轻工业和第三产业，这些产业的发展，就使重工业有了正确的服务方向。

三　"七五"时期的双重模式

在讨论"七五"时期的双重模式时，首先要坚持改革。无论农村还是城市，虽然双重模式转变的时间不长，但已显示出强大的生命力。由于我国采取逐步改革的方针，新旧两种模式并存，现实生活中存在不少问题。解决这些问题的唯一出路，是继续坚持改革，倒退是没有出路的。

关于"七五"时期双重模式之间的关系，《中共中央关于制定国民经济和社会发展第七个五年计划的建议》明确规定，"坚持把改革放在首位，使改革和建设互相适应，相互促进"，"为了改革的顺利进行，必须合理确定经济增长率"。需要说明的

---

① 这几年对农民实行各种补贴，可以提高农民种粮的积极性，又可避免提高农产品价格所引起的连锁反应，不失为一种有效的办法。

是，合理确定经济增长率，既是为改革创造良好的经济环境，也是执行新发展战略的要求。这就是说，"七五"时期不仅要继续进行经济体制改革，还要继续执行新的发展模式。不能想象，在新经济体制基本形成之后，我们又按照旧的发展模式去实行强速政策，再次造成大起大落。实践证明，旧的发展模式具有很大的惯性，经常冒出来干扰新的发展模式，1984年第四季度到1985年上半年出现的一些问题，都表现出旧发展模式的特征。虽然中央及时采取行政措施，使这些新的不安定因素有所缓和，但旧的发展模式并未根除，略微放松行政控制，这些问题又会重新出现。看来，只有在新经济体制模式建立起来之后，才能形成与之相适应的新发展模式。

目前经济体制改革的任务，一方面是巩固、消化、补充、完善已经实行的改革，另一方面是为今后的改革作好准备。就第一项任务来说，去年出台的工资改革和价格改革，由于历史上存在的不合理现象太多，短时间内不可能全部解决。

国家机关和事业单位的新工资制度，以职务工资为主；全民所有制企业的职工工资总额，根据不同情况采取不同的办法，改革的方向是正确的，但很不完善，其中体力劳动者的收入偏高，脑力劳动者的收入偏低，就是一个突出的问题[①]。这个所谓"体脑倒挂"问题关系到社会发展的方向，值得高度重视。当代世界上兴起的新技术革命，实质上是一场智力竞争，谁重视脑力劳动，谁就上得快，上得好。但我国存在根深蒂固的小生产者思想意识，它的一个基本特征是重体力劳动，轻脑力劳动。这种狭隘的思想意识是可以克服的，苏联的经验就是证明。对于那些工资

[①] 另一个问题是简单劳动者的收入偏高，复杂劳动者的收入偏低，其性质与"体脑倒挂"问题基本相同。

总额与上缴利税挂钩的企业来说，由于价格不合理，它们的收入不能反映其经营的好坏。由于平均主义思想作怪，企业内部要根据职工贡献的大小拉大其收入的差距，也会遇到很大的阻力。

价格方面存在的问题更多，其中一种产品多种价格给经济管理造成了许多困难，给不法之徒以可乘之机，需要尽快加以解决。现在农副产品和原材料供不应求，计划价格偏低，私人出高价购买，出现了一些不正常的现象。尽管大中型企业的产品质量高、消耗低，但原材料供应不足，企业吃不饱；小企业的产品质量差、消耗高，由于出高价收购原材料，却能开足马力生产。这类问题太多，不胜枚举。在调整生产资料的价格时，计划价格也要逐步根据市场供求关系确定，也就是要向自由价格靠拢。为了防止价格轮番上涨，一方面要采取各种有力措施，提高企业对价格上涨的消化能力；另一方面要严格控制货币投放量和信贷规模，保持总需求与总供给的基本平衡。

今后经济体制改革的基本任务，是增强大中型企业的活力，完善市场体系，建立间接调控机制，并使三者互相配套。这里我想提出三个有关的理论问题作些研究。

第一，所有制是生产关系的基础，如何完善全民所有制是经济体制改革的核心问题。目前经济生活中存在的种种问题，如投资规模过大等等，都与所有制有关。另一方面，我国最终究竟形成什么样的有中国特色的经济体制模式，也离不开这个问题。许多经济学家对这个重要问题作了一些研究，主要提出了以下几种观点：（1）坚持全民所有制，企业真正自负盈亏；（2）将全民所有制改为南斯拉夫式的集体所有制；（3）将全民所有制改为混合经济，其中国家占大部分，集体和个人占小部分；（4）针对全民所有制企业的不同情况，采取不同的改革措施，例如铁路、邮电、民航、电力等部门实行国营，其他生产部门改为混合经营；（5）大型企业实行国营，中小企业采用混合所有制、承包、租赁等形式。我主张对上述观点有计划地进行试验，看究竟哪种方式适合国情，效益较好，通过对比分析选择一种方式，逐步推广，使它成为主要方式。

第二，使所有企业站在同一起跑线上，是经济体制改革的另一个重要问题。十分明显，只有在这种条件下开展竞争，才能看出企业经营的好坏，才能发挥经济核算制度的作用。这个条件是协调各方面经济利益、判断各种收入是否合理的客观标准。否则，各种经济关系扭曲，很难判断谁是谁非。这个问题包括企业外部条件和内部条件两个方面，十分复杂。外部条件涉及到行政干预、价格、土地、矿产和社会负担等等；内部条件涉及到职工、机器设备等等。解决这个问题需要一整套措施，其中增加税种、调节税率具有十分重要的意义。

第三，提高劳动生产率是当务之急。1984年与1980年相比，全民所有制独立核算工业企业全员劳动生产率年平均增长3.88%，而职工年平均工资增长5.82%。如果其他条件保持不变，工资增长速度长期超过劳动生产率增长速度，物价就会不断上涨。经济学知识告诉我们，不提高劳动生产率，而想通过提高工资来改善生活，对不能增加就业人数的家庭来说，是一种不能实现的愿望，因为提高的工资会被提高的物价所吞噬。经济学界流行一种看法，认为在我国只能是高就业、低效率、低工资。用这种看法来概括目前的情况有一定的道理，但对长远没有指导意义，因为我国具有优越的社会主义制度，而生产力水平远远不能满足十多亿人口的需求，从长远来看，客观上要求高就业，但它与低效率、低工资没有必然的联系，但低效率与低工资的联系却十分密切。提高效率，提高劳动生产率，在这个基础上提高工资，才是正路。使劳动生产率的增长速度高于或等于工资的增长速度,是保持总需求与总供给基本平衡、物价基本稳定的重要条件。因此,经济体制改革要有利于劳动生产率的提高,而且是提高的速度越快越好。企业实行一业为主、多种经营的方针,是解决人员过剩的有效办法,随着这个方针的推广,加上严格的管理,就能逐步改变高就业、低效率、低工资的局面。

"七五"时期完善经济发展模式的第一项任务,是调整产业结构。由于各产业百分比的变化很难说明产业结构是否合理,因此需要应用现代化的研究方法。例如,从最终产品出发,考虑到资源的约束,运用数量经济学方法(如以动态投入产出方程为基础的宏观经济模型),进行反复测算,可为这个问题的解决提供有科学根据的数据。第二项任务是进行技术改造。我国有几十万个工业交通企业,6000多亿元固定资产[①],这是我们实现四化的根据地。重视技术改造,实行以内涵扩大再生产为主的战略是正确的,但对不同部门和行业不能一刀切,乡镇企业和第三产业要以外延扩大再生产为主,吸收城乡劳动力就业。第三项任务是正确处理地区发展关系,促进经济布局的合理化[②]。做好开发西部的准备工作,为地区发展的战略转移创造条件,是一个十分重要的问题。我们认为,开发西部要在指导思想上来一个根本转变,即从单纯依靠中央投资转向西部与东部、中部建立广泛的横向经济联系。通过资金、物资、技术、人才的协作与联合,尽快地提高西部地区的管理水平、技术水平和经济效益。西部城市和基础设施应按现代化标准进行建设,因为它们一旦建成之后再进行改造,不仅很不合算,有时甚至是不可能的,许多国家不改造

---

① 2005年全部投资就高达8.9万亿元,交付使用率为60%,增加固定资产5.3万亿元。

② 高度重视开发沿海地区,应在广西北海与辽宁丹东之间建设高速铁路、公路,形成大中小城市群,成为人口密集的地区。

旧城，而在旧城旁边建立新城，就是这个道理。

最后，过去西部长期处于封闭状态，形成一种惰性，只有进一步放宽政策，减少行政干预，充分利用市场机制的冲击力，才能逐步克服这种惰性，开创西部地区建设的新局面。

（原载《开发研究》1986年第3期）

社会需求与增长方式转变

自从1995年党的十四届五中全会提出经济增长方式转变以来,经济学家主要从生产(供给)的角度分析了这个重大问题,我们除继续扩大与深化这方面的研究外,还需要从市场需求的角度讨论经济增长方式及其转变的问题。

一 市场需求与经济增长的理论分析

1803年萨伊在《政治经济学概论》中提出了"供给自动创造需求"的理论,被称为萨伊定理。他说:"在价值被生产出来的地方,这些商品和服务将普遍找到最广泛的需求;因为购买的唯一手段,即价值,并不是在别的地方创造出来的。货币只是在这种双重交换中起到一种临时的作用,当交易结束时,总是看到,一种产物换成了另一种产物。"①

关于"产品只能用产品来支付"的看法,有正确的一面。

---

① 转引自季陶达主编《资产阶级庸俗政治经济学选辑》,商务印书馆1964年版,第115页。

产品生产出来之后，经过分配，形成各种收入，收入就是有效需求。但是，他把复杂问题简单化了。市场经济不是物物交换，而是货币交换，产品生产出来后，价值与使用价值分离，各自独立地运动，其中价值运动十分复杂，在初次分配之后，要经过很长的再分配过程，其中包括庞大的财金系统。当价值（货币）与物质产品进行交易时，经常出现供过于求或供不应求的情况，当这些情况变得严重时，就会发生经济危机。

西方经济学家之所以长期崇拜萨伊定理，是他们从这个定理中引申出市场可以使各种资源得到最优的配置和使用，无须政府干预的结论。以马歇尔、瓦尔拉斯为代表的新古典主义是这样，以卢卡斯为代表的合理预期学派也是这样。不过，西方发达国家的现实与主张放任自流的经济理论相去甚远，尤其是20世纪70年代以后，国家干预不是在削弱，而是在加强。

凯恩斯在经历了1929—1933年的大萧条后，深知社会需求对经济增长的制约作用，他主张当民间需求不足时，政府用财政赤字增加公共开支，弥补社会需求的不足。在一定时期、一定条件下，这种政策是有效的。特别应当指出的是，自从凯恩斯主义问世以来，西方发达国家研究出一套宏观经济调控理论，在长达60多年的时期内，没有发生过大萧条，虽然仍存在周期性波动，但经济繁荣的时间拉长，萧条的时间缩短，负增长的幅度明显减轻。不过，无论供给还是需求，都有数量与质量两个方面，凯恩斯主义强调问题的数量方面，不注意质量问题。社会不仅对产品的数量提出需求，而且对产品的质量要求越来越高，当出现结构性矛盾时，这个学派就显得软弱无力，而供给学派在一定程度上能解释这种现象，提出了相应的对策。

马克思用他自己创立的唯物辩证法，对生产（供给）与消费（需求）之间的关系进行了深刻的分析。他说，没有生产，就没有消费,但是,没有消费,也就没有生产,因为只有在消费中产品才成为现实的产品,消费创造出对生产的新需要,它还是生产的动力和目的。① 大量事实证明,马克思的论述是科学的,是我们研究社会需求与经济增长方式转变的指导思想。

在没有外贸的封闭经济中,一定的国内消费结构决定了对产品的需求结构,也决定了生产结构,从而决定了经济增长的内容。如果生产结构不考虑市场的制约,盲目生产,与消费不对路的产品不能实现其价值,导致资源的浪费,不是真正意义上的经济增长。在恩格尔系数超过50%的国家,经济增长必然是以农副产品和食品加工、纺织品、一般工业消费品、低水平的服务业为主体,在这个阶段,大部分资源用于维持居民的生存,投入科技的资源是很少的,科技水平很落后,没有能力生产科技含量高的产品。随着收入水平的提高,恩格尔系数下降,消费结构逐步发生变化,居民的发展需求日益增多,对收入弹性高的产品的需求增加,资源配置逐步向技术密集型、知识密集型的方向转移,经济效益上升,经济增长的质量提高,这是从发展中国家逐步向发达国家过渡的历程。

在有外贸的开放经济中,各国的企业都以利润最大化为目标,它们的生产规模不限于国内市场需求,而以世界市场需求为着眼点,国内需求对经济增长的制约力下降,但市场需求的制约作用仍然存在。例如计算机虽然是高科技产品,但产量已经在全球范围内超过需求,生产过剩,计算机大公司之间正在开展激烈的价格竞争。在开放经济中,即使国内对一种产品有很大的需求,如果国内生产价格高于进口产品的到岸价格,跨国公司也不会在国内生产,而是在成本最低的外国生产。在开放经济的条件下,国内能够生产的产品,如果价格高于进口产品的价格,消费

---

① 《马克思恩格斯选集》第2卷,人民出版社1972年版,第94页。

者将购买后者。在世界贸易组织（WTO）起作用的今天，国家用关税、配额等手段抬高进口产品的价格、限制进口数量来保护民族工业的困难是越来越大了。国内不能生产的产品，如高档消费品、技术密集型产品、知识密集型产品，消费者可以购买进口产品，市场制约不限于一个国家，而是要从全球范围的角度考虑。也就是说，在开放经济条件下，国内消费水平与结构对生产水平与结构的联系、制约作用比封闭经济小得多，一个国家经济的增长不仅取决于国内的竞争力，更加取决于国际竞争力。

以前在讨论经济增长率的变化时，把注意力集中在它与基数、技术进步之间的关系，忽视了市场需求的巨大作用。除经济没有起飞的国家外，无论发达国家还是发展中国家，市场需求对增长率起着决定性的作用。在经济起飞后的一段时间内，从事粗放型生产，由于不存在市场需求的制约，经济高速增长；当基本需求得到满足后，需求发生从重数量到重质量的变化，经济增长方式需要随之发生转变，增长率开始下降。

二 经济增长从资源约束型向市场约束型转变

将经济增长分类为资源约束型和市场约束型，是科尔奈提出的观点。前者是计划经济的基本特征，与粗放型增长是对应的；后者是市场经济的基本特征，与集约型增长是对应的。他把这两种类型的经济增长作了比较（见表1）。

"对古典资本主义企业有约束力的通常是需求约束，而对传统社会主义企业则是资源约束"。①

---

① 科尔奈：《短缺经济学》（上卷），经济科学出版社1986年中文版，第35页。笔者认为，科尔奈的观点过于绝对化，市场经济也存在资源约束。

表1　　　　　　　企业的两种纯粹类型和约束类型

约束类型	古典资本主义企业	传统社会主义企业
资源约束	很少有效	几乎总是有效，比需求约束更有限制力
需求约束	几乎总是有效，比资源约束更有限制力	很少有效
预算约束	硬	软
市场计划	自主的：在资源约束内由企业在需求约束水平上来制定	指令性的：在需求约束内由上级在资源约束水平上来规定

可以把新中国成立以来的经济增长，根据社会需求对其制约的程度，分为两个阶段。

第一个阶段是计划经济时期。旧中国是一个农业国，工业落后，新中国的经济建设是在这个烂摊子的基础上开始的。从1953年开始实行第一个五年计划，经济增长方式就是粗放型的。在第一个五年计划时期，我们在革命根据地经验的基础上向原苏联学习，建立了计划经济体制。

在这种体制下，居民，特别是城镇居民存在两个市场，一个是付费市场；一个是免费市场。后者是指机关、企业、学校等免费向本单位的职工提供各种公共消费，如吃喝、旅游（从国内到国外）、娱乐、通信、食品和用品等等；政府向城镇居民提供教育、医疗、住房等等的补贴。居民在免费市场上的需求实际很难得到满足。因为不用付费，需求与欲望难以区分。因此，在免费市场上永远是供不应求，这就是短缺经济的最基本特征。为了解决这个问题，政府采取限量凭票供给制度。在此之外，居民将由收入形成的购买力集中投向付费市场。如果把居民的免费消费和付费消费为一方，他们支付的价格为另一方，单位消费品的价格远远低于这些商品的实际价格。在需求函数中，解释变量是人均收入和价格,当收入一定时,需求量取决于价格。居民支付的价格严重偏低,必然导致过度需求。

在供给方面,国有企业的亏损由财政补贴,对这些企业来说,存在两种价格,一是市场价格;二是市场价格加上财政补贴后形成的实际价格,对企业真正有实际意义的是后面这种价格。面对这种价格,企业既不需要降低成本,也不需要增加产量,结果是社会供给不足。一方面是需求过度;一方面是供给不足,其后果是长期短缺。在卖方市场的条件下,面临的局势是有没有、有多少消费品的问题,经济增长受资源制约,不受市场需求的制约,不存在经济增长方式转变的问题。政府的主要任务是增加产量,不考虑增长方式。

第二个阶段是从资源制约型向市场制约型的过渡。从1978年开始的经济改革,标志着这个过程的起步。这个时期分为三个小阶段。

第一个小阶段是1979—1988年。这一时期开始在计划经济中引入市场机制,计划机制的作用很大,市场机制的作用很小。居民消费一方面要补偿计划经济时期的欠账,另一方面是新增加的消费。这时,虽然经济类型开始发生变化,但生产规模仍然不能满足社会需要,社会的基本矛盾是量的短缺,市场机制对经济增长方式没有起到制约作用。

第二个小阶段是1989—1996年。这一时期计划机制的作用缩小,市场机制的作用扩大,生产规模基本上能够满足社会需要,出现了社会需求制约经济增长的萌芽。

第三个小阶段是从1997年开始的。到1997年,我国国内市场供求关系发生了质的变化,量的短缺基本消失。在经济体制上,计划机制基本上退出了微观经济领域,市场机制在配置资源中的作用不断扩大,由于商品生产达到了供给充裕的水平,因而形成了买方市场。如何正确地理解买方市场呢？我认为，需要把现实需求分为三部分：一是国内有购买力的消费需求（有效需求）；二是生产发展所需要的投资需求；三是出口需求。当供给超过三种需求合计时，就会出现买方市场。

我国居民除现实需求外，还有潜在需求。他们急需一些商品，但无钱购买，最突出的事例之一是家用电器，一方面农民需要这些产品，工业又能制造；另一方面农民收入增长缓慢，无钱购买，出现了积压与短缺并存的局面。① 随着农民收入的提高，他们对家用电器的潜在需求将转变为现实需求。事例之二是住房。城镇居民的潜在住房需求很大，但房价过高，使几千万平方米住房积压。随着城镇居民收入的不断提高，并把积压住房的价格压下来，再通过开展住房抵押贷款等，就能使居民的潜在需求转变为现实的需求，不仅能把这些房子卖掉，而且还能建造更多、更好的住宅。

潜在需求不是有效需求，当供给超过现实需求时，就会出现相对过剩所造成的买方市场。但是，从动态的角度来看，潜在需求可以变成有效需求，买方市场是一个不断变化的过程。

供给的绝对过剩表现为供给不仅超过现实需求，而且超过潜在需求。在目前我国生产力水平较低的情况下，绝对过剩的产品不多，其中纺织部门的生产能力超过现实需求的25%以上，VCD的生产能力超过现实需求的3倍以上，属于这种情况。

以上是对物质经济所作的分析。人类的生存需要对物质产品的需求是有限的，对经济增长产生制约作用。人类的精神需求或发展需求是无限的。到了知识经济时期，经济增长不再受社会生存需求的制约，而是取决于知识创新能力，取决于发展需求。

---

① 为了克服这个矛盾，2007年对农村销售的电器实行财政补贴。

三 社会需求与经济增长方式转变的国际比较

社会需求与经济增长方式转变,是所有国家都要面临的问题。社会需求分为消费、投资和出口。对每个国家来说,这三类需求同时在拉动经济的增长,也同时在制约经济的发展。但对处于不同发展阶段的国家来说,三类需求的作用力度是不同的。例如,以美国为代表的西方发达国家,消费的作用力度很大;以日本为代表的一些国家,投资的作用力度很大;以韩国、泰国为代表的一些亚洲国家,出口的作用力度很大。表2的一些数据说明了这个问题。

表2　　　　　　　　GDP 的构成　　　　　　　　单位:%

	1970 年	1980 年	1990 年	2000 年	2003 年
美国:					
政府支出	18.8	17.6	17.8	83.4	86.5
个人消费	63.0	63.1	66.4		
总投资	17.8	19.9	17.2	20.5	18.0
净出口	0.4	-0.6	-1.4	-3.9	-4.5
日本:					
政府支出	7.4	9.8	9.1	72.3	74.5
个人消费	52.3	58.8	57.4		
总投资	39.0	32.2	32.8	26.3	23.9
净出口	1.3	-0.8	0.7	1.4	1.6
出口占 GDP 的比重					
美国	5.8	10.3	10.0	11.2	9.6
日本	10.8	13.7	10.8	10.8	11.8
韩国	14.1	34.0	31.0	40.8	37.9
泰国	17.4	24.1	34.2	66.8	65.6

表 2 的数据说明,美国的政府支出和个人消费占 GDP 的 80% 以上,而日本也超过 70%,1970 年美国比日本高 22.1 个百分点,2003 年高 12 个百分点。美国的政府支出高于日本,主要原因是前者的国防支出多;个人消费占 GDP 比重的差别,与民族传统和发展阶段及体制、习惯有关。美国的投资率长期偏低,2000 年以来,日本的投资率降到了比较合理的水平。

在人们的印象中,日本是一个高出口国家,实际上,它的外贸依赖程度并不高。不过,日本的总投资率比美国高得多,1970 年、1980 年和 1990 年分别比美国高 21.2、12.3 和 15.6 个百分点,说明日本是投资拉动型经济。韩国与泰国从 1970 年起,外贸依赖度就较高,后来越来越高(泰国),它们是出口型国家。1997 年这些国家发生金融危机,外贸依赖程度过高是重要原因之一。我国的情况见表 3。

表 3　　　　　　　　中国 GDP 的构成　　　　　　　　单位:%

年份	政府支出	个人消费	总投资	净出口	出口比重
1978	13.3	48.5	38.0	0.2	3.5
1980	14.5	51.4	35.2	-1.1	6.0
1985	13.1	51.3	37.8	-2.2	9.2
1990	12.3	49.0	34.7	4.0	16.3
2000	15.8	46.2	35.3	2.4	20.8
2005	14.2	38.7	42.6	5.5	34.2

表 3 的数据说明,中国是一种双拉动型经济。1980 年投资比重已经超过日本,成为我国经济增长的主要动力,但出口比重低于美国、日本、韩国、泰国,2000 年已经高于美国、日本,仍低于韩国、泰国。特别值得注意的是,我国的个人消费比重低

于日本,与它的差距在拉大。1980年低7.4个百分点,1990年低8.4个百分点。当我国绝大部分居民的消费基本上实现小康型、进入发展型之前,消费出现了"呆滞",消费在小康型惯性的作用下延伸,没有出现代表发展型的新消费热点。

表4给出了美国的居民消费结构。

综观美国30年居民消费结构的变化,可以看出:第一,耐用品所占的比重上升,其中汽车的比重下降,家具的比重上升;第二,非耐用品的比重下降,其中食品、燃料油的比重下降,衣服和鞋类的比重上升,汽油的比重基本持平;第三,服务的比重上升,其中住房、住房费用和交通的比重下降,而医疗的比重明显上升。

表4　　　　　美国个人消费结构的变化*　　　　　单位:%

支出项目 \ 年份	1960	1970	1980	1990
耐用品	9.5	10.1	10.7	13.5
其中:汽车和零件	53.1	46.6	42.4	43.6
家具和住房设备	32.7	35.1	37.5	38.9
非耐用品	43.5	39.5	35.2	32.2
其中:食品	58.0	55.4	52.2	49.1
衣服和鞋类	11.1	11.3	14.6	17.8
汽油和油类	7.5	8.8	8.4	8.1
燃料油和煤炭	4.1	2.8	1.6	1.0
服务	47.0	50.3	54.1	54.3
其中:住房	29.6	29.5	30.2	26.8
住房费用	13.8	13.0	12.6	11.4
交通	8.2	7.8	6.9	7.3
医疗服务	17.3	19.8	22.8	23.9

* 1987年美元。

如果把美国居民的消费结构分为以下四类，即吃、穿、用为一类，住房为一类，汽车和医疗为一类，旅游和其他为一类，1991年吃、穿、用占27.0%，住房占21.0%，汽车与医疗占25.2%，旅游与其他占26.8%，大致各占四分之一。[①] 美国是资本主义经济，生产结构始终是在消费结构制约下变动的，生产结构跟随消费结构的变化而变化，这是一个最重要的特征。我国的情况见表5和表6。

表5　　　　　　　我国城镇居民的消费结构　　　　　单位:%

消费项目＼年份	1957	1964	1981	1986	2005
食品	58.4	59.2	56.7	52.4	36.7
衣着	12.0	11.0	14.8	14.2	10.1
设备用品及服务	7.6	7.1	15.2	18.0	5.6
医疗保健	1.8	1.9	0.6	1.0	7.6
交通通信	2.4	1.7	1.5	1.1	12.6
娱乐教育文化服务	3.6	4.7	2.8	2.8	13.8
居住	7.7	8.6	4.3	3.5	10.2
其他	6.4	5.9	4.2	7.1	3.4

表6　　　　　　　我国农民的消费结构　　　　　单位:%

消费项目＼年份	1957	1965	1978	1986	2005
食品	65.8	68.5	67.7	56.3	36.1
衣着	13.5	10.5	12.7	9.5	6.9
居住	12.1	11.1	10.3	19.6	16.0
用品	6.9	7.2	6.6	11.5	5.2
其他*	1.7	2.7	2.7	2.7	35.8

*　医疗保健、交通通信、文教娱乐用品及服务。

---

①　2003年，吃、穿、用占13.7%，医疗占18.7%，住房占22.5%，交通通讯及文教占24.9%，其他占20.2%。

在近 50 年间，无论城镇还是农村，我国居民的恩格尔系数都在下降，城镇下降了 21.7 个百分点，农村下降了 29.7 个百分点；在城镇居民的消费中，1981—1986 年设备用品及服务的比重迅速提高，主要是家用电器的普及造成的；1986—2005 年这个比重大幅度下降，说明这些产品的拥有率已经基本饱和。在近 50 年当中，城镇居民的住房消费从 7.7% 提高到了 310.2%；医疗保健、交通通信、娱乐、教育、文化及服务的支出有较大的提高，是可喜的变化。

我们把 1996 年中国城镇居民的消费结构同样分为四类，则吃、穿、用占 71.3%，比 1991 年美国居民的同类消费高 44.3 个百分点；医疗保健和交通通信占 8.7%，比美国低 16.5 个百分点；住房占 7.7%，比美国低 13.3 个百分点；旅游和其他占 12.3%，比美国低 14.5 个百分点。虽然中美两国的社会制度不同，经济发展水平的差别很大，居民的消费习惯各异，但美国居民消费结构变化的规律对我国经济增长方式及其转变、对安排产业结构是很有参考价值的。

农民消费结构的变化除恩格尔系数下降外，近 20 年来，衣着的比重下降了 2.6 个百分点，住房下降了 3.6 个百分点，用品下降了 6.3 个百分点，而其他的比重上升了 33.1 个百分点。这说明农村居民像城镇居民一样，物质消费的比重在下降，精神消费的比重在上升，而产业结构没有根据需求的变化及时地进行调整，生产结构与消费结构之间出现了局部扭曲，过剩与短缺并存。

各国的经济增长都存在周期波动，虽然每个短周期的原因不尽相同，但根据熊彼特的创新理论，长周期与技术创新周期是一致的。我认为，发达国家的研究与开发投资同 GDP 的增长率呈相反变动的特征，在经济高涨时期，研究与开发投资增长率并不随着 GDP 的高增长率而提高，而是下降。因为这时的劳动力能够充分就业，收入与消费增长较快，企业为了现实利润最大化，最直接、最有效的途径是扩大生产规模，采取以数量取胜的方式，不把产品更新与技术创新作为重点。在经济萧条时期，失业率上升，收入和消费增长缓慢，甚至下降，企业之间竞争激烈，许多企业破产，资本家把资产出售后，将资本转移到有需求的部门。更多的企业是增加研究与开发投资，加快产品与技术的更新，降低成本，开展以产品质量为中心的竞争，依靠质量求生存，依靠质量求发展。由此可见，在西方发达国家，经济增长方式的转变出现在萧条之中和萧条之后。经过一个周期，产业结构得到调整，产品与技术上了一个新的台阶，经济运行进入一个新的阶段。由此可以得出结论：从长期来看，生产过剩危机和企业破产的收益大于损失。

我国的情况不同，当经济运行处于谷底时，许多国有企业停产或半停产，但它们很少更新产品，推进技术进步；一旦经济运行进入恢复，特别是进入繁荣阶段后，许多国有企业又将原有的设备和员工投入生产，生产原有的产品，产品结构与产业结构的变化很小，技术进步很慢，这是经济增长方式转变缓慢的重要原因。

四 社会需求与经济增长方式转变的实证分析

上面我们已经指出，我国经济增长方式转变存在许多不利因素（反作用力），如粗放型经济增长观念的惰性、长期的就业压力、落后的干部考核制度等等，同时也存在促进增长方式转变的客观压力（作用力），如市场竞争的加剧、人均自然资源有限、环境污染严重等等。在这些作用力与反作用力的较量中，市场需求是促进经济增长方式转变的最大力量，因为粗放型生产的产品没有市场，卖不出去，厂商为了生存与发展，迫使它们从粗放型转变为集约型生产。

为了说明社会需求对经济增长方式转变的制约作用,需要研究我国社会需求及其变化的规律性。1978—2005年我国社会需求的变化见表7。

从表7的消费率一列来看,在1978—1990年期间,消费率均在60%以上。另据1982年《中国统计年鉴》,1978—1982年消费率呈上升趋势,1982年达到了68.7%,在此以后出现下降。1992年是转折点,消费率再没有超过60%(2000年除外)。

表7所说的消费率,包括个人消费与社会消费,其中个人消费是最基本的。如果不考虑资金来源,社会消费基本上都是个人消费;如果把个人消费看成是社会生产的目的,那么投资仅仅是实现这个目的的手段,国家、企业与个人之所以要进行投资,归根结底是为了满足个人消费。换言之,个人消费是决定投资规模、投资率和投资方向的最基本的因素。

表7　　　　　　社会需求的变化　　　　　　单位:%

年份	GDP增长率	消费率	投资率
1978	11.7	61.8	38.0
1980	7.8	65.9	35.2
1985	13.5	64.4	37.8
1990	3.8	61.3	34.7
1995	10.5	59.0	40.3
2000	8.9	62.3	35.3
2005	10.2	51.9	42.6

1980—2005年,按当年价格计算,我国的消费率从65.9%下降到了51.9%,比世界处于同等收入水平的国家低20个百分点以上。消费的不足,直接影响了市场需求,使得我国经济进入了高增长、

低消费的状态,依靠投资、出口拉动,不是长久之计。

在微观经济活动中,商品出售以前,经济效益都是潜在的,只有商品满足市场需求,出售以后,潜在的效益才能变成现实的效益。微观和宏观经济效益偏低,这既有产销不对路的原因,也有市场增长缓慢的原因。在以销定产的情况下,库存仍然不断增加。

1997年进行的一项调查说明,我国经济增长受国内外市场的制约已经到了十分严重的地步,表8是通过对企业家进行问卷调查的结果。

表8　　　　　经济增长受市场制约的情况　　　　单位:%

	国内		国外	
	不利	有利	不利	有利
平均	70.3	29.6	62.3	37.6
东部	71.7	28.3	62.6	37.4
中部	70.0	30.0	63.6	36.4
西部	73.0	27.0	66.2	33.8
国有	74.4	25.6	67.7	32.3
集体	66.4	33.6	55.8	44.2
其他	61.2	38.8	55.1	44.9
大型	76.1	23.9	63.8	36.2
中型	70.9	29.1	63.9	36.1
小型	69.2	30.8	62.2	37.8

表8中的不利和有利,是指市场对产品销售的制约情况。上面的数据说明,除了少数例外,经济增长受社会需求(市场)的制约存在明显的规律性,从地区来看,东部较轻,中部次之,西部比较严重。从所有制来看,包括三资企业在内的其他经济成分较轻,集体企业次之,国有企业比较严重。从规模来看,小型企业较轻,中型企业次之,大型企业比较严重。企业发展受市场

制约最轻的达到了55%,最严重的超过了76%。这充分说明,从社会需求对经济增长的制约来看,经济增长方式的转变已经到了刻不容缓的地步。

五 社会需求与经济增长方式的计量和预测分析

(一) 计量分析 (1978—1995 年)

假定综合要素生产率（R）的贡献份额是集约型生产成果,而资本与劳动数量投入的贡献份额是粗放型生产成果。

$R*GDP = JGDP$（集约型生产的产值）[①],解释变量为投资和消费;$GDP - JGDP = CGDP$（粗放型生产的产值）,解释变量相同。

通过这两个方程的估计,可以得到消费、投资的弹性系数。当这些系数增加1%时,表示它们分别对CGDP、JGDP的贡献率;当这些系数减少1%时,表示它们分别对CGDP、JGDP的制约力。

利用1978—1995年的样本,拟合出如下两个方程:

粗放型增长方程:

$CGDP = -337.9649 + 0.4792 *$ 投资 $+ 0.4201 *$ 消费
$\quad\quad\quad (-0.1486)\quad (0.4742)\quad\quad (0.6402)$
$R^2 = 0.7552 \quad\quad DW = 1.7525$

集约型增长方程:

$JGDP = -367.37 + 0.4651 *$ 投资 $+ 0.7887 *$ 消费
$\quad\quad\quad (-0.1486)\, (0.4742)\quad\quad (0.6412)$
$R^2 = 0.8594 \quad\quad DW = 1.5529$

---

① R的数字取自一项研究成果。

在粗放型增长方程中，投资弹性系数为 0.4792，比集约型增长方程中的 0.4651 大 3.0%；而消费弹性系数为 0.4201，比集约型增长方程的 0.7887 小 46.7%。换言之，在粗放型增长的情况下，消费增长 1%，GDP 仅能增长 0.42%；而在集约型增长的情况下，消费增长 1%，GDP 可以增长 0.79%，比前者高 88%。反过来说，在粗放型增长中，当 GDP 增长 1% 时，消费者只需要其中的 0.42%；而在集约型增长中，当 GDP 增长 1% 时，消费者需要其中的 0.79%。这就是说，粗放型生产越来越不能满足居民的消费，其结果只能依靠投资与出口来拉动经济增长。

(二) 预测分析 (1996—2050 年)

无论粗放型还是集约型生产，都要以满足市场需求为前提，凡是满足这个前提的产品、企业、产业，都能得到较快的发展，否则，就会出现积压与短缺并存的局面。因此，在预测经济增长方式的转变时，一定要以市场需求的变化规律为依据。如上所述，在各种需求中，居民消费起决定性的作用，因此，把握居民消费变化的规律，对搞好经济增长方式的转变具有特别重要的意义。

1997 年，中国社会科学院数量经济与技术经济研究所研制了一个长期预测模型，对 1996—2050 年的消费结构作出了预测（详见表 9）。

长期预测不要求十分准确，但要求变化趋势基本正确。在预测中，一方面考虑了发达国家消费结构变化的趋势，一方面考虑了我国的国情。未来居民消费结构变化的突出特点是恩格尔系数下降，这是正确的。从 1998 年取消福利分房，逐步实现居者有其房，在居民消费支出中，住房的比重在 2010 年以前会迅速上升。不过，文教娱乐的比重上升过快，而医疗保健的比重上升过慢，是需要重新考虑的问题。

表9　　　　　　　未来居民消费结构预测　　　　　单位:%

年份	饮食	衣着	医疗保健	文教娱乐	家庭设备用品	住房	水电燃料	交通通信
城镇居民								
1995	49.9	13.5	3.1	8.8	12.7	2.9	4.2	4.8
2000	41.0	12.0	4.0	10.0	11.0	10.0	5.0	7.0
2010	30.0	10.0	6.0	11.0	10.0	20.0	5.0	8.0
2030	26.0	8.0	7.0	12.0	7.0	24.0	5.0	11.0
2050	24.0	8.0	8.0	13.0	7.0	25.0	4.0	11.0
农村居民								
1995	58.6	6.9	3.2	7.8	7.0	13.9	*	2.6
2000	54.0	7.0	4.0	8.5	8.0	12.0	3.0	3.5
2010	42.0	9.0	5.0	10.0	10.0	13.0	5.0	6.0
2030	30.0	8.0	7.0	12.0	10.0	19.0	5.0	9.0
2050	25.0	8.0	8.0	13.0	10.0	22.0	4.0	10.0

注：*住房与燃料合并为一项。

六　政策建议

这里所说的政策，除政府政策外，还包括其他政策，其目标是促进各种市场需求的增加，增加供给的政策不在考虑之列。

1. 目前经济政策的双重任务。我国有10多亿人口，潜在需求巨大。目前，城市与富裕农村居民的基本生存需求已经得到满足，对粗放型生产开始发挥制约作用，而城乡不大富裕和贫困居民，基本需求还没有得到满足。因此，目前我国的经济政策具有双重任务：一是促进经济增长方式的转变，满足富裕居民的需求；二是努力开发市场，使粗放型生产满足不富裕居民的需求，充分发挥这部分生产能力的作用。

2. 从中美消费结构的比较来看，需要改善我国居民的吃、穿、用，拓宽居民需求的范围，除物质消费外，还要搞好环境保护和生态平衡，增加精神产品的供给，以生活质量作为衡量居民消费的最重要的指标。

3. 增加对农业的投入，使农业走上稳产、高产、高效和产业化的道路，开发农村市场，同时大力发展乡镇企业，吸收农民就业，增加他们的收入与需求。如果农民的消费能够达到非农民的水平，他们的消费额可以成倍增长。

4. 调整财政政策，实施累进所得税，开征遗产税，增加财政转移支付。这不仅有利于社会的稳定，而且能促进需求的增长。实践表明，随着收入水平的提高，需求的收入弹性呈下降的趋势，增加不富裕居民的收入，可以提高需求的收入弹性，扩大市场容量。

5. 逐步降低存款利率，使消费效用至少等于储蓄效用，促进国内需求的增长；相应地降低贷款利率，使厂商降低筹资成本，促进经济增长方式的转变。

6. 及时调整汇率，继续实行退税政策，鼓励出口，拉动经济的增长，对短缺产品的出口实行征税政策。

7. 住宅建设是我国的支柱产业之一，大力发展住宅建设，降低住宅价格，修订建筑业的规章制度，提高建筑标准，不仅要实现居者有其房，而且要使居者拥有安全、舒适的住房，为家庭实现电气化、信息化、知识化创造条件。

8. 大力发展国内外旅游业。

[原载刘国光主编《经济增长方式转变的综合研究》（上），广东人民出版社2001年版]

宏观经济间接调控的理论模型

我国经济体制改革的中心内容之一,是国家对企业的管理逐步由直接调控为主转向间接调控为主。这种间接调控究竟以什么经济理论为指导,如何建立社会生产两大部类模型,如何利用这种模型进行宏观经济调控,都是迫切需要研究的问题,本文就这些问题作些初步探索。

一 宏观经济间接调控要以马克思主义为指导

在西方经济理论中,凯恩斯主义关于宏观经济调控有一套比较完整的理论,但它不完全符合我国的国情,不能照搬过来。

关于总供给与总需求,凯恩斯主义者以充分就业、物价稳定和国际收支平衡为主要目标,涉及到收入、储蓄、投资、税收、政府消费、居民消费、货币供求、利率、国际收支和汇率等等,内容很多,其简化图式如图1。

在图1中,PV代表居民消费,其函数为$PV = PV(Y)$,式中,Y为收入;I代表投资,其函数为$I = I(r)$;r为利率;G为政府支出,是外生变量;IM为进口,解释变量为国内收入;EX

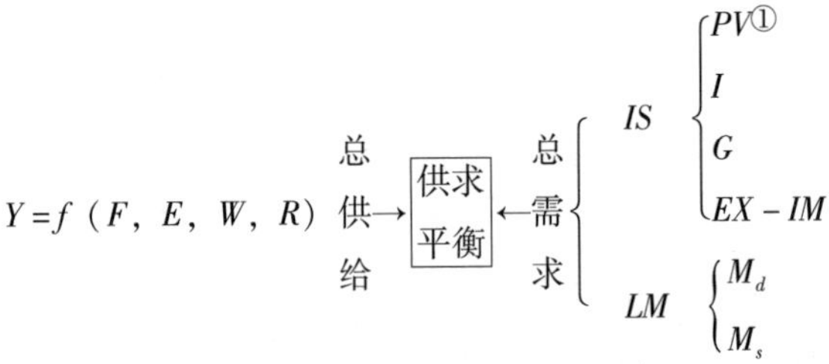

$$Y=f\ (F,\ E,\ W,\ R) \leftarrow \substack{总\\供\\给} \rightarrow \boxed{\substack{供求\\平衡}} \leftarrow \substack{总\\需\\求} \begin{cases} IS \begin{cases} PV① \\ I \\ G \\ EX-IM \end{cases} \\ LM \begin{cases} M_d \\ M_s \end{cases} \end{cases}$$

图 1

为出口，是外生变量；S 代表储蓄，其函数为 $S=S\ (Y)$。均衡条件是：$S\ (Y)\ =I\ (r)$。货币需求分为交易需求和投机需求，前者为收入水平的正函数，即 $m_i=i\ (Y)$，后者为利率的反函数，即 $m_p=P\ (r)$，因此货币需求 $M_d=i\ (Y)\ +P\ (r)$；均衡条件是：$M_d=M_s$，L 代表流动偏好，即货币需求 M_d；M 为货币供给，即 M_s。在供给方面，F 代表资本存量；E 代表工艺技术；W 代表就业劳动力；R 代表自然资源供应量，生产函数为：$Y=f\ (F,\ E,\ W,\ R)$。

众所周知，增加社会总产值和国民收入的因素是不同的，前者只有增加劳动力和提高劳动生产率两个因素，后者除这两个因素外，还有节约物质消耗这样一个重要因素。在物质消耗中，原材料消耗占绝大部分，如果在分析供求关系时不考虑中间产品，就谈不上对供给和需求进行有效的调控。

另外，按照凯恩斯的说法，完全自由竞争造成需求不足，不能充分就业，引起经济危机，要用政府干预来解决这个矛盾。马克思主义者不同意他对资本主义经济的分析，认为造成危机的根本原因是生产社会化与生产资料资本家占有制之间的矛盾。撇开这点不说，在凯恩斯的理论体系中，分析的重点放在需求方面，

---

① 为了统一本文所用的符号，我将 C 改为了 PV。

供给是被动的。我国的情况不同，我们既要研究供给，又要分析需求，两者不能偏废。造成我国供不应求的根本原因，在于对全民所有制经济缺乏有效的管理，对有购买力的需求没有严格控制。要把这种状况纠正过来，使供给略大于需求，形成卖方市场，是一项长期的任务。

综上所述，我国的宏观经济调控只能以马克思的再生产理论为指导，对这一点不能有丝毫动摇。正如列宁所说，马克思的学说所以万能，就是因为它正确。

首先，马克思的再生产理论包括社会生产的各个方面，内容极其丰富。需要说明的是，马克思的再生产公式舍象了许多因素，是抽象的数字模型，具有很大的外延扩展性，可以从各个方面对它加以具体化。马克思在《哥达纲领批判》中关于社会总产品的论述，就是对社会主义再生产公式的具体化。

其次，将社会总产值按使用价值划分为生产资料和消费资料，将社会生产划分为生产资料生产和消费资料生产，对宏观经济调控具有十分重要的意义。在现实生活中，具体产品成千上万，许多产品既可以用做生产资料，也可以用做消费资料，但按实际用途划分，一种产品只有一种用途，用做生产资料就不能用做消费资料，反之亦然。在进行宏观经济间接调控时，有时要全面扩张或紧缩需求或供给，有时要调整需求或供给的结构，有时要从这两个方面同时采取措施。这些调控都涉及产品的用途，例如减少投资，就要将原先打算用于积累的一部分产品用于消费，也就是要将一部分作为生产资料使用的产品作为消费资料使用，如果产品没有多种用途，这种做法就会遇到困难。在宏观经济调控过程中，除直接改变产品的用途外，还可以采用间接方法，这就是将原先打算用于生产资料生产的一部分产品用于消费资料的生产。但产品一旦使用后，就要按其实际用途划分为生产资料或消费资料。

再次，马克思还将两大部类产品的价值分为不变资本（C）、可变资本（V）和剩余价值（M）。我们知道，在抽象劳动创造价值的过程中，C 为转移价值，$V+M$ 为新创造的价值，即国民收入。在资本主义社会，V 代表劳动者的利益，M 代表资产阶级的利益，因此，马克思的再生产公式客观地反映了资本主义社会两大阶级对抗的事实。在社会主义条件下，由于生产关系发生了根本变化，V 与 M 之间已经不存在对抗性矛盾，但 V 代表个人利益，M 主要代表国家和集体的利益，仍然存在人民内部矛盾。宏观调控的重要内容之一，是协调各方面的经济利益，不考虑产品的价值构成，不分析 V 与 M 之间的比例关系，就可能使它变成一种盲目的行动。

最后，马克思在使用价值和价值划分的基础上，提出了两大部类之间的交换公式。在简单再生产的情况下，$I(V+M) = II C$；在扩大再生产的情况下，$I(V+M) > II C$。我认为，保持两大部类之间的顺利交换，始终是宏观经济调控的重要目标之一。如果它们之间的交换发生困难，就会对发展速度、经济效益和人民消费等产生十分不利的影响。

二 两大部类模型

上面已经说明，我国的宏观经济调控要以社会主义再生产理论为指导，现在来讨论两大部类模型问题，它包含以下原则和假设：（1）采用物资平衡核算体系，即 MPS。（2）引进乘数原理。（3）去掉社会生产一年周转一次的假设，将生产基金分为生产性固定资产和流动资产，前者 10 年周转一次，后者一年周转四次。（4）假设固定资产折旧等于更新。（5）投资分为固定资产投资和流动资产投资,假设前者的时滞为一年,即基年投资,计划年全部形成固定资产。(6)引进非生产领域的收入和消费。居民消费包括三部分:生产领域劳动者的报酬,它们的增加额和非生产领域职工的工资。(7)价格不变。(8)政府支出是指各非生产部门直接购买产品,不包括职工的工资。(9)剩余产品率为100%,并且保持不变。(10)假设库存(包括国家储备和其他库存)不变,不存在对外贸易。这个模型使用以下符号:C 为生产基金,下标1、2代表第Ⅰ、第Ⅱ部类(下同);C_1 为固定资产补偿基金;C_2 为流动资产补偿基金;I 为投资,IG_1 为固定资产投资,IC_2 为流动资产投资;V 为生产领域劳动者的报酬;ΔVU 为生产领域劳动者报酬的增加额;M 为剩余产品;G 为政府支出;NV 为非生产领域职工的工资;PV 为居民消费;Y 为国民收入(分部类代表净产值);X 为社会总产值(分部类代表总产值)。

基年产品生产:

$$4400C_1 + 1100V_1 + 1100M_1 = 6600X_1$$
$$\underline{1600C_2 + 800V_2 + 800M_2 = 3200X_2}$$
$$6000C + 1900V + 1900M = 9800X$$

两大部类剩余产品的分配如下:

$$M_1 = 1100 \begin{cases} I_1 = 400 \\ \Delta VU = 210 \\ G_1 = 147 \\ NV_1 = 343 \end{cases} \qquad M_2 = 800 \begin{cases} I_2 = 200 \\ \Delta VU = 80 \\ G_2 = 156 \\ NV_2 = 364 \end{cases}$$

需要说明的是,这里将 G、NV 划分为第Ⅰ、第Ⅱ部类,是理论分析的必要,在实际生活中,这种划分不仅十分困难,而且也没有这种必要性。

假定在补偿基金中,C_1 占25%,C_2 占75%。居民消费为:

$PV = V + \Delta VU + NV$，即

$$PV_1 = 1100V_1 + 210\Delta VU_1 + 343NV_1 = 1653$$
$$PV_2 = 800V_2 + 80\Delta VU_2 + 364NV_2 = 1244$$
$$PV = 2897$$

根据上述数字，得到基年产品的使用情况如下：

$$1100C_{11} + 3300C_{12} + 1653PV_1 + 400I_1 + 147G_1 = 6600X_1$$
$$400C_{21} + 1200C_{22} + 1244PV_2 + 200I_2 + 156G_2 = 3200X_2$$
$$1500C_1 + 4500C_2 + 2897PV + 600I + 303G = 9800X$$

这里 $PV_1 + G_1 = 1800$，这是生产资料，需要与第Ⅱ部类交换，换成消费资料，满足居民和政府的消费；$C_{21} + C_{22} + I_2 = 1800$，这是消费资料，需要与第Ⅰ部类交换，换成生产资料，满足补偿和建设的需要。两大部类需要交换的产品在数量上相等①，可以保证社会主义再生产的顺利进行。

假设在 I_1 中，基年与上一年相比，$\Delta I_1 = 65$，在 I_2 中 $\Delta I_2 = 40$；边际消费倾向 MPC（或 α）$= \dfrac{\Delta PV}{\Delta Y} = 0.7895$，边际储蓄倾向 $MPS = 1 - \alpha = 1 - 0.7895 = 0.2105$；投资乘数 X 为：

$$K = \dfrac{1}{1-\alpha} = \dfrac{1}{MPS} = \dfrac{1}{0.2105} = 4.75$$

由于

$$\Delta Y = K \cdot \Delta I$$

于是有：

$$\Delta Y_1 = 4.75 \times 65 \approx 308$$
$$\Delta Y_2 = 4.75 \times 40 = 190$$

由于 $\dfrac{M}{V} = 100\%$，所以，

---

① 品种、规格问题存而不论。

$$\Delta V_1 = 154 \qquad \Delta M_1 = 154$$
$$\Delta V_2 = 95 \qquad \Delta M_2 = 95$$

已知 $I_1 = 400$，设 $IC_{11} = 260$，投资时滞为一年。$IC_{12} = 140$，由于一年周转四次，其补偿基金为 560。$I_2 = 200$，设 $IC_{21} = 154$，$IC_{22} = 46$，其补偿基金为 184。

根据以上考虑，得到计划年的模型（模型1）：

$$\frac{\begin{array}{c}(C_{11}+IC_{11}) + (C_{12}+4IC_{12}) + (V_1+\frac{1}{2}K\cdot\Delta I_1) + (M_1+\frac{1}{2}K\cdot\Delta I_2) = X_1+\Delta X_1 \\ (C_{21}+IC_{21}) + (C_{22}+4IC_{22}) + (V_2+\frac{1}{2}K\cdot\Delta I_2) + (M_1+\frac{1}{2}K\cdot\Delta I_2) = X_2+\Delta X_2\end{array}}{(C_1+IC_1) + (C_2+4IC_2) + (V+\frac{1}{2}K\cdot\Delta I) + (M+\frac{1}{2}K\cdot\Delta I) = X+\Delta X}$$

将有关数据代入上式，得到：

$$\frac{\begin{array}{c}(1100+260) + (3300+560) + (1100+154) + (1100+154) = 7728 \\ (400+154) + (1200+184) + (800+95) + (800+95) = 3728\end{array}}{(1500+414) + (4500+744) + (1900+249) + (1900+249) = 11456}$$

即

$$\frac{\begin{array}{c}5220C_1 + 1254V_1 + 1254M_1 = 7728X_1 \\ 1938C_2 + 895V_2 + 895M_2 = 3728X_2\end{array}}{7158C + 2149V + 2149M = 11456X}$$

与基年相比，计划年主要指标的增长速度见表1。

上述四个指标增长速度之间的对比关系，是一个有争论的问题。有人主张第Ⅰ、第Ⅱ部类平行发展，甚至主张第Ⅱ部类的增长速度超过第Ⅰ部类的增长速度；也有人主张国民收入和社会总产值按同一速度增长，甚至主张国民收入的增长速度超过社会总产值的增长速度。我不同意这些观点，认为在今后相当长的一段时间内，表1所列四个指标增长速度之间的对比关系，适合我国的情况。我对这个问题已经发表过意见，不必重述。[1]但国民经济的增长速度偏高，需要加强宏观调控，把增长

---

[1] 张守一:《试论生产资料生产的优先增长》，载《经济问题探索》1981年第1期。

速度降到合理的范围,这正是下面要讨论的问题。

表 1　　　　　　　　增长速度

年份	X_1	X_2	Y	X
基年	6600	3200	3800	9800
计划年	7728	3728	4298	11456
增长速度(%)	17.1	16.5	13.1	16.9

三　利用模型调控经济增长率

宏观经济调控的目标是一个十分重要的问题,离开它就谈不上什么调控;如果目标定错了,就会越调越糟,与其调控还不如不加调控。从根本上讲,调控的目标是使国民经济沿着最优轨迹运行,使经济指标达到最优化。这里只讨论应用数学模型进行宏观经济调控,不涉及优化问题,需要从另一个角度提出调控的目标。无论从什么角度提出问题,它总是一个多目标系统,主要目标有:国民经济按比例发展(人力、物力、财力平衡),充分利用资源,经济增长率合理,经济效益高,物价稳定,较快地提高全体人民的物质和文化生活水平,保护环境与生态,等等。我们不能分别讨论每一个目标,仅围绕合理的经济增长率这个目标开展一些分析。选择它作为调控目标,一方面是为改革创造良好的经济环境,另一方面也是执行新的经济发展战略的要求。

在讨论调控经济增长率问题之前,需要先回到总需求与总供给的概念上来。前面说过,降低物质消耗是增加国民收入的因素之一。为了充分说明这个因素的作用,假定模型 1 中原材料(流动资产)消耗的下降幅度很大,例如5%,仅这个因素就使国民收入增加283，即增长6.6%，其中第Ⅰ部类增加206，第Ⅱ部类增加77，在其他条件不变的情况下，得到以下结果：

$$\frac{\begin{array}{l}1100C_{11}+3914C_{12}+1357V_1+1357M_1=7728X_1\\ 400C_{21}+1461C_{22}+934V_2+933M_2=3728X_2\end{array}}{1500C_1+5375C_2+2291V+2290M=11456X}$$

表1中，X_1增长17.1%，X_2增长16.5%，Y增长13.1%，X增长16.9%。这样高的增长速度不仅会使经济绷得太紧，容易造成比例失调，不利于经济体制改革，也不可能长期维持下去，需要加强宏观经济调控，将增长速度降下来。

控制目标是：X增长9.6%，Y增长8.0%。我国经济建设的经验说明，不管是经济发展过热引起投资膨胀，还是投资膨胀引起经济发展过热，它们之间存在密切的关系是毫无疑问的。

在谈到间接调控时，首先要弄清楚它的含义。间接调控有三层含义：第一层含义是，相对于向企业下达产量、产值等指令性计划来说，不向企业下达指令性计划，通过投资、信贷、货币投放、税收、土地供给和政府支出等来调控经济的发展。第二层含义是，通过利率、税率和汇率调节投资、信贷、税收和进出口贸易等等。对投资、信贷、税收、土地供给、政府支出和对外贸易等部分采用行政手段，部分采用"三率"，就是间接调控的第三种含义。目前我国宏观经济间接调控刚刚起步，为了与这种情况相适应，下面我们只讨论第一层含义的间接调控。

这里一方面要使两大部类顺利地交换产品，另一方面又要降低经济增长率。一个模型要同时满足这两个要求，需要对模型作出精心的安排，因为基年产品的使用有多种方案，但一旦选定一个方案，它就有很大的刚性，不容易变动。例如前面选定的方案

表 2　　　　　　　　　　　调节系数

	第 I 部类	第 II 部类	社会生产
IC_1	260	154	414
IC_1'	394	194	588
a	1.5154	1.2597	1.4203
IC_2	140	46	186
IC_2'	6	6	12
b	0.0429	0.1304	0.0645
ΔI	65	40	105
$\Delta I'$	47	17	64
d	0.7231	0.4250	0.6095

是：$I_1 = 400$，$PV_1 = 1653$，$G_1 = 147$；$I_2 = 200$，$PV_2 = 1244$，$G_2 = 156$；$PV_1 + G_1 = C_{21} + C_{22} + I_2 = 1800$。在这个方案的基础上，如果 I_1 从 400 减到 300，PV_1 或 G_1 就要增加 100，从而使 $PV_1 + G_1 = 1900$，而 C_{21} 和 C_{22} 不能动，只有使 I_2 从 200 增加到 300，两大部类才能顺利地交换产品，但第 II 部类的投资不仅没有减少，反而有所增加。同样，如果 I_2 从 200 减到 150，就要求 PV_1 或 G_1 也减少 50，C_{11} 和 C_{12} 不能动，只有使 I_1 从 400 增加到 450，两大部类才能顺利地交换产品，但第 I 部类的投资要增加 50。由此可见，在基年产品使用方案确定之后，就不能用削减投资总规模来降低增长率，这时需要采用以下两个办法：一是减少投资的增加额，通过乘数的紧缩作用，减少国民收入的增加额；二是减少流动资产投资（IC_2），相应地增加固定资产投资（IC_1），可以降低物质消耗的增加额。这两个方法要结合起来使用。

根据以上分析，可以列出新的两大部类模型（模型 2）。

宏观经济间接调控的理论模型

$$\frac{(C_{11}+a_1\cdot IC_{11})+(C_{12}+4b_1\cdot IC_{12})+(V_1+0.5K\cdot d_1\cdot \Delta I_1)+(M_1+0.5K\cdot d_1\cdot \Delta I_1)=X'_1}{(C_{21}+a_2\cdot IC_{21})+(C_{22}+4b_2\cdot IC_{22})+(V_2+0.5K\cdot d_2\cdot \Delta I_2)+(M_2+0.5K\cdot d_2\cdot \Delta I_2)=X'_2}$$
$$(C_1+a\cdot IC_1)+(C_2+4b\cdot IC_2)+(V+0.5K\cdot d\cdot \Delta I)+(M+0.5K\cdot d\cdot \Delta I)=X'$$

式中,

$$a=\frac{IC'_1}{IC_1}\qquad b=\frac{IC'_2}{IC_2}\qquad d=\frac{\Delta I'}{\Delta I}$$

我们把 a、b、d 叫做宏观经济调节系数,分母为模型 1 的符号,分子为模型 2 的符号,计算结果见表 2。

将有关数字代入模型 2,得到:

$$\frac{(1100+1.5154\times 260)+(3300+4\times 0.0429\times 140)+(1100+0.5\times 4.75\times 0.7231\times 65)\times 2=7242}{(400+1.2597\times 154)+(1200+4\times 0.1304\times 46)+(800+0.5\times 4.75\times 0.4250\times 40)\times 2=3498}$$
$$(1500+1.4203\times 414)+(4500+4\times 0.0645\times 186)+(1900+0.5\times 4.75\times 0.6095\times 105)\times 2=10740$$

即

$$\frac{4818C_1+1212V_1+1212M_1=7242X_1}{1818C_2+840V_2+840M_2=3498X_2}$$
$$6636C+2052V+2052M=10740X$$

各项指标的增长速度见表 3。

表 3   调控后的增长速度

年份	X_1	X_2	Y	X
基年	6600	3200	3800	9800
计划年	7242	3498	4104	10740
增长速度(%)	9.7	9.3	8.0	9.6

表 3 的数字说明,通过压缩投资增加额和调整投资结构,使经济增长率达到了调控目标。压缩投资增加额和调整投资结构,既可以采用行政手段,也可以采用经济手段之一的货币政策。真正的间接调控应该是中央银行通过调整法定准备金、再贴现率和买卖政府债券,控制专业银行的信贷规模,后者通过利率控制包

括投资规模在内的总需求和总供给。

经济手段的另一内容是财政政策。调控的目标仍然是降低经济增长率,但现在运用的机制是财政政策,它包括税收总额及其结构和政府支出总额及其结构,这里只讨论减少政府支出的作用。它不仅像投资一样有乘数效应,而且两者的乘数相同。乘数既有扩张作用,也有紧缩作用。这里面临的问题是降低经济增长速度,需要通过减少政府支出来实行紧缩政策,但不减税。为了使产品供求保持平衡,节省下来的资金不冻结起来,用于提高人民的消费水平。用减少政府支出降低增长率的计算方法与模型2所用的方法相同(计算过程从略)。

间接调控既包含压低经济增长率,也包含提高经济发展速度。现在来分析同时用货币政策和财政政策提高经济增长率的问题。

假定基年剩余产品按下列方式使用:

$$M_1 = 1100 \begin{cases} I_1 = 77 \begin{cases} IC_{11} = 44 \\ IC_{12} = 33 \end{cases} \\ \Delta VU_1 = 44 \\ G_1 = 294 \\ NV_1 = 685 \end{cases} \quad M_2 = 800 \begin{cases} I_2 = 21 \begin{cases} IC_{21} = 12 \\ IC_{22} = 9 \end{cases} \\ \Delta VU_2 = 24 \\ G_2 = 227 \\ NV_2 = 418 \end{cases}$$

$$\Delta I_1 = 19 \qquad\qquad \Delta I_2 = 10$$

根据基年剩余产品使用情况,得到以下方案:

$$\frac{\begin{array}{l}1144C_{11} + 3432C_{12} + 1144V_1 + 1144M_1 = 6864X_1 \\ 412C_{21} + 1236C_{22} + 824V_2 + 824M_2 = 3296X_2\end{array}}{1556C_1 + 4668C_2 + 1968V + 1968M_2 = 10160X}$$

同基年相比,第Ⅰ部类产品增长4%,第Ⅱ部类产品增长3%,社会总产值增长3.67%。这个方案的增长速度偏低,为了使它们达到前面提出的目标,不仅要增加投资,还要增加政府支出，也就是基年剩余产品要按下述方式使用：

$$M_1=1100\begin{cases}I'_1=400\begin{cases}IC'_{11}=394\\IC'_{12}=6\end{cases}\\\Delta VU'_1=112\\G'_1=316\\NV'_1=272\end{cases}\qquad M_2=800\begin{cases}I'_2=200\begin{cases}IC'_{21}=194\\IC'_{22}=6\end{cases}\\\Delta VU'_2=41\\G'_2=232\\NV'_2=327\end{cases}$$

$$\Delta I'_1=25 \qquad\qquad\qquad\qquad \Delta I'_2=12$$

新模型可以写成（模型3）：

$$(C_{11}+a_1\cdot IC_{11})+(C_{12}+4b_1\cdot IC_{12})+\{V_1+0.5K(d_1\cdot\Delta I_1+\Delta G_1)\}\times 2=X'_1$$
$$(C_{21}+a_2\cdot IC_{21})+(C_{22}+4b_2\cdot IC_{22})+\{V_2+0.5K(d_2\cdot\Delta I_2+\Delta G_2)\}\times 2=X'_2$$
$$\overline{(C_1+a\cdot IC_1)+(C_2+4b\cdot IC_2)+\{V+0.5K(d\cdot\Delta I+\Delta G)\}\times 2=X'_2}$$

式中调节参数的计算结果见表4。

将有关数字代入模型3所得到的结果与模型2相同（计算过程从略）。

表4　　　　　模型3的调节参数

	第Ⅰ部类	第Ⅱ部类	社会生产
IC_1	44	12	56
IC'_1	394	194	588
a	8.9545	16.1667	10.5
IC_2	33	9	42
IC'_2	6	6	12
b	0.1818	0.6667	0.2857
ΔI	19	10	29
$\Delta I'$	25	12	37
d	1.3158	1.2	1.2759

上面讨论的两大部类模型，仅仅是从理论上研究宏观调控问题，远远不能满足经济管理的需要。为实际管理建立的宏观经济调控模型，要比两大部类模型复杂得多，但如前所述，无论它如何复杂，总要保持两大部类之间的产品交换，使整个社会生产能够按比例发展。

（原载《数量经济技术经济研究》1986 年第 9 期）

软预算约束及其后果

科尔奈认为,国有企业存在软预算约束,这个说法符合中国的情况吗?本文对这个问题作些研究。

一 对软预算约束的理论分析

软预算约束是公有制经济的一个内容广泛、丰富的经济范畴,涉及到中央、地方、部门、企业和个人等各个方面。预算分为收入和支出。在收入方面,单位(地方、部门和企业)和个人对人力、物力、财力等资源的态度是,在"公共蛋糕"的分割中,采取各种合法和非法手段,尽可能使自己得到的那一份更大一些。在支出方面,几乎每个单位都浪费严重;我国人民崇尚节俭,个人支出方面的浪费不大。

有人认为软预算约束是一个分配范畴,这种看法有一定的片面性,事实上它与生产、分配、流通和消费都有关系。在生产中,一方面技术进步慢,成本高;另一方面产品品种少,质量差。我国经济体制改革的一个重大失误,是没有攻克经济效益不高这个痼疾,无边无际的放权让利使效益呈下降趋势。按照规定，企业收入分配的原则应该是国家得大头，企业得中头，个人得小头，实际情况是国家得到的份额越来越小，企业得到的份额越来越大。例如国有企业留利占实现利润的比重，从1978年的12.3%提高到了1988年的62.2%，上升了近50个百分点。企业留利的大部分用于乱发奖金、实物和补贴。工资总额与上缴税利的比例一般为0.7:1，实际情况相反，1985年为0.73:1，1986年为1.015:1，1987年为1.12:1，收入分配向个人严重倾斜。此外，还有"无账支出"。据估计，1987年国民收入"撒漏额"为600亿元，1988年高达1000亿元以上，其中绝大部分成了居民的"灰色收入"或"黑色收入"。上面的分析还没有考虑国家财政对企业亏损、价格、房租和其他补贴。流通企业的软预算约束有两个含义，一是指流通企业本身，它们与上面谈到的生产和分配存在类似的问题；二是生产企业在利用流通手段时存在浪费现象，如相向运输屡见不鲜，甚至运到的货物无人领取，等等。社会消费从1978年的215亿元增加到1987年的800亿元，年平均增长15.7%，比居民消费增长速度高1.7个百分点。①

在讨论我国的通货膨胀时，一种观点认为固定资产投资过多是直接的重要原因，对于治理整顿、压缩投资具有全局性的决定意义。也有观点认为通货膨胀是由消费需求和投资需求双膨胀引起的。我认为，软预算约束造成的消费需求（居民货币收入与社会消费购买力之和）增长过猛，对市场形成强大的压力，它对投资规模和投资结构具有决定性的影响。

投资结构与消费结构有着密切的关系。1978年以来，我国居民的消费结构发生了很大的变化，在社会消费品零售额中，

---

① 2005年政府消费支出达到了32.6万亿元，比2000年增长了66.1%，比居民消费增长率高11.5个百分点。

1978—1988年，食品的比重从51.8%上升到了54.2%，增加了2.4个百分点①，用品的比重从21.8%上升到了26.2%，增加了4.4个百分点。1981—1988年间，城镇居民每百户彩色电视机拥有量年平均增长84.7%，电冰箱增长99.9%，洗衣机增长41.9%。1988年同1980年相比，每百户农民电视机拥有量年平均增长73.1%。这些事实说明，改革以来居民消费需求主要集中在食品和家用电器上。它们都是退出生产、进入消费的最终产品，对生产只能起需求拉动作用，不能起生产要素和中间产品的推动作用。

由于我们被农村改革的成就所迷惑，大幅度减少了农业投资，加上农副产品与工业品的比较利益反差太大，农民减少了对农业的投入，1984年以后农业徘徊不前，1989年情况虽有好转，但没有从根本上解决问题。以家用电器为代表的大加工工业和乡镇小加工工业的高速度发展，导致投资向它们严重倾斜。1988年同1978年相比，农业在基建投资中所占的比重下降了7.7个百分点，轻工业增加了0.6个百分点，重工业下降了11.2个百分点，新建公路里程减少了61.8%，新建铁路交付营业里程减少了67.7%，沿海港口新增吞吐能力减少了47%。相对而言，工业发达，农业落后；加工工业发达，能源和原材料工业落后；生产发达，基础设施落后，产业结构扭曲的状况已经到了难以为继的地步。

出现这些情况还有以下原因：（1）以速度定政绩，各级干部表现出强烈的"速度冲动"；（2）全民所有制投资的"大锅饭"，这是造成争项目、争投资、争物资这类"持久战"的根本

---

① 改革以来，城镇居民由于享受各种补贴，恩格尔系数的下降幅度比农民慢。农民的自给性食品消费减少，造成食品零售额增加。

原因;(3)财政包干体制引导各地将投资向投资少、周期短、效益(价格)高的加工工业,不愿投向投资大、周期长、效益低的农业、基础工业和基础设施。

结构扭曲对物价的影响是十分明显的,请看下面的方程①:

$$PNI_t = 11.57 + 38.72(WS'/GNPC')_t + 8.25(I'/GNPC')_t + 42.34$$
$$(3.315)(6.556) \qquad (2.589) \qquad (8.003)$$
$$(IN'/AG')_t + 2.06D$$
$$(2.709)$$
$$R^2 = 0.9964 \qquad DW = 2.565$$

样本年份:1979—1988 年。D 表示 1985 年为 1,其余年份为 0。式中:PNI_t 为 t 年国民收入平减指数;$(WS'/GNPC')_t$ 为 t 年工资总额增长速度与国民生产总值增长速度之比;$(I'/GNPC')_t$ 为 t 年固定资产投资增长速度与国民生产总值增长速度之比;$(IN'/AG')_t$ 为 t 年工业增长速度与农业增长速度之比。

在四个解释变量中,反映结构扭曲的第三个变量(工业增长速度与农业增长速度之比)的参数值最大,在其他条件不变的条件下,(IN'/AG)每增加1%,国民收入平减指数增长0.42%以上。

由于消费需求的数量膨胀和结构变化是因,投资规模膨胀和结构扭曲是果,不解决前面的问题,只压缩投资,必然是压而不缩,投资结构还会进一步扭曲。研究证明,投资和产业结构扭曲是更严重的问题,即使不压缩投资规模,而将从加工工业抽出来的投资投向瓶颈产业,经济增长速度也会自动地降下来,因为瓶颈产业的投资大,建设周期长。因此,治理整顿应当把调整投资和产业结构放在首位。这种调整在一段时间内会减少消费品的供

---

① 计算工作是余锋同志完成的。

给，加剧供求矛盾。正确的选择应当是一方面压缩消费需求，引导消费结构；另一方面使消费需求分流。

二 关于软预算约束及其后果的经济计量模型

为了具体地研究软预算约束及其后果，我设计了一个包括12个基本方程的经济计量模型，利用改革以来的数据估计了参数。①

内生变量

PI'_t——t 年居民货币收入增长速度； CS_t——t 年社会消费；
I_t——t 年固定资产投资； ΔBG_t——t 年贷款增加额；
M_t——t 年流通中货币； AD_t——t 年社会总需求；
$GNPL_t$——t 年按上年价格计算的 GNP； PG_t——t 年国民生产总值平减指数；
PB_t——t 年社会商品零售物价指数； C_t——t 年居民消费；
ΔPC_t——t 年居民储蓄和手存现金； SB_t——t 年居民储蓄。

前定变量

$(PI'/LX)_{t-1}$——上年居民货币收入增长速度与社会劳动生产率之比；
PB_{t-1}——上年社会商品零售物价指数； M_{t-1}——上年流通中的货币；
FO_t——t 年财政支出中的行政管理费用； ΔGNP_t——t 年国民生产总值增加额；
FD_t——t 年财政赤字； GNP_t——t 年按现行价格计算的国民生产总值；
$GNPC_t$——t 年按可比价格计算的国民生产总值。 $PC_t = PI_t + CS_t^1$

方程式

$$PI'_t = -2.9297 + 0.8252 GNPC'_{t-1} + 0.7998(PI'/LX')_{t-1} + 0.0137 PB_{t-1} \quad (1)$$
$$(-3.4397) \quad (3.3437) \quad (2.7961) \quad (0.0467)$$

---

① 计算工作是石力同志完成的。

$$R^2 = 0.9976 \quad DW = 0.1686$$
$$CS_t = 1.8467 + 0.9177FO_t \tag{2}$$
$$(7.8866)(18.3479)$$
$$R^2 = 0.9740 \quad DW = 1.4591$$
$$I_t = -4.6316 + 1.4175PC_t \tag{3}$$
$$(-9.2461)(23.9546)$$
$$R^2 = 0.9846 \quad DW = 1.5659$$
$$\Delta BG_t = 0.0086 + 0.9684\Delta GNP_t \tag{4}$$
$$(0.0090)(7.2447)$$
$$R^2 = 0.9527 \quad DW = 1.5063$$
$$M_t = -0.075 + 0.8499 M_t{-1} + 0.0814 FD_t + 0.1344 \Delta BG_t \tag{5}$$
$$(0.2636) \quad (7.5456) \quad (1.8344) \quad (1.5551)$$
$$R^2 = 0.9905 \quad DW = 1.7176$$
$$AD_t = 0.5000 + 0.7383 PI_t + 0.2092 I_t + 0.1113 CS_t \tag{6}$$
$$(0.2547) \quad (1.0497) \quad (0.7353) \quad (0.2291)$$
$$R^2 = 0.9874 \quad DW = 0.0828$$
$$GNPL_t = 2.2786 + 0.7238 GNP_t \tag{7}$$
$$(11.3731)(31.8555)$$
$$R^2 = 0.9922 \quad DW = 1.1828$$
$$PG_t = 4.6263 + 0.6739 (AD/GNPL)_t \tag{8}$$
$$(206.16)(9.3842)$$
$$R^2 = 0.9167 \quad DW = 0.9974$$
$$PB_t = 0.6812 + 0.8523 PG_t \tag{9}$$
$$(2.1946)(13.1706)$$
$$R^2 = 0.9559 \quad DW = 1.4836$$
$$C_t = 1.1484 + 0.3418 C_{t-1} + 0.5273 PI_t \tag{10}$$
$$(1.7268)(1.1792) \quad (2.5078)$$
$$R^2 = 0.9905 \quad DW = 0.5210$$
$$\Delta PC_t = PI_t - C_t \tag{11}$$

$$SB_t = -4.6852 + 1.6597\Delta PC_t \tag{12}$$
$$(-5.3642)(13.2138)$$
$$R^2 = 0.9510 \qquad DW = 1.2042$$

这个模型由 11 个随机方程和一个定义方程构成，是一递归系统，基本思路是，软预算约束造成居民货币收入和社会消费膨胀，这两个因素又引起投资规模膨胀。生产发展要求增加贷款。流通中的货币取决于上年流通中的货币、当年财政赤字和贷款增加额。居民货币收入、社会消费和投资构成社会总需求（没有考虑出口）。按上年价格计算的国民生产总值代表社会总供给。物价指数取决于社会总需求超过社会总供给的缺口。居民货币收入与居民消费之间的差额，既有农民的自给性消费，也有居民储蓄和手存现金，因此在确定居民消费和居民储蓄时采用了经济计量方法。除一个方程外，其他 10 个方程的 R^2 都在 0.95 以上，说明模型的解释能力是很强的。

在前定变量中，$(PI'/LX')_{t-1}$、PB_{t-1} 和 M_{t-1} 都是内生变量的滞后值（已知数），真正的外生变量只有财政支出的行政管理费用（FO）、财政赤字（FD）和国民生产总值（GNP），其他外生变量都是从 GNP 中派生出来的，如 $\Delta GNP_t = GNP_t - GNP_{t-1}$，通过价格换算，可以从 GNP_t 得到 $GNPC_t$，$GNPC'_{t-1} = GNPC_{t-1}/GNPC_{t-2}$。

下面对几个主要方程作些说明：

方程（1）有三个解释变量，第一个变量是国民生产总值的增长速度，按照马克思主义经济理论，它是由劳动力数量和劳动生产率决定的。第二个变量是上年居民货币收入增长速度与社会劳动生产率增长速度之比，既然第一变量中已经包含了劳动生产率所起的作用，就可以把这个变量理解为软预算约束的表现。居民货币收入膨胀引起通货膨胀，在"收入赶物价"的压力下，物价上涨又成为居民货币收入增加的原因，这里选择社会商品零售物价指数来说明这种现象（第三个变量）。

方程（3）证实了上面关于消费需求决定投资的理论分析，判别系数（R^2）高达 0.98 以上。

方程（5）说明，贷款增加额和财政赤字是造成货币发行过多的重要原因，前者对流通中货币的影响大于财政赤字的影响。从这个方程还可以得出每年货币发行量，即 $\Delta M_t = M_t - M_{t-1}$。

方程（8）中，解释变量 AD/GNPL 的分子是社会总需求，不是按现行价格计算的 GNP。AD/GNPL 与总需求超过总供给的缺口是同一含义。如果令：AD = GNPL + AN

则有：AD/GNPL = 1 + AN/GNPL

式中，AN 为总需求超过总供给的缺口。

现在用社会商品零售物价指数（PB）作为度量通货膨胀率的指标，这是不准确的，它不包含投资品、服务的价格指数，却包含农用生产资料的价格指数，农用电力、化肥、农药等等都是中间消耗。国民生产总值平减指数（PG）的内容广泛，应当作为测算通货膨胀率的指标。目前 PG 的统计不够完善，需要尽快加以改进。

三 建立社会主义的新经济理论[①]

改革以来，社会主义经济系统越来越向非均衡方向倾斜，理论分析和经济计量模型已经证明了这一点。社会主义经济体制改革遇到了许多困难，摆脱困难或困境的唯一出路，就是建立新经济系统。

---

① 这种新经济理论，是一种新非均衡经济理论，通过软硬结合、缺口互补，能使供求差额达到最小。

无论是瓦尔拉的一般均衡论，还是凯恩斯和其他一些经济学家的非均衡论，都忽视了生产资料所有制问题。资本主义企业之所以是硬预算约束，根本原因在于资本家私有制，突出表现为总供给超过总需求。社会主义企业之所以是软预算约束，根本原因在于公有制，突出表现为总需求超过总供给。新经济理论的核心，是通过所有制改革，实现软硬结合，缺口互补。根据这种理论，社会主义经济应是多种所有制并存，将公有制企业改革为股份制，也就是由国家、集体、个人和其他（如外资）股份组成的企业。① 在这种模式下，私营经济只占十分次要的地位，以避免带来一系列政治、经济和社会矛盾。

改革以来我国软预算约束日益严重的一个重要原因，是企业用留利形成的资产的产权不明确，至今将它作为全民资产看待，这削弱了企业用留利增加流动资产、进行固定资产投资的积极性，想尽办法将企业留利分光吃尽，企业经营所需的大部分甚至全部资金依靠国家拨款、银行贷款和集资，这是造成经济效益不高、资金短缺、财政赤字和信贷膨胀的重要原因。根据新非均衡理论，企业用留利所形成的资产属于集体，获得的利益由企业处理，可向本企业和其他企业投资，也可购买本企业和其他企业的股票。

软预算约束的后果之一，是市场供不应求，居民用货币买不到满意的商品和服务，居民储蓄迅速增长，1978—1988 年，城镇居民存款年平均增长 32.9%，农民存款平均增长了 35.5%，国外有人将居民储蓄与社会商品零售额之比叫做失衡指标，20 世纪 60—70 年代，我国这个指标仅为 1% 左右，1980 年为

---

① 空想社会主义者傅立叶设想过一种分配制度：十二分之五的收入按劳分配，十二分之三按才能分配，十二分之四按资本分配。

18.7%，1988年迅速扩大到51%。近几年来，居民增加的货币收入均有70%当年不能在市场上实现，转变为储蓄和手存现金，1987年，这两项资金已经占到国营企业全部资产的37.2%，这是一个很大又很不稳定的因素，1988年秋天出现的挤兑抢购是最明显的例子。保值储蓄只能推迟通货膨胀，不能从根本上解决问题。还要指出的是，保值储蓄会减少财政收入，加剧通货膨胀。因此，无限制地鼓励居民增加没有风险的储蓄，并非良策，而应将一部分居民的货币收入和储蓄转变为有风险的股票①，用股票补偿到期的国债，这是使消费需求分流，从根本上摆脱通货膨胀的出路。有人认为，个人拥有股票会造成贫富不均，两极分化，其实，只要建立健全的社会保障制度，征收累进所得税和遗产税，就不会出现两极分化。

科尔奈提出了测量企业预算约束状况的五条原则②，集中到一点，就是企业能否真正做到自主经营，自负盈亏，自筹资金。亏损企业由赢利企业兼并，实践证明，与破产相比，兼并不会使劳动力失业，对社会的震动小，还可以利用现有资金，减少投资。

建立新的经济系统，除要再造微观机制外，还要有宏观机制作保证，其中主要有：（1）建立健全的社会保障系统，防止两极分化；（2）制定反垄断法，防止特大企业操纵市场，控制物价；（3）坚持五年内财政收支平衡；（4）坚持五年内信贷平衡；

---

① 可用股票代替工资，如IBM公司按市场价格85%发给职工的股票占工资的10%。这类公司在美国占67%，养老金占私人公司股票的三分之一。2005年我国已发行股票567.1亿股，比2001年增长了3倍；筹集资金1882.1亿元，比2001年增长了50.3%。2006—2007年股市火爆，已经出现泡沫。

② 参阅〔匈〕亚诺什·科尔奈《短缺经济学》（下卷），经济科学出版社1986年版，第13章。

（5）根据经济发展确定货币发行量，避免非经济发行；（6）物价水平的年增长幅度不超过4%；（7）取缔地方割据，建立各种统一市场；（8）严格控制国外债务，不得超过偿还能力；（9）逐步实现政府职能与企业职能的分离，精兵简政，控制社会消费的增长；（10）建立中央和省（自治区、直辖市）两级宏观调控体系，以中央调控为主，省（自治区、直辖市）不再向地方政府层层放权。

经济系统要从目前的非均衡状态过渡到新非均衡状态需要一个很长的时期，在这个过程中需要采取许多政策，除上面提到的以外，还要补充一点，这就是严肃财经纪律，将企业留利形成的生产发展基金、奖励基金和福利基金的比例列为指令性指标，使含职工生活费用价格指数的工资总额（包括奖金、实物和补贴）的增长速度不得超过劳动生产率的增长速度，由财政、银行、统计和审计等部门进行严格的检查，对违反纪律的企业给予重罚，直至追究厂长（经理）的法律责任。只有当企业建立起适中的利益约束机制之后，才能取消这个指令性指标。

我国的经济体制改革，最终是要建立一种既不同于过去高度集中的、缺乏生机与活力的，又不同于资本主义的经济体制，这要求建立和发展一种新的经济理论。近10年来我国经济学界在这方面作了大量有益的探索，但也存在两种偏向，一种是照搬凯恩斯主义；另一种是继续坚持高度集中的、缺乏生机与活力的经济体制。新非均衡经济理论就是针对上述两种偏向而提出的。

（原载《统计应用研究》1990年第1期）

国有企业、银行系统与居民之间的资金循环

在建立社会主义市场经济的过程中,国有企业、银行系统与居民之间的资金循环具有十分重要的意义,本文对它们之间的这种关系作些分析,对某些问题谈些看法,其中很大一部分内容是用统计数据"说话",这也许比抽象的议论更容易说明问题。

一 从吃财政的"大锅饭"到吃银行的"大锅饭"

改革开放以前,国有企业一直吃财政的"大锅饭",固定资产投资和定额流动资金拨款几乎全部由财政负担。1956年在全部固定资产投资中,国家投资占94.5%,1978年占82.6%。1980年还占52.0%。财政资金的特点是不必偿还,国有企业基本上不存在负债的问题。

1983年实行了"拨改贷",这项改革的用意,是为了改变国有企业不断争固定资产投资和流动资金拨款的弊端。银行贷款要付利息,改革者主观上认为,这项改革可以约束企业乱要国家资

金的冲动，提高资金的利用效果，促进经济的发展。

"拨改贷"以后，基本建设和流动资金拨款合计，在财政支出中所占的比重不断减少，1978年占46.7%，1980年占37.6%，1985年占32.4%，1990年占21.3%，1994年占11.3%，比1978年下降了35.4个百分点。① 其中基本建设拨款甚至存在绝对下降，例如1990年为725.6亿元，1994年为639.7亿元，减少了85.9亿元。

由于"拨改贷"，固定资产投资结构发生了较大的变化，详见表1。

表1　　　　　固定资产投资的资金来源　　　　单位:%

年份 资金来源	1985	1990	2000	2005
预算拨款	17.6	8.7	6.4	14.4
国内贷款	20.1	19.6	20.3	7.3
利用外资	2.0	6.2	5.1	4.2
自筹资金和其他来源	60.3	65.5	68.2	74.0

上表说明，20年来，自筹资金始终是固定资产投资的主要来源。在四项资金来源中，预算拨款减少的比重是由其他三项资金补充的，其中利用外资的比重上升最快，近期比重有所下降。

从1993年开始，国家统计局公布了投资来源按不同所有制经济划分的资料，从中可以看出我国市场经济发育的状况。现将1994年的情况列于表2和表3。

---

① 2000年占财政支出的13.8%，2005年占12.0%。

表 2　　　　　各种所有制经济的投资来源　　　　　单位:%

资金来源	国有	集体	个体	股份	外商	港澳台（地区）
国家预算	5.0	1.9	—	1.5	0.4	0.1
国内贷款	22.7	28.0	3.3	27.1	18.6	16.1
利用外资	7.1	8.1	—	6.4	48.6	50.6
自筹资金	51.0	19.3	94.9	56.4	27.9	25.6
其他资金	14.2	42.7	1.8	8.6	4.5	7.4
合　计	100.0	100.0	100.0	100.0	100.0	100.0

在上表中，国有企业的投资包括基本建设、更新改造和其他投资，集体经济包括农村，股份制经济包括联合经营，外商和港澳台（地区）投资包括合资、合作、独资。在六种经济形式中，国有企业主要依靠自筹资金；集体经济主要依靠其他资金，即依靠个人集资；个体经济几乎全部依靠自筹资金；在股份制经济中，自筹资金也占很大的比重，外商和港澳台（地区）投资主要依靠利用外资。

表 3　　　　　　　投资来源的使用　　　　　　单位:%

资金来源	国有	集体	个体	股份	外商	港澳台（地区）	其他	合计
国家预算	87.5	9.5	—	1.9	0.9	0.1	0.1	100.0
国内贷款	64.7	20.2	1.8	4.9	5.4	1.9	1.1	100.0
利用外资	37.8	12.2	—	2.4	35.2	12.3	0.1	100.0
自筹资金	59.4	6.4	23.4	4.7	4.5	1.4	0.2	100.0
其他资金	42.6	45.4	1.3	3.5	4.0	2.7	0.5	100.0

上表说明，国有企业在国家预算、国内贷款和自筹资金方面都占主要部分；其他资金基本上由国有企业和集体经济平分；在利用外资方面，国有企业所占的比重最高，外商与港澳台（地区）企业次之。换言之，到 1994 年，固定资产投资的主要部分

仍由国有企业使用，在这方面市场机制的作用最小，投资仍然主要由计划机制配置，离主要依靠市场机制配置资源的市场经济还有很大的差距。

再看国家信贷支出结构的变化，详见表4。

表4　　　　　　国家信贷支出结构的变化　　　　　单位:%

支出项目 \ 年份	1980	1985	1990	1994	1994—1980
工业贷款	16.4	19.8	21.1	15.7	-0.7
商业贷款	63.8	51.5	38.1	24.2	-39.6
设备贷款	2.1	7.3	13.3	15.7	+13.6
财政借款	6.5	4.7	4.8	3.7	-2.8
其　他	11.2	16.7	22.7	40.7	+29.5
合　计	100.0	100.0	100.0	100.0	—

在上表中，商业贷款包括物资企业的贷款；其他贷款包括建筑企业、集体企业、个体工商业、农业贷款、黄金占款、外汇占款、在国际金融机构的资产、购买债券和其他支出。中长期设备贷款后来改成了固定资产贷款，做到了名副其实。1994年其他贷款猛增到40.7%，与外汇占款有很大的关系，它比上年增长了4.1倍，占到全部信贷支出的9.8%。另一个原因是，1993年下半年以来，国家实行宏观经济调控，不许银行通过正常渠道在限额以上贷款，银行为了保本赢利，便通过其他渠道发放贷款。据估计，1994年约为1100亿元，1995年上半年就高达1200亿元以上，超过了1994年全年的数字，这种在拆借之外新辟的贷款渠道有愈演愈烈之势。

从上面的分析可以看出，"拨改贷"以后，国有企业资金来源的重点由财政转向了银行。如上所述，从1978年到1994年，在财政支出中，基本建设投资和流动资金拨款所占的比重下降了

35.4个百分点,而从1980年到1994年,各家国有银行的固定资产贷款所占的比重增加了13.6个百分点。上面所列的数据说明,国有企业的资金来源渠道很多,如果仅从财政与银行的角度来分析问题,那么在"拨改贷"以后,它们从吃前者的"大锅饭"变成了吃后者的"大锅饭"。

二 银行系统处境困难

在一般情况下,银行系统由于有三个"保险环",它们总是赢利的。第一个"保险环"是贷款对象的选择,在贷款前要对它们的经营和财政状况、还贷信誉和能力进行严格的审查,有时还要有第三者担保,这个"保险环"可以使坏账限制在最小的范围内;第二个"保险环"是不仅贷出利率要高于存款利率,而且高出的程度要保证在扣除银行经营成本后能够赢利;第三个"保险环"是欠债必还,这是自古就有的原则。

在"拨改贷"以前,国家银行基本上拥有这三个"保险环",它是赢利的。在这以后,情况发生了很大的变化,资金来源结构变化见表5。

表5　　　　　　银行资金来源结构的变化　　　　　　单位:%

年份 资金来源	1980	1985	1990	1994	2005
各项存款	63.2	66.8	69.2	64.0	95.1
其中:居民	15.2	27.6	41.8	47.0	46.7
流通中的货币	13.2	16.8	15.7	15.9	8.0
银行自有资金	18.2	10.4	7.8	4.7	—
其他	5.4	6.0	7.3	15.4	-3.1
合计	100.0	100.0	100.0	100.0	100.0

上表中的各项存款,除居民存款外,还有企业、财政、基本建设、机关团体和其他存款,1980年它们占银行资金来源的48%,1994年降到了17%,减少了31个百分点,而居民存款的比重上升了31.8个百分点。再看银行自有资金的比重,从1980年的18.2%降到了1994年的4.7%,减少了13.5个百分点。

现在看看国家银行的三个"保险环"。首先,它们在挑选贷款对象上是没有自由的,"政治"贷款、"安定"贷款、"人情"贷款等等,数目繁多,特别是对亏损企业,在政府的干预下照样贷款,使不良贷款率日益提高。据某省对工商银行、农业银行、建设银行和中国银行四家银行的调查,1995年3月底,不良贷款率高达22.3%,其中逾期贷款占12.1%,呆账和死账占10.2%。

其次,第二个"保险环"的情况更不容乐观,表6和表7是银行存款与贷款利率数据。

表6　　　　　　　存款年利率　　　　　单位:%

存款类型＼时间	1990年4月15日	1993年7月11日	2004年10月29日
活期	2.88	3.15	0.72
定期:			
3个月	6.30	6.66	1.71
半年	7.24	9.00	2.07
1年	10.08	10.98	2.25
2年	10.98	11.70	2.70
3年	11.88	12.24	3.24
5年	13.68	13.86	3.60
8年及以上	16.20	17.10	—

表7　　　　　　　　　贷款年利率　　　　　　　　单位：%

时间 贷款种类	1990年4月15日	1993年7月11日	2004年10月29日
流动资金：			
3个月	7.92	—	—
半年	9.00	9.00	5.22
1年	10.98	10.98	5.58
基本建设*：			
1年以内	10.08	10.98	—
1年至3年	10.80	12.24	5.76
3年至5年	11.52	13.86	5.85
5年至10年	11.88	14.04	6.12
10年以上	11.88	—	—

注：＊包括技术改造贷款。

将1990年与1993年的数字比较一下就可以看出，存款与贷款利率分为四种情况：（1）3个月与半年的贷款利率高于存款利率，银行赢利；（2）1年至3年、3年至5年的贷款利率定在3年与5年存款利率上；（3）1年的贷款利率与存款利率相同；（4）10年以上的贷款利率低于8年及以上的存款利率。由于对3年以上的居民存款实行保值，加上第四种贷款利率低于存款利率，这三种利率使银行亏损。即使贷进贷出的利率相同，由于银行需要经营成本，它们也会亏损。[①]

最后，第三个"保险环"的作用日益削弱，财经纪律松懈。现在，有些国有企业有钱不还银行的贷款，采取各种办法赖债，如搞两本账、公款私存等等，国家银行是"大锅饭"，它们的职工对讨还企业的欠债和使资金保值增值也是内无动力，外无压力。

[①] 1993年7月11日，半年和一年定期存款的利率与贷款利率相同；2004年11月29日，半年贷款利率比存款利率高3.15个百分点，一年期存贷利率差为3.33个百分点，说明银行系统存贷差的数额较大，通过扩大存贷利率差来维持它的运行。

1980年至1994年，银行资金增长了16.5倍，年均增长22.7%，而银行自有资金只增长了3.5倍，占全部资金来源的比重减少了13.5个百分点，1994年仅占4.7%，即2154亿元，1995年年底各项贷款为4.4万亿元，不良贷款按20%计算，就是8926亿元，大大高于银行自有资金，还不计算流通中的货币（其中70%为国家对居民的负债）、银行发行的债券和外债等等。在西方发达国家，当一家银行资不抵债时，就要破产。我们的国家银行由于三个"保险环"基本上不起作用，使它们的处境日益困难。

三　国有企业的负债率很高

虽然国有企业从吃财政的"大锅饭"改成了吃银行的"大锅饭"，但它们的所有制表现形式、运行机制和管理原则并未发生根本变化。变化是有的，即银行贷款是要还本付息的，这就出现了国有企业的负债率不断提高的新情况。据山东省51户现代企业制度试点企业的统计，1994年总资产为284.33亿元，总负债为209.94亿元，负债率高达73.84%，不少企业的负债率超过100%（参见《人民日报》1995年11月7日第9版）。

确实，各个国家与地区的企业都有债务，负债经营是常事，问题在于负债的比例，特别是企业的经济效益。如果企业效益低下，利润率低于贷款利率，它们就会陷入"恶性循环"，当企业资不抵债时，就要宣布破产。事实上，当利润率低于贷款利率时，私营企业就会停止向银行贷款，但是这条"铁的规律"对国有企业基本上不起作用，因为它们负盈不负亏，利率再高也敢贷款，反正亏损由国家负担。

如上所述，1993年7月11日，半年的贷款利率为9%，一年的利率为10.98%，当年国有独立核算工业企业的利税总额为

2454.7亿元，百元资金的利税为10.33元，但企业利润仅为817.26亿元，百元资金的利润只有3.4元。换言之，企业从银行得到半年期贷款100元，它就要亏损5.6元，得到一年期贷款100元，就要亏损7.58元（未考虑价格因素）。①

对国有企业赢利率不断下降的原因已经作过许多研究，如管理不善，技术进步缓慢，产品不符合市场的需要，收入分配向个人倾斜，职工冗员多，各种各样的摊派，化公为私，贪污腐败，等等。

但是，我对"企业办社会"所引起的负担重这个原因持有不同的看法。我国长期以来实行低工资制，工资主要用于吃饭、穿衣，不包括购置住房、治病买药、子女上学和日常服务等等费用，没有失业，退休养老全部由企业负担。按照当时的经济理论，工资是按劳分配，是社会主义范畴，而工资中不包括的福利，已经带有按需分配的因素，随着社会与经济的发展，这一部分将会不断增加，在这种理论的指导下，"企业办社会"就成了理所当然的事情。

需要讨论的问题是，在国有企业改革的过程中，将非生产部门分离出去，如果假定职工的收入和生活水平不变，假定非生产部门的规模、效益不变，我认为会增加企业的负担，原因是在"企业办社会"时，产品和服务的出售是按成本计算的，在许多情况下低于成本。非生产部门独立后，它们将按照市场价格经营，商品和服务的出售除收回成本外，还要获得一定的利润。这就是说，非生产部门独立后，为了不减少职工的收入，不降低他们的生活水平，就要提高工资，而且工资增加额会超过"企业办社会"的费用。

---

① 2000年工业资金（流动资金与固定资产净值之和）利润率为4.1%，仍然低于一年期贷款利率。2005年提高到了7.4%，超过贷款利率，情况有所好转。

我主张把企业的非生产部门分离出去,由于职工实际收入的增长速度长期超过劳动生产率的增长速度,将这部分"多余的工资"拿出一部分来支付企业非生产部门因独立而提高的价格,是合理的。不过,工资的刚性很强,能提不能降,特别是在通货膨胀率很高、固定收入没有与物价挂钩的情况下,要职工拿出部分"多余的工资"来支付非生产部门的价格,不仅会遇到很大的阻力,而且会降低部分职工的生活水平。

1994年国有工业企业贷款总额1.3万亿元,为企业税后利润的24倍。假设今后企业不再贷款,利润不用于技术改造,不提高职工的工资、奖金和福利,银行免除利息,需要25年才能还清债务;如果还本付息,需要50年。有些同志不了解国有企业经济效益低下和负债严峻的形势,说这是正常情况,不必大惊小怪,甚至认为,想办法减轻国有企业的债务,是从本部门利益或本单位利益出发,是旧体制的反映。这种议论是脱离实际的。

关于减轻国有企业的债务问题,已经提出了几种办法,如新老债务分开记账,老债用银行呆账准备金冲销一部分,将"拨改贷"的部分改为国家资本金,企业被兼并时由兼并企业承担债务,部分银行贷款改为企业股份,利用外资,等等。据初步估计,这项改革需要成本5000亿元,其中挂账2800亿元(包括"拨改贷"660亿元),下岗职工工资1600亿元,银行用呆账准备金冲销350亿元,企业兼并减少税收250亿元。在我看来,问题不在于这项改革的成本,关键在于通过深化改革提高国有企业的经济效益,如果这个根本问题不解决,那么上述措施都将以失败而告终。例如,在新老债务分开记账后,如果企业的利润率仍然低于贷款利率,那么它们就会处于老债未还又欠新债的悲惨境地;又如,用银行呆账准备金冲销企业债务,如果冲销后企业出现新债，又要冲销，就会使冲销成为一个"永恒的主题"。从前面所列的数据可以看出，在银行的资金来源中，它们的自有资金所占的比重越来越少，呆账准备金就更少，当这笔资金用完后，就断绝了冲销的后路，需要政府注入资金。

四　经济实体之间的资金循环

通过上面的分析，使我们从总体上得到了一个不等式，即

国有企业利润率＜银行贷款利率＜居民存款利率（包含保值）

下面从资金循环的角度来分析这个不等式。国有企业、银行系统和居民之间的资金循环可以图示如下：

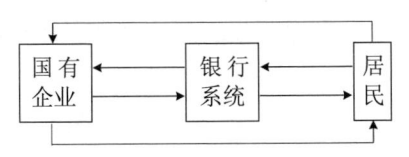

```
┌─────┐    ┌─────┐    ┌─────┐
│国有 │ ⇄  │银行 │ ⇄  │居民 │
│企业 │    │系统 │    │     │
└─────┘    └─────┘    └─────┘
```

为了便于分析问题，我用六条线把企业、银行和居民联系成为一个封闭的系统，近些年来，居民购买企业股票和证券的人数和资金在增加，但与银行存款相比，资金数量有限，这里不分析居民向企业提供的资金和后者向前者支付的本息。农村信用社一直向农民提供贷款，随着城市信用社的发展，它们在增加对城镇居民的贷款，但这里研究仅限于国家银行，对信用社向居民的贷款也存而不论。

第一，讨论企业与居民的关系，后者向前者提供劳动力，前者向后者支付工资和提供服务，在这个关系中，劳动生产率与人均工资增长速度之比占有重要的地位，有关数据列为表8。

表 8　　　　　劳动生产率与人均工资年均增长速度　　　　单位:%

指标＼年份	1980—1985	1986—1990	2001—2005
社会劳动生产率	6.6	4.9	12.6 *
居民人均消费	8.6	3.0	9.6 **
居民货币收入	12.5	21.1	13.7 ***
工业劳动生产率	5.4	6.6	—
工业人均实际工资	3.8	1.1	—

注：* 为人均 GDP；** 为居民消费；*** 为工资总额。

需要对上表作几点说明，第一，1990 年是 1986—1990 年这个周期的谷底，用这年的数据计算的年均增长率偏低，改用 1991 年的数据重新计算，1986—1991 年居民人均消费年均增长率为 6.9%，比 3.0% 提高了 3.9 个百分点；工业人均实际工资年均增长 2.8%，比 1.1% 提高了 1.7 个百分点。

第二，从全社会来看，居民货币收入（按当年价格计算）和居民人均消费增长速度总是高于社会劳动生产率的增长速度（1986—1990 年改为 1986—1991 年计算）。在 1991—1992 年期间，工业人均实际工资的增长速度超过了工业劳动生产率的增长速度。这些是收入分配向个人倾斜的证据之一。虽然在 1980—1990 年期间前者低于后者，但工资只是职工收入的一部分，企业向他们提供的服务占有很大的比重。例如，山东省大中型企业固定资产约有 20%、职工人数约有 10% 用于办社会（前引《人民日报》）。财政支出中的价格补贴，从 1980 年的 117.7 亿元增加到 1990 年的 370.3 亿元，年均增长 12.1%，由于放开物价，1994 年的价格补贴比 1990 年有所减少，但仍有 314.5 亿元[①]。

---

① 2001 年价格补贴 741.5 亿元，2005 年为 998.5 亿元，增长 34.7%。

此外，还有住房、医疗、交通、服务（娱乐、旅游、理发、洗澡等）、幼儿园、托儿所、各种学校等等补贴，把所有这些和其他补贴计入职工的收入，居民实际收入的增长速度就会大大超过劳动生产率的增长速度。这就是说，在分析收入分配向个人倾斜时，绝不能限于劳动生产率与实际工资增长速度之间的关系，而要把国家与企业向个人提供的全部服务包括进去。

第三，国家统计局以数据不准确为理由，从 1992 年停止公布居民货币收支数据。其实，统计数据的准确性是相对的，如果数据不准确，应该想办法提高其准确性，而不应因噎废食，放弃公布这些十分重要的数据。

再看居民与银行的关系。改革开放以来，由于收入分配向个人倾斜，居民收入除用于消费外，其余部分变成了他们的资产，其中很大一部分是银行存款，它由 1980 年的 399.5 亿元增加到 1995 年的 29662 亿元，年均增长 33.3%[①]。某市一项抽样调查表明，居民存款的动机（原因）是：供养子女或赡养老人占调查样本的 23.8%，为退休后生活有保障占 16.9%，以防不测之需占 15.6%，为攒钱买房占 12.9%，为购买高档消费品占 11.8%。以上五项合计占到 81%。为得到利息占 8.0%，买不到满意的商品占 5.0%，为下代留下遗产占 4.9%，其他占 1.1%。

如上所述，1994 年居民存款已经占到国家银行资金来源的 47%，每年支付利息 200 亿元以上，三年期以上存款实行保值以后，风险全部由银行承担，居民稳拿利息。例如 1988—1989 年城镇居民消费价格分别上涨了 20.7% 和 16.3%，他们的定期存款占全部存款的比重由 1988 年的 76.9% 增加到 1990 年的

---

① 从 2001 年底的约 7.4 万亿元增加到了 2005 年底的 14.1 万亿元，增长了 91.2%；2006—2007 年居民部分收入向股市分流，存款增加额减少。

84.7%；又如 1993—1994 年这种价格分别上涨了 16.1% 和 25.0%，定期存款的比重从 1993 年的 78.5% 上升到 1994 年的 80.0%①。当通货膨胀率较低时，则呈相反的情况。这个事实说明，居民特别是城镇居民的金融意识在不断提高。

关于居民存款是不是"笼中虎"的问题已经进行过长期争论，我认为，当物价上涨过快时，说居民存款会全部冲出"笼子"或不会冲出"笼子"的观点，都过于绝对。事实上，居民存款是"笼子内的两只虎"，当通货膨胀加剧时，一只虎（居民部分存款特别是临时存款）会冲出"笼子"，另一只虎（部分长期存款）不会冲出"笼子"，这已为 1988 年的事实所证明。

最后，看看银行与企业的关系。前面已经指出，由于银行对居民三年以上的存款实行保值，使它们的存款利率高于贷款利率。银行对国有企业的贷款不保值，当通货膨胀率高于贷款利率时，利率为负。1993 年一年期贷款利率为 10.98%，生产资料出厂价格上涨 33.7%，投资品价格上涨 26.6%，负利率分别为 22.72% 和 15.62%。就是在这种情况下，国有企业的经济效益却越来越低，有关数据列为表 9。

表 9　　　　　　　国有企业的经济效益　　　　　　单位：%

指标＼年份	1980	1985	1990	2005
各项贷款/GDP（元）	0.53	0.66	0.82	0.68
其中：工业	0.22	0.34	0.52	—
100 元资金的利润（元）	16.0	13.2	3.2	5.4*
企业亏损额（亿元）	34.3	32.4	348.8	—

注：* 为工业。

---

① 2005 年定期存款占 65.4%，活期存款占 34.6%。

1990年是经济周期的谷底，单位GDP所需的贷款最高，除去这个特殊年份，这个指标1994年比1980年提高了32.1%。国有独立核算工业企业百元资金的利润减少了86.2%，而企业亏损增加了13倍以上。1995年1—10月企业亏损额高达791亿元，比上年同期增长32.2%，已经超过1994年全年的亏损额，而利润却比去年同期减少了7.9%。1991年国有独立核算工业企业的流动资金年均周转3.04次，由于产品不符合市场需求，库存积压；1994年降到了1.4次，年均下降22.8%；2005年工业流动资金周转2.35次。

银行系统与国有企业之间的这种关系，后果是严重的，第一，对经济效益不断下降的国有企业需要继续贷款，使专业银行向商业银行的转轨受到了难以克服的困难；第二，银行大面积亏损，总有一天会陷入难以为继的境地（1995年提高了贷款利率，银行的经营状况有所好转，但企业亏损增加）；第三，使资不抵债的企业不能破产，由于它们对银行的负债率很高，它们破产就等于银行破产。

从国有企业、银行系统与居民之间资金循环的分析可以看出，它们之间的关系存在许多问题，只有在国有企业的改革中实现制度创新，从根本上提高它们的经济效益，才能打破上述"恶性循环"，振兴中国的经济。

（原载《开发研究》1996年第3期）

非均衡再生产理论与模型

由马克思提出、经列宁发展的社会再生产公式,是马克思主义宏观经济学的重要内容。但是这个公式以均衡经济系统为基础,而现代经济都是非均衡系统,两者难以协调。下面我对非均衡经济理论、再生产模型和所有制改革的有关问题,作些初步研究,谈些初步看法。

一 现代经济都是非均衡系统

现代资本主义经济是非均衡系统,突出表现为需求不足,由此引起投资不足、失业率高和经济危机。从马克思主义经济学的观点来看,资本主义社会总供给超过总需求,根本原因是生产资料的资本家所有制,工人阶级没有生产资料,被迫沦为雇佣劳动力。资本家采取各种手段,尽可能多地获取剩余价值。劳动人民的可支配收入少于商品和服务的产量,消费需求不足引起投资减少,造成投资品的供给大于投资需求(对外贸易存而不论)。随着供给与需求缺口的扩大,生产能力开工不足,失业人数增加,产量下降,出现经济危机。凯恩斯看到了这一点,主张国家干预经济，用财政赤字投资公共工程，填补供给与需求之间的缺口，保持国民经济的正常运行。因此，凯恩斯主义是一种非均衡经济理论。目前在西方一些国家流行的福利主义，除投资公共工程外，还增加对居民的各种补贴，是一种变相的凯恩斯主义。

传统社会主义经济也是非均衡系统，突出表现是总需求超过总供给，其根本原因是公有制，它的本质是"大锅饭"。从理论上讲，公有制是全体人民（全民所有制）和部分人民（集体所有制）物质利益的集中体现，但由于产权空位，共同所有变成了"无人所有"，共同负责变成了"无人负责"。在旧的经济体制下，即使对企业和职工的经济利益实行严格的约束，工资增长速度仍然超过劳动生产率增长速度，居民收入增长过快，投资规模失控，基本建设战线过长，总需求超过总供给。由于严格控制物价，往往表现为隐蔽的通货膨胀。另一方面由于管理不严，技术进步缓慢，消耗高，效益低，质量差，品种单一，供给严重短缺。所以即使在传统的经济体制下，社会主义经济也是非均衡系统。我国经济体制改革的实践表明，随着中央控制的放松，地方和企业权力的扩大，需求膨胀日益严重，经济系统变得越来越不均衡。

一方面，由于进行改革，除1986年外，国民生产总值的增长速度都在10%以上，国力增强，人民生活水平普遍提高；另一方面，工资、社会消费和固定资产投资的增长速度都大大超过国民生产总值的增长速度，两者之间的差距日益扩大，物价上涨速度加快，通货膨胀日益严重。报刊上常常提到"消费膨胀"，其实，这个说法并不确切。对居民来说，不是消费膨胀，而是收入（工资）膨胀。由于积累率居高不下，消费率不可能提高，社会消费的膨胀必然要挤占居民消费。居民收入和社会消费膨胀，投资规模过大，财政补贴增加，导致财政连年赤字，同时信贷规模失控，引起货币的大规模投放。在社会主义条件下，短缺是不是一条规律呢？我认为，如果企业不形成利益约束机制，吃"大锅饭"，总需求超过总供给是必然现象，短缺是一条规律。如果通过所有制改革能使企业建立适度的硬预算约束，总需求与总供给趋于平衡，短缺不再是条规律。

总需求超过总供给的非均衡系统，可以利用社会再生产模型来进行抽象的研究，下面就来讨论这个问题。

二 非均衡再生产理论模型

为了研究非均衡再生产模型，需要仿照国民核算体系（SNA），在物质平衡体系（MPS）中引入总供给与总需求范畴。以 C_{11}、C_{21} 分别表示两大部类的基本折旧；C_{12}、C_{22} 为两大部类的中间投入；V 为劳动报酬；M 为剩余产品；X 为总产值；I 为固定资产投资；G 为消费需求。在均衡条件下，我们有：

$$\begin{array}{c} C_{11} + C_{12} + V_1 + M_1 = C_{12} + I_1 + G_1 \\ C_{21} + C_{22} + V_2 + M_2 = C_{22} + I_2 + G_2 \\ \hline C^1 + C^2 + V + M = C_2 + I + G \end{array} \quad (1)$$

式中，$C_{11} + C_{12} = C_1$；$C_{21} + C_{22} = C_2$

令
$$M_1 = \Delta C_1 + \Delta V_1 + W_1$$
$$M_2 = \Delta C_2 + \Delta V_2 + W_2$$

式中，W 表示非生产部门的消费。两大部类之间存在以下交换公式：

$$V_1 + \Delta V_1 + W_1 = C_2 + \Delta C_2 \quad (2)$$

在（1）式中，投资品的供给等于：

$$I_s = C_{11} + V_1 + M_1 - \Delta C_{12} - C_{22} - \Delta C_{22} \quad (3)$$

消费品的供给等于：

$$G_s = C_2 + V_2 + M_2 = X_2 \qquad (4)$$

我把非均衡经济现象分为结构和总量两种类型，前者是造成后者的重要原因之一。结构非均衡是指生产结构与广义消费结构之间的矛盾，具体表现为建筑材料和机器设备的生产结构部分地不符合投资结构的要求；所生产的消费品不适销对路，消费者在市场上买不到满意的商品，部分消费品又卖不出去。结构非均衡是造成短缺与积压并存的原因。

可以把投资需求（I_{rd}）因结构矛盾超过投资品供给（I_{rs}）的差额称为投资结构缺口，即

$$I_{rd} - I_{rs} = \Delta I_r \qquad (5)$$

式中，下标 r 表示结构，以示与总量指标的区别。由 ΔI_r 所引起的投资品价格上涨率为：

$$P_{rI} = \Delta I_r / I_{rs} \qquad (6)$$

同样，可以把消费需求（G_{rd}）因结构矛盾超过消费品供给（G_{rs}）的差额称为消费结构缺口，即

$$G_{rd} - G_{rs} = \Delta G_r \qquad (7)$$

由 ΔG_r 所引起的消费品价格上涨率为：

$$P_{rg} = \Delta G_r / G_{rs} \qquad (8)$$

需要指出的是，再生产模型像投入产出模型一样，必须涉及到中间投入及其供求缺口，因此在非均衡再生产模型中不是"双缺口"，而是"三缺口"。中间产品的结构矛盾可能不同于投资品的结构矛盾，两类产品因结构矛盾所引起的价格上升幅度可能是不同的。但是，投资品和原材料都是生产资料，许多产品既是投资品，又是中间产品，如钢材、木材、玻璃等等。为了简化分析，假设中间产品价格指数与投资品价格指数相同。

如前所述，结构矛盾是造成总量非均衡的重要原因之一。除此之外，居民收入、社会消费和投资的膨胀以及对外贸易，是造

成总需求超过总供给的更重要的原因。在总量非均衡的情况下，存在以下关系式：

$$I_d - I_s = \Delta I, \quad P_I = \Delta I / I_s \tag{9}$$

$$G_d - G_s = \Delta G, \quad P_g = \Delta G / G_s \tag{10}$$

$$I_d + G_d = D, \quad I_s + G_s = S$$

$$D - S = \Delta D, \quad P = \Delta D / S \tag{11}$$

从（9）、（10）、（11）式可以得出按现行价格计算的社会再生产公式，分为均衡和非均衡两种情况。

均衡情况：$P_I = P_g$，仿照（2）式，得到（12）式：

$$(V_1 + \Delta V_1 + W_1) \cdot P_I = (C_2 + \Delta C_2) \cdot P_g \tag{12}$$

非均衡情况：$P_I \neq P_g$，在这种情况下，

$$(V_1 + \Delta V_1 + W_1) \cdot P_I \neq (C_2 + \Delta C_2) \cdot P_g \tag{13}$$

这就是非均衡再生产模型。马克思指出，社会主义非均衡经济"只有用不断的相对的生产过剩来补救；一方面要生产出超过直接需要的一定量固定资本；另一方面，特别是原料等等的储备也要超过每年的直接需要（这一点特别适用于生活资料）。这种生产过剩等于社会对它本身的再生产所必需的各种物质资料的控制"①。

在上述模型中，为了使（13）式变成等式，需要引进结构调节因子②，记为 R，这时社会再生产公式为：

$$\{C_1 \cdot P_I + (\Delta C_1 \cdot P_I + R_{C1})\} + \{V_1 \cdot P_I + (\Delta V_1 \cdot P_I + R_{V1})\} + (W_1 \cdot P_I + R_{W1}) = P_I \cdot X_1 \tag{14}$$

$$\{C_2 \cdot P_g + (\Delta C_2 \cdot P_g + R_{C2})\} + \{V_2 \cdot P_g + (\Delta V_2 \cdot P_g$$

---

① 《马克思恩格斯全集》第 24 卷，人民出版社 1972 年版，第 527 页。
② 每个部类有三个调节因子，一个方程只能确定一个未知数，需要外生给定两个因子，有的调节因子为负数。

$$+ R_{V2})\} + (W_2 \cdot P_g + R_{W2}) = P_g \cdot X_2$$

两大部类之间的交换公式为:

$$\{V_1 \cdot P_I + (\Delta V_1 \cdot P_I + R_{V1})\} + (W_1 \cdot P_I + R_{W1})$$
$$= \{C_2 \cdot P_g + (\Delta C_2 \cdot P_g + R_{C2})\} \tag{15}$$

下面再讨论两个问题。一个问题是均衡与非均衡的关系。我认为,从(13)式得到的(15)式,是部分均衡,不是全面均衡,在这个公式的背后存在大量的非均衡因素。换言之,部分均衡的实现是有代价的,结合我国当前的情况,主要有:

(1) 超合理库存与合理库存并存,短缺与积压并存。(2) 生产能力不能充分利用,据估计,由于缺电,20%左右的工业生产能力不能发挥作用。(3) 大批劳动力,特别是农村劳动力失业或部分失业。由于工农业比较利益和城乡差别过大,大批农民不安心农业,拥向城市。(4) 资源遭到破坏,环境被污染,生态失去平衡。(5) 产业结构失调,加工工业发展过快,依靠大量进口原材料支撑,越来越不适应现代化建设的需要,使社会生产的经济效益和社会效益受到严重影响。(6) 总需求超过总供给,据国家统计局估计,1988年供求缺口达到16.2%,是一股很大的不稳定因素,对今后投资市场和消费市场形成强大的压力①。尽管从1988年10月开始采取紧缩措施,由于货币的时滞影响和新投放的货币过多,物价持续上升,1989年1月城市职工生活费用价格比去年同期上涨30.4%,高于1988年12月26.7%的水平。(7) 通货膨胀和其他因素打乱了经济秩序,造成各阶层经济利益的大幅度的再分配。1988年,城镇居民平均每人可用于生活费的收入仅增长1.2%,大大低于劳动生产率的增长速度,而农民平均每人纯

---

① 目前在一定程度上出现了供过于求的局面。

收入实际增长6.3%，经济利益再分配向农民倾斜。据13个城市抽样调查，有34.9%的居民家庭因物价上涨造成实际收入水平下降。知识贬值，大批学生辍学，出现了新的"读书无用论"。(8)在通货膨胀的压力下，企业忽视管理，忽视技术进步，不在消化物价上涨因素方面下工夫，而是物价上涨的"二传手"，乘机涨价，为眼前利益大捞一把，这种短期行为将会产生深远的不良影响。

由此可见，非均衡经济系统"只有通过一次大崩溃才能恢复平衡"①。大崩溃就是代价。可是，有些同志认为，每年作一次经济计划，不需要任何代价就能求得生产与需求之间的平衡，这种看法既违背马克思思想，也不符合实际经济情况。由于我国的经济系统越来越不均衡，今明两年治理经济环境，整顿经济秩序，是避免"大崩溃"的及时雨，理应克服各种阻力，认真贯彻执行。另一个问题是调控经济系统的手段。在一般均衡论的经济模型中，只有价格这一个调节参数。这些学者认为，在一定的供给条件下，依靠均衡价格就能自动地平衡供给与需求。这种均衡系统可以自动地达到最大的效益，实现最优化。另一些学者在研究非均衡经济理论时，认为市场信息不充分、不全面，假定价格不起调节作用，把注意力集中在实物限额上。如果供过于求，就对生产实施实物限制；如果供不应求，则对需求实施实物限制。不难看出，这些都是抽象的纯理论研究。在现实经济生活中，特别是在我国当前的经济生活中，面对非均衡经济系统，既不能把价格看成是唯一的调节手段，也不能把实物限额看成是唯一的调节手段，而应多种手段并用，既有价格调节，也有价格和实物的限制；既有宏观经济

---

① 《马克思恩格斯全集》第24卷，人民出版社1972年版，第589页。

调控，也有行政和法律的干预。这就是说，调控现实的非均衡经济系统要比纯理论研究复杂得多。

三 对改革的反思

传统的社会主义经济体制缺乏生机与活力，管理落后，技术进步缓慢，产品质量差，成本高，经济效益低，人民生活水平提高不快，必须进行彻底的改革。不改革是没有出路的，更不能走回头路，恢复旧的经济体制。许多社会主义国家都在进行改革，但至今没有一个成功的例子。这说明经济和政治改革是极其复杂、极其艰难的事业，也说明在改革的理论指导和战略部署上存在某些问题。

如前所述，一方面我国的 10 年改革取得了举世瞩目的成就，另一方面又问题成堆，突出表现是经济系统越来越不均衡，越来越不稳定，需要对过去的改革进行深刻的反思。这是一个很大的题目，需要用专门的文章、甚至专门的著作来探讨，这里仅就所有制改革问题谈些看法。应该肯定，10 年来所有制改革取得了一定的成绩，所有制形式已经多样化。

同经济改革的目标相比，所有制改革已经取得的成绩（特别是非商业部门）还远远不够，需要进一步解放思想，继续进行改革。我认为，所有制改革的目标是以股份制为主体，建立混合经济。股份制是世界经济发展的大趋势之一，美国占资产的 85％以上，日本占 90％以上。今后我国的所有制，除公营、个体、私营、中外合资和独资企业之外，还有多种所有制的混合形式。1984 年在日本的股份中，金融机构占 38.5％，事业公司占 25.9％，个人占 26.3％，外国人占 6.1％，其他占 3.2％。在我国未来的股份中，全民所有制与集体所有制的相互参股将占很大的比重。同时，国家将继续控制国民经济的战略部门。那种认为实行股份制就是全部私有化的看法，是一种误解。通过股份制可以落实产权，促使企业（包括商业、银行）形成利益约束机制，使宏观调控具有可靠的微观基础。

私营经济使供给超过需求，存在缺口；公营经济使需求超过供给，也存在缺口，因此，理想的经济体制是公营和私营经济并存，两种缺口互补，使经济系统大体上保持均衡状态。公营和私营经济的比重要根据它们造成供求缺口的力量大小来确定，并根据经济形势的变化及时地加以调整。

根据这种设想，今后我国的经济体制改革在战略部署上可以分为两大阶段。第一阶段以所有制改革为主，辅之一些其他配套措施，如劳动合同制等等。这个阶段的中心任务是使企业建立起利益约束机制，克服短期行为，抑制需求膨胀。

在企业没有建立起硬预算约束之前，政府职能不能根本转变，也不能与企业职能分离。政府部门要继续管理企业，但不是过去以总产值为"黑后台"的八大指标，而是在新的条件下采取新的管理办法，除工资基金与上缴税利挂钩外，还要增加人均工资增长速度不得超过劳动生产率的增长速度、企业留利的积累与消费比例等控制指标。

对企业的管理与控制需要条件，其中主要有：（1）采取适当的紧缩措施，努力缩小总需求超过总供给的缺口，为所有制改革、为行政部门加强对企业的管理创造较好的外部环境。（2）严肃财经纪律，取缔企业利用"两本账"、"三本账"所搞的一切弄虚作假。加强审计部门对企业财务账目的检查。（3）培育市场，取消地方政府对市场的封锁，建立全国统一的各种市场。（4）"双轨制"价格是造成分配不公、各种"倒爷"和不正之风的肥沃土壤，应该尽早取消。凡是供过于求或供求基本平衡的商品，由市场调节；供不应求的商品由物资部门专营，在物资分配时照顾乡镇企业的需要，并努力创造条件增加有效供给。当供求基本平衡时，由市场调节。(5) 政治改革不应选择"两头小、中间大"（中央和企业的权力小，地方政府的权力大）的模式，而应选择"两头大、中间小"的模式，因为前一种模式容易形成"尾大不掉"之势，容易出现"一放就乱"的局面（特别是在投资方面）。

在我看来，"先改价格、后改所有制"，"所有制和价格改革双线展开"的主张，都缺乏理论依据。价格对所有制有一定的独立性，即使在完全市场经济的条件下，如果宏观管理失控或遇到特殊情况（如石油价格冲击），价格也会大幅度上升。另一方面，价格与所有制又有密切的联系。如前所述，公有制是造成总需求超过总供给的总根源，企业没有利益约束机制是突出表现之一。不改革所有制就不可能压缩总需求。在需求膨胀的条件下搞价格改革，企业都乘机涨价，必然引起需求进一步膨胀，使价格改革遭到失败。因此必须先改所有制，后改价格。按照这种战略部署，治理、整顿与改革之间不存在任何矛盾，而是在治理、整顿的条件下加快所有制的改革，使企业尽快地建立起利益约束机制，使总需求与总供给趋于平衡，为价格改革创造前提条件，达到根治的目标。

实现"政府职能与企业职能分离"，"微观搞活、宏观调控"，"从直接管理为主转变为间接管理为主"，"国家调节市场、市场引导企业"等等需要条件，企业利益约束机制是基本条件。在今后经济改革的第一阶段，由于没有这个基本条件，不能实现这些目标和措施。不顾客观条件，急于求成，把第二阶段才能实现的目标和措施提前到第一阶段实施，是造成经济混乱的根本原因。决策失误是最大的失误，对经济建设是这样，对经济体制改革同样是这样。只有在企业建立起利益约束机制之后的第二阶段，才能实现上述目标和措施，逐步建立起新的经济体制。

（原载《数量经济技术经济研究》1989年第6期）

就业、消费与投资的非均衡分析

我国是世界上最大的发展中国家，就业、消费、投资问题与西方发达国家在理论与实践方面存在很大的差别，本文对它们的非均衡现象作些分析，特别是就非均衡经济理论研究的思路谈些看法，对非均衡度作些讨论。

一　就业问题

就业理论在西方经济学中占有十分重要的地位，减少失业是西方发达国家宏观调控的主要目标之一。

古典学派和新古典学派认为，工资率由劳动力的供求决定，它是可变的。劳动的供给超过需求出现在劳动市场上，当工资率超过劳动边际生产率时，工资率下降，就业人数增加；当工资率等于劳动边际生产率时，达到劳动的供求平衡，不存在非自愿失业，反之亦然。

马克思接受了古典学派关于工资可变的理论，"决定工资的一般变动的，不是工人人口绝对数量的变动，而是工人阶级分为现役军和后备军的比例的变动，是过剩人口相对量的增减，是过剩人口时而被吸收、时而又被游离的程度"①；另一方面，"产业后备军的相对量和财富的力量一同增长"②，也就是说，工资率的下降并不能使劳动供求达到均衡，存在非自愿失业，与古典学派存在本质区别。

凯恩斯主义认为，工资具有向下刚性，上升容易下降难，对调节劳动供求基本上没有作用，而有效需求是最重要的变量。在资本主义社会，有效需求一般表现为不足，劳动供给超过需求是由商品市场上的非均衡引起的。由于有效需求不足，产量减少，自愿提供的劳动供给超过需求，失业增加，存在非自愿失业，因此需要政府采取财政政策，填补民间供求之间的"缺口"，恢复经济运行的均衡。

上述理论对我们研究就业问题都有参考价值，但目前我国有一亿多劳动力失业（主要在农村），劳动力的供给是无限的，这就决定了不能照搬上述理论。

我国的就业增加量既不取决于工资的高低，也不取决于有效需求的多少，而是取决于投资规模的大小，投资规模越大，就业人数增加得也越多。换言之，我国的失业主要同投资市场有关，但两者之间不是简单的线性关系，而是非线性关系，因为随着投资规模的增加，就业人数随之增加，但在投资增加的同时，技术水平会随之提高，单位投资所吸收的就业人数呈下降的趋势。因此，我国的就业函数除 $N(d)=d(W/p)$ 外，W 为货币工资率；还有 $N(d)=d(I/p)$，I 为固定资产投资，p 为价格指数。就整体而言，对于一般企业特别是对于独资企业来说，$N(d)=d(W/p)$ 的函数形式是成立的；对某些部门来说，$N(d)=$

---

① 《马克思恩格斯全集》第 23 卷，人民出版社 1972 年版，第 699 页。
② 同上书，第 707 页。

$d(Y)$ 也是成立的，Y 表示有效需求。

总的来说，我国劳动力供给函数是：$N(S) = s(R)$，R 表示人口数量。劳动力的具体供给需要分为三种情况：一是城市劳动力供给，其函数形式是 $N(S)_1 = s(W/p, R_1)$，即其劳动供给取决于实际工资水平和城镇人口。对于脏、累、险工作，劳动报酬一般要高于 $(W/P)_1$，城市劳动力才愿就业，否则，他们宁愿失业也不劳动，也就是说，城市存在局部自愿失业现象；二是农业劳动力供给，它取决于农村人口的增加，即 $N(S)_2 = s(R_2)$；三是农村劳动力向城市的转移，其函数形式是：$N(S)_3 = s(W/p)_1 > S(W/p)_2$，式中，$(W/p)_1$ 表示城市的工资率，$(W/p)_2$ 表示农村的工资率（劳动力人均纯收入）。我国农村的区别很大，基本情况是 $(W/p)_1 > (W/p)_2$，这是农民从农村转向城市的动力，但在东部沿海地区，已经出现了 $W/p_1 < W/p_2$ 的情况，农民不愿在城市就业。

我国不仅劳动力丰富，而且结构效益极其巨大（见表1）。

表1　　　　　　　　　结构效益　　　　　　　　　单位:%

时期	第一产业	第二产业	第三产业
1978			
占 GDP 比重	28.1	48.2	23.7
占劳动力比重	70.5	17.4	12.1
相对劳动生产率	0.3986	2.7701	1.9587
以第一产业为1	1	6.95	4.91
2005			
占 GDP 比重	12.6	47.5	39.9
占劳动力比重	44.8	23.8	31.4
相对劳动生产率	0.281	1.996	1.271
以第一产业为1	1	7.10	4.52

注：相对劳动生产率 = 占 GDP 比重/占劳动力比重。

从表1及《中国统计年鉴》（1994年）可以得到许多结论：第一，我国至今二元经济的特征仍然十分明显，1994年第二产业的相对劳动生产率为第一产业的 5.38 倍，第三产业为它的 3.58 倍，2005 年仍分别为 7.1 倍、4.52 倍。这里有自然因素，如农业劳动受季节的影响，劳动时间少于非农业部门，更重要的原因是农村劳动力大量过剩，农副产品的成本高，虽然不断提高其收购价格，工农业收益的反差仍然很大。

第二，三次产业的相对劳动生产率都在下降，第三产业下降的幅度最大，第二产业次之，第一产业下降的幅度最小。

第三，1994 年农业劳动力占 54.3%，说明我国实现现代化的任务仍然十分艰巨。一方面，农村存在隐蔽失业，[①] 劳动生产率很低；另一方面，农业基础脆弱，是一个突出的矛盾。看来，解决农业基础脆弱的途径主要不是依靠增加劳动力，而是使越来越多的农业劳动力转入非农业部门，同时向农业注入越来越多的资本。这个办法的理论依据是，在农业部门，资本的边际生产率大于劳动的边际生产率，从而可以降低农业成本，实现农业现代化。在非农业部门，由于存在资本边际收益下降的现象，当资本达到一定规模后，它的边际生产率低于劳动的边际生产率，这是各个国家现代化的历史所证实的规律。

第四，第二、第三产业的相对劳动生产率大大高于第一产业，说明结构效益极其巨大，这不仅是改革开放以来经济高速增长的重要原因，也是今后保持经济高速发展的巨大潜力。

[①] 2007 年有些经济学家认为，我国农村多余劳动力只有 5000 万，开始出现短缺。2002 年美国农业劳动力只占全部就业人员的 2.5%，2005 年我国占 44.8%，两者相差很大。在农村不断地用物化劳动替换活劳动，我国在相当长的时期内不会出现劳动力短缺。

第五，由于三次产业的相对劳动生产率相差悬殊，GDP（GNP）总量生产函数不能揭示结构效益，局限性十分明显。正确的做法是分别研制三次产业的生产函数，然后汇总得到 GDP（GNP）。

二　收入与消费

在西方宏观经济学中，有以下恒等式：
$$Y = C + I + G$$
式中，Y 代表收入；C 代表消费；I 代表投资；G 代表政府支出。

根据测算，我国边际消费倾向从 1978 年的 68.5% 降到了 1995 年的 43.6%，减少了约 25 个百分点。在 1990—1995 年期间，居民边际消费倾向不到新增收入的一半，而储蓄大幅度增加，这里既是供求局部扭曲的结果，也存在有效需求不足的问题。前者是造成城镇居民边际消费倾向下降的主要原因，即在他们的基本需求得到满足后，生产部门生产不出高质量的新产品，没有形成新的消费热点，特别是没有及时开发新的消费市场。有效需求不足主要表现为农民收入增长速度缓慢。

据初步估计，在"九五"期间，居民储蓄将增加 8 万亿元左右，居民消费将达到 10 万亿元左右。由此得出的结论是明确的：在投资方面，除继续开展间接融资外，需要尽快开辟直接融资的渠道；对城镇居民来说，住房、小汽车、旅游是最重要的新的消费市场；发展农业，开办更多、更好的乡镇企业，让更多的农民转入非农业部门就业，增加他们的收入，是解决有效需求不足的根本出路。

三 储蓄与投资

改革开放以来,固定资产投资高速增长,居民储蓄的增长速度更快,见表2。

表2　　　　　居民储蓄与固定资产投资　　　　单位:亿元

项目＼年份	1979—1980	1981—1985	1986—1990	1991—1995	2005
储蓄额	399.5	1622.6	7034.2	29662.0	141050.0
各项贷款余额	2414.3	5905.5	15166.4	44628.0	194690.4
占贷款余额的比重(%)	16.5	27.5	46.4	66.5	72.4
储蓄增加额	188.9	1223.1	5411.6	22627.8	21495.6
投资合计	1887.9	7997.5	19744.0	61637.0	88773.6
占投资的比重(%)	10.0	15.3	27.4	36.7	24.2

固定资产投资的供给除居民储蓄外,还有预算内资金、自筹资金、利用外资、其他资金(主要是农民的资金)。

虽然我认为投资需求超过供给是引起高通货膨胀的主要原因,但如何计算超过的数量,至今没有解决方法问题。

四 三个市场的非均衡模型

上面我们分别研究了就业、消费、投资三个市场,现在就可以建立它们的非均衡模型,王少平同志设计的模型方程式如下[①]

---

① 王少平:《非均衡计量经济模型研究》,武汉出版社1994年版,第196—199页。

（将方程符号改为文字，省略常数项）：

消费品需求 = a_1^* 总价值指数 + b_1^* 居民可支配收入增加额 + c_1^*（劳力供给 – 劳力交易量）+ d_1^* 投资交易量 + U_1

式中，c_1 表示劳动市场对消费市场的溢出效应。

消费品供给 = a_2^* 价格总指数 + b_2^*（国防支出/净物质产品）+ c_2^* 居民储蓄增加额 + d_2^* 消费品计划量 + e^*（劳力需求 – 劳力交易量）+ f^* 投资交易量/物质净产品 + U_2

式中，e 表示劳动市场对消费市场的溢出效应。

消费品交易量 = min（消费品需求，消费品供给）

此处体现消费品交易的短边原则。

价格总指数 = 上期价格 + a_4^*（消费品需求 – 消费品供给）+ U_4

劳动需求 = a_5^* 工资 + b_5^* 物质净产品 + c_5^*（上期投资交易量 – 上期投资增加额）+ U_5

式中，c_5 表示投资市场对劳动市场的溢出效应。

劳动供给 = a_6^* 工资 + b_6^* 人口 + c_6^* 投资交易量 + U_6

计划投资 = a_7^* 上两期计划投资 + b_7^*（上期消费品需求 – 上期消费品交易量）+ c_7^* 上期投资交易量 + d_7^* 上两期出口占 GNP 的比重 + U_7

式中，b_7 表示消费市场对投资市场的溢出效应。

投资交易量 = a_8^* 计划投资 + b_8^* 上期投资交易量 + U_8

以上八个方程是三个市场非均衡模型的核心部分。这个模型是针对中央计划经济设计的，经过17年的改革，经济体制发生了很大的变化，目前既不是计划经济，也不是市场经济，而是处于体制转轨阶段，需要根据这个特殊情况修改上面的模型；在具体计算过程中，还会遇到一些技术问题，需要逐一加以解决。

在非均衡模型中，最有意义、也是最复杂的内容，是市场之间的"溢出效应"，它使"一个市场的不平衡反应在其他市场上。当一个行为人由于受到配额限制在一个市场上实现的交易小于他意愿的交换，而调整他在其他市场上的需求和供给的时候，我们就说出现了溢出效应"[①]。

就业、投资、消费三个市场之间的溢出效应见图1：

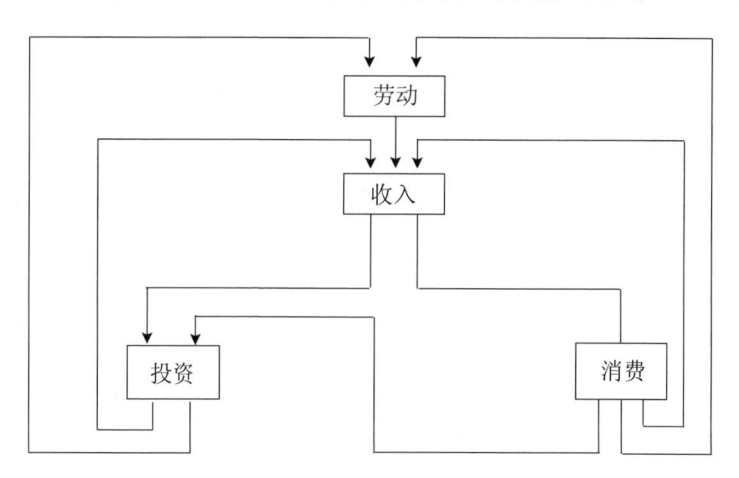

图1

图1中，收入虽然不是一个单独的市场，但不可否认是一个非常重要的中转环节，无论就业还是失业，都要通过收入对消费与投资市场发生影响。

上面已经指出，我国的就业水平取决于投资，投资多，增长

---

① 让·贝纳西：《宏观经济学：非瓦尔拉斯分析方法导论》，上海三联书店1990年版，第26页。

快，可以吸收更多的人就业，失业减少，收入与消费增加。西方经济理论由于受亚当·斯密教条的影响，只研究投资乘数对就业（收入）的作用。其实，投资还要购买投资品，投资乘数在这里也发挥作用，同样增加居民的收入。这些说明，投资市场的溢出效应是非常明显的。

居民收入增加意味着储蓄以更快的速度增加，能为投资提供源源不断的资金来源。无论在城镇还是在农村，隐蔽失业表现为劳动时间没有得到充分利用，这是我国劳动市场的一个突出特点。从表面上看，处于隐蔽失业的劳动力也有收入，似乎对消费市场没有影响；实际上，由于隐蔽失业人员多，劳动生产率和收入水平低，对消费市场有很大的影响。这就是说，隐蔽失业与公开失业对消费市场的影响（溢出效应）是基本相同的。在公有制经济中，工资率长期超过劳动边际生产率，收入分配向个人倾斜，是我国劳动市场的又一个突出特点，这对消费市场产生正面影响。劳动力供给是人口的函数，它的超供给不会对消费需求产生多大的影响，即劳动市场的溢出效应较小。同样，不满足的消费（消费不足）对劳动力供给的影响也不大。

如上所述，目前消费市场存在结构性矛盾，部分消费品供不应求（如农副产品），部分消费品供过于求（如家用电器），这个市场的溢出效应比较复杂，其中之一是表现为"强迫"储蓄。从总量上看，当消费市场供过于求时，企业开工不足，公开与隐蔽失业人数增加，对劳动市场产生影响。反之，当消费市场供不应求时，就要扩建和新建企业，通过投资影响劳动市场。未来人口还会不断增多，生活水平也会提高，消费品生产将有相应的发展，它对投资与劳动力的需求会越来越多。目前总体上劳动力供过于求，但高级劳动力又显得不够，也存在结构性矛盾。

五 非均衡经济理论研究的思路

一般均衡论的基础是牛顿力学，瓦尔拉斯说："这一结果完完全全通过自由竞争机制的自动运行获得，供需规律支配着所有商品的交换，正如万有引力定律支配着所有天体的运动。这样，经济世界最终揭示了其宏伟与复杂性，它就像是一个既巨大而又简单的、宛如宇宙般的绝美系统。"①

西方学者总是在一般均衡的框架内研究非均衡经济理论与模型，让·贝纳西说："我们应注意，非瓦尔拉斯方法并不是'反瓦尔拉斯'，相反，它只是在更为一般的假设下应用那些在瓦尔拉斯理论中一直很成功的方法。"② 他们认为，一般均衡论仅仅依靠价格波动能使供求达到均衡，有很大的局限性；如果采取数量或价格—数量调节，也能达到供求均衡，即所谓非瓦尔拉斯均衡。

哲学与经济学已经证明，均衡是相对的、暂时的、偶然的、静态的，而非均衡是绝对的、长期的、必然的、动态的。我已经指出："非均衡经济学是摆脱牛顿力学影响的成果之一，是思想方式、哲学基础和经济理论的一大进步。在市场不结清的假设下建立一系列非均衡的微观经济学原理，在这些原理之上搭起非瓦尔拉斯宏观经济学框架，是这门经济学的主要内容。"③

---

① 转引自罗·伯德金等《宏观经济计量模型史》，中国财政经济出版社1993年版，第11页。
② ［法］让·贝纳西：《宏观经济学：非瓦尔拉斯分析方法导论》，上海三联书店1990年版，第4页。
③ 张守一：《非均衡计量经济模型研究》一书的"序"，武汉出版社1994年版，第1页。

我又指出："一般均衡要求每种消费品、中间产品和投资品的供求相等，每种生产要素的供求均衡，资本市场的供求相等，信贷市场均衡，政府和居民收支平衡，国际收支相等，不存在库存、闲置、节余、失业、赤字等差额；不仅要求每种总量供求相等，而且要求每种结构供求均衡，理论分析可以作这种假设，实际经济生活是不存在的。"① 这就是说，这种理论的最大缺陷是脱离实际。

我说过："非均衡发展是一条最普遍的规律，在一切社会形态和社会生活的各个方面，它都在发挥作用。"② 非均衡经济学产生的原因，可以从各个不同的角度进行研究，其中最有说服力的是现代信息科学。它已经证明，信息是不完全的，是滞后的，收集、处理信息是需要成本的。一个消费者在市场上购买某种商品，不可能收集、处理全世界有关这种商品的所有信息；即使假定他能做到这一点，但其收集、处理信息的成本可能大大超过商品本身的价格；即使假定他不惜成本，通过收集、处理得到的信息也是滞后的。也就是说，消费者的决策总是在信息不完全的条件下作出的。另一方面，面对全世界近60亿人口的需求，厂商能够瞬间调节价格或增减数量，使供求达到均衡，显然是脱离实际的假设。这些就从根本上否定了消费者效用最大化的假定，从而动摇了一般均衡论的这块基石。再看生产者，他想生产一种新产品或购置一台新设备（投资），同样会遇到信息的不完全性、滞后性，收集、处理信息同样需要成本。设备供给者面对全世界的需求者，能够瞬间调节价格或增减数量，使供求达到均衡，也

---

① 张守一、葛新权：《中国宏观经济：理论·模型·预测》，社会科学文献出版社1995年版，第141—142页。

② 同上书，第199页。

是脱离实际的假设。这些就从根本上否定了生产者利润最大化的假定，从而动摇了一般均衡论的另一块基石。

我还认为，宏观调控的本质，是通过调控当局采取相应的政策，促使经济运行从非均衡状态向均衡状态发展，但一般达不到全部均衡状态。这里提出了非均衡经济理论研究思路与非均衡度概念。在这个框架内，一般不研究从非均衡达到均衡，而研究非均衡度从大到小或从小到大的演变过程，即研究各个市场不出清的程度及其通过乘数、加速或乘数—加速原理所产生的累积效应，因此，非均衡论是"反瓦尔拉斯"的另一门经济学。在这个框架内，一般均衡只起参照系的作用，非均衡度用离它的距离来测量。

如果这个说法能够成立，那么经济学在经历瓦尔拉斯均衡、非瓦尔拉斯均衡后，将进入反瓦尔拉斯非均衡的新阶段。

非均衡度可以从四个方面测量：一是分市场测量，就业、投资、消费、金融、技术等等市场，都存在供求不平衡的问题，需要分别测量其非均衡度；二是测量各个非均衡市场之间的溢出效应；三是总量测度，例如以 GDP（GNP）代表总供给，以消费、投资（包括库存）、净出口的合计代表总需求，多年来国家统计局对这种非均衡度进行了测量，国家统计局认为，供求差率在 5% 以内属于正常情况；四是结构测量，这对我国特别重要。上面已经指出，目前消费品市场出现了短缺与积压并存的局面，在劳动市场上也存在结构性矛盾。面对这些情况，总量测度有很大的局限性。例如，农副产品与日用工业品的使用价值不同，前者供给偏紧，后者供过于求，即使供求总量相等，由于农副产品与工业品之间不能相互替代，仍然是非均衡状态。例如，前者供不应求率为 10%，后者供过于求率也为 10%，由于它们不能相互替代，总供求差率为 20%。

科尔奈说："均衡理论达到的顶点极为引人注目，也许它的当代信奉者有能力在峰顶再建一座瞭望塔。但是，我们却认为，我们应当做的是从峰顶下到平原，再次从更低的海拔高度去攀登另一座更为陡峭的高峰。"① 一般均衡论证明了大道定理，经济核（包括内核、核仁、核心等），经济链等等，人们自然会问：在非均衡条件下，这些东西是否还存在呢？如果存在，它们会发生什么样的变化，这是非均衡论者亟须研究、解决的重大问题。

（原载《数量经济技术经济研究》1996年第8期）

① 科尔奈：《反均衡》，中国社会科学出版社1988年版，第404页。

论经济对策、非均衡、非线性与经济周期的一致性

1992年我提出了一个经济理论假设,即非均衡理论、非线性模型、周期理论表面上各研究各的问题,本质上存在一致性。① 本文进一步发展这个经济理论假设,把经济对策论包括进来,它是产生非均衡的原因,非线性、经济周期是它们的不同表现。我的任务是说明以上四者的一致性。如果有人说,目前对策论与非均衡论大量采用线性模型,与非线性与经济周期理论不一致。我的答复是,经济系统的本质是非线性的,线性模型仅仅是对它的近似描述,对策论与非均衡论要将目前使用的这类模型逐步发展为非线性模型。

一 经济对策论

所谓经济对策论,是指对策论在经济理论与管理中的应用。

---

① 张守一等:《中国宏观经济:理论·模型·预测》,社会科学文献出版社1995年版,第119—120页。

经济系统不仅有人的参与,而且人是它的主体,人有各种利益,其中最重要的是经济利益,它们是人作出决策、采取行动的基础,这是经济系统的本质。

马克思指出,调节需求原则的东西,本质上是由不同阶级的互相关系和它们各自的经济地位决定的,因而也就是,第一是由全部剩余价值和工资的比率决定的,第二是由剩余价值的不同部分(利润、利息、地租、赋税等等)的比率决定的。工人阶级创造的新价值在工资与剩余价值之间的分割,剩余价值在利润、利息与地租之间的瓜分,各个经济实体的收入在可支配收入与税收之间的切割,无一不是不同阶级、不同个人之间对策的结果。

从供给方面来看,它们也是由不同阶级的互相关系和它们各自的经济地位决定的。在资本主义企业,生产规模不仅取决于固定资本的多少(对策的结果),更取决于资本家与工人之间的关系;在行业、部门内部,一个企业的产量取决于资本家之间的竞争,社会总产出是各个经济实体对策的结果。

在社会主义社会,虽然阶级基本上不再存在,但个人与集体(集团)的利益是存在的,其突出特点是在维护国家、集体利益的基础上,追求个人利益。这样,个人与集体(集团)的关系、集体(集团)与整体(政府)的关系,就同时存在合作与非合作的两重性。王国成同志在毫尔绍尼研究的基础上,提出和证明了拟合作对策,"局中人的选择标准是合作总收益……最大化,但在具体的对策过程中,需要考虑转化时间,即第几步由非合作转化为合作。……对(预期策略)的估计包含着两层含义:第一是合作净收益……>0,使得局中人有结盟的动机和诱惑;第二是通过契约保证分配向量使得净收益在联盟内每个成员中的配置是帕累托有效或弱帕累托有效"①。

现代经济对策论包括组织理论、机制设计（激励机制）、谈判理论、拍卖理论等等。在经济理论与实践中，几乎没有一个问题不能用对策理论与模型来研究，例如所有制（委托—代理关系）、就业、收入、劳资关系、储蓄、投资、资本、价格、货币、竞争、利润、种族与性别、贫困与不平等、中央与地方的关系、积累与消费的比例、国内外贸易等等，都可以从对策论的角度进行研究。经济体制的改革是机制设计问题，通过激励机制使各个方面在追求自身利益的基础上实现社会目标，同时制裁不符合社会目标的各种行为。

二　非均衡经济理论

上面从对策论的角度讨论了供求关系。当劳动市场、消费品市场、生产资料市场、投资市场、房地产市场、金融市场、技术市场、信息市场等等出现供求不等、相互之间出现溢出效应时，就表现为非均衡。在对策过程中，信息分布不对称、不均匀，是造成非均衡的基本原因。

每个市场非均衡的形成，是许多经济实体、多种因素、多个对策造成的结果，下面我只对由对策造成的非均衡作些十分简要的分析。

在劳动市场上，劳动总供给取决于人口，我国政府为了提高人均收入水平，缓解就业压力，推行计划生育政策，这是政府与居民的对策，前者的策略有宣传教育、罚款、堕胎、不许上户口

---

① 王国成：《现代对策论及其在我国宏观经济中的应用》，博士论文（1996年），第64页。

（所谓"黑人"、"黑户口"）、不许上学等等；居民的策略是逃离住地，组成"超生游击队"，等等。我国劳动需求总量取决于固定资产投资，具体的就业量取决于企业与家庭的对策，前者在比较资本边际收益率与劳动边际生产率后，决定招工人数。一个人的时间分为劳动与闲暇，家庭在比较就业边际收益与闲暇边际效用之后，决定劳动的供给量。

在消费市场上，各个经济实体的需求取决于收入，后者的形成是一个十分复杂的过程。生产成果（新价值）要进行初次分配。在社会主义企业的分配中，职工拿多少，企业留多少，政府拿多少，是企业与职工、企业与政府对策的结果。改革开放以来，国有企业的收入分配向个人倾斜，问题出在下面，根子在上面。也是就是说，在企业与主管部门的对策中，厂长（经理）总是站在职工一边，信息优势又总是在企业一边（不对称），这是政府在与企业对策时"屡战屡败"的根本原因。职工由于"收入幻觉"、互相攀比、满足消费与其他需求等等因素的影响，总是认为收入越多越好；厂长（经理）照顾职工的利益可以减少矛盾，便于管理，表现业绩，也是追求自身利益的表现。因此，在国有企业所有制改革完成以前，要解决预算软约束是不可能的。

实际税收是企业与政府对策的结果。虽然企业纳税有法律规定，但企业想尽各种办法少交税款，例如偷税漏税，造假账，公款私存，等等，由于国家财政收入少，支出多（对策的结果），连年出现赤字。在再分配过程中，各个经济实体得到的收入同样是对策的结果。

国有企业的供给是它们与职工、地方政府、后者与中央政府的对策。例如，企业产量是它与职工对策的结果；企业为了追求利润，在地方政府的支持下，大量重复引进家用电器生产线，造成生产能力过大、产品积压。

虽然经济改革已有17年，但政府与国有企业并未改变"投资冲动"的恶习，没有治好"投资饥饿症"的痼疾，投资需求极其旺盛。投资供给包括预算拨款、银行贷款、自有资金、利用外资等等，来源是有限的。每项资金来源都是对策的结果，例如居民的消费是他们与企业的对策，他们的储蓄是其与银行（存款）、财政（国库券）、企业（股票）的对策；居民在比较储蓄边际收益与消费边际效用后作出决策。改革开放以来，在投资市场上供不应求是常态，只有少数年份是供过于求。

在金融市场上，贷款规模与还本付息，是企业与银行对策的结果。信息优势在企业一边，同样是银行与企业对策时"屡战屡败"的根本原因。企业采取种种合法与非法的手段获取贷款，如夸大需求，捏造信息，请客送礼，贿赂贷款员等等；本来欠账要还是天经地义的事情，但国有企业想方设法赖账，有钱也不偿还贷款，使银行呆账的比重不断上升。银行资金来源的主体是各种存款，如上所述，居民存款是对策的结果，其他资金来源也不例外。贷款需求是无限的，资金来源是有限的，因此在金融市场上供不应求是常态，只有通过所有制改革建立起硬预算约束，才能从根本上改变局面。

GDP（GNP）有实际（效用）与（货币）价值的两重性，通过各种对策，出现了所谓"超分配"，商品（包括服务）是不可能超分配的，发生这种非均衡现象是货币超分配的后果。

目前我国经济的结构矛盾十分突出，这也是对策的结果。拿农业来说，它的产品需求的价格弹性与收入弹性小。改革开放以来，我国投资市场发生了重大的变化，投资主体多元化，单位投资所带来的利润成为投资者追求的主要目标，而农业存在边际成本递增或边际收益递减的状况，投资者不愿向农业投资；中央与地方政府都存在"增长冲动",农业的投资比重不断下降,非农业部门的投资比重不断提高;由于农业与非农业收入的反差太大,农民也不愿增加投入。各个方面都不愿向农业投资,而向非农业部门投资,造成了农业基础脆弱、农副产品供不应求、支撑能力有限的局面。

微观结构矛盾造成宏观结构失调,后者表现为总量失衡。许多宏观经济问题都是对策的结果,例如中央与地方的关系(包括经济增长、财政收支、贷款规模等等),时时刻刻都在对策,"上有政策、下有对策",就是这种状况的写照。因此,中央政府制定的政策要以激励机制为基础,使各个方面(包括国有企业、地方、部门)在追求自身利益的基础上,能够实现社会(整体)目标,也就是说,使"下有对策"为社会目标服务。我国农业改革符合这个原则,允许农民追求自身的利益,充分调动了他们的积极性,增加了人力、物力、财力的投入,实现了农业增产的社会目标(1984年以前)。

上面从对策的角度分析了造成微观经济与宏观经济非均衡的原因,现在反过来,从非均衡的角度分析对策均衡。所谓纳什均衡,是指在他人不改变策略的情况下,每一个局中人在自己的策略集中遍选所有策略,都不能提高支付;或当自己不改变策略,仅由对手改变策略不会降低自己的支付。显然,在纳什均衡中,经济环境(行为特征、客观集、关系集)是给定的,信息是完全的。如果两个(组)局中人,他们的经济环境、信息和策略空间都是一样的,通过对策,他们的支付(效用)相等,可把这种情况叫做"对称"均衡;如果两个(组)局中人,他们的经济环境、信息与策略空间不等,通过一次(局限于一次)对策得到的支付不等,可把这种情况叫做"非对称"均衡;如果两个(组)局中人,不仅他们的经济环境、信息与策略空间不同，而且在动态对策中每次的支付不等，可把这种情况叫做"非均衡"对策。

在西方发达国家的市场经济中，企业是预算硬约束，利率是调节贷款、投资、生产等等的基本手段，信息系统十分现代化，即使在那里，仍然存在非均衡。我国正在建立市场经济，市场规则很不规范，国有企业是预算软约束，利率的作用十分有限，结构矛盾十分突出，信息系统正在建设，在这类非均衡中，非均衡度比西方发达国家大得多。

三 非线性模型

各个市场的非均衡及其相互溢出效应，在数学与图形上的表现，就是非线性。

企业的人、财、物、供、产、销，把它们的统计数据描绘在纸上，都是非线性的。以生产为例，当市场销售旺盛时，企业增加产量；当市场销售萧条时，企业减少产量，这就出现一次波动。企业的产量受到生产要素的制约，当市场销售旺盛时，由于人、财、物能满足需求，生产发展很快；如果它们短缺，不能满足需求，生产发展缓慢，这又造成一次波动。由于企业产量受需求与供给两方面的制约，其波动轨迹总是起伏不平。虽然基本工资几年调整一次，在这段时间内是常数，但职工的奖金是随时变动的，他们每月的收入有多有少。物价是不断变化的，职工的实际工资更是有起有伏。

宏观经济总量来自微观数据，这里分为三种情况：一是加总，例如三次产业的产值是这些产业的企业数据的分别汇总，而GDP又是三次产业产值的加总；二是加权汇总，物价指数都是这样计算的；三是分量之和不等于总量。总量大于各个分量之和，是系统论的一条基本定理。在经济系统中，指标之间的相互影响不是简单加总的关系，而是产生极其复杂的连锁反应。

宏观经济的所有指标由于供求不等的影响，都是非线性的，用线性方法描述和分析，用线性经济计量方程预测，是十分勉强的。

在数理经济学和经济计量经济学发展的一段时间内，由于线性方程比较简单，容易收敛，计算机的功能有限，应用软件落后，普遍采用线性方程。但是，近十多年来，人们对经济系统本质的认识日益深刻，计算机技术迅速发展，非线性应用软件大量开发出来。如上所述，经济系统是非线性的，用线性模型来研究它，不能揭示它的本质，用线性经济计量模型作预测是不准确的；而非线性模型能够揭示经济系统的本质，用非线性经济计量模型作预测是比较准确的。每个经济指标在日、月、季、年、长期中，都是波动的，无论理论研究还是实际应用，都迫切要求我们将线性模型发展为非线性模型。

国内外学者对非线性模型作了许多研究，但有更多的工作要做，例如，关于经济混沌的研究，目前集中力量在各个方面寻找它的存在，并未从对策（近来美国发表了对策与混沌关系的论文）与非均衡的角度进行分析；又如，研究微观经济与宏观经济实用的非线性模型，目前也是薄弱环节；需要继续研究参数估计与检验方法；至于非线性联立方程组，更是需要攻关的重大课题。

四 经济周期理论

经济对策、非均衡后果的另一种表现形式，就是经济周期。改革开放以来 GNP 的波动轨迹，如果从峰顶到峰顶来划分周期，

1978年（GNP增长11.7%，下同）到1984年（15.2%）是第一个周期，1984年到1987年（11.6%）是第二个周期，1987年到1992年（14.2%）是第三个周期；如果从谷底到谷底划分周期，1981年（5.2%）到1986年8.8%是第一个周期，1986年到1990年（3.9%）是第二个周期，1990年到1999年（7.6%）是第三个周期，目前处在第四个上升阶段，2006年达到了10.7%。

在宏观范围内，经济学界按照GNP（GDP）的增长率来划分经济周期，是十分科学的，理由非常充分。在经济系统中，GNP（GDP）是最综合的指标，它的波动是各种因素的综合反映；反之，它的波动又影响到所有经济指标的变动。

我认为：造成中国经济周期的根本原因，是长期战略与短期因素的矛盾。这里严格界定：所谓长期战略，是指一个时期内GNP（GDP）的年均增长速度；所谓短期因素，是指除这个指标以外的其他因素，各个经济实体之间的对策，是造成经济周期更深层次的原因。

我国长期战略的形成是对策的结果，中国革命是在半封建、半殖民地的条件下取得胜利的。新中国成立初期，生产要素极其落后，人均产量很少，要改变贫穷落后的局面，缓解就业压力，提高人民生活水平，巩固国防，显示社会主义制度的优越性，我国政府通过与外国政府的对策，决定（决策）实行高速增长，这就要求提高积累率，进行大规模投资，放慢居民消费的增长速度，这样做虽然眼前的消费少，但以后的消费多。如果政府与居民对策的结果是只顾眼前利益，实行少积累的战略与政策，虽然眼前的消费多，但以后的消费少，巩固国防、缓解就业压力、显示社会主义制度的优越性都会遇到困难。

当社会主义市场建成以后，由于客观条件发生了根本变化，长期战略与短期因素将不再是经济周期产生的主要原因，但各个经济实体之间的对策仍然是其原因，不过具体内容将有所变化。

上面我说明了经济系统中因果关系的相对性，从另一个角度来看，因果关系又是分层次的。从对策的角度分析经济周期，是一个层次；从长期战略与短期因素进行分析，是另一个层次；从投资、信贷、货币、消费、国际贸易等等进行分析，是第三个层次。

前面我从对策的角度分析了总供给（GNP 或 GDP）的形成，也分析了需求的形成，消费、投资与净出口的加总，就是总需求。实践证明，增长率与通货膨胀是一对"双胞胎"，对后者可以从各个不同的角度进行分析，例如需求拉动、成本推动、综合因素影响形成的通货膨胀，也可以用产品、部门、产业与总供求的差额解释通货膨胀和物价上涨，下面从对策的角度进行分析。

通货膨胀是由多种对策形成的结果，如政府—消费者、政府—厂商、厂商—消费者、中央政府—地方政府、银行—企业、银行—消费者等等，它是一种非最优的对策状态（纳什均衡）。在政府—消费者的对策中，政府的策略有扩张与紧缩，消费者的策略有正常消费与抢购①。当政府实行扩张政策时，为了增加投资，减少对居民的补贴，居民的消费水平下降；扩张政策促使经济以超高速度运行（包括地方政府的层层加码），引发通货膨胀；居民根据合理预期，"买涨不买跌"，实施抢购策略，造成物价以更快的速度上涨。这充分说明，当各个经济实体的目标函数与价值取向不一致时，通货膨胀的发生具有必然性。

这时，每个局中人在对方不改变策略的情况下，单靠自己改变策略，不能再提高自己的收益，不愿为治理论通货膨胀作出努

---

① 居民惜购也是一种博弈行为。

力。为了治理通货膨胀，需要政府与居民的合作。在政府的"记忆"中，消费者是理智的；在消费者的"记忆"中，政府有能力治理通货膨胀，双方采取合作的策略，政府实行紧缩政策，消费者根据合理预期，预计物价的上涨会放慢，恢复正常消费。

如上所述，通货膨胀是多种对策造成的结果，只要将两主体的对策行为特征以及它们在通货膨胀中的作用认识清楚以后，就可以进一步研究它们的共同特征和相互作用，从而对通货膨胀作出更加符合实际的解释，得到更加科学的结论。[①]

上面对经济对策论、非均衡论、非线性模型与周期理论的一致性进行了简要的分析，一致性就是统一性、同一性，这就为研究它们之间的相互关系，如对策论与非均衡论、对策论与非线性模型、对策论与经济周期理论、非均衡论与非线性模型、非均衡论与经济周期、非线性模型与经济周期理论以及建立四者统一的理论与模型奠定了理论基础，为现代经济学的理论与应用研究开辟了广阔而又崭新的前沿领域。

（原载《中国经济问题》1996年第6期）

[①] 王国成、黄涛：《现代经济博弈论》，经济科学出版社1996年版，第232—237页。

经济周期产生的原因

本文将对经济周期产生的原因提出一种新的解释,看法还不成熟,可供进一步探索。

一 理论经济学的一个假说

在前几年思考的基础上,1992 年,我提出了理论经济学的一个假说:对策论、非均衡论、非稳定论、非线性论和经济周期论,表面上各研究各的问题,在因果关系上却存在一致性,即经济对策是因,非均衡是果,非稳定、非线性和经济周期是三种表现形式。经济对策造成非均衡,后者是指经济系统中的供求关系,在供给超过需求的情况下,产出与物价逐步下降,滑至谷底;在需求超过供给的情况下,产出和物价逐步上升,跃至高峰,这就表现为经济周期。

按照这个理论假说,在探索经济周期产生的原因时,就要改变研究思路,不是分析某个经济变量(如投资、消费等等)如何直接引起经济波动,而是要到经济对策中去寻找原因。这涉及因果关系的两种理论:互为因果论和终极原因论。

恩格斯是互为因果论的倡导者。他说："原因和结果这两个观念，只有在应用于个别场合时才有其本来的意义；可是只要我们把这种个别场合放在它和世界整体的总联系中来考察，这两个观念就汇合在一起，融化在普遍相互作用的观念中，在这种相互作用中，原因和结果经常交换位置；在此时或此地是结果，在彼时或彼地就成了原因，反之亦然。"[①]

经济学家对经济周期产生的原因进行了长期、深入的研究，提出了各种各样的说法。哈伯勒在《繁荣与萧条》一书中，将引起经济周期的原因分大类概括为：纯货币理论，投资过度论，成本变动，横的失调与负债过度，消费不足论，"心理理论"，农业收获论，储蓄与投资，贮藏资金，灵活偏好与利息率，"乘数"与"边际消费倾向"，就业不足论，等等。自从1937年《繁荣与萧条》一书出版以来，又出现了以弗里德曼为代表的货币主义，以卢卡斯为代表的合理预期学派，以查·卜劳瑟尔、罗伯特·金为代表的实际经济周期论。

上面关于经济周期产生原因的分析，都建立在互为因果论的基础上。我（1995年）在《我国经济周期产生的特殊原因与波动形态》一文中指出："造成中国经济周期的根本原因，是长期战略与短期因素的矛盾。"[②] 这种分析也是以互为因果论为基础的。

哲学家喜欢探求事物发生结果的终极原因，例如客观唯心主义者认为，上帝是宇宙运动的第一次推动力；主观唯心主义者把运动说成是脱离物质的概念的运动。正如列宁所说：使运动和物

---

① 恩格斯：《反杜林论》，载《马克思恩格斯选集》第3卷，人民出版社1972年版，第62页。

② 张守一、葛新权：《中国宏观经济：理论·模型·预测》，社会科学文献出版社1995年版，第125页。

质分离，就等于使思维和客观实在分离，使我的感觉和外部世界分离，也就是转到唯心主义方面去。

恩格斯把运动看成是物质的属性。他说：运动，就最一般意义来说，就它被理解为存在的方式、被理解为物质的固有属性来说，它包括宇宙中发生的一切变化和过程，从单纯的位置移动直到思维。列宁也持这种观点，认为运动是物质的不可分离的特性。现代天文学提出了宇宙大爆炸理论，可以说明其运动的起源。

地球与人类之间的关系，包含终极原因论和互为因果论。地球产生在前，人类出现在后，前者是因，后者是果，这属于终极原因论，不能颠倒它们之间的因果关系。但是，自从人类出现以后，他们与地球之间的关系就进入了互为因果论，人类开发地球，索取各种物资，同时又栽草种树，美化环境，增加资源；人类排放废水、废气、废渣，污染环境，地球（自然）就向人类"报复"，其中最严重的后果是，臭氧层变薄而出现大洞，气候变暖，危及人类的生存。

上面讨论了互为因果论和终极原因论，其用意有三：（1）我提出的从经济对策中去寻找经济周期的原因，属于终极原因论，但并不排除经济学家继续用互为因果论研究经济周期；（2）上述理论假说只是说明了经济对策论与非均衡论、非稳定论、非线性论、经济周期论之间的因果关系，并不是要用它来取代对后面四个方面的研究；（3）经济周期产生的原因是多方面的，其中自然条件对经济系统的干预和影响就是一个重要的原因，例如自然灾害或风调雨顺对农业的影响是很大的，哈伯勒就把它作为造成经济周期的原因之一。自然系统不能对人类的活动自觉地制定和实施策略，这是决策问题，不是对策问题。这就是说，经济对策论不能解释一切，只能解释其中大部分经济周期产生的原因。

二 用对策论模型解释经济周期产生的原因

经济对策是因，非均衡是果，是上述理论假说的核心环节。为了揭示这个环节，我（1997年）在讨论投入产出分析的基本理论问题时，将非均衡系统划分为均衡板块与非均衡差额两个部分，示意图如图1[①]。

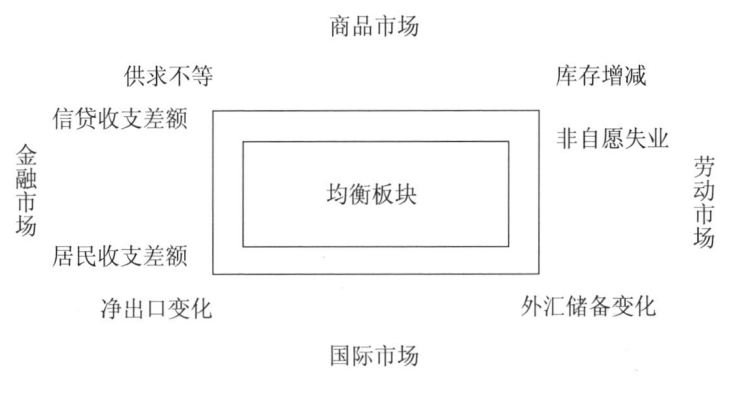

```
                        商品市场
         供求不等                    库存增减
    信贷收支差额                    非自愿失业
金                 ┌─────────────┐              劳
融                 │             │              动
市                 │   均衡板块   │              市
场                 │             │              场
    居民收支差额                                
                   └─────────────┘
         净出口变化                   外汇储备变化
                        国际市场
```

图 1

如上所述，经济对策是因，非均衡是果，经济周期只是其表现形式之一，了解了经济运行的非均衡状态，就不难判断经济周期所处的阶段。下面我用对策论模型解释商品市场、劳动市场和金融市场的非均衡现象。

(一) 商品市场

静态模型。这是指局中人同时采取策略，同时行动（虽然一人在前行动，一人在后行动，但后者不知道前者的信息），只

[①] 张守一：《关于投入产出分析的基本理论问题》，载《数量经济技术经济研究》1997 年第 3 期。

进行一次对策。

假设有四个生产者和四个消费者,生产者对单位商品的要价是 8 元,成交后,消费者获得 8 个单位效用。通过交易,得到了支付矩阵,见图 2。

		消费者	
		购买	不购买
生产者	出售	(8,8)	(8,0)
	不出售	(0,8)	(0,0)

图 2

图 2 支付矩阵是由四个元素构成的,代表四个生产者与四个消费者进行交易,但只有一项交易获得了成功,即生产者得到了 8 元价格,消费者获得了 8 个单位的效用。其他三项交易均未成功,在支付元素(8,0)中,虽然该种商品的客观效用为 8,但消费者对效用的主观评价是 0,故未成交;在支付元素(0,8)中,虽然消费者对该种商品效用的评价是 8,与客观效用相同,但他所出的价格低于 8 元,生产者不愿出售,没有成交;由于生产者或消费者的信息不灵(信息不完全),他们没有碰到一块儿,没有成交,支付元素为(0,0)。

在市场上,所有达成的交易,表示生产者取得了收益,消费者获得了效用,实现了供求均衡,进入我们所说的均衡板块。凡是没有达成的交易,生产者的商品没有出售,增加了库存;消费者没有获得效用,增加了手存现金;这就意味着商品市场和金融市场都出现了非均衡,形成了非均衡差额。还要指出的是,虽然在上述支付矩阵中,只有一个生产者与一个消费者达成了交易,但这类交易占经济总量的绝大部分;三个生产者与三个消费者没有达成交易所形成的差额,这类交易只占经济总量的很小一部分。

动态模型。这是指一个局中人先行动,另一个人后行动,进行多次、甚至无限次对策。这里需要从另一个角度讨论动态模型。

假设只有一个生产者,生产一种高质量产品和一种低质量产品;有四个消费者购买这家工厂的产品,形成了支付矩阵,见图3。

		消费者	
		购买	不购买
生产者	高质量	(8,8)	(0,0)
	低质量	(10,-4)	(0,0)

图3

在图3矩阵中,生产者的收益为利润,消费者的收益仍为效用。在支付元素(8,8)中,生产者获得8元利润,消费者得到8个单位的效用,双方成交。在支付元素(10,-4)中,双方达成了交易,但消费者购买的是低质产品,效用为-4;而生产者由于出卖了低质产品,获得了10元利润。这两项交易实现了供求均衡,进入我们所说的均衡板块。但是,在后面这个情况中,生产者获得了超额利润;如果消费者不使用所购买的低质商品,又花自己的收入去购买高质商品,增加了他的支出,这些都已经包含非均衡因素。两个支付元素为(0,0)的情况,或者是消费者对高质量产品效用的评价和出价过低,生产者不愿出售;或者是消费者不购买低质量产品,没有成交,它们构成非均衡差额。

(二) 劳动市场

施蒂格利茨指出:"雇主希望所支付的工资能使劳动总成本最小;这个工资被称为效率工资。使劳动市场出清的工资,即使劳动供给等于劳动需求的工资,被称为市场出清工资。没有理由期望效率工资与市场出清工资是相同的。"① 这就充分说明了劳动市场存在非自愿失业,是不能出清的。

还要强调指出的是,劳动市场存在逆向选择问题。例如雇主打算雇用高素质的员工(包括董事会聘用经理),由于信息不对称,他不了解员工(经理)的实际能力(私人信息),在完全竞争的劳动市场上,如果他提出的工资偏低,高素质的员工(经理)就会流向工资高的企业,结果他雇用了低素质的员工(经理)。即使这个企业拥有先进的设备,由于员工(经理)的素质偏低,产出就会减少(如管理不善、废品和次品增加等),如果需求不变,市场上这种产品就会出现供不应求。

在经济对策论中,学者们研制出各种非对称信息模型,例如,针对雇主不了解雇员实际能力的情况,提出了以受教育的程度作为信号传递,其中分为受教育的程度只作为信号,不提高劳动生产率和受教育的程度不仅作为信号、而且能够提高劳动生产率两类模型。由于这些模型比较复杂,这里不一一介绍。

(三) 金融市场

在信贷配给情况下,只有一部分投资者能够获得贷款,有一部分投资者不能得到贷款,获得贷款的投资者只能满足其需求的一部分。商业银行面对两类投资者:一类风险低;一类风险高。银行希望通过提高利率来增加收益,但当利率提高时,风险低的投资者不再借款,退出金融市场,使预期收益高、并有把握的投资项目不能进行;风险高的投资者愿意借款,但不还本付息的可能性(风险)很大,这也是逆向选择;提高利率可能使借款人

---

① 施蒂格利茨·韦斯:《不完全信息下的信贷配给》,载《美国经济评论》1981年第71期。

选择投资风险更高的项目，这叫做道德风险。施蒂格利茨和韦斯设计了一个对策论模型来研究这类问题。

上面的分析说明，局中人（个人、家庭、企业、地区、部门、国家）根据各自的利益，在商品、劳动和金融市场上进行对策，必然导致非均衡现象。这里在分析几个市场时，只应用了简单的对策论模型，目前对策论按照信息的性质，可以分为以下两类：

对称信息 $\begin{cases} \text{完全信息：静态模型、动态模型} \\ \text{非完全信息：静态模型、动态模型} \end{cases}$

非对称信息 $\begin{cases} \text{事前信息} \\ \text{事后信息} \end{cases}$

对策论模型的每个大类又包括许多小模型。除以上模型外，作为一门学科，它还在继续发展。

虽然经济学家就经济周期产生的原因提出了几十种说法，但我深信，它们中的大部分都能用经济对策论作出解释。这是一个长期的研究过程。

三　宏观调控与经济周期

宏观调控与经济周期之间是鸡生蛋、蛋生鸡的关系。当经济运行处于谷底或处于高峰时，政府进行宏观调控，在这种情况下，前者是因，后者是果。当实施宏观调控后，经济运行出现回升或下降，在这种情况下，宏观调控是因，经济运行是果。但是，货币主义、合理预期学派和实际经济周期论都认为，经济系统本身不会产生经济周期，由于政府执行宏观调控政策，造成了经济周期。因此，在他们看来，政府政策是造成经济周期的罪魁祸首。虽然我并不同意这些学者的观点，但不能否认宏观调控与经济周期之间存在密切的关系。

目前世界上许多国家(包括中国、美国)都有财政赤字,信贷收支也不平衡,说明在这些方面普遍存在非均衡现象,这里不去研究。萨缪尔森和诺德豪斯在谈到对策论时,引用了一个财政—货币政策模型,见图4。[①]

萨缪尔森和诺德豪斯指出,在美国,财政部属于政府,受政府与议会的控制,它的目标是充分就业、政府声望、增加公共开支和减少税收。执行这些政策的结果,是越来越高的财政赤字;它还希望降低利率,促进投资和经济增长。中央银行(联邦储备委员会)不受政府与议会的控制,独立执行货币政策,它的目标是强调稳定和抑制通胀,常用的手段是提高利率,减少投资,使经济保持低速而稳定的增长。财政部与中央银行对策的结果,达到了非合作(纳什)均衡,但投资水平低,不利于经济增长。

		财政政策	
		高赤字	低赤字
货币政策	低利率	很高的失业 很高的通胀 适度的投资	*适度的失业 适度的通胀 高投资
	高利率	**适度的失业 适度的通胀 低投资	高失业 低通胀 适度的投资

注:*为合作均衡;**为非合作(纳什)均衡。

图4

我国的情况不同,财政部与中央银行都属国务院领导,上面

---

① 萨缪尔森、诺德豪斯:《经济学》,1995年英文第15版,第194页。

还有中央财经领导小组，能够执行统一的财政与货币政策，可以达到合作均衡，在保持适度失业（城镇）与通胀的同时，能够维持高投资。美国的投资率一般占 GDP 的 13%—18%，近些年来我国占 40% 左右，比美国高一倍或一倍以上。

由于国有企业改革滞后，给财政与银行带来了许多问题，财政每年要拿出几百亿元补贴亏损企业，国债不断增加。根据美国的教训，财政赤字是国际收支赤字的原因。随着国债的增加，国际资本看到有利可图，纷纷流入，国际收支赤字越来越大。目前国有企业仍然是预算软约束，负盈不负亏，在吃财政"大锅饭"的同时，越来越多地吃银行的"大锅饭"，银行的不良贷款日益增加，使一些银行出现了亏损。党的十五大后，会加快国有企业以股份制为主要形式的改革步伐，逐步扭转上述"恶性循环"，使国民经济步入稳定、适度快速、健康发展的轨道。

（原载王洛林主编《经济周期研究》，经济科学出版社 1998 年版）

第二编
数量经济学

向社会主义市场经济过渡时期的数量经济学

党的十四大确定以社会主义市场经济作为我国经济改革的目标模式,是一项重大的决策。目前正处于向市场经济的过渡时期,下面就这个时期数量经济学发展的四个问题谈些看法。

一 改革开放与数量经济学

我国数量经济学的发展与改革开放是分不开的。1978年以来,经济改革的基本内容是引入市场机制,打破计划机制一统天下的局面。我把从计划经济到市场经济的转变划分为两大阶段,1978—1991年为第一阶段。在这个阶段,所有制改革取得了一定的成绩,农业实行了家庭联产承包制。在工业总产值中,国有企业所占的比重从1978年的77.6%下降到1991年的52.9%,集体企业的比重从22.4%上升到35.7%,其他企业从无到有,1991年的比重为11.4%。在社会商品零售额中,国有比重从1978年的54.6%下降到1991年的43.3%,集体比重从40.2%下降到30.0%,其他比重从2.1%上升到

29.8%。同时，计划、物资、财政、金融、物价、外贸等也进行了改革。1978年工业生产的指令性计划占其总产值的95%以上，1991年下降到16%左右；1978年农业指令性计划占其总产出的25%，目前已全部取消；1979年统一分配256种物资，1991年已减少到19种；同年商业部计划管理188种消费品，1991年已减少到24种，由市场供求决定的价格占75%以上。在改革开放的推动下，经济增长很快，1978—1991年GNP年均增长8.4%，出口递增27.2%，进口递增25%。到1991年，市场机制的作用基本上达到了与计划机制平起平坐的地位。在这个阶段，数量经济学不仅本身发生了变化，增加了研究市场机制的内容，而且发展很快，对经济改革与发展作出了很大的贡献。

以党的十四大为标志，我国经济改革与发展进入了从计划经济到市场经济过渡的第二个阶段。改革的主要内容是计划机制要基本上退出微观经济领域，让市场机制发挥资源配置的基础作用；建立比较完整的市场体系；重构宏观经济调控体系和方法。经济发展将出现新的局面，将会保持很高的增长率，将会加快产业结构调整的步伐，投资促进经济增长的作用将取代以耐用消费品生产为代表的轻工业的作用，房地产、汽车、旅游和高科技开发将成为重要产业，等等。

在这个阶段，数量经济学将会发生新的变化。

第一，关于研究对象。数量经济学的研究对象，是在定性分析的基础上，应用数学方法和计算机技术，研究经济系统的数量表现、数量关系、数量变化及其规律性，这个定义不会改变。但是在第二阶段，经济变量及其运行轨迹会发生变化，数量经济学要研究计划机制如何逐步退出微观经济，市场机制如何发挥资源配置作用，宏观经济管理如何从直接调控逐步转变为间接调控，如何主要利用税率、利率、汇率来调控经济的运行。

第二，研究内容会扩大。在第一阶段，数量经济学的研究内容主要是物质生产的产品市场。在第二阶段，它的研究内容除产品市场外，会扩大到第三产业、金融市场（证券、股票）、要素市场、房地产市场、技术市场、信息市场等，研究的内容日益广泛与丰富。

第三，服务对象会发生变化。在第一阶段，数量经济学的研究与应用主要是为各级政府部门服务。在第二阶段，它除继续为各级政府部门服务外，越来越多的工作将是为企业和居民服务。企业、特别是企业集团将越来越需要数量经济学工作者收集、加工各种信息，利用数学模型作出经济预测和政策分析，帮助它们提高管理水平与竞争力，在国内外市场中占领更多的份额，取得更大的经济效益。股票、房地产行情的预测和分析，将会受到许多居民的欢迎。

第四，产品会多样化。在第一阶段，数量经济学的产品主要是规划、预测成果。在第二阶段，其产品除规划、预测成果外，信息及其分析、政策评价、咨询业务会迅速增加。拿经济预测来说，除年度、季度、月度（预警预测系统）预测外，又出现了每周的预测，叫做快速预测。

第五，产品将商业化。在第一阶段，数量经济学的研究课题，有的没有拨款，是无偿服务；有的有拨款，也是按照计划经济模式进行的。在第二阶段，它的产品将逐步商业化，公开出售产品，按质论价，各家咨询公司之间将开展商业竞争，优胜劣汰。一些境外咨询公司已打入国内市场，我国的咨询公司也要走向国际市场，将在国内外同它们开展竞争。

二 理论与方法论研究

研制经济模型的程序是经济理论分析—数理经济分析—经济计量分析，目前经济理论与数理经济分析薄弱，是应用模型的一个致命弱点。众所周知，西方发达国家是成熟的市场经济，我国正处于从计划经济向市场经济的转变时期，在模型设计和方程设定时，采用西方经济理论和数理经济分析，不符合我国的经济情况，很难取得令人满意的结果。在过渡时期研究数理经济学（经济理论存而不论）是很困难的，因为研究内容，即经济现象、过程和规律的质不稳定，变化很快，要研究其量的变化，困难是很多的。以市场经济为参照系，研究各个变量从计划经济向市场经济的演变过程，可能是克服困难的一个办法。

关于方法论研究，我仅就非线性模型、非均衡模型和对策论应用谈些看法。

任何一个经济指标和整个经济系统的运行受到众多因素的影响，非线性轨迹是它们的本质表现，而线性轨迹仅仅是特例或近似，因此今后要把前者的研究作为主攻方向。有的同志认为非线性模型太复杂，令人眼花缭乱，不赞成研究。这种看法值得商榷。既然经济原型是非线性的，那么反映它的模型也应该是非线性的，不能因复杂而放弃研究。否则，数量经济学很难进一步发展。当然，我们反对为复杂而复杂，搞数学游戏。

在研究非线性经济模型时，寻找非线性函数关系是当务之急。目前非线性技术所研究的生长模型、密度模型和渐近回归模型，函数形式太少，其中有的不适合用来研究经济问题。寻找微观经济与宏观经济的非线性函数关系，是迫切需要开展的工作，只有在这方面取得了突破，才能建立起完整的非线性经济模型。

同时，开发更先进的非线性软件，也是一项重要工作。

近几年来，经济混沌研究受到一些同志的重视，我国学者陈平利用美国股票数据找出了混沌现象，中国科学院系统研究所利用我国财政月度数据也找出了混沌现象，我们对上海、深圳的股票数据进行了分析。国内外科学家在谈到混沌研究的意义时指出，简单系统可以出现复杂性，复杂系统可以出现简单性，复杂性的规律带有普遍性，这说明混沌论像系统论、信息论、控制论一样，是一门横向型方法论学科。混沌论认为，由于波动周期不规则，甚至无规则，不能作长期预测，至少长期预测不准确。凡是作过长期预测的同志，都会相信这个结论。但有同志认为，经济混沌研究是写出几个方程，用数据在计算机上模拟，没有理论指导，不会有什么结果。目前我们对经济混沌知之甚少，马上作出悲观的结论会束缚科学的发展。随着经济混沌研究的深入，有可能揭示其理论依据。至于内生变量与外生变量的关系、混沌与随机的关系、低维系统与高维系统的关系、从单一方程到联立方程组等等问题，都需要进行研究。

自从1972年费尔和拉惠提出非均衡模型以来，这项研究有了很大的发展，对中央计划经济非均衡模型的研究也取得了长足的进步。现在，单一市场和两个市场的非均衡模型比较成熟，得到了应用，多市场（三个市场）非均衡模型近来克服了设定、估计和检验的困难，在比利时、荷兰和法国得到了应用。对我国来说，先后有中央计划经济的非均衡、从计划经济到市场经济过渡时期的非均衡和市场经济的非均衡，内容十分丰富，大有研究的必要。可以预料，随着市场非均衡问题研究的深入，将来有可能研制出完整的非均衡经济模型。

至于非均衡经济理论研究，至今没有形成坚实的体系，特别是没有揭示非均衡的传导机制，没有深刻分析总量与结构非均衡之间的关系，研究深度与一般均衡论相比还有很大的差距。从实际工作来说，非均衡是常态，按照短边规则，总有资源得不到利用。人们要不要发挥主观能动性去追求均衡，使各种资源得到最优的分配和使用？如果回答是肯定的，我们用什么机制和办法来发挥主观能动性，如何确定宏观经济调控的方向与力度？此外，如何界定合理的投资规模和强迫储蓄？所有这些和许多其他问题，都需要进行研究。

对策论思想产生于中国古代，田忌赛马是一个经典事例。1944年，冯·诺伊曼和摩根斯坦的《对策论与经济行为》专著，奠定了这门学科的理论与方法论基础。20世纪70年代以来，对策论的研究取得了多方面的突破，研究了多次乃至无穷次对策，强调它的动态性。

现代对策论在承认各经济实体利益的基础上，能够协调它们的利益，首先，对经济理论与管理研究具有极其重要的意义。我国已有一些同志在研究现代对策论的应用，取得了一些成绩，需要有更多的同志来研究这个问题，为经济发展与改革作出贡献。

1979—1984年，我国农业改革在允许农民追求自身利益的前提下，达到了连年丰收的社会目标，这完全符合对策论中机制设计理论。乡镇企业异军突起，也是在自觉或不自觉地按照这个理论办事。目前农业陷入了徘徊不前的状态，需要采取强有力的措施推动它的发展，否则会带来难以估量的严重后果。在城市改革中，虽然非国有经济发展很快，取得了一定的成绩，但国有企业由于所有制改革没有取得突破，进展缓慢。国有大中型企业存在技术整体性与所有制配置的问题。传统经济理论认为，既然它们存在技术整体性，必须集体劳动，全民所有制是最好的形式。实践表明，由于国有大中型企业负盈不负亏，内无动力，外无压力，普遍管理不善，效益低下，亏损严重。在现有国有企业的基础上,一切间接宏观调控措施都显得软弱、乏力,虽然行政办法有效,但会阻碍市场经济的形成。现代经济理论认为,大中型企业的技术整体性可以配置分散的所有制,采取股份公司的形式。股份制有多种形式,其中主要有三种:第一种是银行与大型企业相互参股,日本是这样。第二种是一个单位创办一家股份公司,如美国通用汽车公司主要属于哈佛大学。第三种是居民购买股票。应用机制设计理论研究经济改革,是数量经济学工作者的一项迫切任务。

其次,合作对策与非合作对策是两类不同的模型,后者更加重要,更有发展前途。目前国有企业与行政部门的关系,既有合作的一面,又有非合作的一面,需要研究将两者结合起来的新模型。

再次,要注重现代对策论的应用,解决实际经济管理问题,在实践中发展对策论。它的本质是线性规划,现在可以针对不同情况,采用仿真技术作出多个方案。

最后,目前的对策论是在假设其他条件不变的情况下研究某个经济问题,本质上是一种局部均衡分析。今后需要突破这种局限性,研究多种对策及其相互关系。

研究非线性、非均衡、对策论应用和其他有关问题的背景,同探索新范式联系在一起。所谓范式,是指思维方法、哲学基础和理论体系。国外有的学者指出,目前的范式仍在很大程度上受牛顿力学的统治。探索经济学的新范式,必须摆脱牛顿力学的影响,把经济系统看成是复杂的、不断变化的有机体。

自从1973年美国学者丹·贝尔的《后工业社会》一书出版以来,西方一些学者不断地在这方面进行探索。近年来俄罗斯的一些经济学家参加到这个行列中,以前他们是马克思主义者,苏联的瓦解和社会制度的变革使他们迷惑不解。现在他们认为,苏联的瓦解是世界范围内范式变化的结果，不仅苏联在改革，西方发达国家也在变革。我们要注意国外探索经济学新范式的动向，结合我国的情况开展研究。

三 关于应用工作

三年来，数量经济学的应用工作又取得了新成绩，经济形势分析和预测会议是在这个时期开始的，目前正在编制1992年投入产出表，地区、部门和企业的应用项目和成果更多。

1980年以来，高等学校和科研单位培养了一大批既懂经济学又懂数学和计算机的青年学者，使经济学队伍发生了很大的变化。1992年以来，在全国范围内掀起了证券热、房地产热、开发区热、入关热、集资热，这批年轻的数量经济学工作者及时抓住机会，对经济生活中提出的这些热点和难点问题进行了大量的宣传与研究，拓宽了数量经济学的研究领域。这些问题像任何其他经济问题一样，都有质与量两个方面，是数量经济学的研究对象。西方许多数量经济学家对上述经济问题进行了研究，例如费尔、拉惠、曼德拉和尼尔逊等研究过房地产市场的非均衡模型，1990年美国两位经济学家因研究股票市场取得突破而荣获诺贝尔经济学奖。用数量经济学技术研究上述问题，是从分析各种相关因素入手，找出每个时期的最优规模与速度，能防止出现失控与混乱。建议将股票、证券、房地产等定量分析内容写进数量经济学的教科书，增加新的内容。

市场经济的本质之一是竞争，不仅"下海"经商有竞争，从事学术研究也有竞争，数量经济学同其他经济学科之间既是合作又是竞争的关系，我们不去占领市场，别人会去占领。我们要保持数量经济学已经取得的地位，并扩大自己的影响，就需要研究、应用、教学、普及等各个方面做更多的工作，取得更大的成绩。其中应用数量经济学方法研究经济生活中出现的热点与难点问题，是一个重要方面，这就要求我们不断地学习新的知识，了解新的情况，进行新的探索。只要我们的目标明确，齐心协力，就能在向社会主义市场经济的过渡时期继续发展数量经济学，数量经济学就能对经济改革与发展作出新的贡献，发挥更大的作用。

四　数量经济学的发展阶段

1978年以来，有些文章包括我写的文章，都谈论过数量经济学发展阶段的划分问题，由于标准不同，划分的阶段也不一样。

我认为，数量经济学的发展阶段应以研究内容为划分标准。1953—1978年，我国实行高度集中的计划经济，基本特征是工人捧"铁饭碗"，干部坐"铁交椅"，职工吃"大锅饭"，财政统收统支，物资统购统销，银行是行政部门的出纳，大量消费品凭证供应，企业是行政部门的附属物，等等。1978年改革开放以来，情况发生了很大的变化。根据新中国成立以来的情况，建议将数量经济发展划分为以下几个阶段。

第一阶段：1958—1978年。把1958年作为起点，是因为在"大跃进"的冲击下，许多数学工作者走出高楼深院，深入工厂农村，用线性规划解决了一些微观经济问题。1957年何祚麻、罗劲柏所写的《马克思主义再生产理论的数学分析》长文，《力学学报》杂志分三次刊登，第三次已经是1958年7月，选择这一年作为数量经济学发展的起点，可以把何、罗的文章包括进去。

三年"大跃进"对我国经济发展是一场灾难,据我匡算,损失国民收入800亿元左右,为什么要选择这一年作为数量经济学发展的起点呢？具体问题具体分析是马克思主义的灵魂,"大跃进"是灾难,是指整体而言,在个别地方和个别事情上,它发挥过积极作用。如果研究江苏省常州市的工业发展史,当地干部一致认为,1958年是转折点。在此之间,该市只有少量的手工业,1958年经过改组与建设,形成了许多现代工业部门。三年调整期间,他们没有下马,保留了新发展起来的生产力,为该市的工业化奠定了基础。同样,许多数学工作者研究经济问题,无疑是件好事。用数学方法研究经济问题从微观开始是正常现象。

第一阶段分为三个小阶段。第一个小阶段是从1958年到1964年的起步。在经济调整过程中,"大跃进"时期从事经济问题研究的数学工作者,几乎全部回到了原来的工作岗位,继续研究数学。1960年前后,几位学习经济与统计的同志开始从事经济数学方法的研究。他们一方面在科技大学学习数学,另一方面编译资料,写宣传文章,搞调查研究。经济研究所经济数学方法研究组的同志主要研究经济数学方法的一般问题、社会扩大再生产模型和投入产出分析。数学研究所运筹室经济组的同志已经着手编制鞍钢金属投入产出表。

第二个小阶段是挫折。1964年经济研究所开展所谓"社教"运动,把刚刚兴起的经济数学方法研究当做"修正主义、资产阶级的黑货"进行批判。接着是"文化大革命"动乱,本来就很小的科研队伍散的散,转的转,使这项研究工作遭到了严重的挫折。在此期间,只编制了1973年全国61种产品的实物型投入产出表。

第三个小阶段是恢复。1976年粉碎"四人帮",经济数学方法研究重新恢复起来。1978年在制定哲学社会科学发展纲要（1978—1980年）时，经济数学方法被列为一个研究方向。

第二阶段：1979—2010年。这个阶段数量经济学的研究内容是从计划经济到市场经济的转变，它分为两个小阶段。第一个小阶段是1979—1991年，这是数量经济学大发展的13年。1979年3月成立数量经济研究会（1984年改为学会）以来，现在已有四个专门委员会[①]和十几个地区分会（团体会员）；研制了一批国家、地区和企业的经济计量模型、投入产出模型和预警预测系统，在规划、计划、预测、分析和预警等方面发挥了重要作用；发表了大量论文，出版了许多著作；教学工作取得了长足的进步，编写了多本教材，许多高等学校相继开设了数量经济学课程，召开了几次教学经验交流会。

目前我国数量经济学处于什么状况呢？1993年2月18日在京常务理事议论了这个问题，出现了两种意见。一种意见认为，国家信息系统已经研制了国家和30个省市的经济计量模型，并已连接成为一个模型体系，每年开展经济预测；国家统计局决定每五年编制国家和省市的投入产出表，逢五、逢十编制延长表；1990年以来北京每年定期举行两次会议，开展经济形势分析和预测，提出政策建议；国家和各省市自然科学基金会、社会科学基金会对数量经济学研究课题的资助已经正常化；高等学校比较普遍地开设了数量经济学课程。根据这些情况，他们认为目前我国数量经济学正在趋于成熟。另一些同志认为，这个估计偏高，目前我国数量经济学仍处于探索阶段。

第二个小阶段是1992—2010年。这是向社会主义市场经济

---

① 现有七个专门委员会，即数理、投入产出分析、企业、高校、博弈论、金融、远程教育。

的过渡时期，在此期间要继续进行经济改革，其核心问题是将国有大中型企业逐步改造成为股份制企业（包括商业银行），开放和整顿市场秩序，继续坚持开放政策，对宏观经济进行间接调控。到 2007 年，这些措施正在实施之中。需要指出的是，2010 年我国只是初步建成社会主义市场经济，与发达国家成熟的市场经济相比还存在差距，需要不断地完善。

2010 年以后，我国数量经济学将进入第三个发展阶段，研究对象将是市场经济的数理与数量关系。

(原载《数量经济技术经济研究》1993 年第 12 期)

传统经济学与数量经济学的融合

本文所说的传统经济学,是指以定性分析为内容的经济学,包括政治经济学、应用经济学(部门经济学和专业经济学)。我认为,传统经济学与数量经济学的融合,是我国经济学的必然趋势,是一项跨世纪的工程。下面就我国经济学"两张皮"的形成、融合的必要性和融合的不同观点、融合的难点、融合的层次与融合后的经济学家族等问题介绍一些情况,谈些看法。

一 我国经济学"两张皮"的形成

我国经济学"两张皮"的形成,不是"一分为二"的结果,而是在传统经济学的旁边出现了数量经济学。

新中国成立后,我国经济学是从前苏联引进的,无论政治经济学,还是应用经济学,都局限于定性分析,忽视定量分析,是"一张皮"。传统经济学的形成有深刻的历史背景。马克思和恩格斯在继承英国古典经济学的基础上,形成了一个独立的学派。虽然马克思具有一定的数学水平,留下了《数学笔记》,但他在创建这个学派时,把主要精力放在论述对古典经济学革命的内容,揭露各种各样"庸俗经济学"的错误,即论述"是什么"和"为什么",至于"是多少"的问题,他关心较少。在《资本论》中,马克思从定量分析的角度研究过利润率、再生产公式等等,但在他的经济理论体系中所占的比重不大,居次要地位。

十月革命胜利后,教条主义长期统治着苏联经济学界,大批经济学家无视经济学研究对象和任务的变化,局限于引用马克思的论述,几乎没有什么创新,在定量分析方面,除再生产公式外,再没有什么其他内容。这个坏毛病随着苏联经济学的引进也传入了我国,对我国经济学产生了很坏的影响。

传统经济学的弊病是多方面的:第一,经济系统是质与量的统一,但传统经济学只研究质,不研究量,知识是片面的。第二,马克思说过,一种科学只有成功地运用数学时,才算达到了真正完善的地步。传统经济学由于不应用数学和计算机开展定量分析(包括理论与计量),不可能达到完善的地步。第三,改革开放以来,经济研究、教学需要与国外交流,但由于传统经济学局限于定性分析,使这种交流受到了限制。

从20世纪50年代开始,在传统经济学"一张皮"的旁边,出现了以定量分析为内容的数量经济学,即出现了另"一张皮"。1956年苏共20大以后,苏联学术空气十分活跃。在涅姆钦诺夫院士的努力下,苏联科学院西伯利亚分院成立了在经济研究中应用数学与统计方法研究室,简称经济数学方法研究室,在莫斯科办公。这个名称是苏联传统经济学界与数量经济学界斗争的结果。涅姆钦诺夫主张在苏联建立苏维埃经济计量学,遭到保守派的反对,说它没有研究对象,但可以在高等经济院校开设一门课程。虽然两派在名称上取得了一致,但双方对经济数学方法的理解是完全不同的。保守派认为它只是一门课程,不是一门学科或学派;而涅姆钦诺夫则认为,"它的组成部分有计划计量学、经济控制论和数学规划"①。

1959年中国科学院经济研究所所长孙冶方访苏回国后,由陪同他访问的刘国光起草了访苏报告,其中介绍了苏联从1957年开始兴起的经济数学方法研究,要求在我国开展类似的研究工作。1959年底,在该所国民经济平衡组(室)设立了经济数学方法研究小组。在"文化大革命"中,刚刚兴起的这项研究遭到了严重的挫折。1978年冬天,在制定哲学社会科学发展纲要(1978—1980年)时,把经济数学方法与计划、统计分为一组,使它得到了恢复,成立了中国经济数学方法研究会。

虽然我国数量经济学产生于20世纪50年代末,但真正的发展是在改革开放以后。1979年3月将中国经济数学方法研究会改名为中国数量经济研究会,1984年又改名为数量经济学会。这是数量经济学大发展的年代,研制了一大批经济计量模型、投入产出模型、系统动力学模型、灰色系统模型和预警预测系统,在国家、地区、部门与企业的规划、计划、预测、分析和预警等方面发挥了不可替代的重要作用;发表了大量的论文,出版了许多著作;教学工作取得了长足的进步,编写了多本教材,许多高等院校开设了数量经济学课程。目前,国家信息系统已经研制了国家和30个省、市、自治区的经济计量模型,并将它们连接成为一个模型体系,每年开展经济预测;国家统计系统每五年编制投入产出表,逢五、逢十编制延长表;1990年以来北京每年定期举行两次经济形势分析与预测会议,提出经济预测和政策建议;我国参加了几项国际合作项目;国家与各省市自然科学基金会、社会科学基金会对数量经济学课

---

① 涅姆钦诺夫:《经济数学方法和模型》,商务印书馆1980年中文版,第17页。

题的资助已经正常化。根据这些情况,我认为我国数量经济学正在趋于成熟。

数量经济学在短短十几年中取得了巨大的成绩,但由于传统经济学没有与它融合起来,形成理论数量经济学,不能对应用工作发挥指导作用,因此常常使后者限于"没有理论的计算"。因此,我认为,从现在开始,应当将传统经济学与数量经济学逐步融合起来,形成定性分析与定量分析相结合的新经济学。这是一项庞大的任务,是一项跨世纪的工程。

虽然融合的任务十分艰巨,但有利条件是很多的。一方面,数量经济学已经有了一支人数很多、素质较高的队伍,做了大量理论与应用工作,积累了许多资料与经验;另一方面,许多经济学家逐步认识到,局限于定性分析的经济学,内容片面,迫切需要增加定量分析的内容。以上两股力量的结合,就能逐步解决数量经济学与传统经济学融合的各种问题,关键在于传统经济学家与数量经济学家、特别是高等院校的领导与教师充分认识到这项任务的必要性与迫切性,开展多种形式的合作,编写、出版定性与定量分析相结合的著作和教材。

二 融合的不同观点

国内外经济学家对于传统经济学与数量经济学的融合(结合、综合、沟通),提出了两种不同的观点。西方经济学家在马克思经济学与古典经济学、凯恩斯主义的沟通上作了不少研究,企图论证它们之间的一致性。

布拉德利和霍伍德说,李嘉图与马克思"修正、改造、驳斥了斯密著作中的许多具体论述,但是他们仍然停留在《国富论》所提出来的理论体系之内。他们仍然用斯密分析社会经济运行时提出来的剩余概念和经济行为承担者的阶级划分"①。

熊彼特认为,马克思是一位古典经济学家,更确切地说是李嘉图集团中的一员,表现在马克思接受了李嘉图的劳动价值理论,追随李嘉图之后李嘉图分子的步伐,把剩余价值概念发展成为自己的剥削理论,他还接受了李嘉图提出的技术进步引起失业的理论。②

多布是西方研究马克思经济学的著名学者,他也认为,"马克思是李嘉图的嫡系,是他的继承者"③。

从上述引文可以看出,西方经济学家强调马克思对亚当·斯密和李嘉图经济理论的继承性,忽视甚至否定他的革命性。

罗宾逊夫人在沟通马克思与凯恩斯方面写了不少文章。她认为:"当代经济学……能在一些地方有助于马克思主义者。第一,用当代更恰当更确切的分析方法来重新考虑马克思的论点,澄清他的理论中许多含糊之处,揭示他的理论中的优点与弱点;第二,当代经济学借助于有效需求也即就业理论的分析,为马克思本人提出来的但未充分论述的资本主义运动规律提供了研究基础。再说,两种经济学努力去了解相互之间的批评必然使双方都得益,而不要尽去干那些一知半解的责备。"④

日本经济学家都留重人指出,马克思和凯恩斯"两人都提出,投资可以引起购买而并不伴随相应的销售,从而促使经济繁荣的到来;两人都否定了萨伊定律,虽然各自的理由稍有不同;

---

① 布拉德利和霍伍德主编:《古典政治经济学和马克思主义政治经济学》,1982年英文版,第7页。
② 熊彼特:《经济分析史》,1955年英文版,第390页。
③ 多布:《亚当·斯密以后的价值理论和分配理论》,1973年英文版,第142页。
④ 琼·罗宾逊:《一篇论马克思经济学的论文》,1966年英文第2版,第22—23页。

凯恩斯的名言'在技术条件、自然资源、资本设备和有效需求为既定时,宁可把劳动看成是生产中的唯一因素'以及他用工资单位来表述经济数量的做法,意味着向马克思价值理论的靠近;凯恩斯如马克思含蓄地指出的那样,背弃了传统经济学中的利息理论;更重要的是,两人都认为在经济体系内部发生作用的各种原因,会把资本主义改变成一种别的什么社会,虽然两人强调的物质基础很不相同"①。

樊钢研究员讨论了马克思主义经济学与凯恩斯主义特别是与新古典经济学的综合问题,他认为:"社会经济活动,一方面是物质生产活动,另一方面是社会交往活动;一方面是人与物的关系,另一方面是人与人的关系。……马克思主义着重从社会关系方面考察了经济活动,即着重研究了经济活动中人们相互间历史地发生的社会关系及其发生演变的原因和规律。……相反,新古典主义理论,……,则是将经济活动的社会方面,即经济关系、经济制度等视为给定的背景条件,甚至完全抽象掉,着重从人与物的关系、人类物质生产与物质需要的角度,考察社会经济活动,着重研究的是如何配置物质资源、选择生产技术,以满足人们的各种物质需要的问题。"②

樊钢研究员对马克思主义经济学的论述是正确的。马克思说:"物的有用性使物成为使用价值。……商品的使用价值为商品学这门学科提供材料。"③ 马克思也提到了效用,但没有展开分析。

---

① 都留重人:《凯恩斯和马克思:总量分析》,载《马克思和当代经济学》,1968年英文版,第178页。

② 樊钢:《现代三大经济理论体系的比较与综合》,上海三联书店1990年版,第111—112页。

③ 《马克思恩格斯全集》第23卷,人民出版社1972年版,第48页。

恩格斯认为："政治经济学，从最广的意义上说，是研究人类社会中支配物质生活资料的生产和交换的规律的科学。""政治经济学本质上是一门历史的科学。它所涉及的是历史性的即经常变化的材料；它首先研究生产和交换的每一个发展阶段的特殊规律，而且只有在完成这种研究以后，它才能确立为数不多的、适合于一切生产和交换的、最普遍的规律。"①

苏联出版的各种政治经济学著作一直引用恩格斯的论述，例如1959年苏联出版的《政治经济学教科书》（第三版）明确指出，"政治经济学研究与生产力相互作用下的生产关系"②。1988年由梅德维杰夫主编的《政治经济学》仍然认为，"政治经济学是从生产关系与生产力和上层建筑统一的角度去研究生产关系的。它要阐述支配各种形态中生活资料生产、分配、交换、消费的规律，以及支配社会经济发展的规律"③。

以上事实说明，马克思主义经济学是在设定供求关系、资源配置的前提下，着重研究社会制度的演变。从社会制度的角度研究人与人的关系，属于这种研究的第一层次。

樊钢研究员对新古典经济学的概括不完全正确，他没有看到社会制度的变化当然会改变人与人的关系，但是在同一社会制度下，也存在人与人的关系。新古典经济学确实是在社会制度设定的前提下，把人与物的关系作为研究的对象，但也研究同一社会制度下人与人的关系，例如收入、就业、劳资关系、储蓄、投资、价格、货币、竞争、利润、资本、种族与性别歧视、贫困与不平等、贸易保护等等，无不涉及人与人的关系。在社会制度设

---

① 《马克思恩格斯选集》第3卷，人民出版社1972年版，第186、186—187页。
② 《政治经济学教科书》，1959年俄文第3版，第10页。
③ 梅德维杰夫主编：《政治经济学》，中国社会科学出版社1987年中文版，第37页。

定的前提下研究人与人的关系，属于这种研究的第二层次。

我主张把政治经济学与数量经济学融合后产生的经济学，叫做理论经济学，它的对象是研究第一、第二层次上人与人的关系以及人与物的关系，即研究生产关系与生产力相结合的生产方式。

三 融合的难点

传统经济学与数量经济学的融合，目前存在三个难点。

第一，我国处于从计划经济向市场经济的过渡时期，经济体制的各个方面都在迅速发生变化，这种市场经济的质没有稳定下来，给研究工作带来了很大的困难。社会主义市场经济有两个突出的特点：一是公有制占主导地位；二是共同富裕。不过，何谓公有制，目前存在很大的争论，例如一些人所说的公有制，是指传统的全民所有制与集体所有制，后者把全部财产归集体所有；另一些人把股份制和股份合作制看成是公有制的重要形式，最终所有权归个人所有。

在西方发达国家，市场经济有多种形式，如英、美的自由市场经济，德国的社会市场经济，日本的公司市场经济；有些国家国有经济的比重较高（例如法国），有些国家国有经济的比重很低（例如美国）。这些千差万别的情况，并未妨碍西方学者在经济学的许多基本问题上取得共识，同时存在各种各样的学派。从这里可以作出推论，对社会主义市场经济的不同理解，也不会妨碍我国学者在许多基本理论问题上取得共识，同样会存在多种学派。尤其重要的是，随着社会主义市场经济的建立，它的质会逐步稳定下来，经济学家的共识也会越来越多，前景是光明的。

第二，劳动价值论与生产要素论的差别。众所周知，马克思经济学是一个完整的体系，它认为劳动具有二重性，具体劳动创造使用价值，抽象劳动创造价值；从工人阶级创造的价值中扣除他们的生活费用，得到剩余价值；资本主义社会的剥削阶级把剩余价值瓜分为利润、利息和地租。由萨伊提出、经过克拉克发展的生产要素论，认为劳动创造工资，资本创造利润，土地创造地租。在讨论传统经济学与数量经济学融合时，需要将两者结合起来。①

西方经济学家主张抛弃劳动价值论，例如斯梯德曼说，用马克思的价值理论来对资本主义社会提供一个唯物主义的说明，"只会引出这样一个看法：继续信奉劳动价值论，成了进一步发展有关资本主义理论说明的一个沉重桎梏"②。自从1960年斯拉法出版《用商品生产商品》一书以来，在西方主张用商品价值论取代劳动价值论的学者越来越多。前者认为，商品的价值不取决于劳动一个要素，而取决于生产商品的各种要素，这同生产要素论是相同的。

取代论有两个论据。其一是说，马克思把价值归结为劳动一个因素，是机器大工业前工匠或作坊工人借助于少量生产工具即可生产出商品来的那个时代的产物。随着资本等其他要素在生产中作用比重的增加，价值来自多种生产要素的说法，被认为是理论上的必然反映。最近，我国一些经济学家提出了类似的观点。不过，从经济思想史来看，萨伊提出生产要素论的《政治经济学概论》出版于1803年，比《资本论》第一卷的出版时间早65年。这就是说，生产要素论在前，劳动价值论在后。论据之二是，在未来的社会中，完全自动化占统治地位，没有生产工人，

---

① 有人认为，劳动价值论与生产要素论不可能结合。
② 斯梯德曼：《斯拉法以后的马克思》，1981年英文版，第207页。

但商品仍有价值,如果继续坚持劳动价值论,就无法解决这个矛盾。最近,我国一些经济学家认为,"科教兴国"战略与劳动价值论是矛盾的。其实,这个问题同脑力劳动是否创造价值有关。马克思认为脑力劳动是创造价值的,同样,体力与脑力相结合而产生的新型劳动,也是创造价值的。在完全自动化的社会,用机器生产机器,机器设备设计与修理时刻离不开这种新型劳动,由于它创造价值,商品自然有价值,不存在任何矛盾。

樊钢研究员通过交换价值将使用价值(效用)与价值统一起来。在交换价值中。用一单位 A 交换的 B 的数量,构成 A 的价格。在价值关系中,一定量的两种商品等价交换,是因为生产它们所用的劳动量等价。从而得到以下等式:$U_a(X)/U_b(Y) = P = L_a/L_b$。等式的右边是商品的价值关系(价值形式),等式的左边是商品使用价值关系(效用形式)。"价格(交换价值)作为价值形式和使用价值形式的对立统一性质,便以这种确定的方式得到了直观的表现"。将上式移项,得到:$U_a(X)/L_a = U_b(Y)/L_b$。"这就是说,在均衡时,两种商品各自的边际使用价值(边际效用)与自身价值的关系或比率是相等的;或者说,一单位的抽象劳动,在不同的生产部门中所能提供的边际使用价值是等同的"[1]。樊钢还分析了迂回生产和资本所有权等等问题。

马克思说:"劳动并不是它所生产的使用价值即物质财富的唯一源泉。正象廉威·配第所说,劳动是财富之父,土地是财富之母。"[2] 在生产中,除劳动与土地外,还有资本。从使用价值

---

[1] 樊钢:《现代三大经济理论体系的比较与综合》,上海三联书店 1990 年版,第 194 页。

[2] 《马克思恩格斯全集》第 23 卷,人民出版社 1972 年版,第 57 页。

的角度来看，单位劳动、资本、土地的贡献，表现为它们的边际生产率（在下面的讨论中，土地存而不论）。樊钢研究员把劳动力再生产的必要生活资料（基本生活资料）称为劳动收益的下限，把根据劳动边际生产率应得的收益称为上限；同样，把根据资本边际生产率应得的收益称为资本收益的下限，把资本的实际收益称为上限。劳动力与资本的收益额取决于"对抗系数"，后者是由劳动者与资本家的力量对比决定的①。由于资本是稀缺资源，形成垄断，只有得到资本家的允许，劳动者才能劳动，因此他们总是处于不利地位，其收入总是低于劳动边际生产率；相反，资本家由于拥有生产资料，总是处于有利地位，资本收益总是高于资本边际生产率。工会力量的大小、科技水平的高低、失业人数的多少等等，都会对"对抗系数"产生影响。

第三，将辩证逻辑转化为形式逻辑。众所周知，马克思常常采用辩证逻辑分析经济问题，在《资本论》中，他根据从抽象到具体的逻辑演变，将历史与现实统一起来。要在经济分析中应用数学方法，需要将辩证逻辑转化为形式逻辑。"在经济学中，使用价值与价值的矛盾、价值形态的矛盾、资本主义生产二重性等等，也必须经过从辩证逻辑转化为形式逻辑的过程，才能得以对它们进行量的分析，获得进一步严格、确定的理论结论"②。

四 融合的层次与融合后的经济学家族

数量经济学的研究对象是数量表现、数量关系、数量变化

---

① 樊钢：《现代三大经济理论体系的比较与综合》，上海三联书店1990年版，第242页。

② 同上书，第165页。

及其规律性,因此它不限于研究方法论。如果数量经济学只讨论方法论,那么它在与政治经济学、应用经济学融合时,就只能向后者提供方法论的帮助,从而大大缩小了它的意义和作用。

数量经济学与传统经济学的融合,分为两个层次。

第一个层次是在理论上的融合,利用数理经济学、经济控制论、经济对策论等,研究微观与宏观经济问题,形成理论经济学,至于它的具体内容,需要进行长期、深入的研究。

我认为,融合后产生的理论经济学,其数学化程度要分为低级、初级、中级和高级四个等级。低级数学水平的经济学适合于对广大群众进行宣传教育,初级数学水平的经济学适合于大专学生,中级数学水平的经济学适合于硕士研究生,高级数学水平的经济学适合于博士和博士后研究生。美国经济学教科书、著作在数学化水平上很注意划分等级,虽然它们的内容差别不大,但由于数学水平不同,可以适用于不同的读者,这个经验值得我们借鉴。

第二个层次是应用的融合,利用经济计量学、投入产出分析、经济对策论等研究部门与专业经济问题,形成现代应用经济学。例如,就现代工业经济学来说,对工业的固定资产投资及其效益,固定资产及其利用效率,流动资金与中间投入,劳动力与劳动生产率,就业人员的文化教育水平,生产、部门与地区结构,分配,销售,集中与分散,专业化与协作,企业规模与集团,经济效益等等,在定性分析的基础上开展定量分析。

应用经济学可以理解为经济管理学。管理学像经济学一样,是一门科学,包括行政管理、军事管理、技术管理、文化教育管理等等。管理与经济相结合产生了经济管理学。

理论层次上的融合由于涉及一系列重大问题，比应用层次上的融合要复杂得多，根据这个情况，可先在应用层次上开展融合工作，取得经验与成果后，再集中力量突破理论层次上的融合问题。

传统经济学与数量经济学融合的关键是人才，他们要懂马克思主义经济学、西方经济学、数学、数量经济学、计算机，了解中国的实际经济情况，他们是典型的综合人才。

通过以上的分析，我认为融合后的经济学家族应该是：

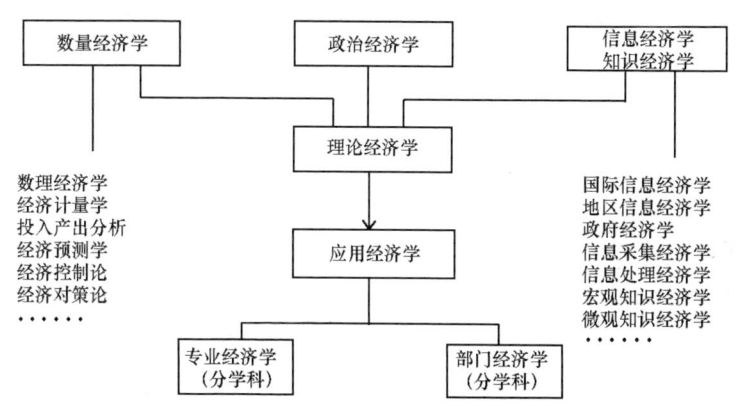

```
     数量经济学         政治经济学          信息经济学
                                           知识经济学
          │                │                    │
          └────────────────┼────────────────────┘
                           │
                        理论经济学
 数理经济学                  │                 国际信息经济学
 经济计量学                  ▼                 地区信息经济学
 投入产出分析             应用经济学            政府经济学
 经济预测学                                    信息采集经济学
 经济控制论                                    信息处理经济学
 经济对策论                                    宏观知识经济学
  ……                                           微观知识经济学
                                                ……
               ┌──────────────────┐
         专业经济学            部门经济学
         （分学科）            （分学科）
```

对经济学的家族作几点说明。

第一，融合后的理论经济学和应用经济学，其内容都是定性分析与定量分析相结合的，从根本上解决了"两张皮"的问题。

第二，在上述家族中，我们把信息经济学与知识经济学提到了很高的地位，这是完全必要的。现代信息经济学与知识经济学向传统经济学提出了挑战。例如，科研成果、名画、真迹等等，只有一件或一个，无论需求多大，供给不会增加，这就不能用传统的供给曲线来描述，也就是说，对这些知识产品来说，传统的供给曲线或供给规律不复存在。又如，内容高深的信息，作用巨大，但需求极小，而内容通俗的信息，作用一般，但需求较大，对这类信息产品来说，信息需求变化的决定因素不是价格，传统的需求曲线或需求规律不复存在。

第三，经济学的根本任务是揭示客观经济规律，并自觉地利用它来指导经济的运行。具体来说，经济学肩负双重任务，一是向广大群众宣传、普及经济学知识，提高他们的觉悟，团结起来为自身的利益奋斗。政治经济学以定性分析为主，需要保留。二是提高经济管理水平，传统经济学与数量经济学融合后产生的理论经济学和应用经济学，主要是为这个任务服务。

第四，数量经济学与政治经济学、应用经济学融合后，它还有继续存在的价值。拿数理经济学来说，目前有非均衡经济理论与模型、非线性经济理论与模型、经济对策论三个前沿领域需要进行深入的研究，为理论经济学提供新的内容和方法。现在得到广泛应用的投入产出分析、系统动力学、灰色系统论、经济预测学、经济决策学等等都在发展，特别是经济计量学中不仅出现了交叉分析、亨德里学派（协整理论），而且非均衡和非线性经济计量学发展很快，日益受到人们的重视。另外，数量经济学还在不断地引进新的模型技术，人工神经网络就是一例。

数量经济学不仅作为数理经济学、经济计量学、经济控制论、经济对策论等等学科的代表将会继续存在，而且它们都是定量分析学科，存在许多共性，这些共性构成了数量经济学的内容，从这个角度来看，它也会继续存在下去。

有的同志认为，数量经济学在与传统经济学融合后，前者就会"消亡"，这不符合西方发达国家的现实，因为那里的经济学已经数学化，但数理经济学、经济计量学、经济控制论和经济对策论等等仍然在独立地发展；同时，数量经济学的"消亡"，意味着理论经济学和应用经济学在定量分析和方法论方面的停滞，对它们的发展显然是不利的。

(原载《当代财经》1996年第8期)

积累与消费比例及其优化

国民收入生产出来后,经过初次分配和再分配,最终形成积累基金和消费基金,它们之间的比例是国民经济中最重要、最综合和最复杂的比例关系之一。本文就这个比例的意义、优化标准、数学模型和如何实现这个最优比例等四个问题,作些初步探索。

一 积累与消费比例的意义

为了说明积累与消费比例的含义,可以把社会总产品的使用情况图解如图1。

图1说明,从社会总产品中扣除补偿基金,就是国民收入。它分为积累基金和消费基金,其中积累基金包括国家储备的增加、生产性积累和非生产性积累;消费基金包括集体消费和个人消费。①

---

① 图1是对社会总产品使用情况的理论说明。在实际经济生活中,有许多方法论问题有待研究解决。例如,很难划清固定资产补偿与生产性积累之间的界限。固

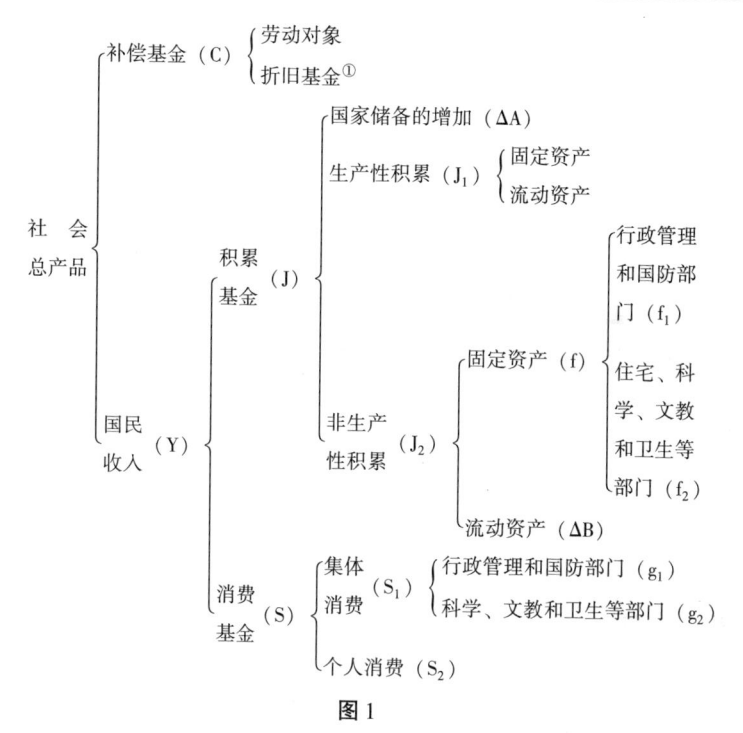

积累与消费比例及其优化　151

```
                  ┌ 补偿基金（C）┌ 劳动对象
                  │              └ 折旧基金①
                  │
                  │              ┌ 国家储备的增加（ΔA）
                  │              │
                  │              │ 生产性积累（J₁）┌ 固定资产
                  │              │                └ 流动资产
社会      ┌ 积累 │              │
总产品 ┤   基金  │              │              ┌ 行政管理
        │  （J） │              │              │ 和国防部
        │        │              │              │ 门（f₁）
        │ 国民   │              │ 固定资产（f）│
        └ 收入  ┤               │              │ 住宅、科
          （Y）  │ 非生产        │              │ 学、文教
                 │ 性积累（J₂）┤               │ 和卫生等
                 │              │              │ 部门（f₂）
                 │              │
                 │              └ 流动资产（ΔB）
                 │
                 │ 消费  ┌ 集体        ┌ 行政管理和国防部门（g₁）
                 │ 基金  │ 消费（S₁）└ 科学、文教和卫生等部门（g₂）
                 └（S）  │
                         └ 个人消费（S₂）
```

图 1

上图说明，消费基金是社会主义生产的目的，其中个人消费是满足全体人民当前个人需要的。在集体消费中，科学、文教和卫生等部门的消费也是为了人民的利益。因为人民的需要是多方面的，除个人需要外，还要求上述部门提供服务，满足他们的其

定资产补偿是按价值还是按实物（生产能力）计算，我国经济学界进行了长期争论，至今没有统一的意见。固定资产补偿采取更新、改造和大修等多种形式，由于技术进步，劳动生产率的提高，机器设备性能的改进，无论采用哪种形式，都包含全部或部分更新（简单再生产）和积累（扩大再生产）两种因素，很难划分清楚。又如，很难分清非生产性积累与消费基金的界限，在计划统计工作中，对非生产领域的低值易耗品没有明确的规定，许多新增的耐用消费品应属于非生产性积累，但都列入了当前消费。此外，经济理论尚未讨论过耐用消费品的折旧问题。

① 为了简化，这里假定折旧基金等于固定资产的补偿。

他需要。行政管理和国防部门的职责，在于维护国内安定团结的政治局面，防御帝国主义、国外反动派的侵略、干涉和颠覆，是人民安居乐业的根本保证，它们的消费是社会需要中不可缺少的一部分。

在高度技术基础上使社会主义生产的不断增长和不断完善，是实现上述目的的手段。为了增加和完善这个手段，除充分利用已有的生产基金，提高其利用效率外，每年必须有一定的积累。其中国家储备的增加，是为了防御自然灾害等等意外事件，维持社会再生产的正常运转，正如马克思所说，这"在经济上是必要的"①。在非生产领域中，无论是行政管理和国防部门的积累，还是科学、文教和卫生等部门的建设，如前所述，都是为了人民的需要。至于住宅建设，是为了直接改善人民的居住条件。在生产性积累中，生产消费资料的建设项目，当竣工投产后，就会直接增加人民的消费。制造生产资料的建设项目，在竣工投产后，虽然与直接消费有一个迂回过程，但归根结底也是为了提高人民的消费水平。

以上分析说明，在社会主义条件下，无论积累基金还是消费基金，完全是人民创造的，它们的使用也完全是为了人民的利益，两者在本质上是统一的。这种统一标志着在生产的发展与人民生活的改善之间建立了直接的联系，排除了以前各种阶级社会中一直存在的生产与需要、生产与消费，以及社会财富在剥削者一极的积累和贫困在劳动人民一极的积累的对抗性矛盾。这是社会主义制度优越性的生动体现。

但是，在社会主义条件下，当国民收入一定时，积累与消费之间存在的矛盾是一种彼多此少或彼少此多的关系。这是目前利

---

① 《马克思恩格斯选集》第3卷，人民出版社1972年版，第9页。

益与长远利益、个人利益与集体利益、局部利益与全局利益之间的矛盾。

积累基金特别是固定资产的积累，从勘察、设计、施工到竣工投产，需要很长一段时间。"有些事业在较长时间内取走劳动力和生产资料，而在这个时间内不提供任何有效用的产品"[①]。积累特别是固定资产的积累，是有时滞的事业，只有在建设周期结束后，才能生产出产品。增加积累，在其他条件不变的情况下，可以更多地增加未来的消费，但由于存在时滞，会影响当前的消费，目前利益与长远利益之间存在着矛盾。积累是"用来扩大生产的追加部分"[②]，是对社会总产品的一种扣除，"虽然从一个处于私人地位的生产者身上扣除的一切，又会直接或间接地用来为处于社会成员地位的这个生产者谋福利"[③]，但是，从每个生产者身上所扣除的部分，一般不等于他以后所享受的福利，个人利益与集体利益之间是有矛盾的。[④] 大部分积累要通过财政预算集中起来。财政收入主要来自企业的利润和税收，国家从全局利益出发分配资金，一个企业上缴的利润和税收，一般不等于它从财政支出中所得到的部分，局部利益与全局利益之间也有矛盾。所有这些都是非对抗性的人民内部矛盾。

积累与消费比例是国民经济中最复杂的比例关系之一，它同净投资额、经济结构、经济效果、财政收支、经济发展速度、劳动报酬和人民生活水平以及非生产部门的发展等等都有密切的关系，它不仅是一个重大的经济问题，而且是一个重大的政治

---

① 《马克思恩格斯全集》第 24 卷，人民出版社 1972 年版，第 396 页。
② 《马克思恩格斯选集》第 3 卷，人民出版社 1972 年版，第 9 页。
③ 同上书，第 10 页。
④ 个人利益与集体利益之间的矛盾，不限于此。集体消费也是从生产者劳动上的扣除，对每个生产者来说，扣除部分一般不等于为他提供的服务。

问题。

毛泽东说:"在全民所有制经济和集体所有制经济里面,在这两种社会主义经济形式之间,积累与消费的分配问题是一个复杂的问题,也不容易一下子解决得完全合理。"① 30多年来,我们在这个重大的比例关系上有着极为丰富的经验教训。积累率的变化情况如下(见表1):

表1　　　　　　　　各个时期的积累率

时期	五年平均(%)
"一五"时期	24.2
"二五"时期	30.8
调整时期	22.7
"三五"时期	26.3
"四五"时期	33.0
"五五"时期	32.7

表1数字说明,30多年来,积累率由低到高,引起国民经济的比例失调,经过调整,压低积累率;然后它又由低到高,又引起比例失调,经过调整,再次压低积累率。

上面是五年平均的数字,如果按年度分析,更能说明问题。例如,1958年积累率由1957年的24.9%提高到33.9%,重工业投资比上年猛增113.6%,其中冶金工业增长193.1%;重工业产值增长78.4%,其中钢产量翻一番。1959年积累率高达43.8%,重工业投资增长28.2%,重工业产值增长48.1%。

---

① 毛泽东:《关于正确处理人民内部矛盾的问题》,《毛泽东著作选读》,人民出版社1986年版,第768页。

1960年积累率为39.6%，重工业投资达到212.3亿元，重工业产值增长25.9%。由于积累率过高，重工业上得太快太猛，引起了严重的比例失调，1959年农业减产13.6%；1960年农业减产12.6%，轻工业减产9.8%；1961年农业下降2.4%，轻工业下降21.6%，重工业下降46.6%。在这种情况下，从1961年开始实行经济调整。1962年农业开始回升，增长6.2%；工业继续下降，轻工业下降8.4%，重工业下降22.6%。

为了纠正"十年动乱"期间所造成的国民经济比例失调，从1979年开始又实行经济调整，虽然这次调整与上次有很大的区别，但也有许多共同点，如压低积累率，缩短基本建设战线，降低重工业的发展速度，加快农业和轻工业的发展速度，提高人民的消费水平，等等。

在过去我国经济学界里，"高积累、高速度"的观点甚为流行，反复论证积累率越高，经济发展的速度也就越快。实践证明，这种观点是片面的，例如"二五"和"四五"时期的积累率都高于"一五"和"三五"时期，但工农业产值和国民收入的年平均增长速度，除"三五"时期的农业（3.9%）略低于"四五"时期（4.0%）外，前两个时期都低于后两个时期。

为什么"高积累、高速度"的观点有片面性呢？首先，这种观点不符合我国的国情。我国的生产力水平低，国民收入的绝对量少，不宜实行高积累。其次，积累超过客观限度，势必挤占人民消费，使广大群众不能从生产发展中得到实惠，影响他们的劳动积极性。生产过程的正常运转，其效率的提高，既要依靠物的因素，也要依靠人的因素。再次，积累率过高，基本建设的摊子过大，人为地造成物资供应的紧张，不少单位把用于当前生产的原材料拿去搞基本建设，这种建新厂、停旧厂，用牺牲简单再生产来"扩大"生产的办法，不会收到好的结果。由于基本建设战线过长,物资供应和施工力量供不应求,建设周期拉得很长,例如按大中型施工项目与建成投产项目的比率计算,"一五"时期的建设周期为6年,"五五"时期延长到13年。建设周期的拉长,必然造成投资效果下降。最后,积累率过高,基本建设摊子过大,对机器设备和建筑材料的需求量很大,迫使重工业大上。在人力、物力、财力有限的情况下,这必然会挤占农业和轻工业,造成这些部门的大下,使农业养活不了过多的非农业人口,使轻工业满足不了迅速增长的购买力。为了扭转这种局面,使国民经济走上按比例发展的轨道,不得不以重工业的大幅度下降为代价。国民经济发展速度的大起大落,给社会主义建设事业造成了巨大的损失。

在经济调整时期,理论界又出现一种相反的观点,认为经济发展速度越低、消费所占的比重越高越好。这是另一种片面性。第一,积累是扩大再生产的源泉,如果把国民收入过多地用于消费,少留或不留积累,必然降低经济发展速度,拖延四化建设的进程。这实际上是违背人民的根本利益的。第二,发展生产是提高消费水平的基础,少留或不留积累,劳动的基金装备程度和技术水平停滞不前,甚至下降,劳动生产率不能提高,生产发展缓慢,甚至在原地踏步,则所谓提高消费水平也只能是一句空话。第三,增加消费,要求迅速发展消费资料的生产,由于国民经济各部门之间存在密切的技术经济联系,消费资料生产孤军突出,不能从生产资料生产部门得到机器设备和原材料的供应,增加消费资料的计划是难以实现的。

过度积累和过度消费的观点是两个极端,其共同特点是把生产与消费对立起来。主张过度积累的观点只讲生产,忽视消费;而主张过度消费的观点又只讲消费,忽视生产。这两种观点都是有害的。因为它们都会导致国民经济的比例失调,对社会主义建设事业都是不利的。确定积累与消费之间的最优比例，是实现经济建设方针的关键之一。因此从理论和方法论的角度探讨这个问题，是一项十分迫切的任务。

二 积累与消费比例的优化标准

鉴于积累与消费比例的重要性和复杂性，我国经济学界早就试图找出它们之间的最优结合，例如张康琴等同志说："计划工作的更重要的任务，是在于找出一定时期积累和消费的最优结合、最适当的比例关系。"① 确定积累与消费最优比例的方法有三：一是定性分析法，主要是阐述确定这个比例的正确指导思想；二是数字模型法，对影响积累与消费比例的主要因素假设一些数字，计算这个比例；三是数学模型法，应用高等数学揭示积累与消费之间的函数关系，求出它的最优解。我国经济学界应用前两个方法对这个问题作过一些有益的探索，但这两个方法有很大的局限性，不能真正解决所面临的问题，而数学模型法可以弥补这个缺陷。

在叙述数学模型之前，首先要解决积累与消费最优比例的标准问题，标准不同，这个比例就不一样。那么，究竟什么是这个最优比例的标准呢？近几年来，我国经济学界关于社会主义生产目的的讨论，同这个问题有密切关系。讨论的重要问题之一是最终产品概念，到目前为止，对这个概念已经提出以下几种解释：（1）折旧基金与国民收入之和；（2）国民收入；（3）国民收入减去生产性积累；（4）消费基金；（5）消费基金减去行政管理

---

① 张康琴、楚探：《关于积累和消费比例的计划方法问题》，载《经济研究》1963年第1期。

和国防部门的消费。

我认为，关于最终产品的上述五种解释，都不能作为积累与消费最优比例的标准，其理由是：第一种解释包括折旧基金和国民收入，第二种解释包括全部国民收入，而这个最优比例是指国民收入内部积累与消费之间的关系，这两种解释显然不能作为它的标准。

第三种解释包括行政管理和国防部门的积累与消费，第四种解释包括这些部门的消费。如果使消费基金与非生产性积累之和达到最大值或使消费基金达到最大值，那么行政管理和国防部门的消费与积累或它们的消费也要达到最大值，这在理论上是难以成立的。马克思指出：与生产没有直接关系的一般管理费用，"和现代社会比起来，这一部分将会立即极为显著地缩减，并将随着新社会的发展而日益减少"[①]。目前我国与生产没有直接关系的管理部门林立，机构臃肿，层次繁多，人浮于事，副职虚职过多，工作效率很低。如果把行政管理费用列入最优标准，对它取最大值，显然同社会主义社会发展的要求是背道而驰的。国防费用也不应取最大值，而应根据国内外政治、军事形势，确定一个适当的、国力可以承担的数量。

第五种解释，即消费基金减去行政管理和国防部门的消费，我认为作为积累与消费最优比例的标准，这种解释又失之过窄，没有把直接为居民服务的住宅、科学、文教和卫生等部门的建设考虑进去。

在我看来，积累与消费最优比例的标准，是长期最大的居民福利基金。第一，这是一个综合指标，包括个人消费，科学、文教和卫生等部门的消费，住宅、科学、文教和卫生等部门的建

---

① 《马克思恩格斯选集》第3卷，人民出版社1972年版，第10页。

设，非生产性流动资产的积累以及环境保护费用。① 第二，这个指标不是在两三年的短期内，而是在长期内达到最大值。例如应以 2000 年为期，甚至可以 40 年或 70 年为期，其中 40 年是指一代人的劳动时间，70 年是指平均寿命。但时间太长，许多因素难以把握，计算居民福利基金有实际困难。究竟这个时间以多长为宜，尚需进一步研究。第三，为了消除价格对居民福利基金的影响，这个指标应按不变价格计算。

居民福利基金比最终产品概念的上述五种解释的优点在于，一方面，这个基金是国民收入的一部分，可以作为积累与消费最优比例的标准，同时它不包括行政管理和国防部门的消费和积累；另一方面，它除个人消费和科学、文教和卫生等部门的消费外，还包括住宅、科学、文教和卫生等部门的建设，能全面地体现社会主义生产的最终目的。

以居民福利基金作为最优标准，在方法论上就不是直接讨论积累与消费的最优比例，而是讨论生产性积累与居民福利基金的最优比例，也就是使居民福利基金达到最大值所需的生产性积累。

计算程序分为三步：第一步，应用科学方法确定行政管理和国防部门的消费和积累，作为已知数。另外，国家储备的增加是积累的内容之一，但计算方法比较复杂，这里不去讨论，也作为已知数处理。

以 g_1 表示行政管理和国防部门的消费，以 f_1 表示它们的固定资产积累，以 ΔA 表示国家储备的增加，从国民收入中减去这些项目，我们得到：

---

① 环境保护费用存而不论。同时，这里所说的消费，是指物质产品和劳务的消费。为了同现行计划统计制度方法规定的口径保持一致，这里不讨论服务问题。

$$Y - g_1 - f_1 - \Delta A = y,$$

式中，y 为生产性积累与居民福利基金之和。

第二步，确定生产性积累与居民福利基金的最优比例。

第三步，按照现行计划统计制度方法规定的口径计算积累与消费的比例。

在以上三个步骤中，第二步是关键。

三　积累与消费的数学模型

在确定生产性积累与居民福利基金的最优比例之前，首先要明确它们的上下限。[①] 所谓生产性积累的下限，是保证一年新增劳动者与原有劳动者拥有相同的基金装备程度所需的积累量。如果以 F_0 代表报告期按劳动者平均的生产基金（固定资产和流动资产）的装备程度，ΔL 代表计划期某年新增加的劳动力人数，那么生产性积累的下限为：

$$q_n y = F_0 \Delta L$$

式中，q_n 为生产性积累率的下限。假定基金装备系数的增长速度与劳动生产率的增长速度相同，生产性积累的下限可以保证新增劳动力的充分就业，劳动生产率不会下降，生产的发展全部依赖外延扩大再生产的因素。生产性积累的下限就是居民福利基金的上限。

居民福利基金的下限，是保证一年新增人口拥有不低于原有人口的平均福利水平，即随着生产的发展，按人平均的福利水平

[①] 我国经济学界讨论过积累基金和消费基金的上下限问题，参阅董辅礽《社会主义再生产和国民收入问题》，三联书店 1980 年版，第 167—169 页。我认为，生产性积累与居民福利基金上下限的含义比积累基金与消费基金上下限的含义更为确切。

维持原状。如果以 D_0 表示报告期按人平均的福利水平，以 P_0 表示报告期的年平均人口，以 ΔP 为计划期某年的年平均增长人口，则居民福利基金的下限为：

$$W_n = D_0 P_0 + D_0 \Delta P$$
$$\quad = D_0 (P_0 + \Delta P)$$
$$\quad = D_0 P_1$$

式中，P_1 为计划期某年的年平均人口。居民福利基金的下限就是生产性积累的上限，即

$$q_m y = y - D_0 P_1$$

式中，q_m 为最大的生产性积累率。这里面临的问题，是在生产性积累与居民福利基金的下限之间寻找它们的最优比例。

生产性积累与居民福利基金比例是一个十分复杂的问题，影响它的因素很多。根据这种情况，我在设计数学模型时，由简到繁，也就是先作一些假设，说明问题的本质，然后分析这些假设对这个比例的影响。

这些假设是：（1）国民收入的增长仅仅是生产性积累的结果；（2）生产性积累的时滞为一年，即上年的积累，下年便增加国民收入；（3）积累效果系数不变。以 y_i 表示第 i 年的国民收入，W_i 为第 i 年的居民福利基金；I_i 为第 i 年的生产性积累；$a = \dfrac{\Delta y}{I}$ 为单位生产性积累所提供的新增国民收入。

在上述假设条件下，计划期第一年的国民收入等于：

$$y_1 = y_0 + aI_0$$

即第一年的国民收入等于上年国民收入（y_0）与新增国民收入（aI_0）之和。

第一年居民福利基金为（令 $I_0 = q_0 y_0$）：

$$W_1 = y_0 + aI_0 - q_1 y_1$$

$$= y_0 + aI_0 - q_1 (y_0 + aI_0)$$
$$= y_0 + aq_0 y_0 - q_1 y_0 - aq_0 q_1 y_0$$
$$= y_0 (1 + aq_0 - q_1 - aq_0 q_1)$$

报告期的居民福利基金为:
$$W_0 = y_0 - I_0$$
$$= y_0 - q_0 y_0$$
$$= y_0 (1 - q_0)$$

式中,q 为生产性积累率;$I = qy_0$

计划期第一年居民福利基金的指数为:
$$\varphi_1 = \frac{W_1}{W_0} = \frac{y_0 (1 + aq_0 - q_1 - aq_0 q_1)}{y_0 (1 - q_0)}$$
$$= \frac{(1 - q_1)(1 + aq_0)}{1 - q_0}$$

根据上面的道理,可以写出计划期第 i 年的居民福利基金:
$$W_i = y_{i-1} + aI_{i-1} - q_i y_i$$
$$= y_{i-1} + aq_{i-1} y_{i-1} - q_i (y_{i-1} + aq_{i-1} y_{i-1})$$
$$= y_{i-1} (1 + aq_{i-1} - q_i - aq_{i-1} q_i)$$

第 i-1 年的居民福利基金为:
$$W_{i-1} = y_{i-1} - I_{i-1}$$
$$= y_{i-1} - q_{i-1} y_{i-1}$$
$$= y_{i-1} (1 - q_{i-1})$$

第 i 年居民福利基金的指数为:
$$\varphi_i = \frac{W_i}{W_{i-1}} = \frac{y_{i-1} (1 + aq_{i-1} - q_i - aq_{i-1} q_i)}{y_{i-1} (1 - q_{i-1})}$$
$$= \frac{(1 - q_i)(1 + aq_{i-1})}{1 - q_{i-1}}$$

我们知道,计划期(t)居民福利基金的指数,是计划期各

年指数的乘积，即

$$\varphi_t = \frac{(1-q_1)(1+aq_0)}{1-q_0} \times \frac{(1-q_2)(1+aq_1)}{1-q_1} \times \cdots$$
$$\times \frac{(1-q_t)(1+aq_{t-1})}{1-q_{t-1}}$$

分子与分母相约，得到：

$$\varphi_t = \frac{1+aq_0}{1-q_0}(1-q_t)(1+aq_1) \times \cdots \times (1+aq_{t-1})$$

式中，报告期的生产性积累率（q_0）是已知数，a 不变，则 $\frac{1+aq_0}{1-q_0}$ 为常数。假定计划期各年的生产性积累率不变，则

$$\varphi_t = \frac{1+aq_0}{1-q_0}(1-q)(1+aq)^{t-1}$$

设 $q_0 = 0.2$，$a = 0.3$，$q = 0.15$，$t = 5$，则

$$\varphi_5 = \frac{1+0.3 \times 0.2}{1-0.2}(1-0.15)(1+0.3 \times 0.15)^{5-1}$$
$$= 1.343$$

计划期居民福利基金每年平均增长 6.1%，但这是根据上述假设数字计算的结果，并不是居民福利基金的最优解。

为了寻求生产性积累率的最优值，需要对函数

$$\varphi_t = \frac{1+aq_0}{1-q_0}(1-q)(1+aq)^{t-1}$$

求导数，并令其等于 0。在上式的右边，只有 q 是变数，对它求导数，即

$$(\varphi_t)' = \frac{1+aq_0}{1-q_0}[(1-q)(1+aq)^{t-1}]'$$
$$= \frac{1+aq_0}{1-q_0}\{(1-q)'(1+aq)^{t-1} + (1-q)[(1+$$

$$aq)^{t-1}]'\}$$

$$= \frac{1+aq_0}{1-q_0}[-(1+aq)^{t-1}+(1-q)(t-1)(1+aq)^{t-2}a]$$

$$= \frac{1+aq_0}{1-q_0}[(1-q)(t-1)(1+aq)^{t-2}a-(1+aq)^{t-1}]$$

由于 $\dfrac{1+aq_0}{1-q_0}$ 为常数项，可以忽略，得到：

$$a(t-1)(1-q)(1+aq)^{t-2}-(1+aq)^{t-1}=0$$

$$a(t-1)(1-q)=\frac{(1-aq)^{t-1}}{(1+aq)^{t-2}}$$

$$=(1+aq)$$

所以，

$$a(t-1)-a(t-1)q=1+aq$$

$$aq+a(t-1)q=a(t-1)-1$$

$$q[a+a(t-1)]=a(t-1)-1$$

$$qat=a(t-1)-1$$

$$\bar{q}=\frac{a(t-1)-1}{at}$$

式中，$\bar{q}$ 就是有条件的最优生产性积累率。从上式可知，最优生产性积累率取决于两个因素：一是计划期的年度（t），二是积累效果系数（a）。在上式中，只有 $a(t-1)>1$，才能计算 $\bar{q}$，这是一个约束条件。另外，如前所述，$\bar{q}$ 有一个变动区间，即

$$q_n \leqslant \bar{q} \leqslant q_m$$

式中，q_n 是生产性积累率的下限，q_m 是它的上限。规定积累率的上下限，是这个数学模型的重要特点，根据数学公式计算

的积累率,只能在这个区间内摆动,不能超出这个范围。在这个范围之外去谈积累与消费之间的最优比例,没有任何实际意义。

现在,我们来分析前面在建立数学模型时所作的假设,探讨它们对生产性积累与居民福利基金比例的影响。

(1)原假设国民收入的增长仅仅是生产性积累的结果,现在进一步研究除生产性积累外,原有生产能力由于管理水平的提高(假定不需要投资),也会增加国民收入。在这种情况下,计划期第一年的国民收入等于:

$y_1 = \beta y_0 + aI_0$

式中,β 是由于提高管理水平、挖掘原有生产潜力所增加的国民收入,$\beta > 1$[①]。

计划期第一年的居民福利基金为:

$W_1 = \beta y_0 + aI_0 - q_1 y_1$
$\quad = \beta y_0 + aq_0 y_0 - q_1 (\beta y_0 + aq_0 y_0)$
$\quad = y_0 (\beta + aq_0 - \beta q_1 - aq_0 q_1)$

报告期的居民福利基金为:

$W_0 = y_0 - q_0 y_0$
$\quad = y_0 (1 - q_0)$

计划期第一年居民福利基金的指数为:

$\varphi_1 = \dfrac{y_0 (\beta + aq_0 - \beta q_1 - aq q_1)}{y_0 (1 - q_0)}$

$\quad = \dfrac{(1 - q_1)(\beta + aq_0)}{1 - q_0}$

计划期 t 年居民福利基金的指数为:

$\varphi_t = \dfrac{(1 - q_1)(\beta + aq_0)}{1 - q_0} \times \dfrac{(1 - q_2)(\beta + aq_1)}{1 - q_1} \times \cdots$

---

① $\beta = 1$,表示原有生产能力对增加国民收入没有影响。

$$\times \frac{(1-q_1)(\beta + aq_{t-1})}{1-q_{t-1}}$$

设计划期各年的生产性积累率不变,则

$$\varphi_t = \frac{\beta + aq_0}{1-q_0}(1-q)(\beta + aq)^{t-1}$$

对上式求导数,并令其等于0,得到:

$$\bar{q} = \frac{a(t-1)-\beta}{at}$$

上式说明,最优生产性积累率取决于计划期的年度(t)、积累效果系数(a)和原有生产能力对增加国民收入的作用(β)。

令 $\beta = 1.02,\ 1.03,\ 1.04$,$a = 0.3$,生产性积累率的变化如下:

表2　　　　　　　　　β 的变化

t	$\bar{q}\ (\beta=1.02)$	$\bar{q}\ (\beta=1.03)$	$\bar{q}\ (\beta=1.04)$
5	0.12	0.113	0.107
6	0.266	0.261	0.255
7	0.371	0.367	0.362

表2说明,在其他条件不变的情况下,原有生产能力对增加国民收入所起的作用越大,生产性积累率就越小。这种国民收入的增加同生产性积累无关,不会引起它跳跃式波动,无疑应当充分利用。

(2)原假定积累效果系数不变,现在假设它是变化的。从前面的叙述我们知道,计划期居民福利基金的指数可以表达为:

$$\varphi_t = \frac{1+a_0q_0}{1-q_0}(\beta + a_1q_1) \times \cdots \times (\beta + a_{t-1}q_{t-1})(1-q_t)$$

设 $t=5$,$q_0=0.2$,$q=0.15$,$\beta=1.02$,而积累效果系数有以下两列数字:

$a_{(1)}$	$a_{(2)}$
0.20	0.20
0.25	0.20
0.30	0.15
0.35	0.10
0.40	0.05

$a_{(1)}$是递增的，$a_{(2)}$是递减的。根据上述公式计算，在$a_{(1)}$的情况下，居民福利基金指数为：

$$\varphi_5 = \frac{1+0.2\times 0.2}{1-0.2}(1.02+0.25\times 0.15)$$

$$(1.02+0.3\times 0.15)(1.02+0.35\times 0.15)$$

$$(1.02+0.4\times 0.15)(1-0.15)$$

$$=1.442$$

年平均增长速度为7.6%。在$a_{(2)}$的情况下，居民福利基金的指数为：

$$\varphi_5 = \frac{1+0.2\times 0.2}{1-0.2}(1.02+0.2\times 0.15)$$

$$(1.02+0.15\times 0.15)(1.02+0.1\times 0.15)$$

$$(1.02+0.05\times 0.15)(1-0.15)$$

$$=1.286$$

年平均增长速度为5.2%。

这个数字例子说明，在其他条件相同的情况下，积累效果对居民福利基金的增长速度有很大的影响，其规律性是：积累效果系数越高，居民福利基金增长越快，反之亦然。因此，在制定计划时，只注意积累数量而忽视积累效果，是一种十分有害的偏向，应当坚决克服。

（3）原假定生产性积累的时滞为一年，现在假设它是变化的。需要指出的是，建设周期（时滞）不同于积累时滞，前者长,后者短,因为积累除建筑施工费用外,还包括新老企业购置机器设备的费用(更新除外)。积累时滞对国民收入的增长有很大的影响,时滞越短,积累效果越高,反之亦然。下面用一个数字例子来说明这个问题,假设计划期为 10 年,积累时滞有 $L_1 = 3$ 年和 $L_2 = 5$ 年两个方案,计算结果如下:

表 3　　　　　　　　　积累时滞的影响　　　　　　　单位:亿元

t	第一方案（q=0.15,L₁=3 年）		第二方案（q=0.15,L₂=5 年）	
	Δy	y	Δy	y
-4	—	—	—	263.97
-3	—	—	—	266.67
-2	—	280.00	—	280.00
-1	—	294.00	—	294.00
0	—	308.70	—	308.70
1	42.00	350.70	38.10	346.80
2	44.10	394.80	40.00	386.80
3	46.31	441.11	42.00	428.80
4	52.61	493.72	44.10	472.90
5	59.22	552.94	46.31	519.21
6	66.17	619.11	52.02	571.23
7	74.06	693.17	58.02	629.25
8	82.94	776.11	64.32	693.57
9	92.87	869.98	70.94	764.51
10	103.97	973.95	77.88	842.39

上表说明,当积累时滞为三年时,10 年国民收入为 6165.53 亿元,第 10 年为基期的 315.5%,年平均增长 12.2%;10 年国民收入增长额与积累额之比为 1.00149。当积累时滞为五年时,10 年国民收入合计为 5655.46 亿元,第 10 年为基期的 272.88%,年平均增长 10.6%;10 年国民收入增长额与积累额

之比为1。在其他条件相同的情况下，积累时滞从三年延长到五年，积累效果系数下降0.149%，国民收入减少约510亿元。

上面是假设例子，让我们看看实际统计数字。从1952年到1979年，全国基本建设投资共6500多亿元，新增固定资产4500多亿元，交付使用率为70%，如果交付使用率保持"一五"时期84%的水平，可多形成固定资产900多亿元，或者形成4500多亿元固定资产，可少用1000多亿元投资。在1952到1979年的28年内，每元投资平均可提供0.417元国民收入，这就是说，如果基本建设周期保持"一五"时期的水平，28年可以多生产400多亿元国民收入，在生产性积累率不变的情况下，可以增加居民福利基金，较快地改善人民生活。

缩短积累时滞的意义还在于，如果其他条件不变，积累时滞较短时，可以适当提高积累率，不至于妨碍人民生活的改善。上面列举的假设例子可以说明这个道理。在两个方案中，生产性积累率都是15%，现在假定第一方案的积累率为17%，第二方案保持不变，居民福利基金的计算结果如下：

表4　　　　　　　两个积累率方案的比较

年份	第一方案（亿元）	第二方案（亿元）	第一方案为第二方案的%
1	295.73	294.78	100.32
2	337.21	328.78	102.56
3	380.76	364.48	104.47
4	431.04	401.96	107.23
5	488.37	441.33	110.66
6	553.11	485.55	113.91
7	626.39	534.86	117.11
8	709.42	589.55	120.33
9	803.45	649.83	123.64
10	909.94	716.03	127.08

计算结果表明,当积累时滞较短时,适当提高积累率(本例为2%),不仅不会减少居民福利基金,而且积累率较高,可以更多地增加以后年份的居民福利基金,第一方案与第二方案比较,它的增长幅度越来越大,第一年为100.32%,第10年为127.08%。这里的关键是"适当",如果积累率提得过高,超过了缩短积累时滞所增加的国民收入,当年的居民福利基金就会减少。

现在我们来完成前述计算程序的第三步,即按照现行计划统计制度方法规定的口径计算积累与消费。已知生产性积累为 I,行政管理和国防部门的固定资产积累为 f_1,住宅、科学、文教和卫生等部门的固定资产积累为 f_2,国家储备的增加额为 ΔA,非生产性流动资产积累为 ΔB,积累基金(J)为它们的合计,即

$$J = I + f_1 + f_2 + \Delta A + \Delta B = J_1 + J_2$$

消费基金(S)等于居民福利基金(W),加上行政管理和国防部门的消费(g_1),减去住宅、科学、文教和卫生等部门的固定资产积累,再减去非生产性流动资产积累,即

$$S = W + g_1 - f_2 - \Delta B = S_1 + S_2$$

国民收入为 J 与 S 之和。由于积累基金与消费基金的主要项目参与了生产性积累与居民福利基金最优比例的计算,其他项目又是根据科学方法确定的合理数值,因此按照上述三步计算出来的积累与消费比例就是最优比例。

四 实现积累与消费最优比例的正确途径

应用数学方法计算积累与消费的最优比例,仅能解决方法论问题,而更重要的问题是通过正确的途径实现这个最优比例。如

前所述，这个比例是国民收入生产、分配和再分配的结果，只有在这几个阶段采取正确的方针、政策，妥善处理有关问题，才能实现这个最优比例。否则，要想在国民收入的使用阶段实现这个最优比例，是办不到的。

为了实现积累与消费的最优比例，在国民收入生产阶段，主要是做好以下两件事情。

一是千方百计地增加国民收入。实践证明，国民收入总量越多，增长速度越快，安排积累与消费比例的机动余地就越大，容易掌握经济发展的主动权。目前，我国按人平均的国民收入只有300多元，人民生活水平较低，特别是一些落后地区的农民，生活还有不少困难，这对积累规模是一个严格的限制。如果我国按人平均的国民收入不是300多元，而是3000多元，甚至10万元，我们安排积累与消费比例的机动余地会比目前大得多。

众所周知，增加国民收入的途径有三：一是增加生产领域的劳动力；二是提高劳动生产率；三是节约物质消耗。目前，我们在这三方面都蕴藏着巨大的潜力。我国有丰富的劳动力资源，如何广开门路，合理分配和使用全部劳动力，尽快提高他们的熟练程度，是亟待解决的重要课题。我国各部门的劳动生产率都比较低，迫切需要改进劳动管理，加快原有企业的技术改造，尽可能快地提高劳动生产率。我国各部门的物质消耗高，产品质量差，是一种比较普遍的现象。例如，目前能源不足是国民经济发展的"瓶颈"之一。产生这种情况的原因，有人认为是过去对能源部门的投资太少。我认为，更重要的原因是在能源建设、生产、运输和使用过程中，存在惊人的浪费。据计算，每万吨标准煤提供的国民收入，"一五"时期为1167万元，"三五"时期为707万元，"四五"时期为576万元，"五五"时期为529万元。如果能源的利用效率能够达到"三五"时期的水平，今后几年即使不增加能源产量，国民收入也可以增长25%左右。

从理论上讲，如果价格与价值一致，同一个劳动力在不同部门所创造的净产值应该是相同的，但在现实生活中，价格背离价值，同一个劳动者在不同部门所创造的净产值不同，例如轻纺工业的劳动者平均创造的净产值一般大于重工业，特别是大于采掘工业和农业。现实经济情况往往是错综复杂的，甚至是相互矛盾的，例如轻纺工业单位产品的投资少，收效快，赢利高，而采掘工业和农业则呈相反的情况。为了增加国民收入，应该大力发展轻纺工业（目前已经在这样做），尽可能少发展采掘工业和农业。但轻纺工业的发展，需要采掘部门提供生产资料，特别是能源，需要农业提供原料，而这两个部门恰恰是目前国民经济的薄弱环节，需要大力发展。

二是正确处理简单再生产与扩大再生产、外延扩大再生产与内涵扩大再生产的关系，妥善安排生产资料与消费资料生产、部门结构和产品结构。今后，必须吸取30多年的经验教训，在安排生产时，坚决贯彻执行先生产、后基建，先改造、后新建的方针，妥善处理简单再生产与扩大再生产、外延扩大再生产与内涵扩大再生产的关系，从根本上扭转原有企业长期处于技术落后、消耗高、质量差的状况，在社会主义建设中走出一条速度比较实在、经济效益比较好、人民可以得到更多实惠的新路子。

在生产阶段，两大部类的比例、部门结构和产品结构，对积累与消费比例的形成有决定意义。马克思说："要积累，就必须把一部分剩余产品转化为资本。但是，如果不是出现了奇迹，能够转化为资本的，只是在劳动过程中可使用的物品，即生产资料，以及工人用以维持自身的物品，即生活资料。……总之，剩余价值所以能转化为资本，只是因为剩余产品（它的价值就是剩余价值）已经包含了新资本的物质组成部分。"① 消费基金包括 $V+\Delta v+S_1$，其中 $V+\Delta v$ 是各物质生产部门的劳动报酬，S_1 是从这些部门提取的用于集体消费的剩余价值。能够用于消费的，是第二部类各部门生产的产品。不仅如此，在存在商品货币的条件下，积累与消费都表现为货币购买力，需要同相应的生产资料和消费资料进行交换。这样，部门结构和产品结构必须在总量和构成上与货币购买力保持平衡，经过分配和再分配形成的积累基金与消费基金才能得到实现。

为了实现积累与消费的最优比例，在国民收入的初次分配阶段，需要正确处理劳动报酬与劳动生产率之间的关系。劳动报酬增长和人民生活改善的速度，不能高于生产发展和劳动生产率提高的速度，如果违背这个客观经济规律，不仅积累率会下降，而且居民的货币收入会超过商品的可供量，其必然结果是市场上供不应求，物价上涨。目前，在国民收入的初次分配方面存在不少问题，如乱发奖金和"福利产品"，损公肥私，损大公利小公等等。在理论上承认按劳分配是一个客观经济规律，但在全民所有制企业中如何贯彻按劳分配原则，还处于探索阶段。近来，各地已经开始实行计件工资制、浮动工资制和工分制等多种形式，需要及时总结经验，逐步推广。

在国民收入的再分配阶段，目前最突出的问题是财政困难，资金不足。讲究生财、聚财、用财之道，是克服这些困难的根本途径。

在国民收入的生产、分配和再分配阶段，只要采取正确的方针、政策，妥善处理有关的问题，就为积累与消费最优比例的实现奠定了牢固的基础。社会主义制度为实现这个最优比例提供了

---

① 《马克思恩格斯全集》第 23 卷，人民出版社 1972 年版，第 637 页。

一切可能性，只要我们认真总结经验教训，坚决贯彻执行党的十一届三中全会以来的路线、方针、政策，研究新情况，解决新问题，就能够把这种可能变成现实。

(原载杨坚白主编《社会主义社会国民收入的若干理论问题》，中国社会科学出版社 1983 年版)

在我国应用经济计量方法的问题

自从党的十一届三中全会以来,我国数量经济学界冲破"左"的思想束缚,在经济管理中应用经济计量方法,取得了很大的成绩,同时也存在一些需要注意和研究的问题。

一 结合我国的特点应用经济计量方法

我国是发展中的社会主义国家,经济情况存在一系列特点,我们在应用经济计量方法时,不能不考虑到这些特点。

第一,我国是一个大国,经济结构比较完整,有广阔的国内市场。我们要学习每个国家的优点,这是毫无疑问的,但除美国和苏联外,任何其他国家都不能同我国进行全面的比较。由于美国和苏联的情况与我国国情不同,它们的模型结构对我们也只有参考意义。

第二,西方国家的经济理论分为许多学派,不管它们是否正确,但都形成了相对完整的理论体系,特别是其中一些学派很重视数量分析,能对经济计量方法的应用起指导作用。我们要坚持以马克思主义经济理论为指导,但目前它基本上是定性分析,不能对经济计量方法的应用直接起到指导作用。到目前为止，我们所作的生产函数、消费函数、需求函数等等，差不多都是从西方应用经济计量学中学来的。当我们刚刚起步，自己什么也没有的情况下，这种学习是必要的，通过学习可以填补我国在经济计量方法应用方面的空白。但我们不能永远停留在学习阶段，应该在学习的基础上结合我国的国情加以创新，提出有中国特色的东西来。这里一项重要任务，是把马克思主义经济学的社会主义部分条理化、规范化、数学化，为经济计量方法的应用奠定理论基础。

第三，我国生产力是一个多层次结构。一方面我们有核武器、卫星、洲际导弹等；另一方面存在大量的手工劳动，特别是在农业和服务业中，手工劳动还是主要形式。在应用经济计量方法时，一定要考虑到我国生产力多层次结构的特点。

第四，我国地区发展很不平衡。从全国来说，可以分为东部、中部、西部三大区域。东部比较发达，中部次之，西部比较落后。在每个区域，在每个省市，甚至在一个县，各地的经济发展也是很不平衡的。从人民生活水平来说，贫富差距在拉大。这几年我们利用时间序列和横截面数据计算过全国和地区的需求函数，是有参考价值的，但我们还没有对不同地区、不同收入的城乡居民消费结构的变化规律进行全面、深入的调查研究。

第五，结构变化快是我国经济的一个重要特点。按现行价格计算，1983年与1976年相比，社会总产值年平均增长10.68%，其中农业的比重从25.4%上升到28.2%，工业从58.1%下降到55.1%，建筑业从8.0%上升到9.4%，运输业和商业的比重分别从2.9%、5.6%下降到2.8%、4.5%。在同一期间，按1980年不变价格计算，农业总产值年平均增长7.13%，其中作物栽培业为5.54%，林业为5.61%，牧业为7.02%，渔业为

4.83％，副业为15.17％。仅仅七年时间，国民经济和农业的部门结构就发生了很大的变化。在同一时期，要素结构、产业结构、技术结构、产品结构、基础结构、规模结构、组织结构和地区结构等处于不断的变化之中。目前宏观经济计量模型一般是研究经济总量，这种研究是需要的，但同时不要忘记总量背后不断发生的结构变化。

第六，统计资料不全、不准，是我们在应用经济计量方法时经常遇到的困难。在现行统计制度方法中，重实物，轻价值；重全民，轻集体、个体；重产品，轻生产要素，远远不能满足实际应用工作的要求。这几年经济体制改革的步伐很快，统计工作跟不上，使这个矛盾更加突出。农村实行了各种形式的生产责任制，一家一户变成了生产单位；专业户、重点户和新的联合体大批涌现；随着农村经济结构的调整，越来越多的农民离开农村，从事各种各样的非农业活动，目前农业统计资料不能全面地反映这些深刻的变革。统计工作也跟不上城市经济体制改革的步伐，例如，目前有多少个体商贩，营业额是多少；全国经济技术协作有多少种形式，资金、设备、人才、技术的流动情况如何，都没有完整的统计数字。

上面我们简要地分析了我国经济的六个主要特点，如果进一步分析，还可列出许多其他特点。从这里可以得出一个结论：由于我国经济存在许多特点，我们在应用经济计量方法时，就不能原封不动地照搬发达国家的理论、方法、模型。不仅我们持这种观点，某些西方学者也持同样的观点，例如荷兰H.C.博斯教授明确地指出：在工业国家发展起来的模型结构，不能成为发展中国家模型的样板。这个意见是教训的总结。十多年前，不少发达国家的学者亲自或帮助发展中国家编制经济计量模型，由于他们没有认识到这两类国家之间的巨大差别，将发达国家的理论、方法、模型照搬到发展中国家,结果收效甚微,甚至遭到失败。后来世界银行发展研究部在做发展中国家的模型时,在某种程度上吸取了这个教训,比较注意这些国家的特点,情况有所好转,但不能说已经彻底解决了这个问题。①

由于我国经济有一系列特点,不能照搬外国的理论、方法和模型,给我们的研究工作增加了许多困难。科研工作是与未被认识的客观世界打交道,本身就是困难的工作。数量经济学工作者的任务,是以现代数学和计算机为手段,揭示社会经济运动的规律性及其数量表现。因此,困难不是什么坏事,每一个困难都是给我们提出的一项研究任务;克服一个困难,说明我们取得了一项科研成果。

二 经济体制改革与经济计量方法的应用

党的十二届三中全会通过的《中共中央关于经济体制改革的决定》,是指导我国经济体制改革的纲领性文件。目前正在进行的以城市为重点的整个经济体制改革,是一场深刻的革命,涉及经济生活的各个方面。它对四化建设有着决定性的意义,与经济计量方法的应用也有十分密切的关系。

首先,经济体制改革可以促进经济计量方法的应用,可以说它是推广应用这种方法、将这项工作长期坚持下去、在经济管理中发挥越来越大作用的强大动力。

从前经济体制的一个重大缺点是决策过于集中,在由少数人

---

① 如前所述,我国分为东部、中部和西部三大区域。东部的商品经济比较发达,可以较多地借鉴经济发达国家的模型结构;西部可以较多地借鉴发展中国家的模型结构;中部可以借鉴上述两类国家的模型结构。至于每个省、市,要根据具体情况参考相应国家的模型结构。

甚至由一个人作出决策的情况下，任何数学方法和经济模型都很难对这种决策作出准确的判断和预测，因为它是一个孤立的事件，不形成任何概率分布，模型制作者既不了解集中决策的过程，也不了解决策者所考虑的因素以及每个因素对决策的影响。经济体制改革的重要内容之一，是使决策适当分散。在分散决策的情况下，多数决策是正确或基本正确的，少数决策是不正确的，大致形成一种正态分布，用数学方法和经济模型可以对这种决策进行研究和预测。

从前经济体制的另一个弊端，是忽视商品生产和价值规律，人力、物力、财力都是无偿使用，各地区和各部门向国家、各企业向地区和部门拼命争资金，争劳力，争物资。它们知道上级行政部门不了解自己的情况，有意提高各种资源需求量的数字，也就是所谓"头戴三尺帽，不怕砍三刀"。在产量方面，有意压低计划指标，不费什么气力就可以"超额"完成计划，获得各种"荣誉"和奖金。利用经济计量方法做出的实事求是的预测数字，在资源需求方面低于实际部门所要求的数字，在产量方面又高于它们的数字。模型制作者如果坚持科学的态度，就会与实际部门发生矛盾；如果模型制作者放弃科学的态度，由实际部门任意摆布，经济模型就会变成欺骗上级行政部门的工具。这种情况常常使模型制作者处于困难的处境，经济计量方法也不能发挥真正的作用。经济体制改革的内容之一，是各种资源的有偿使用。一方面，地区、部门和企业都要节约使用资源；另一方面，由于建立各种责任制，实行自负盈亏，可以促进产量的增加和经济效益的提高。在这种情况下，实际部门容易与模型制作者取得一致的意见，能够使经济计量方法在经济管理中发挥重要的作用。

与资源无偿使用相联系的是政企职责不分，企业是行政部门的附属物，地区、部门吃国家的"大锅饭"，企业吃地区、部门的"大锅饭"，职工吃企业的"大锅饭"，责、权、利脱钩，使得一些经济管理干部对包括经济计量方法在内的现代管理方法采取一种排斥的态度。由于干与不干、干多干少、干好干坏都一样，使他们把应用经济计量方法看成是增加麻烦，多此一举。这种情况与资本主义企业形成了鲜明的对照，在那里，现代管理方法的应用与企业（公司）的生存和发展有着密切的关系。经济体制改革的目标之一，是要使企业真正成为自主经营、自负盈亏的社会主义商品生产者和经营者，企业之间的竞争要求它们不断地改进管理，应用包括经济计量方法在内的现代管理方法。

其次，目前正在进行的以城市为重点的全面经济体制改革，使地区、部门、企业的经济行为在发生变化，特别是经济结构的变化更快，与以前相比出现了"断层"，用过去的时间序列回归得到的各种参数，不能说明目前的经济情况，使许多同志在应用经济计量方法方面却步，不久前某省计委计算中心一位同志对我说，目前不能应用经济计量方法，投入产出模型建立在横截面资料的基础上，应当大力推广应用。我并不反对应用投入产出法，但这种模型的应用，如最终产品或净产值的预测，都离不开经济计量方法。如果目前不能应用这种方法，就会使投入产出法的应用受到很大的限制。同时，目前投入产出法主要用于研究产品之间、部门之间的技术经济联系，远远不能满足经济管理的要求，需要应用经济计量方法来研究带有随机因素的经济现象，如消费结构等等。这就是说，投入产出法和经济计量方法各有所长，也各有所短，不能相互代替，应当相互补充，结合起来应用。

我认为，虽然经济体制改革给经济计量方法的应用带来了一些困难，但还不能说目前就不能应用这种方法，问题是使这种应用适应经济体制改革的新情况。例如，解决刚才所说的"断层"问题，虚拟变量是常用的方法之一。又如，为了适应经济变化快的情况，可以多做短期预测模型。至于长期预测，虽不准确，但对研究社会经济发展战略仍有重要的参考价值，何况任何长期预测都要用短期和中期预测来加以校正。再如，根据经济体制改革的进展情况，及时修改方程和变量，翻新模型。

再次，经济体制改革有许多问题要求我们应用经济计量方法进行研究。

第一，为了增强企业的活力，迫切需要正确处理两个方面的关系，即企业与国家的关系和企业与职工的关系。经济上这个问题表现为如何正确地确定在生产成果即新创造的价值中，国家应该拿多少，职工应该分多少，企业应该留多少。这个问题的正确解决，对于顺利地完成经济体制改革任务具有十分重要的意义。还要说明的是，这仅仅是宏观经济与微观经济关系中的一个问题，这方面还有许多其他问题需要进行深入的研究。

第二，在宏观经济方面，我们对生产和消费问题作过一些研究，但还没有涉及分配和交换领域，特别是对工资、财政、价格、税收、信贷、货币等经济杠杆研究不够。

第三，随着经济体制改革的深入，要求发挥城市的中心作用，逐步形成以城市为依托的、不同规模的、开放式、网络型的经济区。目前各个城市政府对应用现代管理方法制定社会经济发展规划表现出越来越大的兴趣。武汉市在静态投入产出表的基础上，编制了一个由80个基本方程组成的宏观经济控制和预测模型，还编制了一个由动态投入产出模型和经济计量模型相结合的、包括250多个方程的综合经济规划模型。保定市编制了一个由静态投入产出模型与经济计量模型相结合的、包括 200 多个方程的综合经济模型。我国中等以上城市有 200 多个，对已经做过的工作应当系统地加以总结，以便在其他城市推广应用。

第四，这几年来我们对计划与市场的理解有了很大的变化，但不管如何变化，我国与美国等西方国家之间仍然存在很大的区别。表现在经济计量方法的应用方面，在相当长的一段时间内，企业不会向宏观经济模型的制作者购买预测值，不会派人参加模型预测会议，也就是说，我国宏观经济模型对企业的作用是很有限的。同时，我国城市就有 100 多万个基层企业，8000 多万职工，因此需要有更多的人在企业中应用经济计量方法。另一方面，随着政企职责分离，企业成为自负盈亏的经济实体，随着计算机特别是微型机的推广应用，企业管理干部将会对管理现代化产生越来越大的兴趣，将会为经济计量方法在企业中的应用创造必不可少的条件。国内外的经验证明，在企业内应用现代管理方法，工作量较少，时间较短，却能取得看得见、摸得着的经济效益。从长远来看，企业管理的现代化、自动化，是国民经济管理现代化、自动化的基础。

三 坚持以马克思主义经济理论为指导

我国应用经济计量方法只有短短几年的历史，目前的主要问题是应用不够，应当大力加强，但同时一定要坚持以马克思主义经济理论为指导。这个问题包括两个方面：第一个方面是，对西方经济学中一些明显违背甚至反对马克思主义经济理论的观点，我们应持否定态度。例如，关于资本、土地、劳动共同创造价值和以边际生产率为基础的分配理论，与马克思的劳动价值论和剩余价值论是针锋相对的，理应持否定态度。关于这个问题我已经发表过意见,这里不必重述。① 又如,边际效用论即主观价值论公然否认价值是客观经济范畴,我们也是不能接受的。

第二个方面不涉及基本理论问题,而是某些同志没有注意到经济计量方法的局限性,在应用这种方法研究社会经济问题时,不作深入的定性分析,对估出的方程不作经济理论检验,出现了一些偏向。

虽然经济计量方法是一种有用的科学方法,但它本身不能揭示因果关系,因此在应用这种方法时,一定要把定量分析建立在定性分析的基础上。换言之,定性分析是定量分析的前提,在应用这种方法时,对所研究的社会经济问题自觉地开展深刻的定性分析,提示该问题所包含的内在的因果关系,是取得预期结果的基本条件。我们有以下方程:

$$Y_t = -14720.13 + 68.49 X_t$$
$$R^2 = 0.8915$$

式中,被解释变量(Y_t)是中国1972—1982年的消费基金,解释变量(X_t)是苏联1966—1976年的人口,两个变量之间毫无关系,而且时期不同,但判别系数(R^2)接近0.9,拟合度很好,唯一原因是两列数据都随着时间的推移在增长。

利用同样两列数据,我们又可得到:

$$X_t = 217.98 + 0.0131 Y_t$$

这是有意设计的十分荒谬的例子,在实际应用中不会碰到这样的情况,但我看到,有人为了提高判别系数,不分清因果关系,在选择解释变量方面存在一定的随意性。下面对某些方程提出一些看法,不一定正确,仅供讨论。

---

① 张守一:《"三位一体公式"批判》,载《数量经济技术经济研究》1984年第2期。

(1) 出口 = -107.6562 + 0.1288 × 社会商品零售总额 + 0.2214 × 农副产品收购额

$$R^2 = 0.9893 \qquad DW = 1.2620$$

在这个方程中，选择社会商品零售额作为解释变量是欠妥的，因为它是国内商业的销售额，在产量一定的情况下，国内商业销售越多，出口量就越少，这个解释变量前面的正号也是不对的。在我国商品出口中，矿物燃料和轻纺产品占很大的比重，应选择它们作为解释变量。

(2) 进口 = 0.7257 × 轻工业投资 + 0.2080 × 出口 + 0.1806 × 生产消费 + 67.6025 × 进出口政策

$$R^2 = 0.9849 \qquad DW = 1.5073$$

在这个方程中，选择固定资产投资作为进口的解释变量之一是可以的，但轻工业投资的口径太小，有些不妥。另外，进出口之间的关系比较复杂，出口换汇是进口的一个决定性因素，需要进行外汇平衡，但是出口前面的参数值为0.208难以理解。

(3) 农业总产值 = 0.7854 + 0.2448 × 粮食产量 + 0.0534 × 农业机械动力 - 0.2127 × 自然实际成灾面积

$$R^2 = 0.9763 \qquad DW = 1.9110$$

在这个方程中，农业总产值是按价格计算的生产成果指标，粮食产量是按实物单位计算的生产成果指标，1983年作物栽培业占农业总产值的62.1%，其中粮食播种面积占总播种面积的79.2%，因此农业总产值和粮食产量都是农业生产的成果，把后者作为前者的解释变量是欠妥的。

选择解释变量的随意性还表现在对整个模型和单一方程不严格地分清供给和需求，把解释供给的变量用来解释需求，反之亦然。其实，无论是整个模型还是单一方程，对因变量要分清供给和需求，根据因变量的性质选择相应的解释变量，这是在应用经济计量方法时应该遵守的一个基本原则。

在应用经济计量方法时存在的另一种倾向,是不分清肯定方程与随机方程,用肯定方程回归。

在肯定方程中,右边各项之和等于左边的数字,这是一种形式上的因果关系,与随机方程所揭示的因果关系有着本质的区别。在随机方程中,因变量是解释变量引起的结果。肯定方程与随机方程的区别,还表现在后者包括随机干扰项。关于将这一项引入模型的原因,西方经济计量学家作了充分的说明,其中有变量的省略、人们的随机行为、模型形式不够完善、归并误差和测量误差。

为了说明肯定方程与随机方程的本质区别,我们列出以下方程:

$$Y = 23.86 + 0.9091X_1 + 1.1062X_2 + 0.9204X_3$$

$$R^2 = 0.8852 \qquad F = 35.9852$$

式中,Y 为我国的财政收入;X_1 为企业收入;X_2 为各项税收;X_3 为其他收入。虽然判定系数高达 0.88,但三个参数是没有经济意义的,例如为什么增加 1 元税收却能使财政收入增加 1.1元。这充分说明,在应用经济计量方法时,如果定式错误,不仅参数没有意义,而且各项统计检验都不能纠正这种错误。

此外,有人对估出的方程不作经济理论检验。经济计量方程可以检验理论,例如根据一定的理论假设列出一个方程,利用实际数据把它估算出来,如果不能通过理论检验或统计检验,就要重新作出理论假设,修改方程,重新计算,直到取得满意的结果为止。还有一种情况,虽然理论假设正确,但样本数据有问题,使回归出来的方程不合理。个别同志不了解这些道理,对估算出来的方程不作理论检验就去应用,例如有这样两个方程:

(1) l_n(建筑业产值) $= -6.6203 + 2.4676 \times$ 建筑业劳动力

$-0.7591 \times$ 建筑业生产性固定基金 $+0.0518 \times$ 时间

$$R = 0.9959 \qquad R^2 = 0.9918 \text{①}$$

（2）l_n（商业和物资技术供应产值）$= 19.8368 + 0.2283 \times$ 商业和物资技术供应劳动力 $-2.7362 \times$ 商业和物资技术供应生产性固定基金 $+0.2919 \times$ 时间

$$R = 0.9984 \qquad R^2 = 0.9968 \text{②}$$

在上述两个生产函数中，选择劳动力和生产性固定基金作为解释变量是正确的，但生产性固定基金前面的负号是不对的。生产性固定基金越多，产值就越少，在经济理论上说不通。这两个方程的问题在于，回归时不应选择时间作为解释变量，而要使用虚拟变量等手段把生产性固定基金前面的负号纠正过来。

经济计量方法在我国应用的时间不长，出现这样或那样的问题是难免的，我把其中一些问题拿出来分析，无非是想引起大家的注意，把今后的应用工作搞得更好。

四 几个具体方法问题

这几年在经济计量方法的应用中，提出了许多需要研究的具体方法问题。

（1）常数项的经济意义。这里要分两种情况：一种是常数项有经济意义，如柯布—道格拉斯生产函数的常数项，当劳动力和生产基金（或生产性固定资产）两个解释变量等于零时，它也等于零；当两个解释变量不等于零时，常数项（A）被叫做效益系数，虽然目前由于数据的限制，不能对它的结构进行深入的

---

① R^2 是我计算的。
② 同上。

分析，但它有经济意义是不成问题的。又如，在需求方程
$$X_i = A_i P_1^{b_1} P_2^{b_2} \cdots P_n^{b_n} I^{c_e u};$$
中的 A_1 是有经济意义的。看来，凡是非线性函数，其常数项往往有经济意义。

另一种情况不同，例如在以下消费函数 $C_t = a_0 + a_1 C_{t-1} + a_2 Y_t + u_t$ 中，当 $C_{t-1} = 0$，$Y_t = 0$ 时，$C_t = a_0$。这就是说，当上年消费和当年收入等于零时，当年消费等于 a_0，这种常数项很难解释它的经济意义。对这类常数项我主张采用约束回归，令其等于零。

（2）方程与变量。我们编制的经济计量模型，方程和变量都很简单，方程一般是线性的，变量差不多都是单一的，这种状况一方面说明我国的统计内容很窄，数据不全；另一方面也说明我国经济计量方法的应用还处于初期发展阶段。克莱因主持编制的沃顿季度模型，方程和变量都很复杂，其中有这样一个方程[1]：

$$l_n PXMFN = \begin{array}{c} 4.34857 \\ (148.623) \end{array} + \sum_{i=0}^{3} a_{i(1,FAR)} COSTMFN_{-1} + \sum_{i=0}^{3} b_{i(2,FAR)}$$

$$CUN1_{-1} + 0.979 \times U_{-1}$$

$$\overline{R}^2 = 0.994 \qquad SEE = 0.0058345 \qquad DW = 0.045$$

样本期：1955 年 1 季度到 1973 年 4 季度

式中，$PXMFN$ 为非耐用品制造业产出的内涵折实指数；$COSTMFN$ 为单位劳动成本与单位资本成本的几何平均数的对数。

$$COSTMFN = 0.9067 \times l_n \left[WRCMFN \$ / \frac{1}{12} \sum_{i=0}^{11} \left(\frac{XMFN}{NMLTTMFN} \right)_{-1} \right] +$$

---

[1] 劳伦斯·克莱因、理查德·扬：《经济计量预测与预测模型入门》，中国社会科学出版社 1982 年版，第 36—37 页。

$$0.292687 \times l_n\left(\frac{KIAMFN + KIAMFN_{-1}}{2.0 \times XMFN}\right) \times \left[\left(\frac{1}{4}\sum_{i=1}^{4}UCKMFN_{-1}\right)\right]$$

$$CUN_1 = 1 / [1 - (CUWIPMFN + CUWIPMFN_{-1}) / 200]$$

式中，$UCKMFN$ 为资本利率；$CUWIPMFN$ 为非耐用品制造的能力利用；$XMFN$ 为非耐用品制造的产出，10 亿 1972 年美元；$KIAMFN$ 为非耐用品制造的资本存量，10 亿 1972 年美元；$NMLTTMFN$ 为非耐用品制造的雇工小时；$WRCMFN\$$ 为非耐用品制造的补偿率。

这个方程的两个解释变量都是用方程说明的，其中 $COSTMFN$ 方程比主要方程还复杂。沃顿模型的其他方程和变量也都比较复杂。①

方程和变量复杂一些，可以包含较多的经济内容，从而可以提高整个模型的质量。需要说明的是，我们不是为复杂而复杂，当简单和复杂两个方案能取得相同的结果时，我们要选择简单方案。

（3）虚拟变量。在经济计量方法的应用中，采用虚拟变量是一种常用的手法，它可以作为品质因素、数值因素、测量函数在时间上的移动、测量参数在时间上的变化、调整季节时间序列以及作为因变量等等。西方有的经济计量学家把它叫做二进制变量，意思是说，不用虚拟变量时为零，用它时一般取正 1 或负 1。我国全国、各地区、各部门的经济发展经历过几次大起大落，如果去掉不正常年份，所剩下的正常年份不能满足经济计量方法所要求的样本数，因此需要对不正常年份采用虚拟变量。但虚拟变量的应用应从严掌握，不能滥用。如果对每个样本都用虚拟变

---

① 《经济计量预测与预测模型入门》一书说明，模型方程所使用的数据，不要求样本期一致，今后我们编制经济计量模型时可以参考这个经验。

量,时间序列就会变成脱离实际的人造样本,用它们估计出来的参数是没有意义的。

（4）选择方程的标准。一个经济计量方程用样本数据估算出来后,要进行 R^2（或 $\bar{R}^2$）、t、F、S（标准误差）、DW 和外推误差（事后预测）检验。在实际应用工作中,这些检验标准同时满足要求的情况极少,而相互矛盾的情况十分普遍。在相互矛盾的情况下按什么标准选择方程,是经常遇到的问题。由于模型的用途不同,选择方程的标准也不一样,对用于模拟的模型,选择方程的主要标准是 R^2（或 $\bar{R}^2$）；对用于预测的模型,我主张以外推误差作为主要标准,因为它可以检验方程和模型的预测能力,最能满足对这类模型的要求。我在做经济计量模型时,要求外推误差小于2%。如果事后预测期是两年,前一年的相对误差大于2%,最后一年的相对误差小于2%,这个方程可以采用。当事后预测期为两年时,误差分为同向和异向两种情况,如果同向相对误差大于2%,就不用这样的方程,要求重做；如果异向相对误差大于2%,但小于3%,有时也采用这样的方程。如果外推期是不正常的年份,在作事后预测时,可以使用虚拟变量。

（5）外生变量赋值。模型的内生变量是根据给定的外生变量计算出来的,外生变量赋值不准,是造成预测不准的重要原因。如何准确地预测外生变量,还是一个没有解决好的问题。这个问题在某种程度上涉及经济运行与政府干预之间的关系,西方不同学派对这种关系存在完全相反的看法。自由主义、新自由主义反对政府干预经济,如果按照这种理论编制经济模型,就没有必要了解政府的意图。凯恩斯主义、新古典综合学派主张政府干预经济,如果按照这种理论编制经济模型,就要了解政府的意图。虽然我们信奉的马克思主义经济理论,与凯恩斯主义、新古典综合学派有着本质的区别，但我国经济是在政府的干预、调节、控制下运行的。我认为，在我国，准确地预测外生变量，不仅要努力研究预测方法，更重要的是全面、及时地了解经济运行的情况，分析存在的问题，还要认真学习党和政府的文件，了解决策人的意图等等。在编制模型时，将政府控制的经济变量如计划内投资等等，作为外生变量是可取的，当政府对这类外生变量作出决策后，就可以利用经济模型作出预测。将政府控制的变量作为外生变量，并不妨碍我们对投资函数等等开展深入的研究。此外，既然外生变量赋值不准是造成预测不准的重要原因，我们在编制经济模型时，就要尽量减少外生变量。经济系统是开放系统，没有外生变量也不行。

（6）模型定型。目前我国在编制、应用经济计量模型时，存在做一个、丢一个的现象，其主要原因是没有固定的机构和人员，同时对模型定型的重要性认识不足。由一些人编制一个模型，作一次预测后就不要了，又由另一些人再做一个模型，这是在低水平下的重复劳动，既不能提高模型的编制技术，也不能提高预测的准确性。这是一种很不正常的情况，应当努力改变。今后在做一个较大的经济计量模型时，力争由一个固定的机构主持，吸收其他有关单位的同志参加。模型要长期应用，在应用过程中结合实际经济情况的变化，结合预测值与实际值的比较，对模型进行不断的修改和补充，使模型逐步定型。

日本佐和隆光说："预测准确与否只不过全然是一种偶然的结果。"① 这个说法不一定妥当。经济现象极其复杂，对它的认

---

① ［日］佐和隆光：《论经济预测的有效性》，载日本《经济学家》杂志1983年3月号。

识不可能一次成功,只有通过实践——理论——实践的反复过程,才能逐步加深对客观经济规律的认识,在这个基础上对未来的经济发展作出正确的判断(这就是下面将要讲到的预测艺术)。西方经济计量学家常说,利用模型进行经济预测既是科学又是艺术。我把利用模型进行预测的学者,比喻为新老中医,他们在作预测时,在"科学"方面即用计算机计算方面,双方的差别不大,但在"艺术"方面,他们的差别就大了。一位用季度模型作过二三十年预测的学者,好比是位老中医,经验丰富。另一位只用模型作过一次预测的学者,好比是个刚出校门的新中医,没有经验。老中医对未来经济发展的判断,他提出的预测,一般比新中医所作的判断和预测要准确得多。这一看法已被美国的事实所证实,因此不能说预测准确与否全然是一种偶然的结果。即使预测的准确性带有一定的偶然性,在偶然性的背后一定存在必然性。

(7)模型体系。目前西方最大的模型已有20000多个方程,我国最大的模型约有1000个方程,前者是后者的20倍,今后我国的宏观经济模型如何发展呢?是步西方国家的后尘,把模型越搞越大,还是另寻途径,建立有中国特色的模型,这是需要解决的重要问题。我主张不步西方国家的后尘,而是走模型体系的道路。模型体系包含多种含义:第一个含义是无论全国还是地方,都建立一个综合经济模型和一系列部门模型,将它们连接成为一个完整的体系;第二个含义是,在第一个含义的基础上,再加上一系列地区模型,把它们连接成为一个完整的体系;第三个含义是指不同类型的模型体系,如理论模型体系、平衡模型体系、模拟模型体系和优化模型体系等等。

除上面提到的具体问题外,还有在做生产函数时,生产性固定资产是用原值还是用净值(我主张用原值);在消费函数方面,究竟是相对收入假设还是持久收入假设适合我国的情况;多重共线性和序列相关等等问题,也都需要进行深入的研究。

(原载《数量经济技术经济研究》1986年第2期)

时间序列生产函数

研究各种生产要素的投入与产量之间的关系,是经济计量学的重要内容。应用生产函数对这个问题进行数量分析,是十分合适的。下面我讨论三个问题:一是生产函数概念和几种函数形式;二是生产函数的用途;三是关于生产函数的争论。

一 生产函数概念和几种函数形式

所谓生产函数,是指各种生产要素的投入量与产品产出量之间的数量关系,可以写成以下数学形式:

$$Y = F(x_1, x_2, \cdots, x_n)$$

方程式右边的 x_1、x_2、$\cdots$、x_n 代表各种生产要素的投入量;左边 Y 代表产量(产出量)。

我国经济学界关于生产要素问题一直存在争论,从生产工具、劳动者的二要素论到劳动者、生产工具、科学技术、科学管理、劳动对象和经济信息等等的多要素论,众说纷纭。生产函数的一个突出优点,是它具有高度的灵活性,持任何一种观点的同志,均可用它来对各生产要素与产量之间的关系进行具体的分析和计算。这就是说，数学公式本身不能成为不同学术观点的裁判官。相反，它是为不同观点的学者服务的驯服工具。目前生产函数所研究的生产要素，以劳动者和固定资产为主，有时也涉及土地、流动资产、技术进步和能源等等。在产出方面，既可以用实物指标，也可以用代表使用价值的价值指标，如按不变价格计算的产值。

国外经济学家和数学家对生产函数进行了长期深入的研究，提出了各种各样的函数形式，目前我国应用的主要是以下三种形式。

1. 线性生产函数，其形式是：

$$Y = \alpha_0 + \alpha_1 K + \alpha_2 L$$

式中，K 为固定资产；L 为劳动力；α_0、α_1、α_2 为待估参数（方程中没有列出随机干扰项）。

关于固定资产存在两种不同的看法，有的主张用净值，有的主张用原值。固定资产再生产的特点是，用原值表现的使用价值，在其服役期限内可以反复发挥作用，而其价值通过基本折旧逐年减少。在生产函数中发挥作用的是固定资产的使用价值，而不是其逐年减少的价值，因此我认为应当使用原值。劳动力应当用实际劳动时间表示，最好是按小时计算，但我国劳动统计很粗，没有按小时计算的数据，一般采用人/年数字。对 Y、K、L 分别找出时间序列数据，在电子计算机上运用某种参数估计方法（如普通最小平方法），就可以估算出 α_0、α_1、α_2 的数值。陈亮利用我国 1952—1981 年的数据，估算了以下线性生产函数[①]：

(1) 轻工业净产值

---

① 陈亮：《固定资产再生产模型》（1985 年 6 月打印稿）。

$= 3.2790 + 0.5257K_{1,t-1} + 0.1399L_{1,t-1}$
　　　　　（2.6700）　　（1.7301）
$R^2 = 0.9650$　　　　　DW = 1.7220

（2）重工业净产值
$= 1.0655 + 0.1444K_{2,t-1} + 0.1314L_{2,t-1}$
　　　　　（1.9700）　　（1.7400）
$R^2 = 0.9600$　　　　　DW = 1.6030

（3）建筑业净产值
$= -22.5260 + 0.5280K_{3,t-1} + 0.1260L_{3,t-1}$
　　　　　　（3.0000）　　（7.4330）
$+ 12.1000D$（虚拟变量）
（3.4800）
　　$R^2 = 0.9632$　　　　DW = 1.7802

（4）运输邮电业净产值
$= -49.6511 + 0.0250K_{4,t-1} + 0.2012l_{4,t-1} + 6.4750D$
　　　　　　（0.9940）　　（4.9440）
　　$R^2 = 0.9860$　　　　DW = 1.8430

2. 科布—道格拉斯生产函数，简称C—D函数，其形式是：
$$Y = AK^\alpha L^\beta$$
式中，A为效益系数；α、β为待估参数；$\alpha + \beta$为规模报酬系数。

这个公式是指数形式，不能直接估计，需要对方程式两边取自然对数，将它线性化：
$$\ln Y = \ln A + \alpha \ln K + \beta \ln L$$

3. 不变替代弹性生产函数，简称CES函数，其形式是：
$$Y = A\left[\delta K^{-\beta} + (1-\delta)L^{-\beta}\right]^{-\nu/\beta}$$
式中，δ为分布参数；β为替代系数；ν为规模报酬参数。

二 生产函数的用途

生产函数有多种用途,由于它的具体形式不同,就是同样一种用途,表达方式也不一样,这里以科布—道格拉斯生产函数为例,来说明它的主要用途。

1. 进行多因素分析

长期以来,我国经济管理工作一直使用单因素分析方法,例如在计算产量时,应用公式 $Y = P_r \cdot L$,其中 P_r 代表劳动生产率,L 代表劳动力;或者应用公式 $Y = k \cdot K$,其中 k 代表基金产出率,K 代表基金数量。

生产函数是一种多因素分析方法,拿劳动生产力来说,它是"由多种情况决定的,其中包括:工人的平均熟练程度,科学的发展水平和它在工艺上应用的程度,生产过程的社会结合,生产资料的规模和效能,以及自然条件"①。如果以 P 代表劳动生产力;R 代表工人的平均熟练程度;S 代表科学的发展水平和它在工艺上应用的程度;C 代表生产过程的社会结合;G 代表生产资料的规模;E 代表生产资料的效能;H 代表自然条件,就可以写出以下函数形式:

$$P = F(R, S, C, G, E, H)$$

如果可以找出上述函数的具体数学表达式和相应的数据,就能分别计算出各种因素对劳动生产力的影响,也可以综合考察各种因素对它的影响。

生产函数还可用来分析劳动生产率与劳动力的基金装备程度之间的数量关系。当 $\alpha + \beta = 1$ 时,C—D 生产函数可以写成:

---

① 《马克思恩格斯全集》第23卷,人民出版社1972年版,第53页。

$$Y = AK^{\alpha}L^{1-\alpha}$$

由于 $L^{1-\alpha} = L \cdot (\frac{1}{L})^{\alpha}$,所以,

$$Y = A \cdot L \cdot (\frac{K}{L})^{\alpha}$$

等式两边同除以 L,得到:

$$\frac{Y}{L} = A \cdot (\frac{K}{L})^{\alpha}$$

上式说明,在效率系数(A)不变的情况下,劳动的基金装备程度 $(\frac{K}{L})$ 越高,α 越大,劳动生产率 $(\frac{Y}{L})$ 也就越高。

2. 计算劳动弹性和基金弹性

我们知道 C—D 生产函数是:

$$Y = AK^{\alpha}L^{\beta}$$

求 Y 的偏导数,即

$$\frac{\partial Y}{\partial L} = AK^{\alpha}\beta L^{\beta-1}$$

$$L^{\beta-1} = L^{\alpha} \cdot (\frac{1}{L})$$

$$\frac{\partial Y}{\partial K} = A\alpha K^{\alpha-1}L^{\beta}$$

$$K^{\alpha-1} = K \cdot (\frac{1}{K})$$

劳动弹性的定义是产出变化率与劳动变化率之比,即

$$\frac{\frac{\partial Y}{Y}}{\frac{\partial L}{L}} = \frac{\partial Y}{Y} \cdot \frac{L}{\partial L} = \frac{L}{Y} \cdot \frac{\partial Y}{\partial L}$$

$$= \frac{L}{AK^{\alpha}L^{\beta}} \cdot A\beta K^{\alpha}L^{\beta-1}$$

$$= \frac{L}{AK^\alpha L^\beta} AK^\alpha L^\beta \frac{1}{L} = \beta$$

基金弹性的定义是产出变化率与基金变化率之比，即

$$\frac{\frac{\partial Y}{Y}}{\frac{\partial K}{K}} = \frac{\partial Y}{Y} \cdot \frac{K}{\partial K} = \frac{K}{AK^\alpha L^\beta} A\alpha K^{\alpha-1} L^\beta$$

$$= \frac{K}{AK^\alpha L^\beta} AK^\alpha L^\beta \alpha \frac{1}{K} = \alpha$$

3. 分析规模报酬

由各种生产要素组成的生产规模，它的大小对经济效益有很大的影响。规模太小很不经济，规模过大也不经济，在"太小"与"过大"之间存在一个最优的生产规模。

生产函数的 $\alpha + \beta$ 可以反映规模报酬情况，$\alpha + \beta = 1$，说明规模报酬不变；$\alpha + \beta > 1$，说明规模报酬递增；$\alpha + \beta < 1$，说明规模报酬递减。

规模报酬可以从静态与动态的角度进行分析。静态分析又叫横向比较，例如用某一年各企业的数据估算出生产函数，用 $\alpha + \beta$ 的数值对各部门、各地区和各种产品的生产规模进行对比分析，从中发现存在的问题。动态分析又叫纵向比较，用相应的时间序列数据分析估算出全国、各部门、各地区和各企业的 α、β 数值，分析生产规模随着时间的推移所发生的变化，根据变化趋势提出应当采取的对策，如果发现规模报酬递减，就应合并小型企业，增加大中型企业的数目。

4. 研究生产要素的相互替代

我国的四个现代化，从某种意义来说，就是以先进的生产工具代替劳动力的过程，特别是要向农业投入大量先进的生产工具，代替农民的手工劳动，在大幅度提高农业劳动生产率的基础

上，使大批农民从农业转向非农业部门，这既是农民致富的主要出路，也是国家富强的重要途径。

C—D 生产函数可以写成：

$$Y = F(K, L)$$

生产要素边际替代率是反映其替代关系的指标，即

$$S = \frac{dK}{dL} = \frac{\partial F}{\partial L} \Big/ \frac{\partial F}{\partial K}$$

这就是说，增加单位生产基金能代替多少单位劳动力，取决于这两种生产要素边际产量的变化。从边际替代率可以计算替代弹性系数：

$$\sigma = \frac{\text{生产基金装备程度变化率}}{\text{边际替代系数变化率}}$$

$$= \frac{d\left(\frac{K}{L}\right) \Big/ \left(\frac{K}{L}\right)}{d(F_L/F_k) \Big/ (F_L/F_k)}$$

式中，$F_k = \frac{\partial F}{\partial K}$，$F_L = \frac{\partial F}{\partial L}$。

替代弹性系数是说明各种生产要素相互替代的难易程度，有些要素可以完全相互替代，有些要素完全不能相互替代，在这两种极端情况之间，还有在不同程度上可以相互替代的各种情况。

5. 测算技术进步对产量的影响

在下列公式 $\frac{\Delta Y}{Y} = \alpha \left(\frac{\Delta K}{K}\right) + \beta \left(\frac{\Delta L}{L}\right)$ 中，$\frac{\Delta Y}{Y}$、$\frac{\Delta K}{K}$、$\frac{\Delta L}{L}$ 分别为产量、基金、劳动力的增长速度，并令 $\alpha + \beta = 1$。为了测算技术进步对产量的贡献，列出下列公式：

$$\frac{\Delta Y}{Y} = \alpha \left(\frac{\Delta K}{K}\right) + \beta \left(\frac{\Delta L}{L}\right) + \lambda$$

因此，

$$\lambda = \frac{\Delta Y}{Y} - \alpha \left(\frac{\Delta K}{K}\right) - (1-\alpha)\left(\frac{\Delta L}{L}\right)$$

据《光明日报》1985年3月9日报道，有人应用这个方法计算出我国近年来技术进步对工业总产值的贡献份额为26.28%。应当指出，这种测算方法是十分简单、粗略的，因为这种测算的前提是假定只有基金、劳动力和技术进步三个因素影响产量的增长，完全不考虑其他因素的作用。最近美国的调查表明，在影响生产率的诸因素中，资本占23%，劳动力占4%，能源占9%，规章制度占9%，部门结构变化占14%，研究和开发工作占4%，其余37%属于"无法解释的因素"，认为这仅仅是一种"最适合的猜想"。因此，如何准确地测算技术进步对产量增长的贡献，还是今后有待深入研究的课题。

三 关于生产函数的争论

当我们引进生产函数研究我国的经济问题时，在研究人员当中发生了争论，争论的主要问题有三：（1）关于生产函数的性质；（2）如何解释生产函数；（3）生产函数能不能成为分配理论的基础。下面简要地谈谈马克思主义经济学家和西方经济学家对这些问题根本不同的看法。

关于生产函数的性质，马克思主义经济学家和西方经济学家都认为它是技术的关系，虽然双方所说的名词相同，但所说的内容却完全不一样。由于生产函数是揭示各种生产要素的投入量与使用价值产出量之间的数量关系，所以马克思主义经济学家认为它是生产力经济学的范围。虽然西方经济学家也说生产函数是技术关系，但他们却用它来解释社会各阶级的生产关系，实际上认为它属于政治经济学的范围。

对生产函数如何解释，是双方争论的焦点。这场争论有了很长的历史，马克思在创立科学的经济理论时就深刻地批判了萨伊的生产要素论。这位庸俗经济学家认为，资本和土地都有生产作用，与劳动共同创造价值。萨伊提出"三位一体公式"是180年以前的事情，目前在庸俗经济学中占主导地位的是克拉克的边际生产率论。萨伊提出了资本和土地的生产作用和付给它们的价格，但资本和土地究竟各"生产"多少新价值，如何确定它们的价格，他都没有研究。克拉克在《财富的分配》一书中，用"边际效用论"解释了这些问题，把"三位一体公式"向前推进了一大步。

我们反对资本、土地、劳动共同创造价值的理论，主张用具体劳动创造使用价值的理论来解释生产函数。有的同志不同意我们的观点，他们认为生产函数反映的过程，既是创造使用价值的过程，也是创造价值的过程，说我们"割裂"了生产过程。

其实，在史前时期，当价值范畴没有出现之前，生产过程就是生产使用价值的过程；只有在价值范畴出现之后，生产过程才成为创造使用价值和价值的统一过程。这就是说，历史上不要人们去"割裂"，就存在过具体劳动创造使用价值的过程。

资本主义生产是劳动过程与价值形成过程的统一，但这丝毫没有妨碍马克思对这两个过程分别进行深刻的研究。他正是通过这种研究，才揭示了资本和劳动在劳动过程和价值形成过程中的不同作用。马克思认为，在劳动过程即生产使用价值的过程中，生产资料只是作为使用价值，作为具有有用属性的物起作用，只是"作为形成新使用价值，新产品的要素被消费掉"[①]，它们是生产新使用价值的源泉之一；同样，劳动表现

---

① 《马克思恩格斯全集》第23卷，人民出版社1972年版，第208页。

为生产劳动,它"不是它所生产的使用价值即物质财富的唯一源泉"①。在价值形成过程中,生产资料已经不再作为在劳动力有目的地发挥作用时执行一定职能的物质因素了。它们只是作为一定量的物化劳动来计算;"劳动是形成价值的劳动,是价值源泉"②。

在科布—道格拉斯生产函数 $Y = AK^{\alpha}L^{\beta}$ 中,α、β 代表生产基金和劳动对产量的贡献,也就是 K、L 都是创造 Y 的源泉。这里 K 是"作为使用价值,作为具有有用属性的物起作用",全部进入生产过程,而不是"作为一定量的物化劳动来计算"。L 与 K 处于同等地位,"表现为生产劳动",而不是"形成价值的劳动",是具体劳动而不是抽象劳动。由此可见,C—D 生产函数所反映的是劳动过程,即具体劳动创造使用价值的过程,而不是反映价值形成过程。

用劳动价值论与用边际生产率论对生产函数的不同解释,可以概括如下:

表1　　　　　　　生产函数理论的比较

	劳动价值论	边际生产力论
劳动过程	$Y = F(K, L)$	—
价值形成过程	$y = f(L)$	$y = F(K, L)$

表中,Y 代表使用价值,y 代表价值。这个对比说明,我们根据马克思主义经济理论对生产函数的解释,没有割裂生产过程。

生产函数与分配理论的关系,是争论的另一个问题,它是上

---

① 《马克思恩格斯全集》第23卷,人民出版社1972年版,第57页。
② 同上书,第214页。

一个问题的继续。

马克思主义经济学家认为,生产函数只能揭示各生产要素的投入量对使用价值产出量的贡献。劳动是创造价值的唯一源泉,因此不能把它作为分配理论的基础。

西方经济学家认为,既然资本、土地、劳动共同创造了价值,生产函数可以分别测算它们对产品价值的贡献,自然应该按照生产要素的边际生产率进行分配,并且认为资本的边际生产率等于利润率(γ),劳动的边际生产率等于工资率(W),即

$$P\frac{\partial F}{\partial K} = \gamma \qquad P\frac{\partial F}{\partial L} = W$$

式中,P 为产品价格。在微分方程中有欧拉定理,将它用于线性齐次生产函数

$Y = F(K, L)$,就有:

$$K\frac{\partial F}{\partial K} + L\frac{\partial F}{\partial L} = Y$$

由于

$$\frac{\partial F}{\partial K} = \frac{\gamma}{P}, \qquad \frac{\partial F}{\partial L} = \frac{W}{P}$$

将它们代入上式得到:

$$K \cdot \frac{\gamma}{P} + L \cdot \frac{W}{P} = Y$$

即

$$\gamma \cdot K + W \cdot L = PY$$

按照西方经济学家的说法,在产品价值(实物产量×价格)中,资本得到了由它创造的部分,即 $\gamma \cdot K$,劳动得到了由它创造的部分,即 $W \cdot L$。这样,"分配之谜——即如何在两个(或更多的)协作的生产要素之间分配它们共同生产的总产品——

可以利用边际产品的概念而得到解决"①。

不仅马克思主义经济学家不能同意这种分配理论，就是西方某些经济学家对它也持否定态度，例如美国经济学家 D. 狄拉德写道，"改写经济学原理将抛弃克拉克首创的说明分配问题的边际生产率论"②。

在资本主义社会，新创造的价值首先要在资本家（包括土地所有者）与雇佣劳动之间进行分配，划分为必要价值和剩余价值，两大敌对阶级各占多大的份额，取决于社会生产力水平和它们的力量对比。在社会主义制度下，要坚决执行按劳分配原则，"每一个生产者，在作了各项扣除之后，从社会方面正好领回他所给予社会的一切"③。因此，无论在资本主义社会还是在社会主义社会，都看不出生产要素的边际生产率对分配有什么作用，新创造的价值是按照分配领域的客观规律进行分配的。

（原载《山西统计》1985 年第 6 期）

---

① 萨缪尔森：《经济学》（中册），商务印书馆 1981 年版，第 225 页。
② D. 狄拉德：《改写经济学原理》，载《经济问题杂志》（英文版）1982 年 6 月号。
③ 《马克思恩格斯选集》第 3 卷，人民出版社 1972 年版，第 10—11 页。

横截面生产函数

我对横截面生产函数作了一些研究，取得了一些结果，现就有关问题谈些看法。

一　前言

生产函数既可以用时间序列数据估计，也可以用横截面数据估计，后者的优点是，它使用一个年度的样本，不存在多重共线性。当观测值为时间序列数据时，不同的解释变量具有共同的变化趋势，它们之间存在高度相关，造成多重共线性。如果解释变量之间完全相关，那么参数的估计值是不确定的，这些估计值的标准误差为无限大；如果解释变量之间只存在某种程度的相关，就不能断定多重共线性的影响，这给经济计量方程的估计和应用带来许多困难。横截面生产函数不存在这类问题。

在我国数量经济学中，横截面生产函数的研究是一个薄弱环节，主要原因是没有数据。1985年工业普查为研究这类生产函数提供了宝贵的资料。① 本文研究的广义生产函数，能够揭示生产要素构成的每个部分对生产发展的贡献，具有重要的理论意义和实用价值。

我的目的是利用这种生产函数测算固定资产和劳动力对生产发展的贡献，这在方法论上决定了两个问题：一是因变量（被解释变量）要选择工业净产值，因为与工业总产值对应的解释变量，除固定资产和劳动力外，还有中间投入。在我国，还要从中间投入中单独划出能源，测算这个要素对生产发展的制约作用。二是不能采用线性生产函数，而要采用科布—道格拉斯生产函数，这样估计出来的参数才有经济意义。

由于使用的是一年的数据，采用可比价格还是现行价格，关系不大。但各工业行业的价格扭曲是存在的，对计算结果有一定的影响，目前还不能解决这个问题。

二 固定资产的贡献

在 1985 年全民所有制独立核算企业的工业普查资料中，分 40 个工业行业列出了机器、设备固定资产原值、自动化生产线固定资产和半自动化生产线固定资产，从第一项中减去第二、第三项，得到一列新的数据，我把它叫做其他固定资产（单位均为元）。在这册资料中，还列有基本生产车间直接生产工人（人）。设自动化生产线固定资产为 K_1，半自动化生产线固定资产为 K_2，其他固定资产为 K_3，基本生产车间直接生产工人为 L，广义生产函数的形式为：

---

① 本项研究所用的数据，均引自《中华人民共和国 1985 年工业普查资料》第 3 册，统计出版社 1988 年版。

$$Y = f(K_1, K_2, K_3, L)$$

计算结果如下（参数下面括号内的数字为 t 检验值）[①]：

$LnY =$ 7.2170 $+$ 0.0030LnK_1 $+$ 0.0710LnK_2 $+$ 0.2694LnK_3
　　　(8.4600)　(0.1214)　　(0.9140)　　(2.7795)
　　　$+$ 0.5212LnL
　　　　(5.1221)

$R^2 = 0.8697$　　$SE = 0.6160$　　$DW = 2.26$

从这个估计式可以得出以下结论：

第一，K_1、K_2、K_3 的参数值合计等于 0.3434，大于 0.25，说明 1985 年我国固定资产投资和固定资产都是稀缺资源，对生产发展的贡献较大。

第二，我国劳动力的素质不高，管理水平较低，自动化和半自动化生产线没有发挥应有的作用，对工业净产值的贡献很小。自动化生产线固定资产增加 1 万元，在其他条件不变的情况下，工业净产值仅增加 30 元，实在太少；半自动化生产线固定资产增加 1 万元，在其他条件不变的情况下，工业净产值仅增加 710 元；由机械化和手工工具组成的其他固定资产增加 1 万元，在其他条件不变的情况下，工业净产值增加 2694 元，贡献率分别为自动化和半自动化固定资产的 89.8 倍和 3.8 倍。

第三，劳动力的参数值为 0.5212，小于 0.75，说明 1985 年我国工业企业的劳动力过剩，边际生产率偏低，对生产发展的贡献较小。

第四，固定资产和劳动力的参数值合计仅为 0.8646，小于 1。1985 年小型工业企业数目占全部工业企业的 98.21%，这些工业企业的职工占全部工业职工的 66.65%。同年每个工业企业

———
① 计算工作是石力同志完成的。

的固定资产原值平均只有852.9万元,净产值只有570万元,按1980年不变价格计算的总产值只有810万元,企业规模偏小,规模效益不高。全民所有制独立核算工业企业也存在规模偏小的问题。

上式中判别系数(R^2)为0.8697,低了一些,究其原因是各工业行业对生产要素的利用强度不同。可以将40个工业行业的实际净产值与估计净产值的比较值作为反映各工业行业对生产要素利用强度的指标,两者比较接近的有32个行业,说明它们对生产要素的利用强度处于平均水平。四个行业的实际净产值高于估计值,说明它们对生产要素的利用强度超过了平均水平。四个行业的实际净产值低于估计值,说明这些行业对生产要素的利用强度没有达到平均水平。需要引进两个虚拟变量,对生产要素利用强度超过平均水平的行业加 + D,对生产要素利用强度没有达到平均水平的行业加 - D,重新估计参数,结果如下:

$$LnY = 8.7180 + 0.0135 LnK_1 + 0.0814 LnK_2 + 0.2462 LnK_3$$
$$(16.7790) \quad (0.9838) \quad (2.0247) \quad (4.5091)$$
$$+ 0.4897 LnL + 1.4873 D_1 - 0.6492 D_2$$
$$(8.6179) \quad (8.0826) \quad (-2.8677)$$
$$R^2 = 0.9688 \quad SE = 0.3105 \quad DW = 1.96$$

引入反映生产要素利用强度的虚拟变量后,判别系数有了很大的提高。用经济计量方法估出的参数只能反映各工业行业对生产要素的平均利用强度,它们既不是平均先进水平,更不是最高水平。我国的管理落后,宏观比例失调,许多企业的上下道工序不配套,生产要素不能得到充分利用,蕴藏着巨大的潜力。

三 劳动力的贡献

1985年工业普查时,对劳动力按技术水平、文化程度和年龄构成作了三种分类。在估计横截面生产函数时,我们取固定资产原值为一个解释变量,分别研究不同劳动力分组对工业净产值的贡献。

(1) 普查资料将基本生产车间的直接生产工人分为自动控制作业 (L_1)、机械化作业 (L_2)、半机械化作业 (L_3) 和手工作业 (L_4) 四组,同时引进两个虚拟变量,方程估计结果如下:

$$LnY = 8.7180 + 0.2552 LnK + 0.0769 LnL_1 + 0.1280 LnL_2 +$$
$$(8.9447) \quad (3.3411) \quad (1.4081) \quad (0.9071)$$
$$0.3584 LnL_3 + 0.0205 LnL_4 + 1.3934 D_1 - 0.7320 D_2$$
$$(2.9874) \quad (0.2129) \quad (7.7932) \quad (-4.1176)$$
$$R^2 = 0.9693 \quad SE = 0.3124 \quad DW = 1.91$$

如果不考虑虚拟变量,参数值合计为 0.839,同样说明工业企业的规模效益偏低。四种劳动力的参数值很有说服力,四个参数值为正,说明工业企业基本生产车间直接生产工人不存在过剩现象。在 1985 年的情况下,从事自动控制作业的劳动力的边际生产率仅为 0.0769;从事机械化操作的劳动力的边际生产力为 0.128;贡献最大的是从事半机械化操作的劳动力,他们的边际生产率达到了 0.3584;贡献最小的是从事手工操作的劳动力,他们的边际生产率仅为 0.0205。如果以 L_4 的边际生产率为 1,那么 L_1、L_2、L_3 的边际生产率分别为 3.8、6.3 和 17.5。半机械化劳动与手工劳动参数值之差为 0.3379,也就是说,如果一个手工劳动者在提高技术水平后,从事半机械化劳动,工业净产值可以增加 3379 元。因此,提高职工的技术水平,减少甚至将来消灭手工劳动,对提高经济效益、促进经济发展具有十分重要的意义,是我国需要逐步解决的一个重大的战略问题。

(2) 普查资料将固定、合同制职工的文化程度划分为大专、中专及高中、技工、初中、小学和不识字或认字不多六个等级,解释变量过多。我将劳动力分组合并，令 L_1 代表大专，L_2 代表中专及高中、技工和初中三年个等级，L_3 代表小学和不识字或识字不多，估算结果如下：

$$LnY = 1.1545 + 0.1874 LnK + 0.0884 LnL_1 + 1.2014 LnL_2$$
$$(0.8656)\quad (1.6068)\quad\quad (0.4827)\quad\quad (3.2541)$$
$$- 0.6036 LnL_3$$
$$(-2.2271)$$

上式说明，在 1985 年的技术条件下，L_2 的贡献最大，他们的边际生产率约为大专的 13.6 倍。小学以下文化程度职工与 L_2 的边际生产率的正负绝对值为 1.805，也就是说，如果将工业企业一个小学以下文化程度的劳动力提高到 L_2 的水平，工业净产值可以增加 1.8 万元以上。1985 年底小学以下文化程度的职工共有 1549.7 万人，如果将他们全部提到 L_2 的水平，工业净产值可以增加 2797.2 亿元，约占同年国民收入的 40%。如果让他们全部脱产学习，工业净产值也能增加 935.4 亿元。在目前技术水平下，工业企业还需要小学以下文化程度的工人。上面仅仅是两个假设，说明提高职工的文化程度可以取得惊人的经济效益。

（3）普查资料将固定、合同制职工的年龄划分为 20 岁以下（L_1）、21—35 岁（L_2）、36—50 岁（L_3）、51—55 岁（L_4）和 56 岁以上（L_5）五组，计算结果如下：

$$LnY = -2.7295 + 0.3582 LnK - 0.4840 LnL_1 + 2.7168 LnL_2$$
$$(-1.0264)\quad (3.1603)\quad\quad (-0.8213)\quad\quad (1.9969)$$
$$- 1.2412 LnL_3 + 0.1162 LnL_4 - 0.4907 LnL_5$$
$$(-1.4802)\quad\quad (0.1812)\quad\quad (-0.8846)$$

$$R^2 = 0.8787 \quad\quad SE = 0.6121 \quad\quad DW = 2.38$$

上式说明，L_2 的贡献最大，他们的边际生产率为 L_4 的 23.4

倍。21—35岁的职工已经掌握了技术，身强力壮，充满活力，是生产中大显身手的主力军。L_1和L_2边际生产率的正负绝对值为3.2008，这就是说，工业企业在职工年龄构成的配置上，如果减少一个20岁以下的职工，增加一个21—35岁的职工，就可以增加净产值3.2万元以上。1985年底20岁以下的职工共有538.7万人，如果全部换成21—35岁的职工，可以增加工业净产值1724.4亿元，占当年国民收入的24.5%。如果让他们全部脱产学习，也可以增加工业净产值260.7亿元。这仅仅两种假设。36—50岁职工的参数值为负，他们是1955—1970年左右参加工作的，在这15年内，工业企业职工年平均增长7%，增长速度过快，出现了过剩现象。56岁以上的职工不少体弱多病，很难承担重体力劳动，他们的边际生产率为负。这类职工共有107.4万人，如果让他们全部退休，可以增加工业净产值52.7亿元。上述假设充分表明，调整工业企业职工的年龄结构，是优化劳动组合的一个重要方面，可以取得巨大的经济效益。

为了提高拟合优度，需要引入两个虚拟变量，计算结果如下：

$$LnY = -3.4602 + 0.3348 LnK - 0.9385 LnL_1 + 3.1740 LnL_2$$
$$(-2.5896) \quad (5.8906) \quad (-3.1140) \quad (4.5926)$$

$$- 1.2113 LnL_3 + 0.0037 LnL_4 - 0.3917 LnL_5 -$$
$$(-2.8324) \quad (0.0114) \quad (-1.3662)$$

$$0.8824 D_1 + 1.0950 D_2$$
$$(-5.0849) \quad (6.9212)$$

$$R^2 = 0.9714 \quad SE = 0.3067 \quad DW = 2.02$$

增加两个虚拟变量后，R^2提高了，但L_1、L_3、L_5的参数值仍为负（下面说明产生这种现象的原因），L_2的参数值提高了，达到了 3.174，为 L_4 的 857.8 倍。

四 固定资产和劳动力的贡献

以 K_1、K_2、K_3 分别代表自动化、半自动化生产线和其他固定资产原值，以 L_1、L_2、L_3、L_4 分别代表自动控制作业、机械化操作、半机械化操作和手工操作的劳动力，计算结果如下：

$$LnY = 9.9702 + 0.0041 LnK_1 - 0.0304 LnK_2 + 0.1925 LnK_3 +$$
$$(5.1376) \quad (0.1525) \quad (-0.3263) \quad (1.2708)$$
$$0.1114 LnL_1 + 0.2692 LnL_2 + 0.2466 LnL_3 - 0.0159 LnL_4$$
$$(0.9416) \quad (0.9742) \quad (1.0304) \quad (0.0907)$$
$$R^2 = 0.8745 \quad SE = 0.6321 \quad DW = 2.18$$

上式说明，在固定资产中，K_3 主要是机械化设备，它们的边际生产率最高，自动化生产线固定资产的边际生产率只占到它们的 2.1%。在劳动力中，贡献最大的是从事机械化操作的劳动力（L_2），参数值达到了 0.2692，为从事自动化控制作业劳动力边际生产率的 2.4 倍以上。

五 经济计量方程的非线性估计

上面在研究生产要素对工业净产值的贡献时，参数前面经常出现负号。对经济计量方程采用非线性估计，是解决这个问题的方法之一。

以 K 代表固定资产原值，以 L_1、L_2、L_3、L_4 分别代表自动控制作业、机械化操作、半机械化操作和手工操作的劳动力，应用 TSP 软件中的非线性估计方法，经过三次迭代，得到了以下

结果①:

$LnY = 9.4304 + 0.2193LnK + 0.1318LnL_1 + 1.1971LnL_2 +$
     $(5.5185)\quad(1.6633)\quad\;(1.2186)\quad\;\;(0.6373)$
$\quad\quad 1.6767LnL_3 + 0.5963LnL_4$
     $\quad(0.9937)\quad\;\;(0.5079)$
$R^2 = 0.8678 \quad SE = 0.6294 \quad DW = 2.23$

由于 R^2 较低，引入一个虚拟变量，计算结果为：

$LnY = 9.6906 + 0.1604LnK + 0.1581LnL_1 + 0.1427LnL_2 +$
     $(9.0999)\quad(1.9448)\quad\;(2.3442)\quad\;\;(0.1880)$
$\quad\quad 1.1435LnL_3 + 2.1156LnL_4 + 2.3330D$
     $\quad(1.8069)\quad\;\;(2.0959)\quad\;\;(7.3924)$

前面我们用线性估计方法估计过这个方程，现将两种不同方法估计的参数值作个比较，见表1。

表1　　　　　用不同估计方法计算的结果

解释变量	线性估计	非线性估计
K	0.2552	0.1604
L_1	0.0769	0.1581
L_2	0.1280	0.1427
L_3	0.3584	1.4354
L_4	0.0205	2.1156
合计	0.8390	4.0122

从参数值的比较可以看出，固定资产的线性估计值大于非线性估计值，以0.1604作为固定资产对工业净产值的贡献率，不反映实际情况。四种劳动力的非线性估计值均大于线性估计值。

---

① 这部分计算工作是姜忠孝同志完成的。

在线性估计值中，贡献最大的是 L_3（从事半机械化操作的劳动力），这符合实际情况；在非线性估计中，贡献最大的是 L_4（手工劳动），这不反映实际情况。线性估计值合计为 0.839，说明规模效益偏低，经济含义是明确的。非线性估计值合计为 4.0122，由于我们对这种估计值研究不够，很少使用，说不清楚它的经济含义。上述分析说明，目前要继续采用线性估计方法，同时加强对非线性估计方法的研究。

上面在估计固定资产和劳动力对生产发展的贡献时，半自动化生产线固定资产（K_2）和手工劳动（L_4）的参数值为负，为了解决这个问题，我们用非线性估计方法重新计算了这个问题，经过 217 次迭代，得到了以下结果：

$$LnY = 9.3758 + 0.0002 LnK_1 + 56.8521 LnK_2 +$$
$$(5.1521) \quad (0.0111) \quad (0.0110)$$
$$1021.5136 LnK_3 + 0.1281 LnL_1 + 1.1404 LnL_2 +$$
$$(0.0111) \quad (1.0620) \quad (0.5629)$$
$$1.6816 LnL_3 + 0.6627 LnL_4$$
$$(0.9334) \quad (0.4860)$$
$$R^2 = 0.8680 \quad SE = 0.6483 \quad DW = 2.24$$

表2　　　用线性与非线性估计方法计算的结果

解释变量	线性估计	非线性估计
K_1	0.0041	0.0002
K_2	-0.0304	56.8521
K_3	0.1925	1021.5136
L_1	0.1114	0.1281
L_2	0.2692	1.1404
L_3	0.2466	1.6816
L_4	-0.0159	0.6627

我们也将两种不同估计方法得到的参数值作个比较（见表2）。

采用非线性估计方法计算方程，虽然消灭了线性估计中 K_2 和 L_4 参数前面的负号，但不能解释这些估计值的经济意义，例如 K_2 的参数值为 56.8521，K_3 的参数值为 1021.5136，它们究竟是什么意思，目前尚不清楚。换言之，用非线性估计方法可以消灭线性估计中参数前面的负号，但参数值的经济含义不清，需要今后加强研究来解决这个问题。

六 对几个问题的看法

1. 劳动价值理论问题

劳动价值理论是马克思主义经济学的重要内容。马克思说，"同一劳动在同样的时间内提供的价值量总是相同的"[①]。工业普查对劳动力按技术水平、文化程度和年龄作了分类，"同一劳动"是指技术水平、文化程度和年龄相同的劳动。"同样的时间"是指劳动时间，不是上班时间。马克思还说，在同样的时间内，生产力特别高的劳动"所创造的价值比同种社会平均劳动要多"[②]。对于抽象的理论分析，这个论断是正确的，但在实际经济生活中，实现这个原则取决于许多具体条件，如宏观经济比例协调，社会能按质、按量、按时向企业提供生产资料、劳动力和资金，产品能及时销售出去，资金能及时收回来；企业管理水平高，生产要素在总量和结构上保持合理的比例，各道工序平衡等。我们的研究表明，从技术水平来看，从事自动化操作的劳

[①] 《马克思恩格斯全集》第 23 卷，人民出版社 1972 年版，第 60 页。
[②] 同上书，第 354 页。

动是"生产力特别高的劳动",但在 1985 年中国的具体条件下,他们的边际生产率只占从事半机械化劳动力 21.4%。从文化程度来看,大专是"生产力特别高的劳动",但在 1985 年中国的具体条件下,他们的边际生产率只占中专及高中、技工和初中的 7.3%。出现这种不合理的现象,是因为 1985 年宏观比例失调,企业管理水平不高。这样看来,生产力(或复杂程度)特别高的劳动所创造的价值就有理论值(或潜在值)与实际值之分,前者一般大于后者;单位商品包含的价值量恰好相反,实际值一般大于理论值。

2. 劳动力过剩问题

1980 年左右开始应用生产函数研究我国宏观经济问题时,发现劳动力的边际生产率为负,说明劳动力过剩。例如,以不变价格计算的国民收入(NIC)为被解释变量,以固定资产原值(K)和劳动力(L)为解释变量,计算结果如下:

$LnNIC = 8.1699 + 1.4173 LnK - 1.3696 LnL$
$\qquad\qquad (8.3033) \quad (17.5145) \quad (-7.4106)$

$R^2 = 0.9948 \qquad SE = 0.0282 \qquad DW = 2.27$

上式拟合很好,K 和 L 的 t 检验值很高,证明两个解释变量是显著的。判别系数高达 0.9948,只有 0.52% 是 K、L 以外因素作用的结果。DW 值证明不存在序列相关,参数估计值的最小二乘方差不会大于其他经济计量方法所求得的估计值的方差。但 L 的参数值为负,说明劳动力过剩。我国劳动力过剩,是不是各种劳动力都过剩呢?总量生产函数不能回答这个问题,充分说明了它的局限性。事实上,在劳动力总量过剩的情况下,有些种类的劳动力不是过剩,而是不足,横截面生产函数可以清晰地解释这个问题,这对改进经济管理、特别是对改进劳动组织具有重大的实际意义。上面在研究不同文化程度劳动力对工业净产值的贡献时，大专、中专及高中、技工和初中两类劳动力的参数为正，说明他们不过剩，过剩的是小学和不识字或识字不多的劳动力，他们对生产的发展不起正作用，而起负作用。在研究不同年龄劳动力对生产发展的贡献时，21—35 岁和 51—55 岁的职工分别占全部工业企业职工的 55.25% 和 4.38%，参数为正；20 岁以下、36—50 岁和 56 岁以上的职工分别占全部工业企业职工的 9.27%、29.25% 和 1.85%，参数为负。

3. 技术比例问题

马克思指出："在劳动的量和需要追加这个活劳动的生产资料的量之间，按照追加劳动的特殊性质，存在着一定的技术关系。"[①] 用横截面生产函数不是研究生产要素总量，而是研究固定资产和劳动力的各个组成部分对生产发展的贡献，这种研究既满足"追加劳动的特殊性质"，也满足追加劳动资料的特殊性质。某类固定资产与劳动力的数量超过了它们之间的技术比例，即使具有特殊性质，也表现为过剩。我国的固定资产不足，为什么半自动化生产线过剩，参数为负呢？我认为，这是相对于劳动力结构来说的相对过剩。换言之，1985 年，工业企业没有对半自动化生产线在数量上配足这种劳动资料所需要的劳动力，使这种固定资产显得过剩。同样，手工劳动的边际生产率为负，说明这类劳动力是相对于技术结构来说的相对过剩。不过，1985 年从事手工操作的劳动力占全部工业企业职工的 40.87%，很可能存在绝对过剩。在生产过程中，生产要素之间不仅在总量上而且在结构上存在比较稳定的技术比例，这是一个规律，因此对人力、物力的投资要保持适当的比例，使技术结构实现最优化。

---

① 《马克思恩格斯全集》第 25 卷，人民出版社 1974 年版，第 54 页。

4. 管理劳动问题

以前我提出过这样一种看法，管理劳动像任何其他劳动一样，只能是社会必要劳动，超过这个限度就是无效劳动，就是浪费。这说明，……时间节约以及有计划分配劳动时间的首要经济规律，不仅在不同生产部门中起调节作用，而且在管理劳动与生产劳动中同样起调节作用。在工业普查资料中，基本生产车间直接生产工人在口径上小于固定、合同制职工，后者除基本生产车间直接生产工人外，还有辅助车间的直接生产工人、非生产单位的工作人员和从车间到厂部的各种管理人员。上面的研究证明，基本生产车间的四组直接生产工人的参数值为正，说明他们没有过剩现象，而固定、合同制职工按年龄结构的分组，20岁以下、51—55岁和56岁以上职工的参数值为负，说明他们过剩。辅助车间的直接生产工人和非生产单位的工作人员即使过剩，也不会很多，而各种管理人员过剩较多，超过了社会必要劳动的限度。横截面生产函数的研究从数量上证实了我以前提出的看法。

5. 先进技术和专门人才问题

在前面的研究中，自动化和半自动化的边际生产率大大低于机械化设备的边际生产率，具有大专文化程度职工的边际生产率大大低于从中专到初中文化程度职工的边际生产率，是不是我国不需要先进技术和专门人才呢？当然不是。如前所述，产生这种情况的原因是宏观经济比例失调，企业管理水平不高，使自动化和半自动化生产线不能发挥应有的效率。近10年来，我国大量引进先进技术，无疑是必要的，但没有同时改进管理，提高职工的素质，是一种失误。具有大专文化程度职工的边际生产率很低，不是工业企业不需要他们，而是他们中的很大一部分离开了生产第一线，从事广义的管理工作。留在生产第一线的大专人才，很多人专业不对口，学非所用，也使他们不能充分发挥作用。更深层的原因是知识贬值,影响到他们的积极性。因此,改进人事工作,将知识分子政策落到实处,允许人才合理流动,做到人尽其才,是使专门人才充分发挥作用、促进科技进步的根本措施。

研究横截面生产函数的重要意义,是测算技术进步对经济增长的贡献率,我对这个问题已有专门论述,这里不再重复。[1]

(原载《数量经济技术经济研究》1990年第10期)

---

[1] 张守一、葛新权:《中国宏观经济:理论·模型·预测》,社会科学文献出版社1995年版,第171—176页。

居民收入的数量分析

居民收入既是一个重要的理论问题，又是一个重要的实际问题。在社会主义条件下，它包括实物收入和货币收入，后者是居民购买各种消费品的支付手段。社会主义基本经济规律在很大程度上要通过居民收入体现出来，社会主义生产目的是否正确，在很大程度上要依靠它来检验。在国民经济计划中，居民收入要与工农业所提供的消费品相平衡，特别是居民的货币收入要与市场可供消费品在数量和品种上相平衡。只有在这个条件下，市场才能购销两旺，物价才能稳定。对一个家庭来说，它的收入多少，直接关系到一家成员的生活水平，从而对全家的教育、娱乐、旅游、健康和寿命都有很大的影响。

这里我们研究居民收入，不是建立一个完整的经济数学模型，而仅就其数量方面进行一些初步的分析。

一 影响居民收入的因素

居民收入的性质取决于生产关系的性质，在社会主义条件下，它是排除剥削的劳动收入。影响居民收入的因素，可从居民收入总额和个人收入两个方面进行分析。

以 V 代表必要劳动价值，以 M 代表剩余劳动价值，其中 M 又分为三部分：M_1 为生产资料的积累，M_2 为生产领域新增劳动者所需消费品的积累，M_3 为用于维持非生产部门的费用，于是，

第 Ⅰ 部类 $C_1 + V_1 + M_{11} + M_{12} + M_{13} = P_1$

第 Ⅱ 部类 $C_2 + V_2 + M_{21} + M_{22} + M_{23} = P_2$

合　　计　 $C + V + M_1 + M_2 + M_3 = P$

在扩大再生产的条件下，有

$$V + M_{12} + M_{13} = C_2 + M_{21}$$

$$居民收入 = V + M_2 + M_3 + \alpha M_3 \tag{1}$$

式中，$V + M_2$ 是生产领域劳动者的收入；αM_3 是非生产领域劳动者的收入，其中 α 是非生产部门劳动者的收入在其全部经费中所占的比重。

马克思的再生产公式是抽象的数字模型，假定生产周期为一年。如果去掉这个假定，所有其他条件保持不变，情况就会发生很大的变化。在假定生产周期为半年的情况下，可列出以下公式：

第一个生产周期

$C_1^1 + V_1^1 + M_{11}^1 + M_{12}^1 + M_{13}^1 = P_1^1$

$C_2^1 + V_2^1 + M_{21}^1 + M_{22}^1 + M_{23}^1 = P_2$

$C^1 + V^1 + M_1^1 + M_2^1 + M_3^1 = P^1$

在扩大再生产的条件下，有

$$V_1^1 + M_{12}^1 + M_{13}^1 = C_2^1 + M_{21}^1$$

两大部类的使用价值和价值经过交换后，进入第二个生产周期。

第二个生产周期

$C_1^2 + V_1^2 + M_{11}^2 + M_{12}^2 + M_{13}^2 = P_1^2$

$C_2^2 + V_2^2 + M_{21}^2 + M_{22}^2 + M_{23}^2 = P_2^2$

$C^2 + V^2 + M_1^2 + M_2^2 + M_3^2 = P^2$

在扩大再生产的条件下，有

$$V_1^2 + M_{12}^2 + M_{13}^2 = C_2^2 + M_{21}^2$$

$$\text{全年居民收入} = V^1 + V^2 + M_2^1 = \alpha\ (M_3^1 + M_3^2) \qquad (2)$$

上式说明，无论是生产领域新增劳动者的生活消费（$M_2^1 + M_2^2$），还是非生产部门的日常消费（$M_3^1 + M_3^2$），绝大部分不是从上年转移过来的剩余产品，而是当年生产的剩余产品，与此相联系，用（1）式和（2）式表示的居民收入在概念上发生了变化。我认为，用（2）式表示当年居民收入符合实际情况，但到目前为止，我们对生产周期几乎没有进行什么研究，更谈不上对它进行准确的计量。

从以上分析可以看出，影响居民收入总额的因素，在生产领域内取决于必要劳动价值和剩余劳动价值的划分，即 $\dfrac{M}{V}$。马克思对这种划分提出了明确的标准，他说必要劳动价值一方面要考虑可能性，即为社会现有的生产力……所许可，另一方面也要考虑必要性，即个性的充分发展；从剩余劳动价值要形成保险基金和准备金，扩大再生产按社会需求所决定的程度进行。

我国必要产品价值与剩余产品价值的比例究竟如何呢？1981年《中国统计年鉴》有以下数字：

表1　　　　　　　　　国民收入与劳动报酬

部门	国民收入（亿元）	劳动报酬（亿元）	劳动报酬占国民收入的比重（％）
农业	1634	860.16	52.64
工业	1719	373.6	21.73
建筑业	152	80.8	53.16
运输和邮电	112	59.7	53.30
商业	270	100.9	37.37
合计	3887	1475.16	37.95

为了与中国的数字比较，可以分析一下苏联1980年的数字。

表2　　　　　　　　苏联国民收入与劳动报酬

部门	国民收入（亿卢布）	劳动报酬（亿卢布）	劳动报酬占国民收入的比重（%）
农业	690	404.8	58.67
工业	2335	820.7	35.15
建筑业	482	272.8	65.60
运输和邮电	263	276.2	105.02
商业	815	184.6	22.65
合计	4585	1959.1	42.73

1981年我国的必要产品与剩余产品的比率（$\frac{M}{V}$）等于163.5%，1980年苏联的这个比例为134.0%，我国高于苏联；苏联劳动报酬占国民收入的比重（42.73%）高于我国（37.95%），但我国的劳动报酬没有考虑价格和房租补贴等因素。1981年我国仅价格补贴一项就高达320亿元，占同年国家财政支出的32%。如果把这个数字列入劳动报酬，它占国民收入的比重就会上升到46.18%，高于苏联（不考虑苏联的价格补贴）。

非生产部门的居民收入总额，一是要看从剩余劳动价值中拿出多少用做非生产部门的经费（M_3）；二是要看劳动者的工资在其中所占的比重（α）。

我国非生产领域分为两大部分，第一部分是独立存在的部门，如科学、教育、文艺、卫生、新闻、体育、国防和管理等等。1981年，这些部门的就业人数为2484万，仅占社会劳力的5.8%。同年，国家拨给这些部门的经费是244.61亿元，其中工资占61.32%。我认为，今后除基础科学、国防和管理外，其他部门都要逐步实行自负盈亏，使更多的劳务进入交换领域，提高劳务生产的经济效益。第二是附属在生产企业的部分，如幼儿园、托儿所、中小学校、招待所、影剧院等等，这块非生产领域究竟有多大，缺乏完整的统计数据。今后这些非生产单位都应逐步独立，实行自负盈亏，改变"企业办社会"的局面，提高生产和劳务的经济效益。

现在来分析影响个人收入的因素。马克思在谈到新社会的分配问题时指出，"一个人在体力或智力上胜过另一个人，因此在同一时间内提供较多的劳动，或者能够劳动较长时间"，"其次，一个劳动者已经结婚，另一个则没有；一个劳动者的子女较多，另一个的子女较少，如此等等。在劳动成果相同、从而由社会消费品中分得的份额相同的条件下，某一个人事实上所得到的比另一个人多些，也就比另一个人富些，如此等等"。① 我国社会主义建设的实践充分证实了马克思的科学预见。

1981 年对 46 个城市 8715 户职工家庭收入的调查资料说明，影响人均收入的因素主要有三：一是个人的体力、智力或资历；二是家庭人口数；三是家庭就业人数。

表3　　　　　1981 年职工家庭收入调查资料

收入分组	平均人口		就业面		人均月收入	
	人	以上一组为100	%	以上一组为100	元	以上一组为100
20 以下	5.60	-	29.11	-	18.89	-
20—25	5.22	93	37.55	129	24.95	132
25—35	4.66	89	46.73	125	33.25	133
35—50	4.00	86	60.75	130	44.72	134
50—60	3.70	93	75.41	124	58.68	131
60 以上	3.20	86	84.06	111	72.93	124

表3 中的收入是按职工家庭每人平均计算的，不能全面反映

---

① 《马克思恩格斯选集》第3卷，人民出版社1972年版，第11、12页。

个人的体力、智力或资历对收入的影响。但表中的数字说明,我国职工家庭人均收入存在着明显的规律性:家庭人口越多,就业人数的比重就越小,人均收入也就越低;反之,家庭人口越少,就业人数的比重就越大,人均收入也就越高。① 从这个侧面可以看出,实行计划生育,控制人口增长,对家庭增加收入、提高生活水平是十分必要的。

二 应用洛伦茨曲线和基尼系数分析居民收入分配

在居民收入的数量确定以后,需要对其分配状况应用各种方法进行分析,其中洛伦茨曲线和基尼系数就是一种有用的方法。

用美国统计学家洛伦茨命名的曲线,是把通过调查得到的每户或人均收入按从小到大的顺序排列,用横坐标表示累积的户数或人数百分比,用纵坐标表示累积的收入百分比。当累积数不断变化时,就可以画出一条以坐标原点(0,0)到坐标点(1,1)的一条向下垂的曲线。基尼系数(G)是根据洛伦茨曲线计算的,当收入分配绝对平均时,户数或人数累积百分比同收入累积百分比的交叉点都落在45°的对角线上,基尼系数等于0;当收入分配绝对不平等(即一户或一个人拥有全部收入)时,基尼系数等于1。图1是上海市与美国洛伦茨曲线的比较图。②

《晋阳学刊》1982年第6期发表了厉以宁同志写的《关于知

---

① 2005年这条规律在继续发挥作用,最低收入户平均3.3人,就业面为37.7%,人均可支配收入为3134.9元,人均消费占人均可支配收入的99.3%。最高收入户平均2.6人,为前者的78.8%;就业面为60.2%,为前者的159.7%;人均可支配收入为28773.1元,为前者的917.8%;人均消费占人均可支配收入的66.6%。

② 唐国兴、郑绍濂:《上海市收入分配的研究》(1982年2月打印稿)。一项测算说明,2006年我国全国基尼系数为0.45。

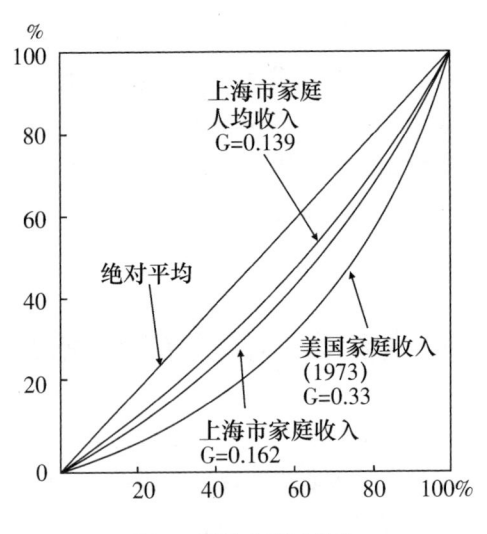

```
    %
   100
    80        上海市家庭
              人均收入
              G=0.139
    60
          绝对平均
    40
    20                    美国家庭收入
                           (1973)
                           G=0.33
     0      上海市家庭收入
            G=0.162
        20  40  60  80 100%
```

图1 累计户数百分比

识分子劳动报酬的几个理论问题》一文，读后颇有启发，但在文章的末尾，作者认为洛伦茨曲线和基尼系数是"反映资本主义社会中收入分配状况的一种分析工具"，不适用于社会主义社会。他说："在社会主义公有制条件下，即在只有劳动收入而没有剥削收入的条件下，洛伦茨曲线和基尼系数就失去意义了。这是因为平均主义并非社会主义的收入分配原则，不能认为人人的收入一样多就是社会收入的合理分配。只有完全不顾劳动的数量和质量，干和不干一个样，干多干少一个样，才有可能使基尼系数等于零或接近于零，难道这符合按劳分配的原则吗？如果贯彻按劳分配原则，那就不可能使基尼系数等于零或接近于零。所以说，社会主义条件下不能采取洛伦茨曲线和基尼系数这样的分析工具。"

这段分析缺乏说服力。利用洛伦茨曲线和基尼系数分析资本主义社会的收入分配，是为了揭露资本家对劳动者的剥削，并不是要求基尼系数等于零或接近于零。在社会主义制度下，应用洛伦茨曲线和基尼系数来分析收入分配，绝不是为了论证社会主义社会应该实行"干和不干一个样、干多干少一个样"的平均主义，要求基尼系数等于零或接近于零。因此，应用洛伦茨曲线和基尼系数这种分析工具是一回事，要求基尼系数等于零或接近于零是另一回事，两者不应混为一谈。

能不能应用洛伦茨曲线和基尼系数来分析社会主义社会的收入分配问题呢？厉以宁同志承认，洛伦茨曲线和基尼系数是"一种分析工具"。作为分析工具，它们是没有阶级性的，我们当然可以应用它们来分析社会主义社会的收入分配问题。退一步说，假定它们本身反映生产关系的性质，就像商品、货币、财政、信贷、价格、工资、利润和税收等等范畴一样，我们同样可以把它们用于社会主义社会，但它们所反映的生产关系的本质是根本不同的。关于这一点大家都很清楚，这里不必赘述。

最近一个时期，我国数量经济工作者应用洛伦茨曲线和基尼系数分析了我国的收入分配问题，充分证明它们是有益的分析工具。

冯文权等根据湖北省1981年家庭抽样调查资料，计算了该省的基尼系数，结果如下：[①]

表4　　　　　　　　　湖北省数据

调查范围	调查户数	调查人数	基尼系数
6个省辖市	659	2773	0.128
16个县城镇	300	1345	0.147
农村	954	5497	0.155
全省	1913	9615	0.133

---

① 冯文权、杨小凯、汤敏：《湖北省微观经济模型》，载武汉大学《经济管理教学参考资料》1982年总第10期。

表 4 的数字说明，1981 年在湖北省的收入分配中，省辖市的平均程度大于县属城镇，而后者又大于农村。

我应用同样的方法计算了山西省的基尼系数。根据 1981 年太原、大同、阳泉和临汾四市 380 户职工家庭（1792 人）的调查资料，得到以下公式：

$$V = 0.946 W^{1.1786}$$

$$\bar{R} = 0.999 \quad t\text{值} = 48.5 \quad DW = 1.59$$

式中，V 为累计人均月收入比率；W 为累积人数比率。

$$\text{基尼系数}(G) = 1 - \frac{2A}{b+1} = 1 - \frac{0.946 \times 2}{1.1786 + 1} = 0.132$$

根据同年 600 户农民家庭（3119 人）的调查资料，得到以下公式：

$$V = 0.8657 W^{1.35065}$$

$$\bar{R} = 0.999 \quad t\text{值} = 29.17 \quad DW = 2.72$$

式中，V 为累积人均年收入比率。

$$G = 1 - \frac{0.8657 \times 2}{1.35065 + 1} = 0.263$$

上述数字说明，农村由于推广各种形式的生产责任制，1981 年基尼系数已经达到 0.263，比湖北省高 0.108。山西省农民的收入分配差距有了较大程度的扩大，而城市的体制改革进展较慢，在收入分配方面仍然存在平均主义，基尼系数只有 0.132，比农村几乎低一半，但与湖北省辖市和县城镇的基尼系数比较接近。

为了从历史上考察山西省职工的收入分配变化，我利用 1965 年太原、大同、阳泉三市和汾阳、兴县两个县城 342 户职工家庭的调查资料，通过计算得出了以下公式：

$$V = 1.0167 W^{1.1167}$$

$R = 0.999$

式中，V 为累积职工人均全年工资比率。

$$G = 1 - \frac{1.0167 \times 2}{1.1167 + 1} = 0.039$$

据说世界上最低的基尼系数为 0.2，而 1965 年山西省上述三市和两个县城职工的基尼系数只有 0.039，说明当时在职工收入分配方面存在严重的平均主义。虽然山西省 1981 年职工的基尼系数低于农村，但比 1965 年已有明显的提高，每年平均递增 7.9%。

洛伦茨曲线和基尼系数还可揭示工资、奖金、就业、税收和财政等各种经济政策以及城乡体制改革对收入分配的影响。唐国兴和郑绍濂利用上海市 500 个家庭的调查资料，分析了该市 1979 年工资调整对收入分配的影响（见表5）。①

表5　　　　上海市人均收入分配的基尼系数

调查对象	工资调整前	工资调整后	调资后为调资前的%
500 户	0.142	0.139	97.9
体力劳动 *	0.136	0.133	97.8
脑力劳动 **	0.153	0.150	98.0

注：* 包括工人、营业员、服务员；** 包括技术人员、管理人员、大中小学教师、医务人员、机关干部。

上表说明，无论就 500 户整体还是就体力劳动和脑力劳动来说，工资调整后的基尼系数都小于工资调整前的系数，其中 500 户整体缩小了 2.1%，体力劳动为 2.2%，脑力劳动为 2.0%。这次研究成果证明，1979 年的工资调整进一步助长了上海市在收

---

① 唐国兴、郑绍濂：《上海市收入分配的研究》，1982 年 2 月打印稿。

入分配方面的平均主义。

以上事实有力地说明，洛伦茨曲线和基尼系数对分析社会主义社会收入分配的作用是无可争辩的，不过如何对基尼系数作出科学的评价呢？我认为，评价基尼系数好坏的一个重要标准是生产和工作的效率。社会主义社会存在平等与效率的关系问题，不过在性质上同资本主义社会有本质的区别。我国社会主义建设的实践充分证明，凡是破坏按劳分配的原则，在收入分配上搞平均主义，生产和工作的效率就会降低。党的十一届三中全会以来，我们在劳动工资方面已经进行和今后将要进行的改革，基本内容之一就是适当扩大收入差别，提高生产和工作的效率。同时，我国是社会主义国家，在收入分配上平均主义固然不好，过分悬殊也不适当，需要正确处理平等与效率的关系问题。收入分配的差距过分悬殊，基尼系数过大，生产和工作的效率不会跟着提高，反而可能下降。

因此，在社会主义条件下，客观上存在一个最优的基尼系数，根据它安排收入分配，可以使生产和工作的效率达到最高。随着我国数量经济学的发展，通过不同时期、地区、部门和职工的反复测算和比较，这个最优基尼系数是可以找到的。

用什么指标反映效率呢？这是需要深入讨论的问题。在生产领域，按定额净产值计算的劳动生产率是一个较好的指标。应用回归分析可以揭示基尼系数与生产、工作效率之间的依赖关系。

三　应用回归方程预测居民收入

马克思主义经济科学的基本任务，是认识客观经济规律的运动和作用，并以此为基础，自觉地将它运用于社会实践。为了完成这项极其复杂的任务，经济学家不仅要分析经济规律在过去和现在的运动和作用，还要预测它们在未来的变化。

国民经济是一个庞大的完整的有机系统，居民收入仅仅是其中的一个子系统，各种经济因素都影响它的变化，反过来它又影响其他因素的变化。经济关系的重要特征之一是包含随机因素，例如居民收入除受就业人数和劳动报酬水平的影响外，经济政策以及社会因素等等对它也有很大的影响。事实上，就业人数和劳动报酬包含许多不确定因素，也在一定程度上带有随机性。数量经济学为处理经济关系的随机性所提供的一套方法，在经济预测中得到了广泛的应用。

应用回归方程预测居民收入，是在马克思主义经济理论的指导下，对居民收入（因变量）与影响它的因素（自变量）之间的关系进行分析，把这种关系描述成回归方程，利用有关的数据估算出自变量前后的参数，对它们进行经济和统计检验。

我对全国全民所有制工业企业的职工工资估算了以下回归方程：

全民所有制工业企业的职工工资 = 26.08 + 0.17056（工业净产值）

$$(21.5)$$

样本年份：1957—1979　　　　　$\bar{R} = 0.978$

工业净产值前面的参数 0.17056 说明，工业每增加一元净产值，全民所有制工业企业的职工工资增加 0.17 元以上。

同时，我对农业劳动报酬（包括集体所有制和全民所有制）估计了以下回归方程：

农业劳动报酬 = −1.3079 + 0.5168（农业净产值）

$$(77.13)$$

样本年份：1957—1979　　　　　$\bar{R} = 0.998$

农业净产值前面的参数 0.5168 说明，农业每增加一元净产值，农业劳动报酬增加 0.51 元以上。

在应用回归方程预测居民收入之前,需要对它们进行外推检验,考察其预测能力。我把 1980 年工农业净产值分别代入上述两个方程,农业劳动报酬方程的相对误差[①]为 3.59%,预测能力较好,而全民所有制工业企业职工工资方程的相对误差较大,测预能力不好,说明 1980 年工业处于调整当中。如果把该方程的参数调到 0.14056,则外推误差就会降到 -1.62%,调整后的方程可用于预测。

在上述两个回归方程中,全民所有制工业企业的职工工资和农业劳动报酬为内生变量,工农业净产值为外生变量,在预测之前,需要把工农业净产值预测出来,代入上述回归方程,算出内生变量的预测值。需要说明的是,内生变量与外生变量往往是相对概念,在宏观经济计量模型中,工农业净产值一般是内生变量,通过模型求解,可以得到它们的预测值。

对集体所有制工业、建筑业、运输业、邮电业、商业、城市公用事业、科学研究、文教卫生、金融保险和机关团体等部门的职工收入,可按同样的道理估算回归方程,对它们作出预测。各部门这类预测值的汇总,就是居民收入的预测值。

(原载《社会科学》1984 年第 2 期)

---

① 相对误差 = (预测值 - 实际值) ÷ 实际值。

投入产出扩展模型

党的十三大指出,"新的经济运行机制,总体上来说应当是'国家调节市场,市场引导企业'的机制";"逐步健全以间接管理为主的宏观经济调节体系"[①]。对国民经济的运行实行间接调控,涉及到经济杠杆和机制的总体设计和灵活运用,又需要有科学的定量分析方法,问题十分复杂,目前还缺乏经验,有待于进一步探索。投入产出扩展模型是研究宏观经济调控的科学方法之一,本文就这方面的问题作些讨论。

一 静态投入产出扩展模型

投入产出表是建立扩展模型的基础,以一张基本表和一张辅助表组成的投入产出表,可以作为这种静态模型的基础。基本表式如下。

---

① 《中国共产党第十三次全国代表大会文件汇编》,人民出版社1987年版,第27、30页

表1　　　　　　　　货币形态投入产出表　　　　　单位：万元

投入＼产出		中间产出				最终收入	最终产出				总产出
		1	2	…	n	合计		1	2	…	m	合计	
中间投入	1											
	2		一						二			
	⋮											
	n											
	合计											
折旧和净收入	1											
	2		三						四			
	⋮											
	r											
	合计											
总投入												

对表1作些说明：

（1）它由四个部分组成，与普通的静态投入产出表基本相同，但各部分所反映的内容有些不同。

（2）第一部分的主栏和宾栏列示部门，具体目录可参考国家统计局的分类，将国民经济划分为：农业，煤炭采选业，石油天然气开采业，金属矿采选业，其他非金属矿采选业，食品制造业，纺织业，缝纫及皮革制品业，木材加工及家具制造业，造纸及文教用品制造业，电力及蒸汽、热水生产和供应业，石油加工业，炼焦、煤气及煤制品业，化学工业，建筑材料及其他非金属矿物制品业，金属冶炼及压延加工业，金属制品业，机械工业，交通运输设备制造业，电气机械及器材制造业，电子及通信设备制造业，仪器仪表及其他计量器具制造业，机械设备修理业，其他工业、建筑业、货运邮电业、旅客运输业、商业、居民服务业、文教卫生科研事业。目录中不包括经营资金的财政、金融、保险。

(3) 第二部分的宾栏与目前使用的投入产出表相同,分别列出固定资产更新、改造和大修理,固定资产积累,流动资产积累,社会消费,居民消费(分城乡),进口(调入),出口(调出)。

(4) 表1的特点之一是第三部分的主栏,这里不列基本折旧、大修理折旧、劳动者收入、福利基金、税金、利润、利息等,而是列出各个经济实体,如农业居民、非农业居民、企业(分所有制)、财政、金融、保险、行政机关、国防。财政、银行和保险作为管理部门,要花费管理费用,也需要投资,与一般行政机关没有什么区别,其费用和投资列入后者。单独列示的财政、金融、保险,是管理、经营资金的经济实体。虽然这一部分所列的是经济实体,但仍然是反映产业部门的初次分配(经济实体的初次收入),例如折旧基金和利润留成是企业的收入,劳动报酬是农民的收入,农民的自产自用产品要按照一定的价格折算成货币收入。工资和奖金是非农民的收入,各种税收和上缴利润是财政收入,信贷的还本付息是银行的收入,等等。由于第一部分的宾栏列有服务部门,按照物质平衡体系(MPS)的理论,已经包含再分配的内容,但这里仍叫做初次分配(收入)。

(5) 第四部分的每行反映经济实体的货币支出,每列反映它们对产品和服务的需求。对积累产品有两种理解,一种是指机器设备和建筑材料,另一种是指机器设备和建筑业产品,这里采用第二种理解。

(6) 最终收入一列从表2中获得。

辅助表的主栏和宾栏均为经济实体,排列顺序一致,数目相等,构成一个方阵,其简化表式如下(见表2)。

表 2　　　　　　　　经济实体之间的资金流动　　　　单位：万元

经济实体名称	初次收入	农业居民	非农业居民	企业	金融	财政	行政机关	国防	收入合计	最终收入
农业居民										
非农业居民										
企业										
金融										
财政										
行政机关										
国防										
支出合计										

对表 2 作些说明：

（1）表 2 的主栏与表 1 第三部分的主栏相同。本表是在初次分配的基础上反映再分配过程，不涉及商品和服务交易。初次收入一列取自表 1 第三部分各行的合计。

（2）表 2 的每列反映经济实体的支出，每行反映其收入。以非农业居民为例，在支出方面，他们向农业居民汇款，购买企业的债券和股票，向财政部门交纳税收和购买国库券，偿还银行的贷款和利息，等等。在收入方面，他们从企业得到资金，从财政部门获得助学金、救济金，从银行提取存款和利息以及各种贷款，等等。

（3）金融保险部门的收支需要使用余额概念，只有它们才能与流动资产（燃料、原材料等）增减额保持平衡，说明后者的运动情况。

国务院国民经济统一核算标准领导小组总体规划研究组设计

了一张资金流量表（简化式），主栏分为实物交易和金融交易，宾栏为各经济实体，每个经济实体又分为使用和来源两项。上面讨论的表1和表2可以反映每个经济实体的实物交易，但不能反映金融交易，为了解决这个问题，需要将表2扩展为表3。

表3中经济实体的名称与表2相同。金融交易分为现金、活期存款、定期存款、信托存款、短期债券、长期债券、股票、短期贷款、中长期贷款、商业信用、增拨信贷基金、政府透支借款、金融机构往来、黄金、外汇储备、国外债权债务净额等15项。表3第二部分的每行反映各经济实体的资金来源，第三部分的每列反映它们的资金使用，第四部分不编。本文不考虑表3的利用问题。

表3　　　　　　　　　资金流量　　　　　　　单位：万元

使用＼来源	经济实体	金融交易
经济实体	一	二
金融交易	三	四

在表1和表2的基础上，就可以建立投入产出扩展模型。表1第四部门是各经济实体对商品和服务的购买力（需求），记为：

$$\begin{pmatrix} d_{11} & d_{12} & \cdots & d_{1m} \\ d_{21} & d_{22} & \cdots & d_{2m} \\ \cdots & \cdots & \cdots & \cdots \\ d_{r1} & d_{r2} & \cdots & d_{rm} \end{pmatrix}$$

令

$$\delta_{hl} = \frac{d_{hl}}{N_h} \quad \begin{pmatrix} h=1, 2, \cdots, r \\ l=1, 2, \cdots, m \end{pmatrix}$$

于是有

$$d_{hl} = \delta_{hl} N_h \quad \begin{pmatrix} h=1, 2, \cdots, r \\ l=1, 2, \cdots, m \end{pmatrix} \quad (1)$$

还有

$$\sum_{h=1}^{r} d_{hl} = D_l \quad (l=1, 2, \cdots, m) \quad (2)$$

表 1 的第二部门是最终产出，记为：

$$\begin{pmatrix} y_{11} & y_{12} & \cdots & y_{1m} \\ y_{21} & y_{22} & \cdots & y_{2m} \\ \cdots & \cdots & \cdots & \cdots \\ y_{n1} & y_{n2} & \cdots & y_{nm} \end{pmatrix}$$

从中得到：

$$\sum_{i=1}^{r} y_{il} = Y_l \quad (l=1, 2, \cdots, m) \quad (3)$$

静态扩展模型假定：$D_l = Y_l$

令

$$\varepsilon_{il} = \frac{y_{il}}{Y_l} = \frac{y_{il}}{D_l} \quad \begin{pmatrix} i=1, 2, \cdots, n \\ l=1, 2, \cdots, m \end{pmatrix}$$

于是有

$$\sum_{l=1}^{m} \varepsilon_{il} Y_l = \sum_{l=1}^{m} \varepsilon_{il} D_l = Y_i \quad (i=1, 2, \cdots, n) \quad (4)$$

利用投入产出公式：

$$(I-A)^{-1} Y = X \quad (5)$$

可以计算出各部门的总产出（X）。式中 I 为单位矩阵，A 为直接消耗系数矩阵，Y 为最终产出列向量。

表1的第三部分是各经济实体的初次收入，记为：

$$\begin{pmatrix} g_{11} & g_{12} & \cdots & g_{1n} \\ g_{21} & g_{22} & \cdots & g_{2n} \\ \cdots & \cdots & \cdots & \cdots \\ g_{r1} & g_{r2} & \cdots & g_{rn} \end{pmatrix}$$

令

$$\gamma_{hj} = \frac{g_{hj}}{X_j} \quad \begin{pmatrix} h = 1, 2, \cdots, r \\ j = 1, 2, \cdots, n \end{pmatrix}$$

于是有

$$\sum_{j=1}^{n} \gamma_{hj} X_j = \sum_{j=1}^{n} g_{hj} = M_h \quad (h = 1, 2, \cdots, r) \quad (6)$$

将列向量 M_h 移入表2。在表2中，令 z_{hk} 为第 k 个经济实体付给第 h 个经济实体的资金，于是有

$$\sum_{h=1}^{r} z_{hk} = Z_k \text{（支出合计）} (k = 1, 2, \cdots, r) \quad (7)$$

$$\sum_{k=1}^{r} z_{hk} = Z_h \text{（收入合计）} (h = 1, 2, \cdots, r) \quad (8)$$

Z_h 一般不等于 Z_k。由于 Z_h 可能为零，故不计算系数。各经济实体的最终收入（N_h）为

$$M_h - Z_k + Z_h = N_h \quad (h, k = 1, 2, \cdots, r) \quad (9)$$

如果财政收支和信贷收支平衡，则有

$$N_f = 0, \quad N_b = 0$$

如果财政和信贷支大于收，在其他条件不变的情况下，就要投放现金，使它们达到平衡。将列向量 N_h（各经济实体的最终收入）移入表1。

表1的二、三、四部分和 N_h 均可作为模型运算的起点，对 Y_l、M_h、N_h 或 D_l 给出一组初始值，模型就可迭代运算，通过调整初始值，计算高、中、低三个预测方案。对每个方案都要从固

定资产、劳动力、自然资源等方面进行可行性论证，从经济发展战略和提高经济效益的角度进行全面的分析，提出一个推荐方案。将静态扩展模型用于宏观经济稳定和控制时，通过调整 Y_l、M_h、N_h 或 D_l，可以使国民经济大致按照既定的目标运行。

二 静态扩展模型举例

现在用一个假设的数字例子，说明如何应用投入产出扩展模型来调控经济的运行。假定有以下投入产出表（见表4）。

在表4的基础上可以计算直接消耗系数：

$$A = \begin{pmatrix} 0.1 & 0.12 & 0 \\ 0.35 & 0.28 & 0.25 \\ 0 & 0.22 & 0.15 \end{pmatrix}$$

表4　　　　　　　　　投入产出表　　　　　　　　单位：亿元

投入＼产出	中间产出				最终收入	最终产出			总产出
	农业	其他部门	服务部门	合计		积累	消费	合计	
农业	200	600	–	800	–	140	1060	1200	2000
其他部门	700	1400	750	2850	–	1020	1130	2150	5000
服务部门	–	1100	450	1550	–	–	1450	1450	3000
合计	900	3100	1200	5200	–	1160	3640	4800	10000
居民	750	950	1000	2700	2960	300	2660	2960	–
企业	–	317	267	584	1729	849	880	1729	–
财政	88	317	266	671	–	–	–	–	–
金融	262	316	267	845	–	–	–	–	–
行政与国防	–	–	–	–	111	11	100	111	–
合计	1100	1900	1800	4800	4800	1160	3640	4800	–
总投入	2000	5000	3000	10000	–	–	–	–	–

利用 A 可以计算列昂惕夫完全消耗系数：

$$B = \begin{pmatrix} 1.1963 & 0.2191 & 0.0644 \\ 0.6390 & 1.6430 & 0.4833 \\ 0.1654 & 0.4253 & 1.3066 \end{pmatrix}$$

利用表 4 的资料还可以计算各经济实体的初次收入系数：

$$\Gamma = \begin{pmatrix} 0.3750 & 0.1900 & 0.3333 \\ 0 & 0.0634 & 0.0890 \\ 0.0440 & 0.0634 & 0.0887 \\ 0.1310 & 0.0632 & 0.0890 \\ 0 & 0 & 0 \end{pmatrix}$$

假定有以下资金流量表（见表 5）。

表 5　　　　　　　　资金流量　　　　　　单位：亿元

经济实体名称	初次收入	居民	企业	财政	金融	行政与国防	收入合计	最终收入
居民	2700	–	40	90	120	260	510	2960
企业	584	100	–	210	875	–	1185	1729
财政	671	50	–	–	–	–	50	–
金融	845	60	–	90	–	–	150	–
行政与国防	0	40	–	331	–	–	371	111
支出合计	4800	250	40	721	995	260	2266	4800

将表 5 的最后一列移入表 4。从表 4 的第四部分得到各经济实体的购买力系数，即：

$$\Delta = \begin{pmatrix} 0.1014 & 0.8986 \\ 0.4910 & 0.5090 \\ - & - \\ - & - \\ 0.0991 & 0.9009 \end{pmatrix}$$

从表 4 的第二部分得到最终产出构成系数，即

$$E = \begin{pmatrix} 0.1207 & 0.2912 \\ 0.8793 & 0.3104 \\ 0 & 0.3984 \end{pmatrix}$$

为了简化计算，假定所有系数不变。在作经济预测时，需要提出各经济实体购买力的初始方案。在将模型用于经济调控时，也需要知道各经济实体的购买力情况。假定有以下数据：

$$D = \begin{pmatrix} 360 & 3059 \\ 1061 & 1056 \\ - & - \\ - & - \\ 12 & 125 \end{pmatrix} \quad \begin{matrix} \sum_{h=1}^{5} d_{h1} = 1433 \\ \sum_{h=1}^{5} d_{h2} = 4240 \\ \sum_{l=1}^{2} d_{1l} = 3419 \\ \sum_{l=1}^{2} d_{2l} = 2117 \\ \sum_{l=1}^{2} d_{5l} = 137 \end{matrix}$$

从上述假定得到：

$$Y = ED = \begin{pmatrix} 0.1207 & 0.2912 \\ 0.8793 & 0.3104 \\ 0 & 0.3984 \end{pmatrix} \begin{pmatrix} 1433 \\ 4240 \end{pmatrix} = \begin{pmatrix} 1408 \\ 2576 \\ 1689 \end{pmatrix}$$

利用投入产出公式，得到各部门的总产出，即

$$X = BY = \begin{pmatrix} 1.1963 & 0.2191 & 0.0644 \\ 0.6390 & 1.6430 & 0.4833 \\ 0.1654 & 0.4253 & 1.3066 \end{pmatrix} \begin{pmatrix} 1408 \\ 2576 \\ 1689 \end{pmatrix} = \begin{pmatrix} 2356 \\ 5948 \\ 3536 \end{pmatrix}$$

三个部门的产出与上年相比,分别增长 17.85%、18.96%和 17.87%。无论是经济预测还是经济发展的实际情况,都不允许这样高的发展速度,需要调控。

如果是经济预测的速度过高,只要将 D 降下来,就可以提出新的预测方案,这种情况比较简单。如果是经济发展出现了超高速,为了避免急刹车造成损失,需要在一段时间(如一年)内将速度降下来,也就是逐季减少各经济实体的购买力。假定上面的超高速是上一年的数字,本年四个季度是受到调控的购买力(见表 6)。

表 6 各季度的购买力　　　　　　　　　单位:亿元

经济实体与年度		季度				合计
		1	2	3	4	
居民	上年	737	811	892	979	3419
	本年	919	837	761	692	3209
	本年为上年的%	124.69	103.21	85.31	70.68	93.86
企业	上年	456	502	552	609	2117
	本年	548	498	453	412	1911
	本年为上年的%	120.18	99.20	82.07	67.65	90.27
行政与国防	上年	30	33	36	38	137
	本年	35	33	31	28	127
	本年为上年的%	116.67	100.00	86.11	73.68	92.70

从表 6 可以看出,上年的数据是逐季递增的,本年是逐季递

减的，这样两个年度的经济发展就衔接起来了。各经济实体的支出还要进一步分为对投资产品（积累）和消费品（消费）的购买力，具体数字如下：

$$D = \begin{pmatrix} 336 & 2873 \\ 934 & 977 \\ - & - \\ - & - \\ 12 & 115 \end{pmatrix}, \quad \begin{aligned} &\sum_{h=1}^{5} d_{h1} = 1282 \\ &\sum_{h=1}^{5} d_{h2} = 3965 \\ &\sum_{l=1}^{2} d_{1l} = 3209 \\ &\sum_{l=1}^{2} d_{2l} = 1911 \\ &\sum_{l=1}^{2} d_{5l} = 127 \end{aligned}$$

对最终产出构成系数作些调整后，可将各经济实体的购买力转换为最终产出列向量，即

$$Y = \begin{pmatrix} 0.0907 & 0.2912 \\ 0.4841 & 0.4296 \\ 0.4252 & 0.2892 \end{pmatrix} \begin{pmatrix} 1282 \\ 3965 \end{pmatrix} = \begin{pmatrix} 1231 \\ 2324 \\ 1692 \end{pmatrix}$$

利用投入产出公式，得到：

$$X = BY = \begin{pmatrix} 1.1963 & 0.2191 & 0.0644 \\ 0.6390 & 1.6430 & 0.4833 \\ 0.1654 & 0.4253 & 1.3066 \end{pmatrix} \begin{pmatrix} 1231 \\ 2324 \\ 1692 \end{pmatrix} = \begin{pmatrix} 2091 \\ 5423 \\ 3403 \end{pmatrix}$$

各部门产出的增长速度分别为 4.55%、8.46% 和 13.43%，总产出增长 9.17%，这个速度是可行的。从各部门的总产出得到各经济实体的初次收入。

$$R = \Gamma X = \begin{pmatrix} 0.3750 & 0.1900 & 0.3333 \\ 0 & 0.0634 & 0.0890 \\ 0.0440 & 0.0634 & 0.0887 \\ 0.1310 & 0.0632 & 0.0890 \\ 0 & 0 & 0 \end{pmatrix} \begin{pmatrix} 2091 \\ 5423 \\ 3403 \end{pmatrix} = \begin{pmatrix} 2948 \\ 645 \\ 736 \\ 918 \\ 0 \end{pmatrix}$$

编制资金流量表：

表7　　　　　　　　资金流量　　　　　　　单位：亿元

经济实体名称	初次收入	居民	企业	财政	金融	行政与国防	收入合计	最终收入
居民	2948	—	60	100	77	300	537	3209
企业	645	105	—	209	1012	—	1326	1911
财政	736	55	—	—	—	—	55	0
金融	918	71	—	100	—	—	171	0
行政与国防	0	45	—	382	—	—	427	127
支出合计	5247	276	60	791	1089	300	2516	5247

与其他模型相比，投入产出扩展模型的突出优点是能将宏观经济总量的调控与产业结构的调整有机地结合起来。在上述例子中，不仅能将经济发展速度从18.41%降到9.17%，而且能将三个部门的产出之比从上年的1：2.5：1.5调整为1：2.59：1.63，使产业结构得到了调整。

三　最优投入产出扩展模型

在讨论最优投入产出扩展模型之前，先研究与优化模型有关的几个理论问题。

第一，投入产出扩展模型既能反映商品运动，又能反映资金运动，在讨论这种最优模型时，会提出这样的问题：是优化产业结构，还是优化资金分配结构？人类从事社会生产的根本目的是满足自身不断增加的物质和文化需求，社会主义生产符合人类的本质要求。资本主义生产以私有制为基础，以商品生产为手段，追求最大的利润，这是需求不足、危机不断的根本原因。从这个角度来看，社会主义经济应优化产业结构，围绕它分配资金。但是，社会主义经济是商品经济，价值规律起着重要的作用，那种认为不必进行费用与效用分析，以为生产使用价值就是一切，不惜使大批企业亏损的看法是片面的，这种长期占统治地位的观点是造成我国经济效益不高的一个重要原因。在商品经济条件下，无论产出还是收入，都表现为资金收支，哪个部门、哪个地区、哪个企业、哪个个人占有的资金越多，它们或他们就可以支配更多的物质资源。从这个意义上说，将追求最多的资金和利润，追求最大的经济效益作为目标，是有充分根据的。对社会主义经济来说，目的与手段是两个相对概念，依据时间、地点、条件的变化，两者可以相互转化。在投入产出模型中，目的是最大的经济效益，手段是最优的产业结构，目的和手段完全可以统一起来。

第二，微观经济和宏观经济的优化模型有一个根本的区别，前者可以根据市场的变化，采取突变的方式，放弃原先生产的某种商品，生产另一种商品，在短时间内完成转产。由于一个企业生产的商品只占市场供应量的很小一部分，这种转产对宏观经济几乎没有什么影响。宏观经济不同，这里一个产业部门是由资源、需求等多种因素决定的，是在长时间内逐步形成的，它的衰亡也有一个过程，不可能根据优化模型的计算，采取突变的方式，明天或明年就全部停止生产，将资源转向另一个部门。在宏观经济中，只能根据国内外市场的变化，采取逐步减产的方式，使一些产业衰亡，加快新型产业的发展。

宏观经济优化模型可以分为两类：一类是只研究实物指标，不涉及价格，寻求全国大宗产品的最优运输方案属于这类问题，它以吨公里最小作为目标函数，以发货点调出产品合计等于接收点调进产品合计作为约束条件。这类模型比较简单，容易求解。另一类是研究价值指标，涉及价格，寻求最优的产业结构属于这类问题。在价格扭曲的情况下，求解这类模型会遇到很多困难。①

第三，无论是优化产业结构还是优化资金分配，都是研究价值指标，都与价格有关。在价格扭曲的情况下，从投入产出扩展模型得到的最优解不能反映真实情况。例如，某个部门的经济效益高于其他部门，从模型计算得出的结论是应以最快的速度发展这个部门。如果该部门的效益高是由于价格高，那么这一结论就没有什么实际意义，因为降低该部门商品的价格或提高其他部门商品的价格，就会得出完全不同的结论。有同志会说，只要理顺价格，就能从根本上解决这个问题。理顺价格无疑会提高经济效益指标的可信度，但"理顺"是相对概念，不可能做到十全十美。在资本主义国家，反映供求关系的市场价格占绝对优势，但一个劳动者在不同部门所创造的增加价值并不相同，下面是美国的资料（见表8）。

从表8的数字可以看出，美国农业、建筑业和商业的就业人数比重高于它们在国内生产总值中所占的比重，说明这些部门的劳动生产率偏低，工业和其他部门（主要是第三产业）的情况

---

① 详见张守一《经济模型在地区规划中的应用》，载乌家培、张守一主编《经济模型在国民经济管理中的作用》，经济科学出版社1987年版，第99—116页。

恰好相反①。劳动生产率的高低与价格的高低有很大关系，某个部门商品的价格高一些，它的劳动生产率也会高一些。工业和其他部门的劳动生产率高，说明它们的商品价格偏高。纠正市场价格扭曲的方法之一，是应用对偶规划计算影子价格，虽然它仍以市场价格为基础，有一定的局限性，但它能反映商品和资源的供求状况，比扭曲的市场价格好一些。解决价格问题的根本出路，是开放市场，开放价格，使国内价格逐步向国际市场价格靠拢。这仅仅是我国价格改革的方向。在不具备条件时开放国内市场，会威胁整个民族工业的生存，后果严重。正确的做法是努力创造条件，凡是有条件放开价格的商品及时放开，做到活而不乱，稳步前进。同时，加强国际经济研究，及时地、有针对性地采取强有力的防患措施，尽可能减少国际市场剧烈波动对国内经济的影响。

表8　　　　1984年美国国内生产总值与就业部门构成　　　单位：%

部门	国内生产总值	就业	比较	部门	国内生产总值	就业	比较
	1	2	3＝1－2		1	2	3＝1－2
农业	2	4	－2	商业	16	21	－5
工业	27	22	＋5	运输和邮电	6	6	0
建筑业	4	6	－2	其他部门	45	41	＋4

第四，求解线性规划模型得到的最优是相对概念，随着目标函数和约束条件的变化，最优解会相应地发生变化。目标函数的变化是指选择不同的目标函数，例如在投入产出优化模型中，既

---

① 2000年美国第一产业的相对劳动生产率仅为0.48，第二产业是第一产业的2.15倍，第三产业是第一产业的2.1倍。

可以选择最终产出最大、净收入最大或税利最大作为目标函数，也可以选择资源（如劳动力、资金、自然资源等）投入最小作为目标函数。约束条件的变化是指：（1）选择不同的约束条件，例如可以同时以劳动力、固定资产、流动资产、自然资源、环境保护等作为约束条件，也可以选择其中一两项作为约束条件；（2）增加或减少一种资源、几种资源或全部资源的数量限制。

先讨论一个线性规划模型。设 L 代表劳动总量，a_{lj} 代表 j 部门生产单位商品所消耗的劳动，A_L 为劳动直接消耗系数矩阵，则线性规划模型的目标函数为：

$$\min L = \sum_{j=1}^{n} a_{lj} X_j = A'_L X$$

约束条件：

$$(I - A) X \geq Y \tag{10}$$
$$X \geq 0$$

现在，我们从资源利用的角度建立对偶规划模型。

初始问题
$$\max Z_1 = C'X$$

约束条件：

$$AX \geq R \tag{11}$$
$$X \geq 0$$

根据研究问题的不同需要，可以选择单位商品的价格、增加价值、净产值或税利作为目标函数，C 为这些指标分别占总产出的比重。R 为劳动力、固定资产、流动资产、投资、自然资源等，其中自然资源又可进一步分为土地、草原、矿产、森林、水等。A 为生产单位商品对资源（R）的消耗系数矩阵。

对偶问题
$$\min Z_2 = R'P$$

约束条件:
$$A'P \geqslant C \quad (12)$$
$$P \geqslant 0$$

式中,P 为资源影子价格。模型中所说的资源,不是市场正在交换的商品,而是已经进入生产过程的物资,因此 P 不是市场价格。一种资源用于这个目的,就不能用于另一个目的,这说明 P 实质上是机会成本。在对偶规划模型中,公式 $A'P \geqslant C$ 可以理解为:$A'P$ 代表生产单位商品的总机会成本,C 代表单位商品的税利。公式说明,总机会成本要大于或等于税利,如果取符号 $>$,就不会生产这种商品,因为坚持生产,会出现亏损,于是生产这种商品的资源会投向其他商品的生产过程。如果生产这种商品,公式只能取 = 号。由于最优解中包含这种商品,所以公式应取等式,即

$$A'P = C$$

在对偶规划中,存在 $Z_1 = Z_2$ 的关系。一方面,
$$AX + S = R$$
式中,S 为松弛变量。上式两边同乘 P',则有:
$$P'AX + P'S = P'R = R'P = Z_2$$
另一方面,
$$A'P - t = C$$
式中,t 为松弛变量。上式两边同乘 X',则有:
$$X'A'P - X't = X'C$$
将上式的符号转置、换位,得到:
$$P'AX - t'X = C'X = Z_1$$
于是有:
$$Z_2 - Z_1 = P'AX + P'S - P'AX + t'X = P'S + t'X \geqslant 0$$
式中,Z_2 不能小于 Z_1,Z_1 也不能超过 Z_2,Z_2 取最小值,Z_1 取

最大值，只能是松弛变量为零，两者相等，即
$$\bar{Z}_1 = \bar{Z}_2$$
对偶规划模型还有另一种形式。

初始问题 $\min Z_3 = C'X$

约束条件：
$$AX \geqslant R \tag{13}$$
$$X \geqslant 0$$

对偶问题 $\max Z_4 = R'P$

约束条件：
$$A'P \geqslant C \tag{14}$$
$$P \geqslant 0$$

（原载《山西统计》1988年第8期）

投入产出动态模型

静态模型能静止地反映一段时间内(一般为一年)国民经济的情况;动态模型是对静态模型的发展,它能反映国民经济的发展过程,其中主要是研究投资同生产发展的关系。

本文讨论投入产出动态模型,着重叙述理论说明、投资矩阵、时滞因素、三种动态模型和两个技术问题。

一 理论说明

经济过程从本质上说是一个运动即动态过程。一个企业的总生产过程,包括一个生产过程和两个流通过程,其图式如下:

流通过程(货币转化为商品) → 生产过程 → 流通过程(商品转化为货币)

图1

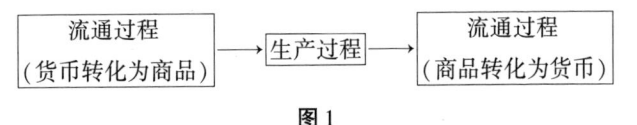

图1说明,在第一个流通过程中,企业用资金购买机器设备、各种原料、燃料和动力等等,还有一部分资金用于支付劳动者的报酬。在生产过程中,劳动力和生产资料直接结合,劳动者使用劳动工具加工劳动对象(采掘部门的对象是自然资源),生

产出各种商品。这些商品进入第二个流通过程，经过交换，用于生产消费或生活消费。

从全社会来说，各企业在同时生产，它们的生产过程和流通过程是并存的，相互依赖，相互交错，并且互为条件，形成极其复杂的经济联系。正如马克思所说："决定生产连续性的并列存在之所以可能，只是由于资本的各部分依次经过各个不同阶段的运动。并列存在本身只是相继进行的结果。"①

无论从企业还是从社会来看，生产基金在运动的过程中，使用价值在不断更新，用同种或别种新的使用价值来补偿，在扩大再生产的条件下，除不断地补偿外，还有一部分使用价值用于固定资产和流动资产的积累。同样，价值也经过不同的形式，不同的运动，保存自己，同时使自己增值。所以马克思说，资本（在社会主义条件下为资金）是一种运动，它只能理解为运动，而不能理解为静止物。由于马克思主义的经济学说真实地反映了经济过程的动态本质，所以它是建立投入产出动态模型唯一正确的理论基础。

众所周知，投资分为基建投资和增加流动资金两部分，其中基建投资的大部分是通过基本建设实现的。基建投资用于各种建设项目上，不管项目是否相同，一般都有两个平衡关系。一个是在施工阶段，需要保证必要的施工队伍，按质、按量、按时供应各种建筑材料和设备，直到建成为止。在这个阶段，每年的基建投资规模必须与建材工业、机器制造业和施工队伍保持平衡，还要通过它们进一步与整个国民经济保持平衡。另一个是在交付使用阶段，这里生产项目与非生产项目有不同的特点。生产项目一方面要求按质、按量、按时供应各种原材料和辅助材料，另一方

---

① 《马克思恩格斯全集》第 24 卷，人民出版社 1972 年版，第 120 页。

面生产各种产品，提供较多的就业机会。因此，生产项目从交付使用开始，就需要同国民经济各部门建立和保持平衡。非生产项目虽然也要求供电、供水、供气、供煤等等，但一般物资的品种不多，数量也较少。这些项目主要是为劳动力再生产服务，有的生产劳务，提供一些就业机会，有的（如住宅）目前提供的就业机会很少。

我国经济学界早就有人指出，把建筑安装工作量作为衡量建筑业的指标，有许多弊病，应该抓建筑业的最终成果，以交付使用的固定资产作为指标。这个意见是完全正确的。对建筑业成果（不包括设备价值）如何计算，引出投资部门当年平衡区别于长期平衡的问题。如果使用建筑安装工作量来计算建筑业成果，建筑业的投入与产出在当年是平衡的，不必引入"时滞"概念；如果以交付使用的固定资产作为指标，建筑业的投入与产出在当年就会出现不平衡，需要引入"时滞"概念。

国民经济各部门的发展对投资的需求，主要是对新增固定资产的需求，因此投入产出动态模型一定要反映固定资产再生产过程，即

$$R_0 - R_b + R_i = R_1$$

式中，R_0 为年初固定资产；R_b 为由于磨损和自然灾害等等原因所造成的固定资产报废；R_i 为交付使用的固定资产，R_1 为年末固定资产。固定资产再生产是一个十分复杂的问题，这里仅对以下四个问题略加说明。

第一，固定资产独特的流通引起独特的周转。固定资产的使用价值在一个或长或短的时间内，在不断反复的劳动过程中，总是反复地执行着相同的职能，直到完全损耗或经济上不宜使用，必须用新产品来代替时为止，但它的价值通过基本折旧，逐步脱离实物形态，转化为货币。固定资产在报废之前，使用价值与一

部分价值分离而并存，从而出现原值与净值的区别。

第二，我国基本折旧率长期偏低，不少单位又把一部分甚至大部分折旧基金拿去搞基本建设，使固定资产简单再生产难以维持。而随着科学技术的进步，固定资产的更新一般是以技术水平较高的新设备代替过时的旧设备，由于劳动生产率的提高，设备价值会相应地降低，即使旧设备的原值同新设备的价值相等，由于设备性能的改善，其更新也包含着生产能力的扩大。

第三，固定资产再生产采取挖潜、革新、改造和基本建设两种方式，有些同志把前者叫做固定资产简单再生产，把后者叫做它的扩大再生产，这种划分是不妥当的。基本建设有时（特别是在采掘部门）是维持固定资产的简单再生产，而挖潜、革新、改造往往包含它的扩大再生产。

第四，大修的职能主要是维持固定资产的简单再生产，但实际生活中，一台设备的各个部件可以在大修中逐步更新，经过一段时间，整台设备便得到了更新。正如马克思所说："真正的修理和补偿之间、维持费用和更新费用之间的界限，带有一定的伸缩性。"[1] 不仅如此，固定资产的大修往往是与改造结合进行的，资金来源除大修基金外，还有上级拨款和银行贷款等等，一项固定资产通过大修和改造，往往会扩大生产能力。

流动资产分为国家储备和生产库存两大部分。国家储备是后备基金或保险基金。马克思说，这种基金"在经济上是必要的，至于扣除多少，应当根据现有的资料和力量来确定，部分地应当根据概率论来确定"[2]。国家储备由全国统一的机构管理，由中央集中使用，因此在动态模型中，它的增长部分只需

---

[1] 《马克思恩格斯全集》第 24 卷，人民出版社 1972 年版，第 199 页。
[2] 《马克思恩格斯选集》第 3 卷，人民出版社 1972 年版，第 9 页。

单列一项。生产库存分散在国民经济的各个部门，目前，班组、工段、车间、厂部、公司、各级主管部门和物资部门差不多都有，而且各部门生产的发展对各种库存物资增长的需求是不同的，因此在投入产出动态模型中，生产库存的增长最好是按各部门列出。

二　投资矩阵

首先讨论几个投资概念，提出一些看法。

第一，生产性建设项目的流动资产分为两部分，一部分是建设过程中所需的资金，无论发包单位还是承包单位，这笔资金都已包含在投资当中，不必单独考虑。另一部分是项目投产后所需的资金，按照现行计划统计制度方法的规定，这笔资金不列入项目的投资，以前由财政拨款，现在改为银行贷款。用这笔资金购买的物资，由有关生产部门提供，不必单列一项，可以放在流动资产积累中统一考虑。后者包括：（1）国家储备；（2）各级物资和商业部门的库存；（3）主管部门的库存；（4）企业的成品、原材料和外购零部件库存；（5）在途物资。动态模型像静态模型一样，只计算年末减年初的增减额。动态模型对流动资产积累的处理有两种方法，一是列入最终净产品；二是在基本方程的左边单列一个矩阵，计算其投资在固定资产投资和流动资产投资总额中所占的比重，按照这个比重分摊产值，计算流动资产的投资系数。下面我们采用第一种方法。

第二，关于更新和大修费用的处理。有的同志将它们列入当前生产流量矩阵，在有关直接消耗系数中，增加更新和大修所消耗的物资。这种处理方法存在不少问题：（1）更新和大修是固定资产的全部和部分替换，新建厂房和新安装的机器设备的使用期都长于一年,与当前生产的物资消耗有本质的区别;(2)基本折旧不等于更新费用,大修折旧不等于大修费用,将更新和大修列入第一象限,同时取消基本折旧和大修折旧两行,会使模型脱离实际;(3)通过经济体制改革,企业的自留资金不断增加,决策权力日益扩大,在新的情况下,硬要严格分清什么是更新,什么是大修,什么是技术改造,会遇到难以克服的困难。换言之,在固定资产再生产方面,要严格分清简单再生产与扩大再生产、外延扩大再生产与内涵扩大再生产的界限,是十分困难的。由于以上原因,我主张将更新和大修费用与来自国民收入的生产性固定资产投资(净投资)合并在一起,称为总投资。由于更新和大修费用带有补偿性质,大部分不增加产值,因此按总投资计算的投资系数高于按净投资计算的投资系数,但长期按总投资计算这类系数,它们就有可比性,对经济管理没有什么影响。

第三,由于动态模型考虑了投资时滞,没有必要再划分基本建设投资和更新改造及其他措施投资。

第四,有些投资不形成固定资产。按照现行计划统计制度方法的规定,生产职工培训费,居民搬迁费,停、缓、建工程维护费、窝工损失、报废工程和器材损失等等,计入投资,但不形成固定资产。在建立动态模型时,应当考虑到这些情况。

第五,我国的固定资产投资所包括的范围不够全面,例如种畜头数的增加和每头种畜的增重、育林的增加、劳动积累、自营建筑和耐用消费品的增加等等,都未包括或未全部包括在投资当中,从严格的意义上来说,对以上项目都应作出全面的估价,列入投资当中。

应当指出,投资是一个过程,对 t 年(当年)来说,从开始投资到项目投产可以分为四种情况:(1)当年投资、当年投产的项目,更新改造及其他措施项目多数属于这种情况。(2)当年投资、当年不能投产的项目,至于哪年投产,又分为多种具体情况。(3)上年结转项目,加上当年投资,当年可以投产。至于这些项目从哪年开始施工,又分为多种具体情况。(4)上年结转项目,当年进行投资或不进行投资,当年不能投产,要结转到以后去继续施工。四种情况形成四个投资矩阵,即

$$(I_1)^{t,t},\ (I_2)^{-l,t+l},\ (I_3)^{-l,t},\ (I_4)^{t,t+l}$$

令

$$(I_3)^{-l,t} = I_{in}$$
$$(I_2)^{-l,t+l} + (I_4)^{t,t+l} = I_{out}$$

在扩大再生产的情况下,有

$$I_{in} < I_{out}$$

也就是说,从 $-l$ 年开工的项目,结转到 t 年的投资额一般小于 t 年结转到下年的投资额。

三 "时滞"因素

"时滞"(The Time Lag)是指投入与产出在时间上的间隔,这是一种相当普遍的现象。教育费用从托儿所开始投入,到培养出人才(大学或研究生毕业)为止,有10多年到20来年的间隔;投入基础科学研究的费用,到科研成果用于生产,也有很长一段时间;制造大型成套设备和大型船只的时间,一般超过一年,甚至长达数年。固定资产再生产的时滞现象更为突出,无论在建设还是在使用过程中,都存在这种现象。马克思说:"有些事业在较长时间内取走劳动力和生产资料,而在这个时间内不提供任何有效用的产品;而另一些生产部门不仅在一年间不断地或者多次地取走劳动力和生产资料,而且也提供

生活资料和生产资料。在社会公有的生产的基础上，必须确定前者按什么规模进行，才不致有损于后者。"① 这里所说的"有些事业"，就是存在时滞的事业，下面研究基本建设投资的时滞问题。

基本建设的全过程大致可以分为三段时间：勘察设计时间（T_1）、建筑时间（T_2）、固定资产交付使用达到设计能力的时间（T_3），即 $L_{cc} = T_1 + T_2 + T_3$。由于三段时滞的计算方法相同，这里只讨论一下建筑时滞的计算方法。建筑时滞可按一个建设项目的投资或国民经济全部投资分别加以计算。

以一个建设项目为例，假定建设周期为六年，即第一年投资，第六年投产，各年投资比重为：第一年为 0.05，第二年为 0.1，第三年为 0.4，第四年为 0.15，第五年为 0.1，第六年为 0.2。

计算一个建设项目的时滞有两个方法。

第一个方法：

$$L = \frac{a_1 n + a_2(n-1) + \cdots + a_n}{100}$$

式中，a_1 为各年投资比重；n 为投资的时滞（年）。在上述例子中，

$$L = \frac{5 \times 6 + 10 \times 5 + 40 \times 4 + 15 \times 3 + 10 \times 2 + 20}{100} = 3.25 \text{（年）}$$

第二个方法：

$$L = \frac{a_1(n-0.5) + a_2(n-1.5) + \cdots + 0.5 a_n}{100}$$

在上述例子中，

---

① 《马克思恩格斯全集》第 24 卷，人民出版社 1972 年版，第 396—397 页。

$$L = \frac{5 \times 5.5 + 10 \times 4.5 + 40 \times 3.5 + 15 \times 2.5 + 10 \times 1.5 + 20 \times 0.5}{100}$$

$= 2.75$（年）

按第二个方法计算的时滞比按第一个方法计算的短 0.5 年（3.25 - 2.75），即缩短 15.4%。两个方法相比，第二个方法计算的结果比较切合实际，因为当年投资不是年初一次投入的，而是在全年逐步投入的，当年投资的时滞以计算半年为宜。

从上面的计算可以看出，时滞的长度取决于投资在各年分配的比重和建设周期的长度，开头几年投资的比重越大，建设周期越长，时滞也就越长，反之亦然。

在计算一年国民经济投资的时滞时，要考虑投资在不同部门和地区的分配，计算公式如下：$L = \dfrac{\sum_{i=1}^{n} I_i n_i}{\sum_{i=1}^{n} I_i}$

式中，I_i 为 i 部门的投资；n_i 为按年计算的时滞。

假定一年国民经济的投资为 500 亿，分配给三个时滞不同的部门，按两个分配方案计算时滞的结果见表 1。

表 1　　　　　　　　不同投资时滞方案

投资部门	投资额		时滞
	第一方案	第二方案	
部门 1	50	200	1
部门 2	250	50	4
部门 3	200	250	8

在表 1 中，时滞一年是指当年投产的项目，由于我们只研究一年以上的时滞，这是指当年以前开始建设的项目；时滞四年是

指当年以前开始建设,从当年计算到第四年竣工的项目;时滞八年是指当年开始建设,第八年竣工的项目。

根据上述计算公式,两个投资分配方案的时滞为:

$$L_1 = \frac{50 \times 0.5 + 250 \times 3.5 + 200 \times 7.5}{500} = 4.8$$

$$L_2 = \frac{200 \times 0.5 + 50 \times 3.5 + 250 \times 7.5}{500} = 4.3$$

在两个投资分配方案中,三个投资部门的建设周期没有变化,只是它们的投资额有变化,仅这一个因素就使第二方案的时滞比第一方案缩短半年($4.8-4.3$),即10%左右。

投资时滞的长短是影响经济发展的重要因素。设生产资料在社会产品中所占的比重 $M_P = \dfrac{P_1}{P}$,物质消耗在社会产品价值中所占的比重 $M_c = \dfrac{M}{P}$,因此用于积累的生产资料可表述为:

$$\Delta C = P(M_P - M_c)$$

新增产品的基金占用系数 $k = \dfrac{\Delta C}{\Delta P}$,即 $\Delta C = k\Delta P$。

这里,生产基金是指固定资产和流动资产之和。占用系数不同于消耗系数,其区别是由于固定资产再生产的特点引起的,固定资产在整个使用期间,使用价值反复执行相同的职能,而价值按照有形损耗和无形损耗的比例逐渐转移到产品中去。假定一台机器的价值为10000元,可使用10年,每年生产的产品为1000元,在这种情况下,占用系数为 $\dfrac{10000}{1000} = 10$,而消耗系数为 $\dfrac{10000 \times 0.1}{1000} = 1$。

把上述两个公式结合起来,得到:

$$P(M_P - M_C) = k\Delta P, \quad 即 \quad \frac{\Delta P}{P} = \frac{M_P - M_C}{k}$$

上式说明，在不考虑时滞因素的情况下，经济增长速度（$\frac{\Delta P}{P}$）等于生产资料积累率（$M_P - M_C$）与新增产品的基金占用系数（k）之比。设 $M_P = 0.6$，$M_C = 0.4$，$k = 2$，则

$$g = \frac{\Delta P}{P} = \frac{M_P - M_C}{k} = \frac{0.6 - 0.4}{2} = 0.1，即 10\%。$$

设投资时滞为 τ，从 t 到 $t+\tau$ 时期经济发展的指数

$$G = \frac{\psi_{t+\tau}}{\psi_t}$$

式中，ψ_t，$\psi_{t+\tau}$ 分别为 t 年和 $t+\tau$ 年的总产量或总产值。在这个时期内，平均增长速度 $g_\tau = \frac{1}{\tau}(\frac{\psi_{t+\tau}}{\psi_t} - 1)$，即

$$g_\tau \tau = \frac{\psi_{t+\tau}}{\psi_t} - 1$$

$$1 + g_\tau \tau = \frac{\psi_{t+\tau}}{\psi_t}$$

等式两边取自然对数，得到：

$$\ln(1 + g_\tau \tau) = \ln\psi_{t+\tau} - \ln\psi_t$$

年算术平均增长速度为[①]：

$$\overline{g_\tau} = \frac{\ln(1 + g_\tau \tau)}{\tau} = \frac{\ln\psi_{t+\tau} - \ln\psi_t}{\tau}$$

根据公式 $\overline{g_\tau} = \frac{l_n(1 + g_\tau \tau)}{\tau}$，设 $g_\tau = 0.1$，可以计算时滞对经济发展速度的影响。

[①] 通常计算年算术平均速度的公式是：$\sum_{t=1}^{T} g_t / T$，但它不能揭示时滞对经济发展速度的影响。

表 2　　　　　投资时滞对经济发展速度的影响

时滞（τ）	年平均增长速度（$\bar{g}_\tau$）（%）	以 $\tau=2$ 为 100	5 年发展速度	10 年发展速度
2	9.12	100	161.05	259.37
3	8.75	95.9	154.57	238.92
4	8.41	92.2	151.76	230.30
5	8.11	88.9	149.67	224.02
6	7.83	85.9	147.61	217.90
7	7.58	83.1	145.58	211.93
8	7.35	80.6	143.56	202.30
9	7.13	78.2	140.91	198.56
10	6.93	76.0	139.60	194.88
11	6.74	73.9	138.30	191.27

表 2 说明，随着时滞的延长，经济发展速度逐步降低，当时滞从 2 年延长到 11 年，年平均增长速度从 9.12% 下降到 6.74%，下降了 26.1%；5 年增长速度从 161.05% 下降到 138.3%，下降了 14.12%；10 年增长速度从 259.37% 下降到 191.27%，下降了 26.3%。

尽管时滞对经济发展速度有如此大的影响，但新中国成立以来，我们在多数年份没有处理好这个问题，有许多深刻的教训，主要表现在：

第一，不遵守时滞原则，蛮干一气。1958 年大炼钢铁就是一个典型的事例。那年要求在几个月内把钢产量翻一番，是违反时滞常识的蛮干。钢产量翻一番，在其他条件不变的情况下，要求炼钢生产能力增加一倍，而建设一座大中型平炉、转炉或电炉，需要几年时间。从炼钢的前后道工序来看，钢产量翻一番，要求生铁和矿石产量、轧钢和钢材使用部门的生产能力都增加一倍，这在几个月内按正常做法是绝对办不到的。依靠现代化设备增加产量有限，不得不求助于所谓"小土群"，从农业战线和其他方面抽调 2000 万人大炼钢铁，而"小土群"不能生产合格的产品。由于没有遵守时滞原则，与"一马当先、万马奔腾"的主观愿望相反，不仅一马没有当先，却出现了"万马齐喑"的局面，造成国民经济各种比例的严重失调，损失上千亿元。

第二，没有处理好生产与建设的比例关系。一般来说，建设是有时滞的事业，生产是无时滞的事业，马克思要求我们"必须确定前者按什么规模进行，才不致有损于后者"。我们在基本建设应"按什么规模进行"的问题上屡犯错误，使经济建设遭受严重损失。把应该用于当前生产的人力、物力、财力拿去搞基本建设，使已有的生产能力经常停工待料，不能充分发挥作用；把应该用于固定资产更新的折旧基金也拿去搞基本建设，使许多老企业的技术十分落后，普遍存在消耗高、质量差的现象。而基本建设的摊子越铺越大，战线越拉越长，造成生产和建设两方面的经济效益都很差。

第三，没有处理好新建与挖潜、革新、改造之间的关系。长期以来，我们几乎把新建看成是基本建设的唯一形式，严重忽视挖潜、革新、改造，尽管它们比新建的建设周期短，经济效益高，能节省投资的 30% 到 40%，但经常不安排资金，不供应物资，给建设事业造成了不应有的损失。

以上问题使我们付出了很大的代价。在"一五"时期，大中型项目的建设周期（时滞）一般为 6 年，而前几年为 11 年半，几乎延长一倍。根据前面的计算，时滞从 6 年延长到 11 年，年平均增长速度从 7.83% 下降到 6.74%，即下降了 14%。据初步估算，基本建设周期缩短一年，可以增加国民收入 200 亿元。

因此，应该根据过去的经验教训对症下药，采取切实可行的措施，如量力而行，按照"先生产后基建、先挖潜后新建"的原则，严格控制基本建设规模；根据按比例发展规律的要求,在各部门和各地区之间合理分配投资;制定基本建设法,保证每个项目都按基本建设程序办事;发展建材工业,特别是大力发展新型建筑材料,提高建筑业的技术水平和劳动生产率;让各建筑公司开展竞争,采取"投标"方式确定工程造价和建设周期;改革劳动报酬制度,提高建筑业职工的积极性等等,尽力缩短投资的时滞,促进国民经济的迅速发展。

四　不考虑投资时滞的动态模型

不考虑投资时滞,前面四个投资矩阵可以合并为一个投资矩阵,即将

$$(I_1)^{t,t}、(I_2)^{-l,t+l}、(I_3)^{-l,t}、(I_4)^{t,t+l} 合并为 \sum_{i=1}^{4}(I_i)^{t,t}$$

将四种投资情况合并为 t 年投资总额或 t 年交付使用的固定资产,这两种计算结果是有区别的。

在简单的投入产出动态模型中,投资有两种处理办法。第一种办法是在最终产品部分把它按各投资部门列示,这样,最终产品分为两部分,一是投资(I),二是最终净产品(S)。假定国民经济分为 n 个部门,它们用于投资的产品如下:

$$I_{11} + I_{12} + \cdots + I_{1n} = I_1$$
$$I_{21} + I_{22} + \cdots + I_{2n} = I_2$$
$$\cdots$$
$$I_{n1} + I_{n2} + \cdots + I_{nn} = I_n$$

即 $\sum_{j=1}^{n} I_{ij} = I_i \quad (i = 1, 2, \cdots, n)$

式中,I_{ij} 表示 i 部门用于 j 部门的投资产品,其中不少项等于零。

按照这种办法处理投资,得到以下公式:

$$X_i = \sum_{j=1}^{n} x_{ij} + \sum_{j=1}^{n} I_{ij} + S_i \quad (i = 1, 2, \cdots, n)$$

第二种办法是把投资从最终产品部门移到方程式的左边，单列一个部分，其简化表式如下（数字是假设的）。

表3　　　　　　　　简单的投入产出动态表　　　　　　　　单位：亿元

投入 \ 产出		当年生产					投资					最终净产品	总计
		物质生产部门（不包括机器制造业和建筑业）	机器制造业	建筑业	第三产业	合计	物质生产部门（不包括机器制造业和建筑业）	机器制造业	建筑业	第三产业	合计		
物质消耗（C）	物质生产部门（不包括机器制造业和建筑业）	2700	50	220	400	3370	100	36	64	80	280	2050	5700
	机器制造业	-	-	-	-	-	32	7	2	39	80	20	100
	建筑业	-	-	-	-	-	176	36	8	180	400	-	400
	第三产业	400	8	30	200	638	-	-	-	-	-	362	1000
	合计	3100	58	250	600	4008	308	79	74	299	760	2432	7200
净产值	劳动报酬（V）	1500	18	120	250	1888							
	纯收入（M）	1100	24	30	150	1304							
	合计	2600	42	150	400	3192							
总计		5700	100	400	1000	7200							

在表3的基础上，可以写出它的数学模型：

$$\begin{cases} x_{11} + x_{12} + \cdots + x_{1n} + I_{11} + I_{12} + \cdots + I_{1n} + S_1 = X_1 \\ x_{21} + x_{22} + \cdots + x_{2n} + I_{12} + I_{22} + \cdots + I_{nn} + S_2 = X_2 \\ \cdots \cdots \\ x_{n1} + x_{n2} + \cdots + x_{nn} + I_{n1} + I_{n2} + \cdots + I_{nn} + S_n = X_n \end{cases}$$

或 $\sum_{j=1}^{n} x_{ij} + \sum_{j=1}^{n} I_{ij} + S_i = X_i \quad (i = 1, 2, \cdots, n)$

式中，x_{ij} 为 i 部门用于 j 部门当年生产的产品；I_{ij} 为 i 部门用于 j 投资部门的产品。

根据上述方程组，可以计算当年生产和投资需求的直接消耗系数，计算公式是：

$$a_{ij} = \frac{x_{ij}}{X_j}, \quad b_{ij} = \frac{I_{ij}}{\dot{X}_j}$$

式中，X_j 为当年 j 部门的总产值，$\dot{X}_j$ 为当年 j 部门的新增产值。

由于 $x_{ij} = a_{ij}X_j$，$I_{ij} = b_{ij}\dot{X}_j$，
把它们代入上式，得到：

$$\sum_{j=1}^{n} a_{ij}X_j + \sum_{j=1}^{n} b_{ij}\dot{X}_j + S_i = X_i \quad (i = 1, 2, \cdots, n)$$

这种动态模型在计划工作中的应用，是先确定各部门的总产值，然后利用直接消耗系数，算出当年生产的物质消耗和各投资部门所需的物资，从各部门的总产值中减去物质消耗和投资产品，得到计划年度最终净产品的数量和构成。

五　投资时滞为一年的动态模型

假设投资时滞为一年，t 年投资，$t+1$ 年建成投产，前面三个投资矩阵也可以合并成为一个投资矩阵，即

$(I_1)^{t,t}$、$(I_2)^{-l,t+l}$、$(I_3)^{-l,t}$、$(I_4)^{t,t+l}$ 合并为 $\sum_{i=1}^{4}(I_i)^{t,t+1}$

1953 年，瓦·列昂惕夫在《美国经济结构研究》一书中讨论了投入产出动态模型，把它分为封闭式和开启式两种形式。[①] 如前所述，瓦·列昂惕夫提出的开启式模型的基本数学公式如下（符号有些变动）：

$$X_i - \sum_{j=1}^{n} x_{ij} - \sum_{j=1}^{n} I_{ij} = S_i \quad (i = 1, 2, \cdots, n) \quad (1)$$

---

① 参阅《美国经济结构研究》第三章《动态分析》，1953 年英文版，第 53—82 页。

由于 $a_{ij} = \dfrac{x_{ij}}{X_j}, \quad b_{ij} = \dfrac{I_{ij}}{\dot{X}_j}$

所以， $x_{ij} = a_{ij}X_j, \quad I_{ij} = b_{ij}\dot{X}_j$

式中，X_j 为本年 j 部门的产量；a_{ij} 为 i 部门用于 j 部门单位产量的产品，即当年生产的直接消耗系数；$\dot{X}_j = \dfrac{dx_j}{dt}$ 为 j 部门下年同本年相比的新增产量，b_{ij} 为 i 部门用于单位新增产量的产品。把 $x_{ij} = a_{ij}X_j$ 和 $I_{ij} = b_{ij}\dot{X}_j$ 代入（1）式，得到：

$$X_i - \sum_{j=1}^{n} a_{ij}X_j - \sum_{j=1}^{n} b_{ij}\frac{dx_j}{dt} = S_i \quad (i = 1, 2, \cdots, n) \quad (2)$$

所谓封闭式模型，是把 S_i 看成是消费者的需求，把"家庭看成是一个部门"，S_i 是家庭的投入，劳动力是它的产出。通过这种处理，可以把开启式模型变成封闭式模型，其数学公式如下：

$$X_i - \sum_{j=1}^{n} a_{ij}X_j - \sum_{j=1}^{n} b_{ij}\frac{dx_j}{dt} = 0 \quad (i = 1, 2, \cdots, n) \quad (3)$$

封闭式模型在经济理论上难以成立，因为第一，最终需求（S_i）除居民消费外，还有行政管理和国防等部门的消耗，它们与劳动力再生产没有直接联系；第二，居民消费与劳动力再生产之间的关系十分复杂，瓦·列昂惕夫的处理方法过于简单，不能反映真实情况。但是，封闭式模型在数学上是一个线性齐次方程组，求解它比求解线性非齐次方程组容易。

封闭式模型的数学公式可以写成向量矩阵形式：

$$X - AX - B\frac{dx}{dt} = 0 \quad (4)$$

$$(I - A)X - B\frac{dx}{dt} = 0$$

$$A^* X = B\frac{dx}{dt} \quad (5)$$

式中，$A^* = I - A$，其经济含义是本部门物质消耗中不包括本部门的产品。

设 $X = ke^{-\lambda t}$ 为（5）式的解，

式中，$e = \lim\limits_{n \to \infty} \left(1 + \dfrac{1}{n}\right)^n = 2.718\cdots$，$k$、$\lambda$ 是需要求解的参数，t 为时间。

$$\frac{dx}{dt} = \frac{d(ke^{-\lambda t})}{dt} = -k\lambda e^{-\lambda t}$$

把 $X = ke^{-\lambda t}$ 和 $\dfrac{dx}{dt} = -k\lambda e^{-\lambda t}$ 代入（5）式，得到：

$$A^* k e^{-\lambda t} = -Bk\lambda e^{-\lambda t} \tag{6}$$

从等式两边消除 $e^{-\lambda t} \neq 0$，得到：

$$A^* k = -Bk\lambda \tag{7}$$

$$A^* k + Bk\lambda = 0$$

$$(A^* + B\lambda)k = 0 \tag{8}$$

k 的元素不全为 0，则

$$|A^* + B\lambda| = 0 \tag{9}$$

这个特征方程组有 n 个根（$\lambda_1 \cdots \lambda_n$），并无重根。

设 $\lambda = \lambda_s$，则

$$A^* + B\lambda_s = 0 \tag{10}$$

X 的特解之一为 $X = k_s e^{-\lambda_s t}$，通解为：

$$X = \sum_{s=1}^{n} A_s k_s e^{-\lambda_s t}, \tag{11}$$

即 $X_r = A_1 k_{r1} e^{-\lambda_1 t} + A_2 k_{r2} e^{-\lambda_2 t} + \cdots + A_n k_{rn} e^{-\lambda_n t}$，

式中，A_s 为待定常数，λ 和 k 是由系数 a_{ij} 和 b_{ij} 确定的结构参数。

封闭式模型是求解开启式模型的基础。设各部门的最终净需求按同一速度（e^μ）增长，则

$$S_i = ce^{\mu t} \qquad (c \text{ 为列向量})$$

所以，

$$A^*X - B\frac{dx}{dt} = ce^{\mu t} \tag{12}$$

$$A^*X = B\frac{dx}{dt} + ce^{\mu t} \tag{13}$$

设 $X = re^{\mu t}$ 为上式的一个解，求它的微分，得到：

$$\frac{dx}{dt} = \frac{dre^{\mu t}}{dt} = r\mu e^{\mu t}, \quad （当 dt = 1）$$

把 X 和 $\frac{dx}{dt}$ 代入（13）式，得到：

$$A^*re^{\mu t} = Br\mu e^{\mu t} + ce^{\mu t} \tag{14}$$

从等式两边消去 $e^{\mu t} \neq 0$，得到：

$$A^*r = Br\mu + c \tag{15}$$

$$A^*r - Br\mu = c$$

$$(A^* - B\mu)r = c$$

所以，
$$r = (A^* - B\mu)^{-1}c \tag{16}$$

当 c、μ、t 一定时，就可确定 $X = re^{\mu t}$。

从常微分方程知道，线性非齐次方程的通解为：

$$Z = \hat{Z} + \mu \text{①}$$

式中，$\hat{Z}$ 为线性非齐次方程的一个解；μ 为线性齐次方程的通解。

把这个定理用于开启式模型，得到：

$$X = re^{\mu t} + \sum_{s=1}^{n} A_s k_s e^{-\lambda t} \tag{17}$$

这里用一个简单的例子来说明动态模型，假定国民经济只分为两个部门（生产消耗不包括本部门的产品）。

封闭式模型：

------

① 参阅庞特里雅金《常微分方程》，上海科学技术出版社1962年版，第64页。

$$\begin{cases} X_1 - a_{12}X_2 - b_{11}\dfrac{dx_1}{dt} - b_{12}\dfrac{dx_2}{dt} = 0 \\ -a_{21}X_1 + X_2 - b_{21}\dfrac{dx_1}{dt} - b_{22}\dfrac{dx_2}{dt} = 0 \end{cases} \quad (18)$$

设 $X_1 = e^{-\lambda t}$ 和 $X_2 = ke^{-\lambda t}$，

则 $\dfrac{dx_1}{dt} = -\lambda e^{-\lambda t}, \dfrac{dx_2}{dt} = -\lambda ke^{-\lambda t}$

把 X_1，X_2，$\dfrac{dx_1}{dt}$，$\dfrac{dx_2}{dt}$ 代入（18）式，得到：

$$\begin{cases} e^{-\lambda t} - ka_{12}e^{-\lambda t} + \lambda b_{11}e^{-\lambda t} + \lambda kb_{12}e^{-\lambda t} = 0 \\ -a_{21}e^{-\lambda t} + ke^{-\lambda t} + \lambda b_{21}e^{-\lambda t} + \lambda kb_{22}e^{-\lambda t} = 0 \end{cases} \quad (19)$$

从等式两边消除 $e^{-\lambda t} \neq 0$，得到：

$$\begin{cases} 1 - ka_{12} + \lambda (b_{11} + kb_{12}) = 0 \\ -a_{21} + k + \lambda (b_{21} + kb_{22}) = 0 \end{cases} \quad (20)$$

从（20）式得到：

$$k = \frac{1 + \lambda b_{11}}{a_{12} - \lambda b_{12}} = \frac{a_{21} - \lambda b_{21}}{1 + \lambda b_{22}} \quad (21)$$

从而有

$$(1 + \lambda b_{11})(1 + \lambda b_{22}) = (a_{12} - \lambda b_{12})(a_{21} - \lambda b_{21}) \quad (22)$$

即

$$1 + b_{11}\lambda + b_{22}\lambda + b_{11}b_{22}\lambda^2 = a_{12}a_{21} - a_{12}b_{21}\lambda - a_{21}b_{12}\lambda + b_{12}b_{21}\lambda^2$$

同项合并，得到：

$$(b_{11}b_{22} - b_{12}b_{21})\lambda^2 + (b_{11} + b_{22} + a_{12}b_{21} + a_{21}b_{12})\lambda + (1 - a_{12}a_{21}) = 0 \quad (23)$$

设 $\alpha = b_{11}b_{22} - b_{12}b_{21}$

$\beta = b_{11} + b_{22} + a_{12}b_{21} + a_{21}b_{12}$

$\gamma = 1 - a_{12}a_{21}$

从而有

$$\alpha\lambda^2 + \beta\lambda + \gamma = 0 \quad (24)$$

所以，

$$\lambda_{1,2} = \frac{-\beta \pm \sqrt{\beta^2 - 4\alpha\gamma}}{2\alpha} \quad (25)$$

同 λ_1、λ_2 相对应的有：

$$k_1 = \frac{1 + \lambda_1 b_{11}}{a_{12} - \lambda_1 b_{12}} \text{ 和 } k_2 = \frac{1 + \lambda_2 b_{11}}{a_{12} - \lambda_2 b_{12}}$$

如果 $\lambda_1 \neq \lambda_2$，

则通解为：

$$\begin{cases} X_1 = A_1 e^{-\lambda_1 t} + A_2 e^{-\lambda_2 t} \\ X_2 = A_1 k_1 e^{-\lambda_1 t} + A_2 k_2 e^{-\lambda_2 t} \end{cases} \quad (26)$$

开启式模型：

$$\begin{cases} X_1 - a_{12}X_2 - b_{11}\dfrac{dx_1}{dt} - b_{12}\dfrac{dx_2}{dt} = S_1 \\ -a_{21}X_1 + X_2 - b_{21}\dfrac{dx_1}{dt} - b_{22}\dfrac{dx_2}{dt} = S_2 \end{cases} \quad (27)$$

假定这两个部门基年的最终净需求为 $S_1^{(0)} = c_1$、$S_2^{(0)} = c_2$，在计划期间它们按同样的速度（$e^{\mu t}$）增长，则计划期间的最终净需求应为 $S_1 = c_1 e^{\mu t}$、$S_2 = c_2 e^{\mu t}$。式中，t 为计划年度。

设 $X_1 = B_1 e^{\mu t}$ 和 $X_2 = B_2 e^{\mu t}$ 为解，则

$$\frac{dx_1}{dt} = B_1 \mu e^{\mu t}, \quad \frac{dx_2}{dt} = B_2 \mu e^{\mu t}$$

把 S_1、S_2、X_1、X_2、$\dfrac{dx_1}{dt}$、$\dfrac{dx_2}{dt}$ 代入（27）式，得到：

$$\begin{cases} B_1 e^{\mu t} - a_{12} B_2 e^{\mu t} - \mu b_{11} B_1 e^{\mu t} - \mu b_{12} B_2 e^{\mu t} = C_1 e^{\mu t} \\ -a_{21} B_1 e^{\mu t} + B_2 e^{\mu t} - \mu b_{21} B_1 e^{\mu t} - \mu b_{22} B_2 e^{\mu t} = C_2 e^{\mu t} \end{cases} \quad (28)$$

从等式两边消去 $e^{\mu t} \neq 0$，则

$$\begin{cases} B_1 - a_{12}B_2 - \mu b_{11}B_1 - \mu b_{12}B_2 = C_1 \\ -a_{21}B_1 + B_2 - \mu b_{21}B_1 - \mu b_{22}B_2 = C_2 \end{cases} \quad (29)$$

把相同项合并，得到：

$$\begin{cases} B_1(1-\mu b_{11}) - B_2(a_{12}+\mu b_{12}) = C_1 \\ -B_1(a_{21}+\mu b_{21}) + B_2(1-\mu b_{22}) = C_2 \end{cases} \quad (30)$$

从 (30) 式用消元法消除 B_2，得到：

$$B_1[(1-\mu b_{11})(1-\mu b_{22}) - (a_{12}+\mu b_{12})(a_{21}+\mu b_{21})] = C_1(1-\mu b_{22}) + C_2(a_{12}+\mu b_{12})$$

$$B_1 = \frac{C_1(1-\mu b_{22}) + C_2(a_{12}+\mu b_{12})}{(1-\mu b_{11})(1-\mu b_{22}) - (a_{12}+\mu b_{12})(a_{21}+\mu b_{21})}$$

同理得到：

$$B_2 = \frac{C_1(a_{21}+\mu b_{21}) + C_2(1-\mu b_{11})}{(1-\mu b_{11})(1-\mu b_{22}) - (a_{12}+\mu b_{12})(a_{21}+\mu b_{21})}$$

当 B_1、B_2 确定后，线性非齐次方程组的特解：$X_1 = B_1 e^{\mu t}$、$X_2 = B_2 e^{\mu t}$ 也就确定了。如前所述，线性非齐次方程组的通解为：

$$\begin{cases} X_1 = B_1 e^{\mu t} + A_1 e^{-\lambda_1 t} + A_2 e^{-\lambda_2 t} \\ X_2 = B_2 e^{\mu t} + A_1 k_1 e^{-\lambda_1 t} + A_2 k_2 e^{-\lambda_2 t} \end{cases} \quad (31)$$

这里分析一个数字例子。假定已知：

生产消耗矩阵　　　　　投资消耗矩阵

$$\begin{pmatrix} 0 & 0.2 \\ 0.3 & 0 \end{pmatrix} \qquad \begin{pmatrix} 0 & 4 \\ 5 & 1 \end{pmatrix}$$

$\alpha = b_{11}b_{22} - b_{12}b_{21} = -5 \times 4 = -20$

$\beta = b_{11} + b_{22} + a_{12}b_{21} + a_{21}b_{12}$

$\quad = 1 + 0.2 \times 5 + 0.3 \times 4 = 3.2,$

$\gamma = 1 - a_{12}a_{21}$

$\quad = 1 - 0.2 \times 0.3$

$\quad = 0.94$

$$\lambda_1 = \frac{-\beta + \sqrt{\beta^2 - 4\alpha\gamma}}{2\alpha}$$

$$= \frac{-3.2 + \sqrt{(3.2)^2 + 4 \times 20 \times 0.94}}{-2 \times 20} = -0.151$$

$$\lambda_2 = \frac{-\beta - \sqrt{\beta^2 - 4\alpha\gamma}}{2\alpha}$$

$$= \frac{-3.2 - \sqrt{(3.2)^2 + 4 \times 20 \times 0.94}}{-2 \times 20} = 0.311$$

$$k_1 = \frac{1 + \lambda_1 b_{11}}{a_{12} - \lambda_1 b_{12}} = \frac{1}{0.2 + 0.151 \times 4} = 1.24$$

$$k_2 = \frac{1 + \lambda_2 b_{11}}{a_{12} - \lambda_2 b_{12}} = \frac{1}{0.2 - 0.311 \times 4} = -0.96$$

设 $C_1 = 1000$ 亿, $C_2 = 2000$ 亿, $\mu = 0.02$

则

$$B_1 = \frac{C_1(1 - \mu b_{22}) + C_2(a_{12} + \mu b_{12})}{(1 - \mu b_{11})(1 - \mu b_{22}) - (a_{12} + \mu b_{12})(a_{21} + \mu b_{21})}$$

$$= \frac{1000(1 - 0.02 \times 1) + 2000(0.2 + 0.02 \times 4)}{1 \times (1 - 0.02 \times 1) - (0.2 + 0.02 \times 4)(0.3 + 0.02 \times 5)}$$

$$= 1774.19$$

$$B_2 = \frac{C_1(a_{21} + \mu b_{21}) + C_2(1 - \mu b_{11})}{(1 - \mu b_{11})(1 - \mu b_{22}) - (a_{12} + \mu b_{12})(a_{21} + \mu b_{21})}$$

$$= \frac{1000(0.3 + 0.02 \times 5) + 2000 \times 1}{1 \times (1 - 0.02 \times 1) - (0.2 + 0.02 \times 4)(0.3 + 0.02 \times 5)}$$

$$= 2764.98$$

现在来求 A_1 和 A_2, 假定初始条件是基期两个部门的产值, 即 $X_1^{(0)} = 3000$ 亿元, $X_2^{(0)} = 5000$ 亿元。我们已有:

$$\begin{cases} X_1(t) = B_1 e^{\mu t} + A_1 e^{-\lambda_1 t} + A_2 e^{-\lambda_2 t} \\ X_2(t) = B_2 e^{\mu t} + A_1 k_1 e^{-\lambda_1 t} + A_2 k_2 e^{-\lambda_2 t} \end{cases}$$

当 $t=0$ 时，得到：
$$\begin{cases} 3000 = 1774.19 + A_1 + A_2 \\ 5000 = 2764.98 + 1.24A_1 - 0.96A_2 \end{cases}$$
用消元法求解上式，得到：
$$A_1 = 1518.56$$
$$A_2 = -292.75$$
所以，计划期间两个部门产值的表达式为：
$$\begin{cases} X_1(t) = 1774.19e^{0.02t} + 1518.56e^{0.151t} - 292.75e^{-0.311t} \\ X_2(t) = 2764.98e^{0.02t} + 1518.56 \times 1.24e^{0.151t} + 292.75 \times 0.96e^{-0.311t} \end{cases}$$
当 $t=5$ 时，查指数函数 e^x、e^{-x} 表知道：
$$e^{\mu t} = e^{0.02 \times 5} = e^{0.1} = 1.1052$$
$$e^{-\lambda_1 t} = e^{0.151 \times 5} \approx e^{0.75} = 2.117$$
$$e^{-\lambda_2 t} = e^{-0.311 \times 5} \approx e^{-1.5} = 0.2231$$
从而得到：

$X_1(5) = 1774.19 \times 1.1052 + 1518.56 \times 2.117 - 292.75 \times 0.2231 = 5110.31$（亿元）

$X_2(5) = 2764.98 \times 1.1052 + 1518.56 \times 1.24 \times 2.117 + 292.75 \times 0.96 \times 0.2231 = 7104.90$（亿元）

两个部门产量的增长速度如下：

表4　　　　　　　　　发展速度

部门	基期数字	第5年数字	5年发展速度（%）	年平均增长速度（%）
部门1	3000	5110.31	170.34	11.2
部门2	5000	7104.90	142.10	7.3

这个例子表明，经济发展速度取决于两个因素：一是最终净

产品的增长速度；二是生产系数和投资系数。

不难看出，上述投入产出动态模型有一个缺点：当年生产和投资的直接消耗系数没有求逆。

六 瓦·列昂惕夫的动态求逆

1970年，瓦·列昂惕夫发表了《动态求逆》一文[①]，向研究时滞方向前进了一步。其基本公式是：

$$X_t - A_t X_t - B_{t+1}(X_{t+1} - X_t) = y_t \qquad (32)$$

$$X_t - A_t X_t + B_{t+1} X_t - B_{t+1} X_{t+1} = y_t$$

$$G_t X_t - B_{t+1} X_{t+1} = y_t \qquad (33)$$

式中，$G_t = (1 - A_t + B_{t+1})$。

从（$-m$）年到（0）年国民经济的发展可以写成下列向量矩阵形式：

$$\begin{pmatrix} G_{-m} & -B_{-m+1} & & & & \\ & G_{-m+1} & -B_{-m+2} & & & \\ & & \ddots & \ddots & & \\ & & & \ddots & \ddots & \\ & & & & G_{-2} & -B_{-1} \\ & & & & & G_{-1} & -B_0 \\ & & & & & & G_0 \end{pmatrix} \begin{pmatrix} X_{-m} \\ X_{-m+1} \\ \vdots \\ \vdots \\ X_{-2} \\ X_{-1} \\ X_0 \end{pmatrix} = \begin{pmatrix} y_{-m} \\ y_{-m+1} \\ \vdots \\ \vdots \\ y_{-2} \\ y_{-1} \\ y_0 \end{pmatrix} \qquad (34)$$

式中，每个 G 和每个 B 都是矩阵（暂不考虑下标），即

[①] 瓦·列昂惕夫：《动态求逆》，《理论、事实与政策》，《经济论文集》第2卷，1977年英文版。

$$G = \begin{pmatrix} 1-a_{11}+b_{11} & -a_{12}+b_{12}-\cdots & -a_{1n}+b_{1n} \\ -a_{21}+b_{21} & 1-a_{22}+b_{22}-\cdots & -a_{2n}+b_{2n} \\ \cdots & \cdots & \cdots \\ -a_{n1}+b_{n1} & -a_{n2}+b_{n2}-\cdots & 1-a_{nn}+b_{nn} \end{pmatrix}$$

$$B = \begin{pmatrix} b_{11} & b_{12} & \cdots & b_{1n} \\ b_{21} & b_{22} & \cdots & b_{2n} \\ \cdots & \cdots & \cdots & \cdots \\ b_{n1} & b_{n2} & \cdots & b_{nn} \end{pmatrix}$$

每个 X 和每个 y 都是列向量，即

$$X = \begin{vmatrix} X_1 \\ X_2 \\ \vdots \\ X_n \end{vmatrix} \quad y = \begin{vmatrix} y_1 \\ y_2 \\ \vdots \\ y_n \end{vmatrix}$$

求解程序从最后一行开始，将其解代入上一行，逐步进行，直到第一行。在给定 y 值的条件下，用这套办法可以解出上式，得到：

$$\begin{pmatrix} G_{-m}^{-1} & \cdots R_{-m}\cdots R_{-3}R_{-2}G_{-1}^{-1} & R_{-m}\cdots R_{-3}R_{-2}R_{-1}G_0^{-1} \\ & \vdots & \\ & \vdots & \\ & R_{-2}G_{-1}^{-1} & R_{-2}R_{-1}G_0^{-1} \\ & G_{-1}^{-1} & R_{-1}G_0^{-1} \\ & & G_0^{-1} \end{pmatrix}$$

$$\times \begin{pmatrix} y_{-m} \\ \vdots \\ \vdots \\ y_{-2} \\ y_{-1} \\ y_0 \end{pmatrix} = \begin{pmatrix} X_{-m} \\ \vdots \\ \vdots \\ X_{-2} \\ X_{-1} \\ X_0 \end{pmatrix} \tag{35}$$

式中，$R_t = G^{-1} B_{t+1} = (1 - A_t + B_{t+1})^{-1} B_{t+1}$，

其中：$(1 - A_t + B_{t+1})^{-1}$为逆矩阵；下标 t 表示时间（可以说明时滞因素）；G_0^{-1} 表明基年最终需求对各种投入产品的需要量，其他各年照此类推。当 y_0、y_{-1}、y_{-2}、$\cdots y_{-m}$ 确定后，利用逆矩阵的系数可以算出各年的总产量 X_0、X_{-1}、X_{-2}、$\cdots X_{-m}$。根据部门劳动消耗系数可以计算劳动需要量，用同样的方法还可以计算各部门对固定资产的总需求量。瓦·列昂惕夫说，他们用 IBM-7094 计算机，对美国 1947 年、1958 年和 1947—1958 年划分为 52 个部门的投入产出表进行了试算，仅用一小时就完成了全部计算程序。

但是，包含时滞和逆矩阵的动态模型，目前尚处于研究、试验阶段，离实际应用还有一段距离。我们要加强理论研究和试验工作，逐步解决建立这种模型所面临的各种问题，为其早日应用铺平道路。

七 两个技术问题

第一，动态模型涉及到计划期以后的时期，这就是说，动态模型是一个向后延伸的系统，而且未知数目比方程式数目多一年，这给模型求解带来一定的困难。目前已经提出三个办法来解

决这个问题。

(1) 略去延伸项。假定时滞为一年，令
$$H_\beta = (I - A_\beta + B_\beta) \quad (\beta = 1, \cdots, t)$$
则有
$$H_1 X_1 - B_1 X_2 = y_1$$
$$\cdots$$
$$H_t X_t - B_t X_{t+1} = y_t$$
从这个系统的最后一个方程解出 X_t，得到①：
$$X_t = H_t^{-1} y_t$$
这里在求解 X_t 时就省略了 $B_t X_{t+1}$ 一项。这种省略会缩小 X_t 的值，在递推求解中，这种误差会影响到整个系统，因此这不是一个好办法。

(2) 给定一年的产值。瓦·列昂惕夫在他的动态模型中，一般采用这种办法，例如他在一个包含两个部门为期三年的动态模型中，就是采用的这种办法。② 在上述系统的最后一个方程中，如果给定 $B_t X_{t+1}$ 一项的数值（由于 B_t 为已知数，只需给定 X_{t+1}），并将它移到方程式的右边，就是：
$$H_t X_t = B_t X_{t+1} + y_t$$
所以，
$$X_t = H^{-1}(B_t X_{t+1} + y_t)$$

(3) 采用静态模型。③ 在上述系统中，$t+1$ 年采用静态模型，即

---

① 联合国统计局：《投入产出表和分析》，中国社会科学出版社1981年版，第146页。

② 瓦·列昂惕夫：《投入产出经济学》，商务印书馆1980年版，第155页。

③ 皮声浩：《关于部门联系平衡（投入产出）动态模型的研究》，载乌家培等编著《数量经济理论·模型和预测》，能源出版社1983年版，第89页。

$$(I - A_{t+1}) X_{t+1} = Y_{t+1}$$

所以，

$$X_{t+1} = (I - A_{t+1})^{-1} Y_{t+1}$$

第二，动态模型有同时求解和递推求解两种方法，前者要对多个矩阵同时求逆，要求计算机有很大的内存容量，而且计算很费时间，一般不采用这种方法，而采用递推求解方法。

（原载钟契夫等著《投入产出原理及其应用》，
中国社会科学出版社 1982 年版）

产业结构的变动因素

产业结构是中国经济学家十分重视的一个研究课题,但这些研究局限于定性分析,直接引用统计数据证实某个结论,没有深刻揭示引起中国产业结构变动的因素。本文分析1981—1987年中国产业结构的变动因素以及每个因素所起的作用。换言之,本项研究是在定性分析的基础上开展定量分析。

1979年以来,中国许多省市都已经编制过几个年度的投入产出表,有关单位可以采用本文叙述的方法,分析省市产业结构的变动因素,为投入产出表的应用开辟一个新的领域,充分发挥这些数据在经济分析和经济管理中的作用。

一 数据来源及其处理

1981年[1]、1983年[2]和1985年[3]三个价值型投入产出表是国

---

[1] 国家物价局价格研究所编:《1981年中国投入产出表》(内部资料)。
[2] 国家物价局价格研究所编:《1983年中国投入产出表》(内部资料)。
[3] 国家物价局价格研究所编:《1985年中国投入产出表》(内部资料)。

家物价局编制的，包含 72 个部门，主要数据来源是 1981 年、1983 年和 1985 年为测算理论价格所开展的调查，采用 MPS 核算体系，但包括公共服务部门。调查只收集了这三年投入产出表第一、第三象限的数据，后来补充了第二象限的数据，编成了完整的静态投入产出表。为了便于分析问题，我们将 72 个部门综合为 16 个部门，它们是农业、煤炭、石油、电力、森工、建材、化工、黑色金属、有色金属、机械、纺织、日用轻工、运输业、公共服务、建筑业和商业，编号依次为 1，2，…，16。

1987 年价值型投入产出表①是国家统计局编制的，包括 118 个部门，采用 SMA 核算体系。本文利用的投入产出表已归并为 33 个部门，其中黑色金属和有色金属只列出了冶金工业一个部门。为了比较分析，我们将 1985 年和 1987 年的投入产出表都归并为 15 个部门。

上述四张投入产出表都是按当年的现行价格编制的，1981—1987 年中国的价格人为干预很多，情况比较混乱。为了排除不合理的价格对产业结构变动的影响，我们利用数百种产品的价格指数将这四张投入产出表统一换算为 1980 年的可比价格，从而本文不研究如果新技术比老技术优越，在新技术条件下的价格水平应低于老技术条件下价格水平这样的问题②，集中研究以可比价格表示的实物量的变动。

我们以下述符号表示标准化投入产出表的内容：
X_i 为国内第 i 部门的总产量（$i=1$，2，…，16）；
$X=(X_i)$ 为国内总产量向量；

---

① 国家统计局编：1987 年中国投入产出表。
② Hideo Kanemitsu and Hiroshi Ohnishi（1986）：An input—output Analysis of the Technological Changes in the Japanese Economy：1970—1980. 译文载《河北统计》1987 年增刊。

M_i 为第 i 种产品的进口量（$i=1, 2, \cdots, 16$）；

$M=(M_i)$ 为进口量向量；

D_{Iij} 为第 j 部门对第 i 种产品的中间需求（$i, j=1, 2, \cdots, 16$）；

$D_{Ii}=D_{Ii_1}+\cdots+D_{Ii_{16}}$ 为第 i 种产品的全部中间需求（$i=1, 2, \cdots, 16$）；

$D_I=(D_{Ii})$ 为中间需求向量；

F_{Di} 为对第 i 种产品的国内最终需求（消费需求 + 投资需求）；

$F_D=(F_{Di})$ 为国内最终需求向量；

F_{Ei} 为对第 i 种产品的出口需求；

$F_E=(F_{Ei})$ 为出口需求向量；

m_i 为第 i 部门的进口系数：

$m_i=M_i/(D_{Ii}+F_{Di})$ （$i=1, 2, \cdots, 16$）

$\hat{M}=(m_i)$ 为进口系数矩阵（16 阶对角阵）；

$a_{ij}=D_{Iij}/X_j$ 为第 i 部门对第 j 种产品的投入系数（消耗系数）；

$A=(a_{ij})$ 为投入系数矩阵（16 阶）；

I 为 16 阶单位矩阵；

V_j 为第 j 种产品的单位产量名义追加价值；

$V=(V_j)$ 为单位产量名义追加价值向量。

用向量形式描述的供需平衡条件为：

$$X+M=D_I+F_D+F_E$$

又假设投入系数和进口系数不变，则有

$$D_I=AX, \quad M=\hat{M}(D_I+F_D)$$

$$X=(I-\hat{M})(AX+F_D)+F_E \tag{1}$$

二 1981—1985年中国产业结构的变动因素

在这一部分,我们从成本效益、国内资源效益和进口资源效益三个方面分析1981—1985年中国产业结构的变动因素。

(一) 技术变化的成本效益[①]

所谓技术变化的成本效益,是指技术变化对成本的影响,分为联合技术变化、部门技术变化和产品替代三种情况。

(1) 联合技术变化的成本效益,是在计算中 $V(t)$ 不变,假设用老技术 $A(S)$ 代替 $A(t)$ 进行生产,总投入为:

$$P(A(S)) = V(t)[I-(I-\hat{M}(t))A(S)]^{-1} \quad (2)$$

式中,投入是指物资(实物)的消耗[②],与价格变动无关。这个公式的含义是,在 $V(t)$ (投入产出表的第三象限) 不变的情况下,第一象限用 $A(S)$ 代替 $A(t)$,各部门所取得的成本效益。

定义:

$$dP_i(dA) = p_i(A(t)) - p_i(A(s)), \quad i = 1, 2, \cdots, 16 \quad (3)$$

$dP_k(dA)$ ($k=1, 2, \cdots, 16$) 就是第 k 部门联合技术变化的成本效益。先取 $s=1981$, $t=1983$,后取 $s=1983$, $t=1985$,计算结果见表1。

[①] 本文所说的成本,只包括原材料消耗,不包括折旧和工资。

[②] 按公式,$P(A(S))$ 是价值量,但由于采用不变价格,$P(A(S))$ 的差异(变动)仅体现实物量的变动,在进行 $P(A(S))$ 差异(变动)比较时,与不变价格无关,不妨认为不变价格为1,这样 $P(A(S))$ 就成为实物量。

表1　　　　　　　　联合技术变化的成本效益

年份 部门	1981—1983	1983—1985	1981—1985
农业	0.028	0.023	0.052
煤炭	0.110	-0.216	-0.069
石油	0.015	0.113	0.115
电力	0.122	-0.006	0.112
森工	-0.214	0.212	0.005
建材	-0.046	0.075	0.026
化工	-0.019	-0.011	-0.035
黑色金属	0.173	-0.232	-0.034
有色金属	-0.004	-0.135	-0.136
机械	0.037	-0.009	0.031
纺织	-0.000	-0.042	-0.044
日用轻工	0.025	-0.020	0.009
运输	0.017	0.026	0.044
公共服务	0.155	-0.023	0.141
建筑	0.025	0.008	0.034
商业	0.058	-0.070	-0.010

从表1可以看出，在1981—1983年期间，农业等11个部门联合技术变化的成本效益是上升的，森工等5个部门的成本效益是下降的。1983—1985年，农业、石油、运输和建筑的成本效益继续呈上升的趋势，化工、有色金属和纺织的成本效益呈下降的趋势，煤炭、电力、黑色金属、机械、日用轻工、公共服务和商业7个部门的成本效益从上升变成了下降，只有森工和建材的成本效益从下降变成了上升。以上分析说明，1983—1985年由于改革开放和技术进步的共同作用，成本效益上升的部门从11

个变成了 6 个，减少了 5 个。深入分析一下 1981—1985 年的成本效益变化还会发现，1983—1985 年森工和建材成本效益上升的幅度抵消 1981—1983 年成本效益下降的幅度且有余，成本效益上升了。成本效益从上升变成下降的部门分为两类，一类是煤炭、黑色金属和商业，1983—1985 年成本效益下降的幅度较大，抵消 1981—1983 年成本效益上升还有余，成本效益下降了；另一类是电力、机械、日用轻工和公共服务，1981—1983 年成本效益上升的幅度较大，抵消 1983—1985 年成本效益下降还有余，成本效益上升了。

(2) 部门技术变化的成本效益。是用 $a_k(s)$ 列代替 $a_k(t)$ 列，对代替后的矩阵求逆，与 $V(t)$ 相乘，按顺序计算各部门的成本效益变化，取主对角线上的元素。定义矩阵：

$$A(t, k: s) = [a_1(t), \cdots, a_k(s), \cdots, a_{16}(t)]$$

在这个矩阵中，只有 $a_k(s)$ 代替了 $a_k(t)$，其他各列不变。这里物资消耗同样与价格变动无关。用 $a_k(s)$ 代替 $a_k(t)$ 后，各部门的假设总投入为：

$$p(A(t, k:s)) = V(t)[I - (I - \hat{M}(t))A(t, t:s)]^{-1} \tag{4}$$

定义：

$$dp(da_k) = p(A(t)) - p(A(t, k:s)), k = 1, 2, \cdots, 16 \tag{5}$$

$p(A(s))$ 是用 $V(t)$ 与 s 年的完全消耗系数矩阵的乘积，是一个列向量，在 $p(A(t)) - p(A(s))$ 时，$V(t)$ 不变，$dp(dA)$ 的每个元素是联合技术变化对各部门成本影响的合计。$A(t, k:s)$ 是 16 个矩阵 $(k = 1, 2, \cdots, 16)$，对 $[I - (I - M(t))A(t, k:s)]$ 求逆后分别与 $V(t)$ 相乘，得到 16 个列向量，放在一块儿，形成一个 16 阶矩阵。$p(A(t)) - p(A$

$(t, k: s))$ 得到的 dp (da_k) 也是一个矩阵，其中第 k 列表示第 k 部门技术变化。其他部门技术不变的成本效益，主对角线上的元素表示第 k 部门技术变化对本部门成本的影响，可以与 dp (dA) 的相应元素比较。我们先取 $s = 1981$，$t = 1983$，后取 $s = 1983$，$t = 1985$，计算结果见表 2（1、3、5 列）。

表 2　　　　　　部门技术变化的成本效益

部门	1981—1983 年		1983—1985 年		1981—1985 年	
	本部门	其他部门	本部门	其他部门	本部门	其他部门
	1	2	3	4	5	6
农业	0.027	0.036	0.027	0.033	0.054	0.066
煤炭	0.094	0.055	-0.216	-0.130	-0.084	-0.051
石油	0.002	0.001	0.119	0.083	0.114	0.080
电力	0.104	0.200	0.010	0.008	0.113	0.090
森工	-0.233	-0.021	0.214	0.027	-0.009	-0.001
建材	-0.078	-0.024	0.093	0.038	0.013	0.005
化工	-0.047	-0.048	-0.009	-0.057	-0.056	-0.097
黑色金属	0.149	0.066	-0.228	-0.141	-0.044	-0.027
有色金属	-0.036	-0.005	-0.131	-0.277	-0.157	-0.033
机械	0.014	0.010	0.020	0.021	0.034	0.035
纺织	-0.012	-0.007	-0.045	-0.020	-0.058	-0.027
日用轻工	0.012	0.012	-0.014	-0.011	-0.000	-0.000
运输	0.009	0.007	0.024	0.016	0.033	0.023
公共服务	0.144	0.007	-0.020	-0.001	0.125	0.010
建筑	0.014	0.000	0.011	0.000	0.025	0.000
商业	0.054	0.023	-0.074	-0.040	-0.020	-0.011

（3）本部门成本效益和其他部门成本效益。部门技术变化

的成本效益表现为一个列向量,其中第 k 部门技术变化对本部门成本的影响,我们称为本部门成本效益(主对角线上的元素);第 k 列除主对角线上的元素外,其他元素的合计,我们称为其他部门成本效益,如果这种成本下降,说明第 k 部门由于技术变化消耗其他部门的物资减少了,反之亦然。我们计算了1981—1983 年、1983—1985 年和 1981—1985 年部门技术变化的其他部门成本效益,详见表2(2、4、6列)。

从表2可以看出,第一,1981—1983 年和 1983—1985 年两个时期部门技术变化的成本效益分为四种类型,农业等四个部门的成本效益一直呈上升的趋势,化工等三个部门的成本效益一直呈下降的趋势,煤炭等五个部门的成本效益从 1981—1983 年的上升变成了 1983—1985 年的下降,森工和建材的成本效益发生了相反的变化。第二,1981—1983 年、1983—1985 年和 1981—1985 年,每个部门的本部门与其他部门成本效益前面的符号都是相同的,无一例外。第三,1981—1983 年、1983—1985 年、1981—1985 年每行本部门与其他部门两列数字的合计,是部门技术变化的成本效益,1981—1985 年的情况如下:

农业	0.120	有色金属	-0.191
煤炭	-0.135	机械	0.070
石油	0.195	纺织	-0.085
电力	0.204	日用轻工	-0.000
森工	-0.010	运输	0.056
建材	0.019	公共服务	0.136
化工	-0.154	建筑	0.026
黑色金属	-0.071	商业	-0.031

1981—1985 年农业等八个部门的成本效益是上升的，煤炭等八个部门的成本效益是下降的，各占一半。第四，从表 2 三个时期每行的两个数字可以计算本部门和其他部门成本效益各自所占的比重，例如 1981—1985 年农业本部门的成本效益占该部门全部成本效益的 45%，其他部门占 54.9%，余类推。

（4）产品替代的成本效益。产品替代有两种情况，一种是部门内部的产品替代，例如在建材工业中，钢筋水泥板替代砖瓦，按 1980 年可比价格计算，单位建筑面积的钢筋水泥板的价格比砖瓦的价格高得多，建筑业消耗的钢筋水泥板增加，消耗的砖瓦减少，建筑业对建材的直接消耗系数就会提高；另一种是不同部门产品的替换，例如以塑料代替钢材，在其他条件不变的情况下，塑料消耗量就会增加，钢材消耗量就会减少；以塑料代替木材，塑料消耗量会增加，木材消耗量会减少。这两种产品替代都是技术进步的表现。

前面讨论的技术变化的成本效益，是针对 $V(t)$ 按列计算的；产品替代的成本效益，是针对 $V(t)$ 按行计算的，分为联合产品替代和部门产品替代两种情况。

所谓联合产品替代，是指各行的消耗系数同时发生变化。在满足 $V(t)$ 的条件下，用 $A(s)$ 代替 $A(t)$，可以计算假设的总投入向量。

$$p(A(s)) = V(t)[I - (I - \hat{M}(t))A(s)]^{-1} \quad (6)$$

各部门的替代效益为：

$$dp(dA) = p(A(t)) - p(A(s)) \quad (7)$$

可以证明，联合产品替代与联合技术变化对成本影响的计算方法是相同的，结果是一样的。

所谓部门产品替代，是指第 I 部门存在产品替代，产品结构发生变化，其他部门不存在产品替代，产品结构不变。在

矩阵

$$A(t, 1:s) = [A_1(t), \cdots, A_1(s), \cdots, A_{16}(t)]$$

中,只有第 1 行存在产品替代,其他各行不变。每替代一行,都要对矩阵求逆,再按下式

$$p(A(t, 1:s)) = V(t)[I - (I - \hat{M}(t))A(t, 1:s)]^{-1} \tag{8}$$

计算各部门假设的总投入,定义:

$$dp(da_I) = p(A(t)) - p(A(t, 1:s)) \tag{9}$$
$$I = 1, 2, \cdots, 16$$

为第 I 部门产品替代的成本效益,先取 $s=1981$,$t=1983$;后取 $s=1983$,$t=1985$,以及 $s=1981$,$t=1985$,每次计算得到 16 个列向量,放在一块儿,各形成一个 16 阶矩阵,1981—1985 年的成本效益按列相加,得到以下结果。

农业	-0.103	有色金属	-0.042
煤炭	-0.017	机械	0.359
石油	-0.144	纺织	-0.085
电力	-0.143	日用轻工	0.123
森工	-0.119	运输	-0.041
建材	0.138	公共服务	0.041
化工	0.246	建筑	0.085
黑色金属	0.043	商业	-0.183

由于 1981 年、1983 年和 1985 年价值型投入产出表都已换算为 1980 年的可比价格,产品替代的成本效益同样是指实物消耗量的变化。1985 年与 1981 年相比,农业等九个部门的成本效

益下降了，建材等七个部门的成本效益上升了。部门技术变化和部门产品替代的成本效益，虽然煤炭等五个部门都是下降的，建材等四个部门都是上升的，但没有一个数字相同。七个部门成本效益的变化趋势不同，其中农业等四个部门技术变化的成本效益呈上升的趋势，产品替代的成本效益呈下降的趋势，化工等三个部门发生了相反的变化。

(二) 技术变化的国内资源效益

所谓技术变化的国内资源效益，就是部门技术变化所节约的资源，又称为制造效益。

为了考察技术变化对资源中间消耗的影响，我们用老技术 $A(s)$ 来计算满足 t 期最终需求所要求的总产出水平，即计算下列假设产出向量：

$$X(A(s)) = [I-(I-\hat{M}(t))A(s)]^{-1}[(I-\hat{M}(t))F(t)+F(t)] \qquad (10)$$

定义差额

$$dx(dA) = X(A(t)) - X(A(s)) \qquad (11)$$

式中，$dX(dA)$ 表示在满足 t 期最终需求时，现行技术 $A(t)$ 超过老技术 $A(s)$ 的效益。如果分量 $dXi(dA)$ 是负数，则表明在满足 t 期最终需求水平的前提下，生产过程中对第 i 部门产品的中间消耗减少了。由于在这种计算中是用 $(A(s))$ 代替 $A(t)$，故称差额 $dx_i(dA)$ 为第 i 种商品联合技术变化的国内资源效益。换言之，只有整个经济技术系统全部由老技术 $A(s)$ 转变成新技术 $A(t)$，第 i 种国内资源才会减少或增加。计算结果见表3。

表3 联合技术变化的国内资源效益

部门	1981—1983 年		1983—1985 年		1981—1985 年	
	dX（亿元）	dX/X（%）	dX（亿元）	dX/X（%）	dX（亿元）	dX/X（%）
农业	23	1.02	-76	-2.85	-101	-3.77
煤炭	-1	-1.02	-50	-24.05	-40	-19.53
石油	-27	-8.77	-66	-17.79	-105	-28.21
电力	0.4	-0.20	-29	-10.77	-28	-10.57
森工	-38	-32.85	5	3.89	-33	-25.21
建材	-43	-17.71	35	10.22	-4	-1.18
化工	122	16.57	-24	-3.05	102	12.66
黑色金属	5	1.55	13	3.14	43	9.74
有色金属	-9	-6.21	23	10.57	17	8.00
机械	-58	-4.06	212	10.03	159	7.56
纺织	108	11.28	-145	-11.41	-22	-1.74
日用轻工	192	15.79	9	0.52	248	13.94
运输	16	5.30	-69	-20.65	-41	-12.37
公共服务	15	17.07	-10	-12.12	6	7.25
建筑	19	2.08	57	4.48	82	6.47
商业	-6	-11.11	45	7.02	18	2.77

表3说明，1981—1985 年 $dX_i(dA)<0$ 的有煤炭、石油和电力三个部门；$dX_i(dA)>0$ 的只有日用轻工和建筑两个部门。从 1981—1983 年 $dX_i(dA)>0$ 变成为 1983—1985 年 $dX_i(dA)<0$ 的有六个部门，分为两类，一类是农业、纺织和运输，后期国内资源节约的幅度大于前期国内资源消耗的上升，资源消耗呈下降趋势；另一类是化工、黑色金属和公共服务，前期国内资源消耗上升的幅度大于后期资源消耗的节约，资源消耗呈上升趋势。从

1981—1983 年 $dX_i(dA) < 0$ 变成为 1983—1985 年 $dX_i(dA) > 0$ 的有五个部门，也分为两类，一类是森工和建材，前期国内资源节约的幅度较大，抵消后期资源消耗的上升还有余，总体上资源是节约的；另一类是有色金属、机械和商业，后期资源消耗上升的幅度较大，抵消前期节约仍有余，总体上资源消耗呈上升趋势。

我们还可以估计某一个具体部门由于技术变化产生的国内资源效益，像前面一样，这里第 k 部门用 $a_k(s)$ 代替 $a_k(t)$，其他各列不变。每计算一个部门，都要对矩阵 $[I - (I - \hat{M}(t)) A(t, k:s)]$ 求逆，用同样的方法一列一列计算假设的总产出向量：

$$X(A(t, k:s)) = [I - (I - \hat{M}(t)) A(t, k:s)]^{-1}$$
$$[(I - \hat{M}(t)) F_D(t) + F_E(t)] \quad (12)$$

我们定义：

$$dX(da_k) = X(A(t)) - X(A(t, k:s)) \quad (13)$$

式中，$dx(da_k)$ 就是第 k 部门用新技术 $a_k(t)$ 代替老技术 $a_k(s)$ 所获得的对各部门产品中间消耗的减少或增加额。特别的，第 i 个分量 $dX_k(da_i)$ 就是第 k 部门用新技术 $a_k(t)$ 代替老技术 $a_k(s)$ 所获得的本部门中间消耗的减少或增加额（$i = k$），详见表4。

表4　部门技术变化的本部门国内资源效益

部门	1981—1983 年		1983—1985 年		1981—1985 年	
	dX（亿元）	dX/X（%）	dX（亿元）	dX/X（%）	dX（亿元）	dX/X（%）
农业	113	4.95	59	2.23	144	5.38
煤炭	25	14.33	-57	-27.70	-11	-5.55

续表

部门	1981—1983 年		1983—1985 年		1981—1985 年	
	dX（亿元）	dX/X（%）	dX（亿元）	dX/X（%）	dX（亿元）	dX/X（%）
石油	14	4.81	-28	-7.62	-5	-1.53
电力	8	3.82	-19	-7.17	-4	-1.55
森工	-13	-11.42	-22	-1.08	-10	-7.71
建材	-4	-1.70	-0.0	-0.15	3	0.89
化工	37	5.09	26	3.31	67	8.24
黑色金属	51	14.17	-127	28.72	-27	-6.24
有色金属	7	4.55	-24	-10.94	-7	-3.42
机械	39	2.76	59	2.82	117	5.57
纺织	-22	-2.30	-65	-5.13	-107	-8.46
日用轻工	165	13.56	14	0.80	210	11.78
运输	2	0.61	-3	-0.92	-0.3	-1.07
公共服务	8	8.46	-8	-8.88	0.4	0.49
建筑	18	2.03	55	4.35	80	6.29
商业	15	2.76	-13	-2.06	-12	-1.86

最后，我们对联合技术变化和部门技术变化的资源效益作个比较，构成两个资源效益矩阵，一个是部门技术变化的资源效益矩阵，记为 V，另一个是联合技术变化的资源效益矩阵，记为 U。

$$V = dX(da_k) = (dX(da_{1k}), dX(da_{2k}), \cdots, dX(da_{16k}))$$

是一个 16 阶方阵。U 也是一个 16 阶方阵，即

$$U = dX(dA) = (dX_1(dA), dX_2(dA), \cdots, dX_{16}(dA))$$

式中，第 k 列 $dX_k(dA)$ 是由 16 个元素组成的，记为：

$$dX_{ik}(dA) = (dX_{1k}(dA), dX_{2k}(dA), \cdots, dX_{16k}(dA))^T$$

令

$$U - V = W \tag{14}$$

上式可以形象地表示如下：

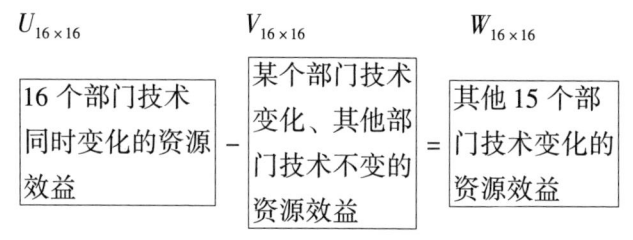

$U_{16 \times 16}$		$V_{16 \times 16}$		$W_{16 \times 16}$
16个部门技术同时变化的资源效益	−	某个部门技术变化、其他部门技术不变的资源效益	=	其他15个部门技术变化的资源效益

在本文中，我们使用的 U 为 U_{16}，即

$$U_2 = (dX_2(dA), dX_2(dA), \cdots, dX_{16}(dA))$$

U_2 是一个列向量，第 i 个元素（$i=1, 2, \cdots, 16$）表示16个部门的技术同时变化对第 i 部门资源消耗的影响，例如，$dX_1(dA)$ 表示16个部门技术同时变化对农业资源消耗的影响；在矩阵 V 中，$dX(da_{ik})$ 表示第 k 部门技术变化、其他部门技术不变对第 i 部门资源消耗的影响。其中当 $i=k$ 时，第 i 个元素表示这种技术变化对本部门资源消耗的影响；当 $i \neq k$ 时，第 i 个元素表示第 k 部门技术变化对其他部门资源消耗的影响，例如 $dX(da_{11})$ 表示农业技术变化、其他部门技术不变对本部门资源消耗的影响，$dX(da_{i1})$（$i=1, 2, 3, \cdots, 16$）表示农业技术变化对农业消耗其他部门资源的影响。$dX_1(dA) - dX(da_{11})$ 之差表示除农业技术变化之外，其他15个部门技术变化对农业资源消耗的影响，照此类推，形成矩阵 W_3。

在1981—1985年的矩阵 W_2 中，每行16个元素，负号表示资源消耗的减少，正号表示资源消耗的增加，各部门的情况如下：

表5　　　　　　　　　　资源效益符号

部门名称	负号合计	正号合计	效益符号	部门名称	负号合计	正号合计	效益符号
农业	15	1	−	有色金属	1	15	+
煤炭	15	1	−	机械	0	16	+
石油	16	0	−	纺织	15	1	−
电力	15	1	−	日用轻工	0	16	+
森工	16	0	−	运输	16	0	−
建材	2	14	+	公共服务	0	16	+
化工	0	16	+	建筑	0	16	+
黑色金属	0	16	+	商业	1	15	+

其他15个部门技术变化的资源效益存在明显的规律性，农业等7个部门的资源效益呈上升的趋势（资源消耗减少），建材等9个部门的资源效益下降了（资源消耗增加）。从数字来看，其他15个部门的技术变化使农业资源大约节省了1905.6亿元（矩阵 W_2 第一行的合计），使农业的中间投入减少了107.8亿元（矩阵 W_2 第一列的合计）。其他部门的资源效益可用同样的方法计算。

（三）技术变化的进口资源效益

所谓技术变化的进口资源效益，是指部门技术变化所节约的进口资源，同样分为联合技术变化和部门技术变化两种情况。

为了考察联合技术变化的进口资源效益，我们计算下列假设进口向量：

$$M(A(s)) = \hat{M}(t)A(s)[I-(I-\hat{M}(t)A(s))]^{-1}$$
$$[(I-\hat{M}(t))F_D(t)+F_E(t)]+\hat{M}(t)F_D(t)$$

(15)

定义差额

$$dM(dA) = M(A(t)) - M(A(s)) \quad (16)$$

式中,$dM(dA)$ 表示在满足 t 期最终需求时,现行技术 $A(t)$ 超过老技术 $A(s)$ 的效益。如果第 i 个分量 $dm_i(dA)$ 为负数,则表明在满足 t 期最终需求水平的条件下,生产过程中对第 i 种产品的进口资源减少了,反之亦然。换言之,只有整个经济技术系统由老技术 $A(s)$ 变成为新技术 $A(t)$,第 i 种进口资源才会减少或增加(计算结果见表6)。

表6　　　　联合技术变化的进口资源效益

部门	1981—1983 年		1983—1985 年		1981—1985 年	
	dX(亿元)	dX/X(%)	dX(亿元)	dX/X(%)	dX(亿元)	dX/X(%)
农业	-0.0	0	-2	-3.66	-2	-4.64
煤炭	0.01	0	-0.3	-17.24	-0.2	-12.83
石油	-0.2	0	-0.2	-20.07	-0.4	-32.80
电力	0	0	0	0.00	0	0.000
森工	-6	0	0.5	3.53	-3	-26.19
建材	-2	0	2	12.15	0.1	0.79
化工	18	0	-6	-3.34	22	12.51
黑色金属	4	0	8	5.11	18	11.61
有色金属	-1	0	7	10.35	5	7.67
机械	-8	0	48	9.28	35	6.76
纺织	3	0	-10	-14.46	-2	-3.14
日用轻工	4	0	-0.3	-0.25	22	14.76
运输	0	0	0	0.00	0	0.00
公共服务	0	0	0	0.00	0	0.00
建筑	0	0	0	0.00	0	0.00
商业	0.6	0	-1	-7.55	-0.5	-2.97

在这项研究中，电力和运输有进出口，但数量不大；公共服务和建筑业不存在利用进口资源的问题。表 6 的数字反映了 1981—1985 年各部门联合技术变化对利用进口资源的影响，国内生产效率越高，在其他条件不变的情况下，可以少用进口资源，减少国内生产对进口资源的依赖程度。反之亦然。1983—1985 年与 1981—1983 年相比，有些部门的生产效率提高了，减少了进口资源的使用量，例如石油工业减少了 32.8%，森林工业减少了 26.2%，等等。但有些部门的生产效率下降了，如黑色金属工业的生产效率一直呈下降的趋势，进口资源的使用量增加了 11.61%。

另一方面，某个具体部门的进口资源效益，是指在投入矩阵中，只用 $a_k(s)$ 列代替 $a_k(t)$ 列计算出来的结果，其他各列保持不变。假设的进口向量为：

$$M(A(t, t: s)) = \hat{M}(t) A(t, k: s) [I - (I - \hat{M}(t)) A(t, k: s)]^{-1} [(I - \hat{M}(t)) F_D(t) + F_E(t)] + \hat{M}(t) F_D(t) \tag{17}$$

定义差额

$$dM(da_k) = M(A(t)) - M(A(t, k: s)) \tag{18}$$

式中，$dM(da_k)$ 表示第 k 部门技术变化的进口资源效益。特别地，第 i 个分量 $dM_k(dA_i)$ 表示第 k 部门技术变化对本部门的进口资源效益 ($i=k$)，详见表 7。

联合技术变化和部门技术变化的计算原则与方法不同。使表 7 中所列 12 个部门的进口资源效益与表 6 相比有很大的区别，从 1981—1983 年、1983—1985 年和 1981—1985 年来看，没有一个部门的 6 个符号（+，-）是相同的，也没有一个部门的 6

个数字是一样的。例如，农业联合技术变化的进口资源效益全部

表7　　　　　部门技术变化的进口资源效益

部门	1981—1983年		1983—1985年		1981—1985年	
	dX（亿元）	dX/X（%）	dX（亿元）	dX/X（%）	dX（亿元）	dX/X（%）
农业	2	4.08	0.8	1.78	2	5.16
煤炭	0.2	16.54	-0.1	-20.80	0	0.80
石油	0.1	5.74	-0.1	-7.65	0	-0.22
电力	0	0.00	0	0.00	0	0.00
森工	-1	-6.14	-0.3	-2.16	-1	-8.32
建材	0.1	0.81	0.3	1.82	0.5	2.86
化工	6	6.05	5	3.08	14	8.05
黑色金属	14	18.47	-41	-26.25	-6	-4.13
有色金属	2	7.26	-8	-12.00	-2	-4.19
机械	6	2.89	10	1.92	24	4.73
纺织	-0.8	-2.91	-5	-7.11	-8	-11.00
日用轻工	4	13.18	0	0.06	18	12.34
运输	0	0.00	0	0.00	0	0.00
公共服务	0	0.00	0	0.00	0	0.00
建筑	0	0.00	0	0.00	0	0.00
商业	0	0.48	-0.4	-2.45	-0.4	-2.23

为负，而部门技术变化的这种效益全部为正；又如黑色金属联合技术变化的进口资源效益全部为正，而在部门技术变化中，1981—1983年这种效益仍为正，但1983—1985年和1981—1985年它变成了负号。

三　1985—1987年中国产业结构的变动因素

在这一部分，我们从总产出增长及其构成和国内资源效益来

分析1985—1987年中国产业结构的变动因素。

(一) 产业结构变化及其构成

1985—1987年是中国经济高速发展的年份,15个产业部门1985—1987年总产出增长速度见表8。

表8　　　　　1985—1987年总产出增长速度

部门	1985年总产出 (1980年不变价) (亿元)	1987年总产出 (1980年不变价) (亿元)	1985—1987年 年平均增长速度%
农业	2677	3117	7.90
煤炭	208	263	12.40
石油	372	435	8.13
电力	272	289	3.10
森工	133	174	14.39
建材	350	737	44.99
化工	812	1660	42.94
冶金	664	856	13.59
机械	2114	3475	28.20
纺织	1273	1603	12.23
日用轻工	1782	2605	20.88
运输	338	523	24.33
公共服务	90	477	129.41
建筑	1275	1625	12.88
商业	6534	864	15.00

我们知道,总产出的增长量 ΔX 来自两个方面,一方面是由于最终需求的变化带来总产出的增减,称为需求拉动的产出,记

为 ΔX_1;另一方面是由于技术变化带来总产出的增减,称为技术变化的产出,记为 ΔX_2。因此,

$$\Delta X = \Delta X_1 + \Delta X_2 \quad (19)$$

为了说明 ΔX_1 和 ΔX_2 的实际意义,我们作如下的数学分析。

设

$$X_{85} = (I - A_{85})^{-1} F_{85} \text{①}$$
$$X_{87} = (I - A_{87})^{-1} F_{87} \text{②}$$

有

$$\Delta X = X_{87} - X_{85} = (I - A_{87})^{-1} F_{D87} - (I - A_{85})^{-1} F_{D85}$$
$$= (I - A_{87})^{-1} F_{D87} - (I - A_{87})^{-1} F_{D85} + (I - A_{87})^{-1} F_{D85} - (I - A_{85})^{-1} F_{D85}$$
$$= (I - A_{87})^{-1} (F_{D87} - F_{D85}) + [(I - A_{87})^{-1} - (I - A_{85})^{-1}] F_{D85}$$

记

$$\Delta F_D = F_{D87} - F_{D85}$$

则有 $\quad d(I-A)^{-1} = (I - A_{87})^{-1} - (I - A_{85})^{-1}$

则有 $\quad \Delta X = (I - A_{87})^{-1} \Delta F_D + [d(I-A)^{-1}] F_{D85} \quad (20)$

式中的第一项 $(I - A_{87})^{-1} \Delta F_D$ 正好是最终需求的变化 ΔF_D 对总产出的影响,第二项 $[d(I-A)^{-1}] F_{D85}$ 正好是技术变化 $d(I-A)^{-1}$ 对总产出的影响。由(20)式,则有

$$\Delta X_2 = (I - A_{87})^{-1} \Delta F_D \quad (21)$$
$$\Delta X_2 = [d(I-A)^{-1}] F_{D85} \quad (22)$$

实际计算中,我们以下式计算 ΔX_1 和 ΔX_2。

---

① 85 = 1985,下同。
② 87 = 1987,下同。

$$\Delta X_2 = \Delta X - \Delta X_2 = \Delta X - (I - A_{87})^{-1} \Delta F_D \quad (23)$$

我们称 $[\Delta X - (I - A_{87})^{-1} \Delta F_D]$ 为技术变化的产出效益。如果分量 $[\Delta X - (I - A_{87})^{-1} \Delta F_D]_i$ 是正数，则说明从1985年到1987年技术变化使第 i 部门产出增加了，如果分量 $[\Delta X (I - A_{87})^{-1} \Delta F_D]_i$ 是负数，则说明技术变化使第 i 部门产出减少了。计算结果见表9。

表9　　　　需求拉动的产出和技术变化的产出

部门	F_D（亿元）	ΔX（亿元）	ΔX_1（亿元）	$\Delta X_1/\Delta X$（%）	ΔX_2（亿元）	$\Delta X_2/\Delta X$ %
农业	197	439	517	117.55	-77	-17.55
煤炭	11	54	37	67.70	17	32.30
石油	-85	63	-27	-43.96	90	143.96
电力	3	17	54	320.29	-37	220.29
森工	13	41	43	106.39	-2	-6.39
建材	-65	386	109	28.54	276	71.46
化工	157	847	484	57.14	363	42.86
冶金	-231	192	-11	-6.08	204	106.08
机械	408	1360	761	55.96	599	44.04
纺织	48	330	230	69.71	100	30.29
日用轻工	441	822	686	83.53	135	16.47
运输	108	184	175	95.09	9	4.91
公共服务	274	386	281	72.87	104	27.13
建筑	432	349	432	123.61	-82	-23.61
商业	-132	210	-17	-8.19	228	108.19

1987年与1985年相比，15个部门的总产出都增加了，但变

动因素分为三类：第一类是煤炭等八个部门，最终需求增加和技术变化促使它们的总产出上升；第二类是石油、冶金和商业三个部门，它们的最终需求下降使总产出减少，但技术变化抵消这个负增长因素且有余，总产出增加了；第三类是农业、电力、森工和建筑四个部门，它们的技术变化造成了总产出的减少，但最终需求增长较快，抵消技术变化的负影响且有余，总产出也增加了。

（二）国内资源效益

这里我们仅分析联合技术变化的国内资源效益。同时，我们利用的1987年中国投入产出表第二象限只列有净出口，而没有进口和出口的数字，不能直接使用公式（10），只能使用下式

$$X = [I - (I - \hat{N})A]^{-1}(I - \hat{N})F_D \quad (24)$$

其中，N 为净出口系数对角矩阵。$\hat{N}$ 定义为 $\hat{N} = (n_i)$，其中，$n_i = \dfrac{F_{Ei} - M_i}{D_{Ii} + F_{Di}}$ 为第 i 个部门的净出口系数。

同时，在考察技术变化对中间消耗的影响时，假定采用1985年的老技术来满足1987年的最终需求，假设的总产出可用下式表示：

$$X(A(s)) = [I - (I - \hat{N}(t))A(s)]^{-1}(I - \hat{N}(t))F_D(t) \quad (25)$$

差额

$$dX(dA) = X(A(t)) - X(A(s)) \quad (26)$$

表示联合技术变化对总产出的影响。如果第 i 个分量 $dX_i(dA)$ 为负数，表明生产过程对第 i 部门产品的中间消耗减少了；如果 $dX_i(dA)$ 是正数，表明生产过程对第 i 部门产品的中间消耗增加了。$dX_i(dA)$ 就是第 i 部门联合技术变化的国内资源效益。

先取 $s = 1985$ 年，$t = 1987$ 年；后取 $s = 1981$ 年，$t = 1985$ 年，计算结果见表10。

表10　　1981—1987年联合技术变化的国内资源效益

部门	1985—1987年		1981—1987年	
	dX（亿元）	dX/X（%）	dX（亿元）	dX/X（%）
农业	278	8.94	128	4.13
煤炭	-57	-21.79	-113	-43.26
石油	80	18.41	2	0.45
电力	-101	-35.02	-113	-39.19
森工	13	7.76	-12	-6.98
建材	305	41.45	365	49.53
化工	331	19.99	549	33.10
冶金	-371	-43.31	-187	-21.92
机械	-1396	-40.17	-881	-25.36
纺织	606	37.79	635	39.64
日用轻工	542	20.81	756	29.03
运输	115	22.12	89	17.00
公共服务	68	14.32	74	15.50
建筑	-121	-7.50	-8	-0.50
商业	-12	-1.43	-51	-5.93

如果将表10与前面1981—1983年、1983—1985年联合技术变化的国内资源效益作个比较，就会发现一个十分有趣的现象。在前面的分析中，这种效益在1981—1983年、1983—1985年两个时期的符号变化很多，从1981—1983年 $dX_i(dA) > 0$ 变成为1983—1985年 $dX_i(dA) < 0$ 的有6个部门，发生相反变化的有5个部门，两者合计有11个部门，占16个部门的68.75%。在

表 10 中，只有森工一个部门的符号从 1985—1987 年的正号变成 1981—1987 年的负号，符号变化的部门只占 15 个部门的 6.6%。1981—1987 年的数字反映了国内资源效益变化的长期趋势，1985—1987 年的数字反映了这种效益的短期趋势，由联合技术变化这个因素所引起的国内资源效益变动的长期趋势与短期趋势存在趋向一致的规律性。

四 中国产业结构变化的实证分析

上面我们对 1981—1985 年和 1985—1987 年两段时间各部门国内资源效益的变化分别进行了定量分析，根据变化趋势可以分为四种类型。第一种类型是 1981—1985 年和 1985—1987 年联合技术变化的国内资源消耗都是减少的；第二种类型是 1981—1985 年的国内资源消耗减少，1985—1987 年增加；第三种类型是 1981—1985 年的国内资源消耗增加，1985—1987 年减少；第四种类型是 1981—1985 年和 1985—1987 年联合技术变化的国内资源消耗都是增加的。

第一种类型有煤炭和电力两个部门。

(1) 1981—1987 年煤炭工业的国内资源消耗有一个上升的因素和两个下降的因素。开采条件的变化使投入要素的收益递减日益明显，这是一个使消耗上升的因素。同时存在两个使消耗下降的因素：一是社队煤矿迅速增加，1987 年与 1985 年相比，集体煤炭企业的劳动力增长了 38.80%，而全民企业的劳动力只增长了 0.78%。社队煤矿使用简单的开采工具，不能同使用坚固支撑材料和先进综采设备的统配煤矿相比，它们的投入要素少得多，中间消耗水平也低得多；二是无论是统配煤矿还是社队煤矿，都存在技术进步，使投入水平降低。例如，重点煤矿企业的坑木消耗由 1985 年的 71.70 立方米/万吨下降到 1987 年的 57.6 立方米/万吨，减少了 19.7%；原煤生产的炸药消耗由 1985 年的 2970 公斤/万吨下降到 1987 年的 2565 公斤/万吨，减少了 13.6%；原煤生产的钢材消耗由 1985 年的 11.30 吨/万吨下降到 1987 年的 10.66 吨/万吨，减少了 5.7%。第一个原因是无法抗拒的自然因素，消耗增加是正常的。第二个原因表现为劳动力的设备和物资的装备程度下降。由于中国的资金有限，大批农业剩余劳动力需要转移到非农业部门就业，同时煤炭资源丰富，目前大力发展社队煤矿是必要的。但从长远来看，这不是一种好现象，需要经过很长的时间才能把社队煤矿的基金装备程序提高到统配煤矿的水平。第三个原因是技术进步使投入减少，这个因素的作用越大越好。这三个原因综合作用使煤炭工业的投入减少。

（2）1981—1987 年电力工业的国内资源消耗一直是下降的，其基本原因是技术进步，大型水力和火力发电站装备现代化的大型发电设备和超高压输电设备，它们的消耗水平大大低于中小型火力发电厂。产品结构的变化有利于国内资源消耗的减少，如 1981—1985 年水电年平均增长 8.97%，火电年平均增长 6.89%。1985—1987 年产品结构发生了相反的变化，但技术进步抵消了这个因素的影响。

第二种类型包括农业、石油、森工、建材、纺织和运输六个部门。

（1）农业的国内资源消耗由 1981—1985 年的减少变成了 1985—1987 年的增加。目前农业主要是手工劳动，中间投入不多，同时收益递减规律在起作用，消耗水平本应上升。但 1981—1985 年是农业实行联产承包责任制的前期，以户为单位进行生产，以施农家肥为主，国内资源消耗减少。到了 1985—1987 年，各种专业户大批出现，需要大量的物资投入，各种种植大户大量使用化肥、农药、塑料薄膜，随着使用量的增加，投入要素收益递减的作用越来越大，使农业的国内资源消耗增加，例如1981—1985年机耕年平均下降1.43%，而1985—1987年年平均增长5.58%；农村用电量1981—1985年年平均增长8.30%，而1985—1987年年平均增长13.79%，农用排灌动力机械1981—1985年年平均增长1.07%，而1985—1987年年平均增长5.34%。从长远来看，随着农业现代化水平的提高，它的投入还会不断增加。

（2）石油的国内资源消耗由1981—1985年的减少变成了1985—1987年的增加。油井开始是自喷，消耗水平较低，1981—1985年几个新油田的投产，促成了国内资源消耗水平的下降。1985年以后，油田开采条件发生了变化，由陆地扩展到海洋，由内地扩展到边远地区，油井由自喷到注水提油，都使石油工业的投入增加，例如原油（气）生产耗电由1985年的51.88千瓦小时/吨增加到1987年的64.50千瓦小时/吨，上升了24.3%。原油加工消耗也呈上升趋势，例如燃料油消耗由1985年的18.73公斤/吨增加到1987年的20.02公斤/吨，上升了6.8%。

（3）森工的国内资源消耗由1981—1985年的减少变成了1985—1987年的增加。首先是开采与加工的行业结构发生了变化，使森工国内资源消耗增加。由于开采条件的恶化，1987年与1985年相比，消耗高的木材采伐的劳动力增长了7.31%，而加工劳动力没有增长。在此期间，森工全民开采劳动力增长了7.41%，而全民加工劳动力只增长了1%。其次，加工产品质量下降，使消耗增加，如胶合板一、二等品率由1985年的86.6%下降到1987年的85.8%；纤维板一、二等品率由1985年的87.5%下降到1987年的84.8%。再次，加工木材出材率下降，使消耗增加。如锯材出材率由1985年的71.4%下降到1987年的67.5%。又次,开采设备利用率下降,使消耗增加。如平均每台拖拉机年集材量由1985年的4284立方米下降到1987年的4261立方米,减少了0.5%以上;平均每辆汽车年运材量由1985年的4804立方米下降到1987年的4654立方米,减少了3.1%以上。

(4) 建材的国内资源消耗由1981—1985年的减少变成1985—1987年的增加,主要有以下两个原因:一是建材所有制结构的变化,使国内资源消耗增加。1987年与1985年相比,全民企业劳动力增长了7.77%,集体企业劳动力增长了6.04%。集体企业仅仅使用一些小型的和简单的设备,产品质量较差,投入较少;而全民大中型企业主要使用大型、先进和成套的设备,产品质量较高,对原材料的要求高,新型建材的开发也是资源消耗增加的一个因素。二是产品结构的变化。水泥与平板玻璃产量增长速度之比1981年为3.07:1,1985年为2.95:1,1987年为3.21:1,1985—1987年水泥的比重由下降变为上升。水泥单位产品综合耗电由1985年的103.93千瓦小时/吨上升到1987年的106.23千瓦小时/吨,增长了2.2%;回转窑运转率由1985年的84.07%下降到1987年的80.77%,下降了3.3个百分点。

(5) 纺织工业的国内资源消耗由1981—1985年的减少变成了1985—1987年的增加,这首先是产品结构的变化,如化纤从1981—1985年年平均增长16.34%下降到1985—1987年的11.34%,化纤单位产品物耗是下降的,如1987年与1985年相比,单位粘胶纤维消耗的标准煤下降了6.03%,消耗电下降了1%,消耗硫酸下降了2.72%,消耗烧碱下降了1.85%;棉纱从1981—1985年年平均增长2.76%上升到1985—1987年的11.15%,棉纱单位产品通扯净用棉量由1985年的1064公斤/吨上升到 1987 年的 1068 公斤/吨，约增长了 0.4%；棉布从 1981—1985 年年平均增长 1.39% 上升到 1985—1987 年的 8.59%，棉布单位产品用纱量上升了 3.28%，耗电上升了 1.6%，耗碱上升了 5.14%；毛线从 1981—1985 年年平均增长 13.26% 上升到 1985—1987 年的 27.51%，毛线精纺锭千锭时产量由 1985 年的 61.52 公斤下降到 1987 年的 55.67 公斤，减少了 9.5%。其次，纺织品要出口创汇，必须提高质量，资源消耗必须增加。1987 年与 1985 年相比，棉纱出口增长了 81.75%，涤棉布出口增长了 77.36%，人造棉布出口增长了 51.77%，棉布出口增长了 53.41%，人造丝绸缎出口增长了 29.17%，真丝绸缎出口增长了 46.87%，呢绒出口增长了 87.82%，毛毯出口增长了 123.41%，地毯出口增长了 41.4%，均高于内销的增长速度。

（6）运输业的国内资源消耗由 1981—1985 年的减少也变成了 1985—1987 年的增加，主要是由于运输方式变化决定的，铁路运输的比重下降，公路和航空运输的比重上升，水运的比重有起有伏，比较稳定。如客运量，铁路的比重由 1981 年的 24.75% 下降到 1985 年的 18.08%，1987 年进一步下降到 15.07%；公路的比重则由 1981 年的 67.98% 上升到 1985 年的 76.85%，1987 年进一步上升到 79.54%。再如货运周转量，铁路的比重由 1981 年 47.94% 下降到 1985 年的 44.83%，1987 年进一步下降到 42.61%；公路的比重由 1981 年的 6.42% 上升到 1985 年的 9.34%，1987 年进一步上升到 11.79%。众所周知，铁路运输每人公里、每吨公里的标准能耗低于公路运输，铁路货运的燃料是煤炭，公路运输的燃料是汽油，目前按单位标价能源计算，汽油的价格大大高于煤炭，公路运输比重的上升必然使整个运输业的物耗增加。另外，铁路的内燃机车每万吨公里耗油由

1985年的28.8公斤下降到1987年的25.9公斤，减少了10%以上；电力机车每万吨公里耗电由1985年的121.5度下降到1987年的112.5度，减少了7.4%以上。公路的每百吨公里耗汽油由1985年的8.0升上升到1987年的8.2升，增加了2.5%；耗柴油由1985年的6.1升上升到1987年的6.2升，增加了1.6%。

第三种类型包括冶金、机械、建筑和商业四个部门。

（1）冶金工业的国内资源消耗由1981—1985年的增加变成1985—1987年的减少，主要有两个原因：一是集体企业的增长速度高于全民企业的增长速度。1985—1987年，全民钢铁企业劳动力年平均增长3.33%，低于集体企业的13.44%。全民企业采用先进的和成套的开采、冶炼、加工设备，国内资源消耗水平较高；集体企业采用一般的、简单的开采和冶炼设备，国内资源消耗较少。目前中国钢铁不足，大量进口，建设全民大型钢铁企业需要大量的资金，一时很难办到，只好由集体创办中小型企业，用质量不太高的产品来填补钢铁需求与供给之间的缺口。二是产品结构的变化，生铁的比重上升，钢和钢材的比重下降。生铁1981—1985年年平均增长6.42%，1985—1987年年平均增长12.03%，增加了5.6个百分点，钢1981—1985年年平均增长7.07%，1985—1987年年平均增长9.67%，增加了2.6个百分点，钢材1981—1985年年平均增长8.44%，1985—1987年年平均增长8.97%，只增加了0.53个百分点。生铁单位产品消耗的铁矿石由1985年的1820公斤/吨下降到1987年的1772公斤/吨，减少了2.6%以上；硅铁耗电由1985年的8889千瓦小时/吨下降到1987年的8627千瓦小时/吨，减少了3.0%。

（2）机械工业的国内资源消耗由1981—1985年的增加变成1985—1987年的减少，主要原因是集体企业的增长速度高于全民企业的增长速度。1987年与1985年相比，全民企业劳动力仅增长了 2.92%，而集体企业劳动力则增长了 26.99%，特别是乡镇企业的迅速发展，使机械工业的技术水平下降。乡镇企业的物耗水平高于全民大中型企业，这个因素会使国内资源消耗增加，但大中型全民企业从国外引进了大批先进的、现代化的机器设备，降低了机械产品的物耗水平。例如，钢材利用率从 1985 年的 67.5% 提高到了 68.5%，增加了 1 个百分点。大中型机械工业企业的技术进步因素抵消了乡镇企业发展的影响且有余，总的物耗水平下降了。

（3）建筑业的国内资源消耗由 1981—1985 年的增加变成了 1985—1987 年的减少，如果分析原因，首先是投资所有制结构和用途的变化。1981 年，全民单位的投资占全部固定资产投资的 69.5%，集体单位占 12.0%，城乡个人占 18.5%。1987 年，全民单位下降到 63.1%，减少了 6.4 个百分点；集体单位上升为 15.0%，增加了 3 个百分点；城乡个人上升到 21.9%，增加了 3.4 个百分点。全民和集体单位的投资分为生产性投资和非生产性投资两部分，生产性建设的物耗一般高于非生产建设的物耗；城乡个体的投资主要用于建房，生产性投资很少。全民单位的住宅一般为高层建筑，物耗多，造价高，农民一般是建平房，物耗少，造价低。其次是推行多种形式的承包责任制，全部施工单位工程承包率由 1985 年的 76.32% 上升到 1987 年的 79.6%，增加了 3.28 个百分点。工程实行承包，有利于节约资源消耗，缩短工期，降低工程造价。

（4）商业的国内资源消耗由 1981—1985 年的上升变成 1985—1987 年的减少，主要是由于所有制结构的变化。1987 年与 1985 年相比，全民零售商业营业额年平均增长 13.6%，集体商业企业平均增长 14.0%，个体商业平均增长 23.7%。全民和集体商业企业一般都有营业厅，耗水，耗电，包装品上一般印有本企业的名称、地址和电话号码。个体商业有的集中在简陋的棚房，有的露天经营，有的沿街叫卖，出售的商品基本上不包装，中间消耗比全民和集体企业低得多。大力发展个体商业不需要国家投资，还能增加财政收入，既能扩大就业，又能方便居民生活，但是个体商业都是手工劳动，他们的基金装备程度大大低于全民和集体商业企业，降低了商业的技术水平。

第四种类型包括化工、日用轻工和公共服务三个部门。

(1) 化工国内资源消耗的增加，一方面与产品结构的变化有关。硫酸1981—1985年年均增长为－3.53%，1985—1987年为20.57%；化肥年平均增长由1.63%上升到12.45%；乙烯年平均增长由6.61%上升到36.25%，电石年平均增长由6.58%上升到11.13%。这些都是物耗高的产品，它们的高速发展会使资源消耗增加。另一方面与消耗水平有关，硫酸、化肥、乙烯和电石不仅是消耗高的产品，而且消耗水平呈上升趋势，如硫酸耗电由从1985年的88千瓦小时/吨增加到1987年的105千瓦小时/吨，上升了19.3%；合成氨耗焦煤从1283公斤/吨增加到1346公斤/吨，上升了4.9%；聚氯乙烯耗电从1449公斤/吨上升到1468公斤/吨，增长了1.3%；电石耗焦炭从557公斤/吨上升到558公斤/吨，虽然一吨电石所消耗的焦炭只增加了1公斤，但1987年生产电石241.2万吨，多消耗焦炭2412吨。另外，一些消耗较低、增长速度较慢的化工产品，一些消耗指标呈下降趋势，如隔膜法液碱耗直流电1981—1985年年平均下降了2.16%，1985—1987年年平均又下降了15.34%，等等，这两个因素都使化工的国内资源消耗上升。

(2) 日用轻工国内资源消耗的增加，主要有两个原因：一是加工、制造方式由手工劳动向机械化过渡，这表现为技术进步；二是产品由低档向高档转移，使资源增加。例如1981—

1987年家用电冰箱年平均增长104.1%；家用洗衣机年平均增长40.61%；电风扇年平均增长23.34%；录放机年平均增长52.20%；电视机年平均增长23.72%；照相机年平均增长26.62%。这些产品的物耗水平比手表、收音机、缝纫机等低档消费品的物耗高得多。

（3）公共服务的国内资源消耗的增加也有两个原因，第一个是服务质量提高，由低质服务变成为优质服务；第二个是服务种类增加，由单一化服务变成为多样化服务。

五 结论

我们利用四张中国价格型投入产出表，对1981—1987年产出结构的变动因素作了定性和定量分析，从中可以得出几点结论：

（1）在成本效益分析中，我们不仅讨论了联合技术变化和部门技术变化的成本效益，部门技术变化的本部门和其他部门的成本效益，还讨论了产品替代的成本效益。在国内资源效益分析中，我们不仅研究了联合技术变化和部门技术变化的资源效益，比较了两种技术变化的结果，还讨论了需求拉动的产出和技术变化的产出。此外，我们还分析了联合和部门技术变化的进口资源效益。利用投入产出表的资料开展上述分析，在中国是第一次。外国的学者没有讨论产品替代的成本效益、部门技术变化的本部门和其他部门成本效益、联合与部门技术变化资源效益的比较、需求拉动的产出和技术变化的产出，这些都是第一次提出来讨论与应用的问题。

（2）本文分析的1981—1983年、1983—1985年、1985—1987年三个时期，每个时期中间都只隔一年。三个时期各部门联合技术变化的资源效益可以分为以下几类：

表11　　　　　　　1981—1987年资源效益的变化

变化类型	符号	部门名称
三个时期均为下降	−	煤炭、电力
两降一升	−	机械、商业
两降一升	+	石油
两升一降	−	森工、建筑
两升一降	+	农业、建材、化工
两升一降	+	纺织、运输、公共服务
三个时期均为上升	+	日用轻工

说明：1981—1985年　黑色金属和有色金属分为两个部门，1985—1987年只有冶金工业一个部门，不好比较。

根据1981—1987年的符号，煤炭等六个部门为负，石油等八个部门为正。

（3）中国是一个发展中的大国，1987年有10亿多人口，5亿多劳动力，就业压力很大。经济体制改革以来，放宽了就业限制，大量农民从事煤炭、机械、森工、建筑和商业等部门的经营，乡镇企业劳动力的基金装备程度大大低于国营大中型企业，成本效益和资源效益的提高是以技术水平下降为代价而取得的，都是短期效益。1981—1987年中国农民大批向非农业部门转移，成绩很大，但仅仅是开始，今后还有漫长的道路要走。1987年中国农业就业人数占全部就业人数的60%，美国占3%；服务业中国占9%，美国占43%。从长期效益来看，上述部门劳动力的基金装备程度和技术水平都会提高，目前偏低的物资消耗水平也会上升，都会逐步赶上国营大中型企业。这就是说，不能根据1981—1987年成本效益和资源效益的符号就简单地作出负号

(-)就好,正号(+)就不好的结论,需要具体部门具体分析。

(4)技术进步分为两种类型:第一种类型是以机器代替手工劳动,基本特征是在单位产品的价值构成中,物化劳动(原材料消耗与折旧之和)的比重逐步上升,活劳动(工资与税利之和)的比重逐步下降。中国农业是这种技术进步的典型部门,上面提到的吸收大批农民就业的非农业部门,也属于这种情况。第二种类型是以新的机器代替旧的机器,既节约活劳动,又节约物化劳动,中国电力工业是这种技术进步有代表性的部门。加强管理是抵消物化劳动比重上升的一个重要因素,但中国的管理落后,不但不能抵消,反而是促使物化劳动比重上升的因素。这种消极影响常常被第一类技术进步所掩盖,在经济分析中由于得不到数据支持而被忽视。

(5)中国人口众多,人均资源不丰富,需要坚持对外开放的方针,坚持沿海地区"两头在外"的发展战略,尽可能利用国内与国外两个市场、两种资源、两种资金、两种技术、两种人才,促进国民经济持续、稳定、协调地发展,逐步提高全国人民的生活水平。这是我们分析进口资源效益的目的。

(6)中国产业结构的变动是众多因素共同作用的结果,在本文中,我们讲了技术进步、经济体制改革、对外开放、最终需求和产品结构的变化、收益递减(或递增)、规模效益等因素,此外还有生产布局、自然资源、价格和行政干预等因素的作用。

(本文合作者:李明哲、葛新权。本文为1990年数量经济学及其在中国90年代经济发展与改革中的应用国际会议论文)

第三编
知识经济学

知识经济要义

一 知识经济名称的由来和它的本质

(一) 知识经济名称的由来

知识经济 (Knowledge Economy), 即 "以知识为基础的经济" (Knowledge - based Economy), 是经济合作与发展组织 (OECD) 提出来的, 如果追本求源, 要倒推至 1962 年。

1962 年, 美国学者马克鲁普出版了《美国知识生产和分配》一书, 提出了"知识产业"概念, 内容包括: (1) 教育, 如学校教育、家庭教育、职业教育和学前教育, 占这个产业产值的 44.1%; (2) 研究与开发, 占 8.1%; (3) 通信工具, 包括批量生产的印刷机、文具和办公用品, 占 28.1%; (4) 信息设备, 包括乐器、信号发生装置和电传打字机, 占 6.3%; (5) 信息服务, 包括证券经纪人、房地产代理人等所花费的资金, 占 13.4%。按照他对 30 个部门的测算, 知识产业产值占国内生产总值 (GDP) 的 29%, 占就业人数的 32%。

1973 年, 美国社会学家丹尼尔·贝尔在《后工业社会的来临》一书中提出了"后工业经济"的说法, 强调了知识的重要意义。他说:"如果工业社会以机器技术为基础,后工业社会则是由知识技术形成的。如果资本与劳动是工业社会的主要结构特征,那么信息和知识则是后工业社会的主要结构特征。"① 这里特别重要的是,他提出了"知识技术"的概念。

1982年奈斯比特指出:"在信息社会里,我们使知识系统化,并加强我们的脑力。以工业来做比喻,我们现在大量生产知识,而这种知识是我们经济社会的驱动力。"② "随着我们从工业社会进入信息社会,我们要用脑力而不是用体力来创造,而今天的技术又将扩大并提高我们的智力。"③ 他还指出:"我们被信息所淹没,但却渴求知识。"④ 这里,他指出工业经济的主要动力是体力劳动,知识经济的主要动力是脑力劳动,他还意识到信息与知识之间是有区别的。

1985年,日本学者界屋太一出版了《知识价值革命》一书,提出了"知识价值社会"的说法。他说:"我所讲的知识价值革命,是指由于技术、资源环境以及人口的变化,将创造'知识的价值'成为经济增长和资本积累主要源泉的知识价值社会,并因此而产生使人们的伦理观念和审美观念发生急剧变化的社会大变革"⑤;"比物质和服务、硬件和软件的区分更为重要的,是构成这种'物质'或'服务'价值的内容起了变化,即使是固有商品,其价格构成也都发生了变化,材料与单纯加工费在价格

---

① [美]丹尼尔·贝尔:《后工业社会的来临》,新华出版社1997年版,第9页。
② [美]奈斯比特:《大趋势——改造我们生活的十个新方向》,中国社会科学出版社1984年版,第15页。
③ 同上书,第257页。
④ 同上书,第23页。
⑤ [日]界屋太一:《知识价值革命》,生活·读书·新知三联书店1987年版,第4页。

构成中所占的比率大幅度降低,而设计、技术和印象形成的'知识价值'所占的比率大大增加"①。

1990年美国学者托夫勒的著作《力量转移》比《未来的冲击》(1970年)和《第三次浪潮》(1980年)更加重视知识的作用。他说:"当今经济方面最重要的事情是一种创造财富的新体系的崛起,这种体系不再是以肌肉(体力)为基础,而是以头脑(脑力)为基础"②;"在任何经济中,生产和利润无可避免地依靠三个主要力量来源,即暴力、财富和知识。暴力逐步地转变成了法律。接着,资本和金钱现在也都正在转变成知识。……随着资本、金钱和工作全都向一个方向前进,经济的整个基础便起了革命性的变化。它成为一种超符号化的经济,按照与大烟筒时代流行的规律根本不同的规律运转。……知识因为减少对原料、劳动力、时间、场地和资本的需要,成了先进经济的最重要资源。随着这种情况的发生,知识的价值便扶摇直上。"③ 1990年,联合国的研究机构在内部文件中提出了"知识经济"的概念。

另外,一些信息经济学家不仅指出了信息与知识的重要性,而且对信息与知识的计量做了大量的工作,其中需要提到的有美国波拉特博士的九卷本《信息经济》,鲁宾、胡贝尔、戴维斯等人也做了不少工作。

从国内来看,1984年,段纪宪先生指出:"在知识经济下,社会劳动者从事以知识为主的脑力劳动,他们是知识工人。"④

---

① [日]界屋太一:《知识价值革命》,生活·读书·新知三联书店1987年版,第172—173页。
② [美]托夫勒:《力量转移》,新华出版社1996年版,第9—10页。
③ 同上书,第102页。
④ 段纪宪:《产业结构、知识与中国现代化》,载《世界经济导报》1984年11月26日、12月3日。

1996年，宋太庆教授在《知识革命论》一书中提出了知识的经济化和经济的知识化，认为知识经济是两种趋势的合流。"正像工业文明降临一样，信息文明和知识文明的来临，势必将彻底改变整个人类的命运，给21—22世纪打上知识世纪的烙印"①。

1996年，OECD出版局出版了《以知识为基础的经济》年度报告，第一次提出了这种新型经济的观念、范围和指标体系。虽然1962年人们就提出了知识产业概念，但却把它与信息混在一起。尽管后来多次提到知识经济，但要么只有知识，没有经济；要么只有经济，没有知识。《以知识为基础的经济》年度报告第一次比较完整地研究了知识经济，虽然有些问题需要进一步讨论，但这本著作使许多人豁然开朗，思想升华。这本著作"一石激起千层浪"，引起了全世界的注意，产生了巨大的影响，例如世界银行的《世界发展报告》1998年版就命名为《为了发展的知识》。我国也不例外，1997年《以知识为基础的经济》中文版出版后，新闻界、科技界和经济学界对知识经济进行了大量的报道，发表了数以万计的文章，出版了数以百计的著作，召开了一系列研讨会，形成了知识经济热，这在我国是非常罕见的，甚至有人认为是"奇迹"。

1962年以来，人们就先后提出了知识产业和知识经济的思想，但这并未引起广泛的注意，而OECD《以知识为基础的经济》年度报告却在世界上引起了如此巨大的反响，原因何在呢？

第一，从1962年到1996年的34年间，高科技迅速发展，知识创新的伟大意义被越来越多的人所认识，其中最重要的一点是，人们逐渐认识到，发展经济不是主要靠体力劳动，而是主要靠脑力劳动或新型劳动，这将标志一个新时代的到来。在这种背

---

① 宋太庆：《知识革命论》，贵州民族出版社1996年版，第177页。

景下，当 OECD 提出"以知识为基础的经济"（简称知识经济）时，人们关心这种经济的本质、内容和兴起的原因，就是非常自然的事情了。

第二，近年来（1993—2000 年），美国所谓"新经济"的连续增长，引起了人们的广泛注意。按照美国学者的估计，美国劳动力年均增长 1%，劳动生产率年均增长 1.5%，经济年均增长应为 2.5%，超过这个速度，就会导致通货膨胀。而 1997 年美国经济实际增长 3.6%，1998 年又增长 3.9%，并没有导致经济"过热"，出现通货膨胀。其原因在于"新经济"的增长中，知识经济占有很大的比重，这种经济不是按照普通经济的规律运行，而是按照新的规律运行，出现了一系列新的现象。知识经济的效率高，劳动生产率高，单位产值所消耗的物资和劳动少，这种经济的高速增长，不会引起物资与劳动力的供不应求，导致它们的价格上涨。如果以前人们对高科技的意义限于理性认识，那么美国"新经济"的增长则从实践上证明了知识经济的重大意义，人们对这种新型经济产生了浓厚的兴趣。①

第三，虽然 1962 年以来，国内外许多学者对知识和知识经济给予了高度的评价，但都把知识看成是信息的一部分，OECD 引用鲁德瓦尔和约翰逊关于把知识分为四类的观点，虽然有进一步讨论的余地，但却使许多人认识到知识比信息更加重要，需要将它从信息中分离出来，单独研究知识经济。这个事实说明，信息经济研究是有功劳的，它为知识经济研究准备了资料、观点、

---

① 1993—2000 年美国出现了低失业与低通胀并存的局面，反映这两者关系的菲利普曲线失去了作用。2001 年以来，美国脱离了新经济的运行轨道，出现了不少问题，但以高新技术为标志的新经济在美国仍然存在，总有一天又会以新的姿态出现。

理论、人才，因此一旦提出知识经济，许多人转过来研究它，形成热门话题，并不出人意料。

（二）知识经济的本质

知识经济这一概念表述的是，在当今世界的经济系统中，不仅知识数量在不断增加，知识的质量也在发生革命性的变化，它已经成为整个经济的基础，渗入经济系统的每一个组成部分，成为新经济的最为显著的特征。

根据上面所列出的国内外学者对知识经济的论述，我们可以对它下一个定义：所谓知识经济，是指在再生产过程中，知识劳动者（脑力劳动者或新型劳动者）利用以高新技术为特征的劳动工具创造价值与财富的经济。这里需要对这个定义作如下说明：

第一，再生产过程包括生产、传播、交换、利用（消费），人们在这些阶段所从事的一切知识活动，其投入产出关系都属于知识经济的范围。

第二，新型劳动是指脑力劳动与体力劳动的差别消失后出现的劳动。从人类出现到原始社会末期，生产水平极低，那时劳动者基本上是从事体力劳动，脑力劳动刚刚萌芽，这两种劳动是结合在一起的，由一个人完成，它们之间没有出现分工。到了原始社会末期，随着劳动生产率的提高，剩余价值（生产余额）出现了。剩余价值的出现可以使少数人不必从事体力劳动，专门从事脑力劳动，例如公社首领、宗教人员，这也是原始社会瓦解的根本原因。从奴隶社会、封建社会到工业经济时期，体力劳动与脑力劳动从分工走向对立，脑力劳动者始终统治着体力劳动者。早在1875年马克思就预言到，"在迫使人们奴隶般地服从分工的情形已经消失，从而脑力劳动和体力劳动的对立也随之消失"①，在两种劳动对立消失的基础上，将出现新型劳动，即一个人同时既从事脑力劳动，又从事体力劳动。

第三，对知识经济要分两个阶段进行分析：一是工业经济占主导的时期，这时知识经济只是国民经济的一个组成部分，是它的一种成分；二是知识经济占主导的时期，这时知识经济将是国民经济的主导部分。

第四，在工业经济占主导的时期，知识经济的生产分为两种情况：一是这时存在体力劳动与脑力劳动的分工，脑力劳动者取得科技成果，进行设计，由体力劳动者将它们转化为知识产品；二是现在就有新型劳动者，如软件研制人员、高科技研究实验人员、教师、医生、咨询人员、文艺工作者等，他们的生产成果都是知识产品。在知识经济时代，新型劳动者将占就业人数的大部分，他们将是知识产品生产、传播、交换和利用的主体。由脑力劳动者创造科技成果，进行设计，由体力劳动者转化为知识产品的情况在一段时间内仍然存在，但逐步退居到次要地位，直至完全消失。在知识经济时代，新型劳动者将分为两类：一类是知识创新者，称为智力资本；另一类是软知识产品与硬知识产品的生产者，称为人力资本。有些人既从事知识创新，又从事产品生产，可按照他们在创新还是在生产上所花费的时间进行划分，如果他们的主要时间从事创新，则划入智力资本，否则属于人力资本。马克思说："劳动表现为不再像以前那样被包括在生产过程中，相反地，表现为人以生产过程的监督者和调节者的身份同生产过程本身发生关系。"②他的这个伟大预见正在逐步变成现实，在知识经济时代，智力资本的作用是创新、设计，人力资本的作

---

① 《马克思恩格斯选集》第3卷，人民出版社1972年版，第12页。
② 《马克思恩格斯全集》第46卷（下册），人民出版社1972年版，第218页。

用是对自动化生产过程进行监督和调节。

第五,虽然知识劳动的重要性日益明显,但知识产品的生产、传播、交换、利用既离不开物质、能量和信息的投入,更离不开以高新技术为特征的劳动资料的支撑。马克思说:"各种经济时代的区别,不在于生产什么,而在于用什么生产,用什么劳动资料生产。"① 因此,以高新技术为特征的劳动资料是知识经济时代的标志。需要指出的是,高新技术是一个相对概念,它会随着时间的推移发生变化,今天的高新技术,经过一段时间后就会被更新的技术取而代之。

第六,对价值和财富有两种理解:一是价值代表当年知识经济的流量,财富代表它的存量;二是财富代表知识经济的使用价值(实体),价值代表它的评价。

按照我对信息与知识的看法,信息经济研究信息产品的生产、分配、交换和利用,知识经济研究知识产品的生产、分配、交换和利用,这是两类经济,不应混为一谈。

二 知识经济的兴起[②]

尽管知识经济这一概念出现得很晚,但知识经济本身并不是一个突然出现的新生事物,它是人类社会经过漫长的进步而逐步演化而来的,其中科技进步或知识进步扮演了关键的角色。然而仅仅一个科技进步并不能完全说明知识经济的由来,也回答不了这样一个问题:科技进步并非只是到现在才功德显著,也很难说现在才是科技进步的高峰,为什么现在才有知识经济的提法,为

---

① 《马克思恩格斯全集》第23卷,人民出版社1972年版,第204页。
② 本节的写作得到了黄涛博士的帮助。

什么说人类正在步入知识经济时代？要回答这个问题，就需要深入地考察知识经济的兴起过程。

自18世纪工业革命以来，科技进步对经济系统乃至人类社会每一个方面的推动作用都是有目共睹的，它使人们的生活发生了天翻地覆的变化。轮船、火车、飞机、核能、计算机及其网络，科技的每一次飞跃都极大地改变了世界的面貌，经济系统的运作也随之发生了深刻的变化，产业结构的调整和升级，所利用资源的变化，人们工作与生活方式的转变，以至于现今人们的生活都是上一个世纪的人们所无法想象的。可以说，当前人类所应用的几乎每一样东西都可以称为知识产品，如果仅仅从科技进步或知识增长的作用来解释知识经济的出现，显然是不够的。

另一方面，从科技进步与知识增长自身的角度来说，很难说当前的科技进步或知识增长的速度就是历史上最快的。实际上，比起19世纪末电力及其应用发明的时代、20世纪初相对论与量子论开创的时代，现在的科技进步很大程度上表现在科技成果的进一步开发利用，而没有全新的理论，因此，从这一角度也很难找到知识经济出现在当前社会的证据。

事实上，科技进步的发展导致当前知识经济的产生，其原因不仅仅在于科技进步对经济系统的影响，也在于科技进步使整个社会的知识积累到了一定程度后，经济系统对科技进步本身产生的反作用。换言之，知识经济产生于知识与经济的融合，它是在两种相辅相成的趋势中体现出来的：知识的经济化和经济的知识化。

(一) 知识的经济化

科技进步以往常常是由科学家在书斋或实验室中从设想、设计到实现一手包办的（尽管可能并不是由同一个科学家完成整个过程），而随着它对经济系统影响的日益增强、作用的不断提高，对追求增长的经济系统来说，将其拉入市场体制中的诱惑也日益增强，一方面向知识创新投入越来越多的资源，另一方面使知识成果日渐市场化。也许更为重要的是，随着人类总体知识的爆炸性扩张，知识的个人占有的分散化特征显得更为突出，这使得个人知识的积累和现有知识在人与人之间的转移成为大规模的社会活动。为了提高这一进程的效率和目的性，自然而然地在资源有效配置上具有独到优势的市场体制就成为近乎唯一的选择。具体而言，市场的这种独到优势是指：

1. 市场对知识增长的重要作用

人类社会总体知识的增长越来越受到市场的推动与制约。以往，整个人类社会的总体知识的增长，主要来自于科技研究人员的自发性创造，科技进步的方向选择和成功与否，首先取决于研究人员是否对它感兴趣和他们是否有能力完成在相应领域的创造性工作。科技进步的资金来源、人力投入或需求问题，科研人员都可以自行解决，或通过科研人员向政府或企业的游说解决。即使在企业设立的研究机构，这些科研人员为了科技本身的目的而进行自主选择（为技术而技术）的特征也是相当明显的。

20世纪以来，这种局面逐渐发生了变化，市场在决定科研的人力、物力、财力投入的方向和力度上起着越来越大的作用。长期来看，科技进步成为加强企业（公司）竞争力的唯一武器。为此，科技的地位日益提高，科研人员的工作也相应地由市场规则给予报酬。

随着知识对社会影响的日益加强，市场产生了对知识增长的强烈要求，经济系统在得到知识提供的高附加值后，进一步产生了对知识增长的强烈需求，由此经济系统对知识增长介入的规模越来越大，程度也越来越深。

与之对应，经济系统要求由市场来决定知识增长的方向和步骤，即要求由市场需求来决定智力资源投入的方向和力度。具体来说，由于人类面临的是无限深邃的未知世界，在各个方面都需要进行进一步的了解，而能从事相应研究工作的人数有限，所以需要在无限的目标中有选择地进行探索。在世界知识和经济高度发展的今天，自发性的科研目标选择方式逐步为市场化的知识增长形式所代替，知识增长的探索方向和力度的选择由市场规则决定，也就是要求智力资源的配置所形成的预期知识增长能够最有效地满足社会需求。

同时，知识增长方案选择的成败与资本配置、劳动力投入的成败一样由市场标准进行检验，符合市场要求的知识增长能得到越来越多的智力资源投入、相应的资本和人力投入，不符合市场要求的知识增长方向将难以为继，只有那些具有长远经济利益和社会利益的项目才能够得到政府的支持。

这种趋势形成的客观可能性在于科技进步从产生到实用的转化速度越来越快，从而知识增长特有的高风险性逐步降低到可以为市场主体所接受的范围，同时由于人类知识的增长，人们对于进一步开发和探索能够达到的目标也越来越有把握。

在这种背景下，整个知识体系的发展或多或少地由市场进行引导，实用技术的市场化也会对相应的基础研究产生影响。不过，值得注意的是，基础科学研究的外部性很强，对应的成果将造福于整个社会，不能由出资人和完成者独享利益，所以难以由市场主体进行组织，而只能由代表社会利益的政府来资助和组织。同时，我们还要注意到，政府支持的任何知识增长项目也必须通过市场体制来进行配置，为此，即使是纯数学这种基础科学研究，也要受到市场规则的间接支配，这是因为它所得到的资源（人力、物力、财力）受到整个经济系统所能够以及所愿意承担的资源的限制。对于基础科学研究，在重视市场引导作用的同时，社会应给研究者留下广阔的自由创新空间，将这种研究过度市场化，容易出现急功近利的弊端，不利于科学的发展。

2. 市场机制对知识资源的配置

日常生产和知识创新产生了高度分工，使得知识系统具有复杂的内部结构。因此，知识资源配置成为市场资源配置的重要一环，对经济系统的运作效率起着决定性的作用。

随着知识对经济系统运作的影响越来越大，知识不仅成为生产的一大要素，而且是第一生产力，在决定生产的规模和效益上起着决定性的作用。但是知识资源分散掌握在每个人手中，如何有效地对其加以配置就是市场资源配置的重大问题。

人类社会发展到今天，知识的爆炸性增长使得一个人不可能掌握即使是某一特定领域内的所有知识，所以知识创新者的高度分工成为必然。在当今社会，没有一个人能够掌握生产一种即便是最微小的工业产品（如一个螺丝）所需要的全部知识。为此，有效率地组织知识资源，并不是计划所能有效完成的任务。一个人所掌握的知识是多方面的，没有纯粹的单方面的专家，这种知识的多样性也是一个人能够适应社会所必需的，个人的知识水平和广度只有自己才清楚（甚至有时自己也不很清楚），一个人接受特定领域知识的能力也是不同的。由于这些因素的存在，计划者不可能获知全部信息，单纯的计划不可能有效地将个人组织起来，并调动每个知识创新者和获取者的全部潜能。为此，只有通过市场机制的引入，让知识资源自主地、有选择性地寻找能够获得最大报酬的地方，才能更有效地配置知识资源。

这种知识资源市场依附于劳动力市场，可以说是一种影子市场，由于它的存在，知识经济中的劳动力市场不能再被看做是同质商品（劳动力）的市场，而应该看做是一种商品之间存在巨大差异、质量不同的市场。

在当今社会中，这种知识资源配置不仅仅对知识的增长具有决定性的作用，对于生产的日常进行也是必不可少的，很多工作岗位，操作需要具备一定的知识水平，还需要不断接受新的知识，才能适应迅速变化的社会需求。

3. 知识交易市场

受知识产权保护的技术知识是私人占有的，它使得知识的转让和交易成为巨大的市场。知识资源的创造性劳动产生了纯知识产品，例如专利、技巧、秘诀以及各种各样的新想法、新点子等。社会承认和保护这种私人占有，让知识产品有偿转移，使它们能够发挥最大的经济效益，对应的技术转让形成了有形的或无形的巨大市场。

值得注意的是，除了技术转让这种显性的市场交易之外，还存在知识的隐性交易。由于知识掌握在个人和公司手中，所以在高级人才流动和企业兼并之中往往存在着知识的隐性交易。事实上在现实经济生活中，很多公司之所以以优厚的待遇吸引人才（特别是所谓"挖墙脚"及猎头公司）和以高昂的价格兼并某些小公司，很大程度上是为了获得知识资源。也就是说，在人才流动和企业兼并之中存在一种知识溢价。这种隐含交易的数额难以估计，技术转让等显性交易只是冰山的一角，而真正大规模的知识转让和流动隐含在各种形式的市场行为之中。

总的来说，知识的经济化表现为知识创新的方向和力度、知识资源的配置、知识的显性和隐性交易，都越来越受到市场机制的制约，知识和经济融合在一起，两者不可分割。

(二) 经济的知识化

1. 经济知识化的表现

随着经济活动对知识的依赖不断加深,经济系统日益知识化,主要表现为:

第一,知识是生产要素。生产的日常进行已经离不开知识资源的参与,知识成为又一大生产要素,是第一生产力。

在传统经济学的生产理论中,生产要素主要是资本和劳动力两种,之后人们引入了技术进步的因素。在当今社会,由于在生产中所使用的要素所包含的知识日益增多,没有掌握现代知识的职工,正常的生产运转是难以有效开展的,更不用说一旦这些设备在使用中出现故障,或需要根据市场需求变化改变自己产品的某些特性,需要对生产模式进行调整的时候,没有相应的知识,就无法使企业生存,更谈不上发展。

另外,人们常常将信息作为生产的又一大要素,但信息和知识作为生产要素的贡献是绝不相同的。很容易见到这样的事实,许多企业或个人具有相应的信息,但由于没有相应的知识资源,所以也无法利用这些信息组织有效的生产。在科技落后的国家与地区,最为欠缺的不是信息,而是知识。信息可以通过政府的组织、个人的努力而相对容易地获得,而知识资源的培养却不是一朝一夕的事情。

第二,知识是在竞争中取胜的强大武器。长期来看,公司(企业)拥有的知识是提高其竞争力的唯一途径,知识战略和知识策略的选择适当与否成为决定公司(企业)在长期内是否能够生存与发展的最关键的因素。

资本的投入、体力劳动力的投入、价格、广告等营销策略的采用只能在短期内提高自己的竞争力,竞争者很容易模仿采用这些方法，而公司（企业）只有通过所拥有的知识资源的努力，才能在长期内降低自己的生产成本，开发崭新的产品，提供以往所不能提供的服务，以此来增强自己的竞争力。这一点已经成为经济界的共识。

同时，在市场背景下，知识增长的最终结果完全由市场规律决定，由于知识开发特有的风险性和所需要的巨大投入，知识战略和策略的选择对公司的前途至关重要，如果失败就意味着被淘汰。例如，美国50年前的前500家大公司到现在有很多已经不复存在，这在很大程度上是因为它们知识战略的失败。再如，IBM公司当初低估了个人电脑的发展潜力，从而丧失了一个大好的机会，将个人电脑操作系统拱手让给了比尔·盖茨的DOS系统，这是该公司后悔至今的重大失误。同样，微软公司开头不重视网络的意义，后来才改变战略，向这个大市场进军。

第三，知识资源和知识增长是决定一个国家经济未来走势和命运的关键。高科技竞争的重要性已经为每个国家的领导者所认识，为此，知识资源的培养和利用、知识增长的长期和短期规划，成为每个国家日常工作的一个重要课题。当前，为了提升21世纪的综合国力，无论是发达国家、新兴工业化国家和地区，还是发展中国家和地区均在改革自己的科技体制，调整科技发展战略，根据各自国家和地区所具备的基础、优势和国际上科技发展的态势来制定自己的发展计划。

美国前总统里根提出了"星球大战计划"，前总统克林顿提出了"面向21世纪的科技发展战略"，布什总统决定研制和部署国家导弹防御系统（NMD）；日本提出了从"经济大国"走向"高科技大国"的长期计划——"科技政策大纲"；欧洲各国根据自己的情况制定了"尤里卡计划"；中国制定了"863计划"和"火炬计划"；韩国、印度、巴西等国家则相应地制定了有选择性的赶超先进国家水平的科技发展方案。这些都说明了在科技竞争的大背景下，各个国家充分认识到知识对于国家民族的重要性，未来的经济走势在很大程度上将由这些战略的具体实施所产生的结果决定。

总的来说，知识的经济化和经济的知识化使得知识和经济日渐融合在一起，这给整个人类的总体科技进步提供了强大的推动力，也使知识体系日渐按照市场规则而高效率地运行，从而形成了知识经济这一新型的经济形态。

2. 知识在经济中的作用

目前，个别人不理解知识在经济中的作用是变化的，提出原始公社就有知识，那时的经济就是知识经济。为了回答这个问题，需要分析知识在经济中的作用。知识在经济中的作用可分为四个时期。

第一个时期是知识用于延长人的四肢。例如，原始人将石头或木棒磨尖，能够捕杀较多的动物；奴隶将木棒放在小石头上移动大石头，可以减轻体力；农民用牛马耕地，可以代替人作为动力，这个时期主要是利用力学。

第二个时期是知识用于机器。这是 18 世纪从英国开始的工业革命，蒸汽机作为动力，在工厂、铁路、轮船等各个方面得到了广泛的利用，虽然劳动者人数增加不快，但机器创造了强大的生产力，促进了经济的发展和产业结构的变化。后来又发生了以电力为代表的第二次技术和产业革命，在这场革命中，不仅开发出电动机、内燃机等动力设备，而且发明了电灯、电话、无线电通信等新生事物，改变了世界的面貌，这个时期主要是利用热力学和电磁学。

第三个时期是知识用于管理。1840 年前后，德国的奥·波瑞希发明了学徒培训系统，它仍然是目前德国工业生产率的基础，这个时期形成了管理科学。1881年，美国泰勒进行的搬运生铁实验，标志着现代管理的诞生。泰勒认为，劳动可以被研究、被分析，可以被分解成一系列简单的可重复的动作，每一个动作必须以正确的方式、以最短的时间和最好的工具来完成。

第四个时期是知识用于知识。现代知识除应用于机器、管理外，更重要的是应用于知识创新。以前，学习知识是为了自我认识，提高自我修养，提高如何说和说得更好的能力，也就是提高语法、逻辑和修辞的能力。现在学习知识主要是为了知识创新，对客观事物进行概括，总结出规律，证明定理；开展创造、发明，揭示技术原理，提出设计方案；制定法律、政策、规章、计划、措施；利用自己掌握的法律、财务、审计、医学等知识，开展咨询活动；创作优秀文化作品，等等。这个时期所用的是现代科学，如电子学、微电子学、生物学、基因工程、细胞工程等。

我认为，知识用于延长四肢，属于农业经济；知识用于机器，属于工业经济；而知识用于管理、知识用于知识，属于知识经济。

三 知识经济的意义和规模

（一）知识经济的意义

知识经济扑面而来，将对个人、企业和国家等产生革命性的影响。

首先讲讲知识经济对个人的意义。在知识经济时代，个人的工作方式与生活方式将发生深刻的变化，它不仅需要为数众多的高级智力人才创造知识财富，同时需要广大群众具有相当高的知识水平，智力人才创新出知识后，有些知识需要转化为硬知识产品，这就要求从事这些产品生产的劳动者应具有相应的技能和知识，否则他们就无法胜任这种生产工作，即使勉强进行，也不能保证产品的质量。知识产品除生产外，还要进行传播、交换和利用，只有各个环节的劳动者具备必需的知识，才能顺利地进行知识产品的再生产。

如前所述，知识产品可以满足人类的物质和精神需求。拿硬知识产品来说，它们的高科技含量高，要求消费者具备必要的知识，否则他们就不会使用这些产品。在知识经济时代，消费者要满足自己的精神需求，必须有一定的文化水平。如果你没有计算机及其网络的知识，就不能在网络上漫游、冲浪，及时吸收全世界的信息和知识；同样，你没有相关的知识，你就不能享受多媒体所带来的各种娱乐。

我已经反复强调，在知识经济时期，知识是最重要的资源，一个人拥有的知识越多，研制、开发能力越强，所取得的知识成果也就越多。他不仅能够对国家和人民作出更多的贡献，还能取得很高的收入，可以享受他及其家庭所愿意享受的各种高级消费。如果一个人没有知识，就很难找到工作，即使有了工作，如果不称职，就得下岗。

对家庭来说，全体成员都要改变在工业经济时期所养成的观念和习惯，按照知识经济时代的要求考虑所面临的各种问题，否则家里就会意见不合、矛盾不断。一对夫妇如果一方的知识水平很高，另一方的知识水平很低，双方就可能因为没有共同语言而导致家庭破裂，造成许多痛苦。因此，我们要对儿童从小进行知识经济的教育，鼓励他（她）努力学习，健康成长，成为对国家、民族有用的人才。

1966—1976年的"文化大革命"，从知识经济的角度来看，本质是"消灭文化、消灭信息、消灭知识"，对一代人造成了很坏的影响。当他们长大成人、成家立业、生儿育女后，由于看不懂孩子的课本，闹了许多笑话。在知识经济时代，如果你不努力学习，不吸收新的知识，也会成为"文盲"父母，例如一些中学生能够上网，而父母却是"网盲"。

对企业家来说，知识经济的兴起给他们带来了巨大的机遇，也带来了严峻的挑战。知识经济以高科技为核心，高科技的领域极其广阔，可以为企业、特别是大中型企业发展方向提供很大的选择余地。在知识经济、网络经济时期，通行的规则是"快吃慢"，企业不搞技术创新、知识创新，发展缓慢，就会被发展快的企业吃掉。高科技的特点：一是投资风险大，二是回报率高，是爱好风险的投资家的乐园。

工业经济的特点是大型化、巨型化，追求规模经济效益。但是，在科技迅速发展的时代，大有大的难处，突出表现在"船大难调头"；而知识生产企业恰好相反，它的特点是小型化。消费方式的个性化，为大批小企业的发展创造了良机，特别是那种拥有某种高新技术的小企业，会显现出蓬勃的生机。知识经济的变化快，可以充分发挥小企业"船小好调头"的长处。也就是说，在知识经济时代，规模效益的作用会明显下降，而发展快慢将成为决定性的因素。

在工业经济时代，生产者与消费者之间存在地域上的区别，企业家面临的市场主要在国内，竞争对手是国内厂商；而在知识经济时期，知识的生产地、消费地之间的区别将表现为数字空间的"虚拟地址"，越来越多的经济活动将在"虚拟现实"之中进行。随着全球化的到来，企业家将面临世界市场，竞争对手是跨国集团。它们的经营战略很简单，哪里的生产成本最低，就在哪里生产；哪里的价格最高，就在哪里销售。一家国内企业要与跨国公司竞争，困难是很大、很多的。虽然跨国公司具有很大的优势，在许多方面享有垄断权，但它们不能垄断一切，商机是很多的，只要我国企业家能够充分发挥网络的作用，采取"你无我有、你有我新、你上我转"的策略，就能出奇制胜。

对社会来说，在知识经济时代，由于全体居民文化素质的不断提高，讲文明、讲礼貌、守秩序、讲道德将蔚然成风，人民将十分注重生活质量，摒弃各种陋习，人们还非常关注环境和生态，保护环境将成为全社会广泛的共识，人们还会将这种共识付诸积极的行动。

对国家来说，知识经济的意义更加重大。知识经济的兴起可能带来两种后果：一方面是进一步加深发达国家与发展中国家之间经济发展不平衡的状态，前者在完成工业化后自然地、顺利地跨入了知识经济的门槛，而后者尚未完成工业化，没有足够的物质资本、智力资源和人力资本来应付正在到来的知识经济时代，可能进一步扩大两极分化，这是知识经济的阴影，使许多人感到忧虑；另一方面，如果发展中国家采取正确的路线、方针、政策，合理地配置资源，发展教育，发挥"后发优势"，就有可能从 21 世纪开始逐步赶上发达国家。

在知识经济时代，综合国力竞争要求每一个国家具有丰富的智力资源，具有无限的创新能力，只有这样的国家才能立足于世界强国之林。如果一个国家不能在全球知识经济中占有一席之地，就有可能被"知识殖民化"，国家丧失独立，政治被控制，经济被摧垮，市场被占领，军事被削弱，信息被窃听，语言、文化被取代，变成知识经济强国的原料供应地，产品销售市场和污染物的堆积场，大批劳动力失业，社会不得安宁。这不是危言耸听，而是实实在在的威胁。一些美国人扬言"我们的帝国建立在电波之上"，我们就是"世界警察"。正是根据这些理由，我们不应当先信息化、后知识化，更不应当只搞工业化，不搞知识化，而应当实行工业化、信息化、知识化并举的方针。

此外，研究知识经济学还有重要的理论意义。我们研究知识经济学，是在马克思主义经济理论的指导下，吸收西方经济学的科学成分，分析国内外实际情况的基础上进行的。无论马克思主义经济理论还是西方经济学，它们的研究对象是普通经济；而知识经济学的研究对象是以"新经济"为核心的经济。众所周知，马克思主义经济理论的研究对象是人与人之间的生产关系，而西方经济学的研究对象是稀缺资源的最优配置，即生产力问题。我们知道，知识无处不在，在上层建筑、生产关系和生产力的各个方面，都有人在活动，都有人在学习和创造知识，这就需要扩大知识经济学的研究范围。

马克思指出：社会生产要"以最低限量的劳动取得最高限量的产品"[①]。著名经济学家孙冶方认为："费用与效用的关系，就是以最小的劳动消耗（活劳动与物化劳动的消耗）取得最大的效果。"[②] 以上论述主要是针对工农业经济来说的，对于知识经济，无论在工业经济时代还是在知识经济时代，对它的研究都要把"费用最低、产量最高"或"费用最小、效果最大"作为一条"红线"贯穿于始终，即贯穿于知识产品的生产、传播、交换和利用的全过程。

（二）知识经济的规模

上面我们已经指出，对知识经济需要分两个时期进行分析，一是它在工业经济时期的规模，即知识经济成分；二是它成为国民经济的主体，即知识经济时期的规模。无论对知识经济作何种

---

① 马克思：《直接生产过程的结果》，人民出版社1964年版，第104页。
② 孙冶方：《社会主义经济的若干理论问题》，人民出版社1979年版，第166页。

理解，知识经济已经具有一定的规模。虽然知识经济的范围十分广泛，但高新技术属于这种经济是没有异议的。1996 年 OECD《观察家》杂志第 200 期对一些国家的高新技术在制造业中所占的比重作过分析，现将几个主要国家的数字列为表 1：

表 1　　　　发达国家的高新技术出口占制造业的比重　　　　单位:%

国家\年份\项目	出口		增加值	
	1970	1993	1970	1993
加拿大	9.0	13.4	10.2	12.6
美　国	25.9	37.3	18.2	24.2
澳大利亚	2.8	10.3	8.9	12.2
日　本	20.2	36.7	16.4	22.2
法　国	14.0	24.2	12.8	18.7
前西德	15.8	21.4	15.3	20.1
英　国	17.1	32.6	16.4	22.2
中　国*	—	—	—	15.6

注：* 表示 1995 年。

以上数据充分说明，目前西方发达国家的知识经济已经不是萌芽，而是具有了一定的规模。1993 年美国高新技术产业已经占制造业的 24.2%，日本和英国占 22.2%，等等，分别占这些国家 GDP 的 6.5%、7.1% 和 8.9% 左右。由于美国第三产业的比重高，英国、日本制造业的比重高，使美国的这个比重低于英国和日本，如果计算全部知识经济的价值，美国的比重是最高的。一项调查说明，1995 年中国高技术工业占全部独立核算工业企业增加值的 15.6%，占当年 GDP 的 7.1%，与日本持平。由于中国工业的比重高，第三产业的比重低，这个计算结果不能反映全面情况。

据胡国强、王世炎的初步测算，1987年知识经济占我国GDP的12.11％，1992年占12.31％，五年增加了0.2个百分点。[①]这充分说明，即使在我国这样的发展中国家，知识经济也已经占到GDP的十分之一以上。

四 知识经济的负面影响

我们在看到知识经济的正面影响时，绝不能忽视其负面影响，但目前在讨论知识经济时，人们恰恰忘记了这个非常重要的方面。像工业经济一样，知识经济在给人类带来财富的同时，也带来了危害，带来的财富越多，带来的危害也越大。下面就从军事、经济、文化三个方面分析知识经济的负面影响。

（一）军事负面影响

知识经济在军事等方面的负面影响主要表现为：

第一，自从人类出现后，部落、种族、民族、宗教、阶级、地区、国家之间的矛盾错综复杂，战争不断。为了赢得战争，许多国家纷纷将大量最好的资源、最优秀的人才投入到军事技术和产品的研究、开发和制造领域。军事技术和产品是知识经济的重要组成部分，各国政府不惜一切代价攻克军事科技难关，从而解决了高科技的风险投资问题。许多军事高新技术具有军用和民用的两重性，在开发它们时，民用也是目标之一。当战争结束后，先进的军事科技转为民用，促进了民用科

---

① 胡国强、王世炎：《我国五次产业的划分与投入产出分析》，载《数量经济技术经济研究》1999年第1期。

技的进步。虽然军事知识有这些正面作用，但从总体上看，其负面影响是主要的。

知识经济存在负面影响的依据，是其技术和产品的使用价值具有多重性。这种情况在工业经济中同样存在，例如钢铁既可以制造商船、游艇，也可以生产大炮、坦克，商船可以改造成为战舰，拖拉机可以改造成为坦克。在知识经济中，计算机被广泛使用，但计算机病毒和犯罪也经常发生。基因可以治病，可以制造各种生物制品，但知识经济强国也可以用基因工程制造病态物种，发动"基因战争"。核技术给人类作出了很大的贡献，特别是核能发电缓解了生产对石油、煤炭等自然能源的需求压力，但经常发生的核事故的危害性也相当巨大，苏联切尔诺贝利核电站事故，对苏联和西欧的环境、生态造成了恶劣的影响。此外，民用生物制品与生物武器、民用化工产品与化学武器的共存，都是实例。

第二，苏联瓦解后，美国成了世界上唯一的超级大国，它利用军事优势，推行单边主义，近年来先后发动了科索沃战争、阿富汗战争和伊拉克战争，还在威胁伊朗、朝鲜和其他国家，搅得世界很不安宁。

第三，虽然苏联解体后，美俄就核裁军取得了一些进展，世界大部分国家签订了禁止核武器试验条约和核不扩散条约，世界形势趋于缓和。但是，目前确实存在"裁军归裁军、备战归备战"的情况。例如，美国利用计算机模拟核试验，有一些国家拒绝签订禁止核试验条约，特别是1998年5月印度和巴基斯坦先后试验核武器，对全球造成了巨大的冲击，为其他国家进行核试验树立了"榜样"；朝鲜、以色列等一些国家都能制造核武器，尤其是日本，如果一旦需要，可以迅速生产出核武器。因此，全部销毁核武器要么办不到，要么需要很长的时间，人类仍然生活在核武器的威胁之下。

武器专家认为，生物武器比核武器更危险、更可怕，因为这种武器容易制造，成本较低，易于携带。专家估计，100千克炭疽孢子可杀害100万—300万人。

令人不安的是，美国正在研制1000多种新式武器，它们的破坏对象不是物质，而是人体。例如，用电磁波通过影响脑电能使敌人处于昏迷状态，改变他们的行为或机能；热枪使人发热；声音武器使人的内脏器官发生共振等。

计算机及其网络的进攻战与防御战更是奇招迭出，如研制病毒进攻敌人的计算机网络，使对方的指挥系统和全国经济陷入瘫痪。防止敌人对计算机网络的进攻也有许多应付办法，如采用探测病毒技术，将计算机分散，将数据库拷贝后存储，设立假目标，变换频率，对计算机加密等。

第四，2001年美国"9·11"事件表明，恐怖活动在明显增加，恐怖分子企图获得生物、化学和核武器。通过调制解调器，恐怖分子可以进入他们想要进入的计算机网络，窃取情报、资金等。除恐怖分子、黑手党人外，一些黑客（一部美国电影的主角）为了好奇，进入本国或外国的计算机网络，甚至制造病毒（现在已经多达1万多种）破坏计算机网络，美国担心会出现"电子珍珠港事件"。黑客除侵入军事网络外，更加热心于侵犯经济网络，1998年我国广州铁路售票系统受到黑客的侵入，造成了一定的损失。黑客还会侵入网络，窃取个人隐私，散布黄色制品。21世纪"网络警察"、"网络保卫战"等，将成为热门话题。

（二）经济负面影响

经济负面影响分国际、国内两个方面。在国际方面，知识经济对发展中国家既是机遇，又是挑战，其负面影响主要有：

第一，发展中国家需要经过长期奋斗才能取得国际平等地位。与殖民时代相比，发展中国家的国际地位有了很大的提高，但目前仍处于不平等的地位，许多国际规则是在发展中国家独立以前由发达国家制定的，发展中国家处于被迫遵守的地位。以美国为首的发达国家，不顾发展中国家的情况，强迫推行它们的信息技术标准，强迫推行贸易、服务、金融、信息与信息技术贸易等等的自由化。在国际贸易中，发达国家在工资标准、环境保护等方面提出不合理的要求，强迫发展中国家接受。例如，在发展中国家向发达国家出口农副产品方面，发达国家对环境标准提出过高的要求，限制发展中国家这些产品的出口，使它们蒙受经济上的损失；发达国家还以发展中国家的工资标准过低、造成"不平等贸易"、"不平等竞争"为借口，要求发展中国家提高工资标准。汇率也是国际斗争的焦点之一，以美国为首的发达国家强迫中国提高人民币汇率，使中国减少出口、增加进口，是一个值得注意的事件。至于"反倾销"、"制裁"等等，都是发达国家对付发展中国家常用的手段。

第二，贫富差距拉大。由于种种原因，发达国家与发展中国家之间的贫富差距在拉大，南北问题日益突出。在1960—1991年期间，世界上最富的20%的人口占世界收入的份额从70%上升到了85%，而最穷的20%的人口的收入份额从2.3%降到了1.4%；20世纪60年代富国比穷国富30倍，90年代拉大到了150倍。据1998年联合国公布的数据，富国20%人口消费全球86%的商品与服务，其中包括58%的能源、45%的肉类和鱼、87%的车辆和74%的电话；在过去25年中，非洲的消费却减少了25%。跨国公司与发达国家之间存在横向劳动分工，分别生产零部件，集中组装成整机。发达国家与发展中国家存在纵向劳动分工，发展中国家开发自然资源，发达国家进行加工，生产出成品，然后向发展中国家出口。发达国家与一些贫困国家之间差距的拉大，说明在它们之间已经出现"体脑分工"，发展中国家主要依靠体力劳动发展经济，发达国家主要依靠脑力劳动发展经济。横向劳动分工对发展中国家是不利的，"体脑分工"必然带来可怕的后果。孟子说"劳心者治人，劳力者治于人"，即脑力劳动者统治人，体力劳动者被人统治。换言之，如果一些贫困国家不尽快摆脱"体脑分工"的陷阱，将会长期被发达国家统治。

第三，经济全球化还对发展中国家带来一些其他负面影响。例如，它们大量借用外债，由于国内经济效益不高，利用外资的收益往往低于偿还外债的利息，使利用外资处于"恶性循环"。汇率波动常常使发展中国家在偿还外债时吃亏，其中最明显的是美元与日元的比价。假定一个发展中国家向日本借用120亿日元，美元与日元的比价是1:120，120亿日元等于1亿美元。如果借款协定规定用美元偿还，三年后美元贬值，日元升值，汇率变成了1:100，发展中国家需要用1.2亿美元才能换来120亿日元，不考虑外债的利息，这个发展中国家就要给日本多付2000万美元。在引进外资时，一些发展中国家的领导集团乘机贪污，出现腐败。特别是人才外流，对发展中国家的经济造成了巨大的损失。

在国内方面，各国在发展知识经济时，如果不大力发展教育，努力缩小居民之间的文化教育差距，不实行累进所得税、遗产税和财政转移支付制度，缩小居民收入分配之间的差距，就有可能扩大"有知识阶层"与"无知识阶层"之间的裂缝。在知识经济时代，知识是最重要的财富，是最活跃的资本，是收入分配的主要依据，随着上述裂缝的扩大，可能出现"富者愈富、贫者愈贫"的局面，可能导致社会动荡不安。

（三）文化负面影响

知识经济在文化方面的负面影响，也要从国内与国际两个方面进行分析。从国内来看，如果各国政府不采取得力措施防患于未然，大力发展教育，进行精神文明建设，那么随着知识经济的发展，居民在文化素质上可能出现"两极分化"，一部分居民的文化素质高，收入水平高，生活水平高；另一部分居民的文化素质低，收入水平低，生活水平低。对于低收入者来说，面前只有两条路，一是走正道，努力学习文化知识，跟上时代前进的步伐；二是走邪路，从事盗窃、杀人、贩毒等犯罪活动。

从国际来看，知识经济的负面影响更大。知识经济是全球化经济，特别是互联网的发展，使世界正在变成"地球村"。发达国家的文化发达，种类繁多，特别是电影、电视剧，虽然艺术性较高，但宣扬的都是以美国为首的发达国家的意识形态，如果发展中国家不采取有力措施保护民族文化，其民族文化就有被西方文化取代的可能。发展中国家的一个公民，每天从网上看到的都是西方国家的电影、电视剧、新闻，听到的都是西方音乐，随着时间的延长，他就可能迷恋西方文化，看不起本国文化，本国文化由于无人问津，得不到发展，可能会逐步消失。

随着知识经济和互联网的发展，面临消失的还有发展中国家的语言。目前互联网使用的语言，法语只占5%，其他语种所占的比重更小，而英语却占90%以上。一种语言如果长期不用，就会像文化一样，濒临消失的危险。

美国学者亨廷顿提出了文明冲突论，认为目前世界上有西方文明、儒家文明、日本文明、伊斯兰文明、印度教文明、东正教文明、拉丁美洲文明、非洲文明，21世纪将出现西方文明与其他文明之间的对抗，可能引起战争。虽然科索沃战争、阿富汗战争和伊拉克战争存在文化差异与冲突的背景,但各种文明发展还有另一种前途,这就是相互交流,取长补短,共同发展,用文化交流维护世界和平。

五 研究知识经济学的难题

如上所述,知识经济学是很复杂的,在研究过程中会遇到各种难题,其中主要有:

1. 如何建立知识经济的核算体系?目前采用的 SNA 体系是针对物质与能量生产建立起来的,基本上不能满足知识经济核算的要求,需要另外研究、制定一套指标,构造符合知识经济的核算体系。目前对这个体系没有进行多少研究,基本上是一个空白。

2. 如何测度产品、企业、产业的知识含量?这里分为四种情况。一种是直接知识部门,它们的特点是已经市场化,有价格系统为依据,比较容易测度;另一种情况是间接知识部门,它们包含在第一、第二、第三(服务业)、第四(信息业)产业的内部,测度的困难在于:知识"影响的质和量是事先不能预料的。……知识与通常的资本货物不同,没有固定的能力"[①]。第三种情况是如何测度知识的扩散与溢出效应;第四是如何在定性分析的基础上开展定量研究。

3. 如上所述,人脑是知识的唯一创造者,它是如何生产出知识的,内在与外在激励分别起什么作用,学习与创新、人脑与电脑之间是什么关系;知识生产的最大特点是复杂性、随机性、突然性,投入与产出之间的关系极其复杂,从这种复杂关系中找

[①] 张守一:《信息经济学初探》,载《数量经济技术经济研究》1990 年第 5 期。

出其规律性，是需要研究的重要问题。

4. 如何确定基础研究、应用研究、开发研究的投资比例，大学教师如何在知识生产与知识传播上分配时间，使两者相互促进而不是相互干扰？

5. 发展中国家如何正确处理工业化、信息化与知识化的关系，如何确定它们之间的投资比例，使它们走上相互促进、良性循环的轨道，而不是顾此失彼、相互牵制？

6. 知识是分等级的，如初级、中级与高级。OECD1970—1980年将技术等级划分为高技术、中技术和低技术，1980—1995年将它们划分为高技术、中高技术、中低技术和低技术。要在这种划分的基础上继续进行研究，使知识等级的划分既具有科学性，又具有适用性。

7. 信息与知识的传播都需要利用基础设施（国际国内网络），将信息与知识分开后，如何分别计算它们的流量、收益，如何分别测算各种网络的经济效益？

8. 知识与知识产品的价值与价格。这些是建立与发展知识经济学的基础，但它们比物质与能量商品要复杂得多。例如，由于知识生产的随机性，有时投入很多，但没有产出；有时投入很少，但产出很大。一篇学术论文或一本科学专著的价值与价格偏离很大，如何确定它们的价值，是没有解决的问题，它们的价格基本上是指知识载体的价格，与物质与能量商品的唯一区别，是价格中包含了少量的稿费。宇宙载人或不载人航行，目前主要是科学意义，几乎没有商业价值，投入可以计算，但产出无法用货币计量。[①] 知识具有共享性，通过报刊、广播、电视发布一项新的知识，虽然人人都可以看到（没有这些条件的地方除外），由

[①] 已有少量富人到太空旅游。

于个人的素质不同,这项知识对有些人非常有用,很有价值;对第二部分人有些意义与价值;对第三部分人毫无意义与价值。目前我国听广播、看电视是不收费的(收音机与电视机的费用、有线电视收费存而不论),在上面的例子中,第一、第二部分人没有投入,而获得了很大或较大的效益。知识效用具有多维性,例如一颗气象卫星收集到了更多、更及时的气象信息,增加了新的气象知识,提高了气象预报的准确度,气象预报对农业、水利、某些工业、航海、军事、捕鱼和生活等都有效用,提高气象预报准确性这项知识的效用,是很难用价值与价格估量的。国家义务教育的投入很多,但收益为零(义务教育收费是非法的)。由于受历史条件和社会环境的局限,一项自然科学、特别是社会科学知识得不到社会的承认,不能实现其价值。错误使用知识使试验失败,虽有投入,但产出为负,等等。

9. 自从人类出现以来,总共积累了多少知识,在各个国家、地区是如何分布的,知识发展的规律是什么?

10. 人脑内没有物化而保留的知识,有多少是信息,多少是知识,这些知识在不同国家、地区、年龄、性别、文化程度、职业的人群中是如何分布的,等等,都是需要研究的难题。

这里需要说明两点:一是研究知识经济学会遇到许多难题,除以上10条外,还可以列出其他一些问题;二是随着知识经济学研究的深入,这些和其他问题都会逐步得到解决,当然,原有问题解决以后,又会出现新的问题。

(原载张守一等主编《知识经济概论》(第二版),中央广播电视大学出版社 2004 年、2006 年版)

知识经济的特征

与物质经济相比,知识经济具有许多特征,具体来说,主要有以下 32 条:

1. 从人类出现到工业时代为止,经济的发展主要依靠体力劳动;而在知识经济中,主要依靠脑力劳动或体力与脑力劳动相结合的新型劳动,这是质的飞跃,是最深刻的革命。

2. 在农业时代,最重要的资源是土地,工业时代最重要的资源是资本,而知识经济时代最重要的资源是知识。在非知识经济时期,哪个国家的劳动力、自然资源越多,经济规模就越大,人类为争夺这些资源发生了无数次的流血冲突。在知识经济时代,生产的发展主要依靠人脑的创新,人才是核心,各国和公司不择手段地争夺人才。

3. 自然资源是有限的,随着工业的发展,导致这些资源的枯竭,如果不发展知识经济,不加快科技进步,矿藏的预期使用年限是:银为 20 年,汞为 22 年,锌为 26 年,硫为 34 年,等等。再以石油为例,在 20 世纪 80 年代以前,西方发达国家大量使用便宜的石油,从 1960 年到 1973 年,美国年均增长 4.5%,英国 7.1%,法国 11.9%,日本惊人地高达 20.0%。20 世纪 70

年代，石油输出国组织两次大幅度提高石油价格，对石油进口国是很大的冲击，引发了一次经济危机。但在这次危机后，西方发达国家大量采用节油新技术，在经济不断增长的情况下，石油的消耗量逐年下降，1984年与1973年相比，美国年均减少了1.2%，英国减少了2.0%，法国减少了2.5%，日本减少了1.0%。这个事例充分说明了知识经济、科技进步对节约自然资源的巨大威力。许多自然资源是非再生的，越用越少；知识不仅是可再生资源，而且越用越多。

4. 工业生产污染环境，破坏生态平衡。知识经济不仅不污染环境、破坏生态平衡，而且能使被污染的环境得到治理，使失去平衡的生态得到恢复。

5. 由于知识经济的发展，无形资产的类型日益增多，价值越来越大，将会超过有形资产的价值。例如美国微软公司的资产高达2000亿美元，其中大部分是无形资本，而庞大的通用汽车公司只有400亿美元。日本、新加坡没有多少自然资源，但经济高度发达，已经说明了智力资源的作用超过物质资源作用的道理。

6. 在工业生产函数中，投入要素是资本和体力劳动，采掘业和加工业比较发达；在知识经济中，随着知识投入的不断增加，体力劳动和自然资源的投入将日益减少，教育与科技是两个最大也是最重要的基础产业。有人估计，在机械化初期，体力劳动与脑力劳动的比例是9∶1；在半机械化阶段，这个比例是6∶4；到了自动化时期，变成了1∶9。这个变化表现在：在工业经济时代，劳动者的文化、教育程度较低，在就业结构中，蓝领员工占大多数，白领员工占少数；在知识经济中，由于知识创新的速度加快，科学技术不断进步，对劳动者文化、教育素质的要求不断提高。随着知识经济的发展，蓝领员工的比重下降，白领员工的比重也在下降，而"金领"（即有知识）劳动者的比重在迅速提高。

7. 工业企业是以资本为纽带形成的，个人、集体或国家有了资本，雇用工人和管理人员，形成企业；知识企业是以知识为纽带形成的，几个人的知识相同或互补，自己集资或筹资，建立企业，虽然规模很小，但效率和效益很高。

8. 在物质产品中，物质消耗占很大的比重，特别是在以机器代替手工劳动的时候，物质消耗呈上升的趋势；在知识产品中，由于知识投入的不断增加，物化劳动的比重下降，活劳动的比重上升。

9. 工业经济时代，索洛提出了经济增长模式，但把技术进步看成是外生变量；随着知识经济的发展，罗默提出了新的经济增长理论，把技术进步看成是内生变量。

10. 在农业社会，劳动力与生产资料一般是结合的，工业革命需要产业大军，强迫农民与生产资料分离，从农村进入城市，英国"羊吃人"的故事是一个非常典型的事例。在工业社会，生产过程的劳动与生产资料是分离的，前者属于无产者，后者属于资本家。在知识经济中，劳动力与生产资料将重新合一，软件研制人员自己拥有一台计算机，现在就是非常平常的事情。

11. 在工业经济时代，工厂是兵营，集中劳动，统一管理。在知识经济时代，随着全球网络的形成，在家上班、灵活工作制（知识劳动时间由本人掌握）、异地就业（包括人在本国、在外国就业），将变成十分普遍的事情，需要分散管理。专家指出，在家上班的好处，是可以使妇女在就业的同时照顾家庭，可以减少城市交通的拥挤。

12. 在工业经济时代，体力劳动的时间、强度可以计量，依靠别人的监督可以提高劳动生产率。在知识经济中，脑力劳动或新型劳动不同，别人不可能监督他人的学习、思维和推理。

13. 在工业时代，追逐利润（物质价值驱动）是经济发展的动力。马克思引用托·登宁的一段话来说明这个道理："一旦有适当的利润，资本就胆大起来。如果有10%的利润，它就保证到处被使用；有20%的利润，它就活跃起来；有50%的利润，它就铤而走险；为了100%的利润，它就敢践踏一切人间法律；有300%的利润，它就敢犯任何罪行，甚至冒绞首的危险。如果动乱和纷争能带来利润，它就会鼓励动乱和纷争。"① 从科技发展史可以看到，许多科学家不是为了利润，而是使命感、爱好、兴趣、好奇心等（我称为精神利益驱动）来从事科学研究，到了知识经济时代，精神驱动的作用将不断增强和扩大。

14. 经济发展的衡量标准完全不同，下面将工业经济与知识经济的一些主要标准作个比较（见表1）。

15. 在物质经济中，产品批量生产，单位产品的成本是相同的；在知识经济中，一项知识的创新成本最高，而拷贝它的成本很低，例如美国网景公司将新研制的一种软件拷贝4000万份，向全世界发行，拷贝没有花费多少成本。

表1　　　　　　　经济发展的衡量标准

工业经济	知识经济
集中化	分散化
大型化、巨型化	小型化
标准化、规格化	非标准化、非规格化
单一化、大批量	多样化、小批量
大众化	个性化
确定化	随机化

---

① 《马克思恩格斯全集》第23卷，人民出版社1972年版，第829页。

16. 在工业经济时期,一种商品的价值是由社会平均劳动消耗决定的,高于这个平均消耗得不到社会的承认;而在知识经济时期,知识创新的基础是个人,一项知识产品的价值取决于个人劳动消耗。由于知识产品是唯一的,不同产品不能比较,即使一项知识产品的价值大大超过另一项知识产品,由于前者新颖,使用价值大,同样会得到社会的承认。

17. 知识创新成果是唯一的,一些知识产品的供给也是唯一的,如名画、真迹等等,无论需求有多大,这些知识产品的供给不会增加,这样,西方经济学关于供给与需求决定价格的理论,对知识经济将失去意义。

18. 在工业经济时代,规模经济效益的作用很大,企业规模越大,产品成本也越低,竞争是围绕价格展开的。知识经济企业不在规模大小,而在知识水平的高低,是否具有创新性和新颖性,竞争是围绕新旧产品进行的,新的商品由于没有竞争对手,价高利大;而旧产品会迅速失去市场,企业不是破产就是被兼并。这种竞争使知识更新的速度加快,促进知识经济的发展。

19. 在物质经济中,存在边际收益递减规律;而在知识经济中,知识是唯一的,新知识的科技含量必定超过原有的知识,无论新知识取代还是不取代原有的知识,其贡献率必定超过原有的知识,随着新知识投入的增加,边际收益是递增的。

20. 在工业社会,产业结构以工业为主,1996 年我国农业占 18.0%,工业和建筑业占 53.9%,第三产业占 28.1%。按照第一(农业)、第二(工业和建筑业)、第三(服务业)、第四(信息业)和第五(知识业)等五次产业划分,当知识产业占到 GDP 的 50% 以上时,人类将进入知识社会,它将分为初级、中级和高级三种形态。根据胡国强和王世炎利用我国投入产出表的匡算，五次产业的结构如下（%）（见表2）：

表2　　　　　　　　　五次产业结构

年份	第一产业	第二产业	第三产业	第四产业	第五产业
1987	27.92	35.16	12.19	12.62	12.11
1992	21.87	33.76	18.26	13.80	12.31
+，-	-6.05	-1.40	+6.07	+1.18	+0.20

虽然以上数据不够准确，但意义是很大的：第一，这是第一次作这样的匡算，使知识经济的研究从定性分析进入了定量分析；第二，这使我们对我国五次产业的规模及其结构有了一个大致的了解，为制定发展五次产业的方针、政策提供了数量依据；第三，初步划清了信息产业与知识产业的界限，对分别研究这两种经济是非常有帮助的。

21. 在工业时代，电信网络、交通网络等，虽然发挥了很大作用，但这些网络与由卫星、光纤和计算机组成的网络无法相比。知识是一种无形事物，只能依赖于一定的载体而存在和传播，知识的经济化要求知识在产生出来后高速流动，网络的出现是人类历史上的重大事件，使得传统的生产、交换、消费和生活方式发生了巨大的变化。当前，电子化、数字化是发展最为迅速的科技领域，继物流、人流之后出现了电子流，使人类知识形成了多层次的体系，并将知识体系的各个组成部分完整地、高效地连接在一起，使以往分散的、小集团化的智力资源逐步组成一个松散却又是有机高效的智能系统。

22. 由于物质产品具有排他性，在社会主义社会只能按劳分配。知识产品的本质具有共享性，科学知识一直是各取所需的；目前最新技术知识受知识产权法的保护，不能各取所需，使用者要支付一笔费用才能利用（保护期内）。但是，到了高级知识社会，技术知识将恢复共享性的本质，同样是各取所需。从这里可以作一个非常重要的推论：到了高级知识社会，从事物质生产的劳动者将不到10%，而且越来越少，而从事信息活动和知识创新的劳动者将占90%以上，而且越来越多。虽然物质产品具有排他性，但它们将退居到十分次要的地位，并且是极其丰富的，可以按需分配，信息与知识本质上具有共享性，人们从网络上获取信息与知识，不能按需分配，只能各取所需，因此高级知识社会就是共产主义社会，那时社会将在自己的旗帜上写上"各尽所能、各取所需"①。

23. 物质经济的通行原则是"等价交换"，知识经济中的科学知识，交换是非等价的，学者之间的学术交流不存在"等价交换"的问题，也不是物与钱的交换，而是观点之间的交换。

24. 在工业经济中，分配与交换是两个分离的过程；在知识经济中，分配中有交换，交换中有分配，例如老师上课是传播（分配）知识，学生与老师讨论问题是一种交流（交换）。

25. 工业产品生产出来后，在分配、交换和使用的过程中，其性能不变；知识生产就是创新，在分配、交换、利用的过程中都有创造，例如教育改革、科技改革等等。

26. 人类对物质产品的需求是有限的，恩格尔定理说明，随着收入的增加，新增加的收入用于购买农副产品的支出（弹性系数）是下降的；现在发现，随着收入的进一步增加，人类对物质产品的弹性系数也是下降的。人类对知识的需求是无限的，

---

① 新中国成立初期，这句话被译成"各尽所能、各取所需"，后来改成了"各尽所能、按需分配"，这是按照物质产品具有排他性修改的。到了高级知识社会，人们从网络上获取信息和知识，不能按需分配，只能各取所需，这种以信息经济和知识经济为基础的新共产主义，其原则是"各尽所能、各取所需"！

知识越多的人，越感到知识不够，越感到需要学习，需求不断扩大。

27. 人们对物质产品的需求分为潜在与现实两类，在工业经济时代，潜在需求转变为现实需求的程度取决于收入水平，例如目前农民的家用电器拥有量不高，还有很大的市场，工业也有生产能力，可以大批量供给，但中、西部农民的收入较低，增长较慢，无力购买。对知识产品来说，潜在需求转变为现实需求的程度，主要不是取决于收入，而是取决于是否愿意转化、个人天资、勤奋和学习方法等等。

28. 在工业经济时期，虽然各种管理发挥了很大的作用，但与知识经济的管理相比，理论不够深刻，不够全面，效果有限。在知识经济中，管理有双层含义：一是政治、科技、军事、教育、文化、卫生、体育等等的管理创新成果，都属于知识经济的范围；二是对知识经济的管理，这种管理要求将管物发展为管人，从"以人为本"进一步发展为"以人才为本"。

29. 物质产品的消费可以跳跃，例如从吃粗茶淡饭可以直接到吃山珍海味，从不知道电视可以跳到看数字技术电视；知识产品的消费一般不能跳跃，例如不懂初等数学就不能学习高等数学。

30. 网络化加快了经济的一体化和全球化，物流、人流、信息流、知识流已经将全世界的人民紧密地联系在一起，经济的逐步融合成为不可阻挡的趋势，地区经合组织数目繁多，世界贸易组织的作用正在扩大，"地球村"正在形成。但是，对目前的全球一体化不要估计过头，按照贸易额占 GDP 的比重计算，英国和法国稍高于 1913 年的水平，日本低于那个时期的水平。1904—1914 年英国对外直接投资与国内投资大体相等，目前只占 GDP 的 6%；西欧的对外直接投资比 1914 年少。19 世纪后半叶，有 6000 万人在国与国之间迁移，比现在多得多。在知识经济时代，一体化和全球化的速度比目前还会进一步加快，因为知识没有国界，不分民族，为了解决全人类所面临的共同问题，需要充分动员全世界的智力资源，相互配合与协调，逐步解决各种难题。同时，与 19 世纪后期和 20 世纪初期相比，这次全球一体化具有很多特点，如转入的国家与地区多得多；贸易扩大的原因不是运费的降低，而是通信费用的下降；金融交易的规模远远超过物资交易的规模，1973 年每日外汇交易额 150 亿美元，1995 年则为 12000 亿美元，增加了 79 倍；1990 年私人资本流向新型市场 500 亿美元，而 1996 年则高达 3360 亿美元，增加了 5.7 倍；科技进步在全球一体化中发挥着越来越大的作用。

31. 在工业经济时期，西方发达国家的经济萧条主要原因在需求方面，居民需求、投资需求或出口需求中的一个因素或几个因素同时表现不足，就会引起经济萧条。在知识经济时期，人们对知识的追求是无限的，不会出现需求不足的现象，主要原因将来自供给。著名经济学家熊彼特对这种经济周期进行了分析，1939 年他在《经济周期：资本主义过程之理论的、历史的和统计的分析》巨著中认为，开动资本主义发动机并使它继续动作的基本推动力，来自新消费品、新的生产或运输方法、新市场、资本主义企业家创造的产业组织的新形式。创新造成经济周期，原因在于创新的特征之一是不连续性，它集中在一个时期，时断时续，一次创新高峰带来繁荣，后面没有新的创新继续，经济增长下降，出现萧条。虽然熊彼特的创新理论十分深刻，在研究知识经济时将重新被高度重视，但由于受历史条件的限制，他把创新动力主要局限于新的市场和企业家精神，没有看到个人、科研院所和政府的创新作用。

32. 实践证明，在物质经济时代，由于信息不全和利益冲突，不能采用计划经济模式。在知识经济时代，网络化使市场的供给者能够及时掌握生产、需求、资本和知识资源的大量信息，他们通过网络广告等多种形式可以有目的地影响消费者，创造新的需求。另外，跨国公司成为超国界的庞然大物，它们对物质和技术产品形成一定的垄断。政府在市场调控和市场参与方面将作出更加有效的反应。这样看来，发展趋势是市场的无序性减弱，计划性加强，"有计划的市场"可能成为一种发展模式，它可以减少浪费，提高整个经济系统的效率和效益。

（原载《当代财经》1998 年第 11 期）

知识经济与两个转变

所谓两个转变，一是指经济体制从计划经济向市场经济的转变；二是指经济增长方式从粗放型向集约型的转变。经济增长方式与经济体制之间的关系就是生产力与生产关系之间的关系。本文就两个转变与知识经济的关系作些分析。

一　知识经济与经济体制转变

制度、组织、管理创新成果是知识经济的重要内容，而经济体制改革要实行一系列制度、组织、管理创新，因此经济体制改革成果属于知识经济的范围。另一方面，知识经济本身需要新的经济体制，这种新体制只有通过体制创新才能逐步建立起来。

（一）经济改革的必要性

从 1953 年执行第一个五年计划开始，到 1978 年我国经济建设经历了 26 个年头，虽然取得了一定的成绩，但运动不断，如 1957 年的"反右派"，1959 年的"反右倾"，特别是 1966—1976

年长达10年的"文化大革命",不仅提出了"以阶级斗争为纲"的口号,而且要"天天讲、月月讲、年年讲",使经济建设遭受了巨大的破坏,人民情绪低落,劳动生产率下降,经济发展缓慢。1976年打倒"四人帮",人民迫切希望改变毛泽东晚年的错误政策。

1978年12月,中共中央召开了长达35天的工作会议,纠正了历史上和"文化大革命"中的一系列错误,接着召开了党的十一届三中全会,取得了三大成果:第一,放弃"以阶级斗争为纲"的口号,把工作重点转移到经济建设上来;第二,结束封闭,走向开放;第三,实行经济改革。

在1953—1978年期间,我国在解放区经验的基础上,学习苏联的经济模式,建立了高度集中的计划经济体制,主要内容是:在所有制结构上,只有国营和集体两种形式,否认其他所有制的存在,推行小集体向大集体、集体向国营的"穷过渡",逐步形成单一的国营经济;在决策上,随着计划机制的强化,决策日益集中到中央,虽然在中央政府与地方政府之间有过多次集权、分权的试验,但企业始终没有决策权;在经济利益方面,中央与地方政府不承担其计划、投资等决策失误的责任,企业不承担亏损的责任;在分配上大搞平均主义,抑制了广大劳动者的生产积极性;在经济调节上,实行计划调节、行政调节、直接调节,资源按照行政系统分配,企业无权过问,计划统包统揽一切,统一安排生产,统一分配物质,统一安排投资,统一财政收支,统一银行信贷,统一安排就业,等等;在经济组织上,把千万个基层单位划分给部门、地方管理,出现了"条条专政"、"诸侯经济",政府与企业职责不分,后者是前者的附属物、"算盘珠",使它们失去了生机与活力。

在经济关系比较简单的情况下,计划经济体制能够发挥一定的积极作用,随着生产力的发展和经济关系的复杂化,这种经济体制遇到了许多不可克服的障碍。

第一,系统组织的扭曲。行政系统与经济系统是两个系统,但在计划经济体制中,两个系统相互交叉,矛盾重重,行政官员既是"裁判员",又是"运动员",这种经济只能"人治",不能"法治"。因为他们立法是用来约束、制裁自己,这样的法律必然成为"废纸"。

第二,信息障碍。在计划经济体制下,信息以层层的纵向传递为主,企业之间的横向信息传递很少,主管部门掌握的信息不多,在信息十分贫乏的条件下作出决策,容易失误,使各种资源得不到最优的配置与利用,造成巨大的损失。在经济体制的讨论中,有人认为计算机可以解决信息障碍。事实说明,虽然计算机是收集、处理、存储、传递信息的重要工具,但不能完全克服计划经济体制的信息障碍,因为经济生活时刻都在变化,主管部门掌握的信息总是滞后的,同时随着收集、处理、存储、传递信息量的不断增加,各级政府无力承担日益增加的信息成本。

第三,利益障碍。计划经济体制的运行依靠行政命令,完全忽视经济利益原则,只适用于机器人。但各个经济实体都有经济利益,忽视这种利益,就会打击它们的积极性、主动性、创造性,其后果是劳动者的生产积极性下降,经济增长缓慢,供不应求,形成"短缺经济"。由于在计划经济体制下,企业是主管部门的附属物,它们不承担亏损的责任,是预算软约束,经济效益下降是必然结果。

以上分析说明,对经济体制进行改革是非常必要的,在逐步认识到计划经济体制的弊端后,1978年十一届三中全会制定了改革开放政策,使我国踏上了以市场经济为导向的改革征途。

(二) 经济改革理论的突破

面对高度集中的计划经济体制，不打破思想僵化，不解放思想，就不能进行经济改革。事实上，每一次理论突破都带来经济改革的进展。邓小平作为改革开放的总设计师，改革开放理论是其理论体系的重要组成部分。

1979年2月，李先念提出了计划经济与市场经济结合、以计划经济为主的看法，市场经济是补充，不是小补充，而是大补充。1979年11月，邓小平在会见美国不列颠百科全书出版公司编委会副主席吉布尼等人时明确指出，说市场经济只存在于资本主义社会，这肯定是不正确的。社会主义为什么不可以搞市场经济？这个不能说是资本主义。我们是计划经济为主，也结合市场经济。

但是，1980年财政赤字增加，通货膨胀加剧，一些人把它们归结于过分强调价值规律和市场调整，对商品经济理论开展了批判。事后出版了《计划经济与市场经济文集》（第一集），编者在"前言"中说，国民经济的有计划发展是社会主义经济的一个基本特征，实行指令性计划是社会主义计划经济的根本标志，是社会主义全民所有制在生产的组织和管理上的重要体现。放弃计划经济，必然导致社会生产的无政府状态，导致对社会主义公有制的破坏。取消指令性计划，取消国家对关系到国计民生的生产资料和消费资料的生产和分配的直接管理，取消国家对骨干企业的直接指挥，国家就难以掌握必要的经济力量来保障国民经济按照全社会的利益和要求健康发展，就无法避免社会经济生活的混乱，就不能保证我们的整个经济沿着社会主义方向前进。这套理论与改革理论是对立的，与改革方向是背道而驰的，他们还大搞一言堂，不许发表不同意见。

当时的理论争论没有干预实际改革开放工作，其中最大的举动是在农村推行家庭联产承包制，用它来取代"三级所有、队为基础"的公社，促进了农业的高速发展，同时乡镇企业蓬勃发展，在沿海地区开辟了开发区。这些改革措施是在国营经济之外进行的，叫做"体制外先行"战略或"增量改革战略"，借助体制外改革来推动国营经济的改革。

1984年10月，中共十二届三中全会通过了《中共中央关于经济体制改革的决定》，把建立有计划的商品经济作为改革的目标。邓小平对这个决议给予了很高的评价，说这次经济体制改革的文件好，就是解决什么是社会主义，有些是我们老祖宗没有说过的话，有些新话。

由于受传统理论的束缚，在商品经济的前面加上了"有计划"，文件还说，在我国社会主义条件下，劳动力不是商品，土地、矿山、银行、铁路等等一切国有的企业和资源也都不是商品。尽管有这些局限性，这个决议仍是经济理论上的一次突破，这个突破是实践上升为理论的表现。由于农村、乡镇企业和开发区在短期内取得了明显成绩，使许多人看到了改革的威力，特别是农村改革取得了巨大的效果，这项改革成果对我国经济发展与改革产生了全面、巨大、深刻的影响。

《中共中央关于经济体制改革的决定》中所说的市场，是指商品市场，不包括生产要素市场，是很不全面的。1985年9月召开的中共全国代表大会的决议提出了逐步完善市场体系的看法，强调发展商品、资金、劳务（劳动力）、技术四大市场，覆盖面与市场经济基本接近。

1987年2月在准备中共十三大时，邓小平说，为什么谈市场就说是资本主义，只有计划才是社会主义呢？计划和市场都是方法嘛。只要对发展生产力有好处，就可以利用。中共十三大的决议提出了新的经济运行机制，即"国家调节市场，市场引导企业"的模式。

1987年12月反对资产阶级自由化、特别是1989年6月政治风波后,经济改革理论出现了争论,少数坚持计划经济的学者认为,市场与计划是姓"资"姓"社"的问题,计划经济等于社会主义,市场经济等于资本主义,搞市场经济就是取消公有制,否定社会主义制度,就是搞资本主义,并将改革中提出的新理论、出现的新事物列为批判的对象。

1990年12月邓小平指出,资本主义与社会主义的区分不在于是计划还是市场这样的问题。不搞市场,连世界上的信息都不知道,是自甘落后。1991年1—2月,他在上海又说,不要以为,一说计划就是社会主义,一说市场就是资本主义,不是那么回事,两者都是手段,市场也可以为社会主义服务。

1992年10月召开了中共十四大,会议正式宣布,我国经济改革的目标是建立社会主义市场经济体制,使市场在社会主义国家宏观调控下对资源配置起基础性作用,使经济活动遵循价值规律的要求,适应供求规律的变化;通过价格杠杆和竞争机制的功能,把资源配置到效益较好的环节中去,并给企业以压力和动力,实现优胜劣汰;运用市场对各种经济信息反应比较灵活的优点,促进生产与需求的及时协调。

1997年9月召开的中共十五大,向前推进了经济改革理论,把公有制为主体、多种所有制共同发展确定为社会主义初级阶段的基本经济制度,运用股份制和股份合作制进行产权改革,等等。

(三) 经济改革的特点与内容

1. 经济改革的特点

渐进式改革的最大特点,是在一个较长的时期内,计划与市场两种体制并存,形成经济系统的"板块结构",计划管一块,市场管一块。这种板块结构表现在各个方面,例如在计划管理上,主管部门继续向国营企业下达生产指标,非国营经济由市场调节;国营企业所需的物资,由物资部门统一调配,非国营企业所需的物资在市场上采购,或"物物交换",即一家企业用一种物资交换另一家企业的另一种物资,在成交之后,计算物资的价格;国营企业产品的价格由价格部门统一规定,而非国营企业产品的价格基本上由市场决定。在"双重体制"并存的情况下,出现了计划价、协作价、市场价并存的局面;国营企业的贷款由银行按计划统一分配,国家银行为全民所有,不向非国营企业贷款,它们所需的资金从市场上筹集,出现了计划利率与市场利率并存的局面;国营企业所需的劳动力,由劳动部门统一分配,非国营企业可以自由招工;等等。

随着经济改革的推进,国营企业内部也出现了"双重体制",例如生产任务由国家计划安排一部分,企业根据市场需要安排一部分;部分产品由物资部门按照统一的计划价格调拨,另一部分由企业按照市场价格自销;等等。

在渐进式改革中,"双重体制"并存不仅是必然的,而且是有益的。首先是有利于减少改革的阻力,加快改革的进程,因为国营企业改革的阻力最大,在渐进式改革中,先不动这一块,而是按照市场经济体制的要求,发展非国营经济;其次,经济改革的本质是利益的再分配,随着非国营经济的发展,许多人从改革中获益,可以减少改革所带来的社会震荡,维护社会的稳定,为经济发展与改革创造必不可少的条件;再次,有利于干部从改革中学习改革,积累改革的经验,培养干部队伍,避免在全面的改革中发生大的偏差。

但是,"双重体制"并存的问题是很多的,其中主要有:

第一，经济关系扭曲。经济系统是一个有机整体，双重体制将它划分为两块，同时由计划与市场两种机制配置资源，矛盾突出，冲突不断。换言之，在"双重体制"并存的情况下，不仅不能理顺经济秩序，反而会越理越乱。

第二，企业处境困难。在"双重体制"并存的情况下，一家国营企业变成了"一厂两制"，一边按照指令计划生产，一边按照市场需求生产，一只眼睛看上级，一只眼睛看市场，这种"两张皮"的现象使许多企业感到困难重重。

第三，市场竞争不规范。国营经济受到计划的严格控制，非国营经济可以放手开展竞争，一边死，一边活。两类企业对市场都不满意，国营企业认为，它们的大部分产品由物资部门调拨，价格低，利润少；非国营企业认为，它们所需的物资在市场上进货，供给没有保证，价格高于国家调拨价，提高了它们的成本。

第四，市场信息混乱。在"双重体制"并存的情况下，计划与市场同时发出信息，都不能对企业起正确的引导作用。一旦市场对一种产品发出短缺的信息，国营与非国营企业一哄而上，重复引进、重复建设遍地开花，使生产能力过剩，造成巨大的浪费。

第五，宏观调控失灵。非国营经济由于不受计划的控制，发展迅速，引起经济过热，出现通货膨胀，但国家宏观调控对这块经济鞭长莫及，只好加强对国营经济的控制，它们本来发展就慢，在进一步控制之下，发展更加缓慢。

第六，腐败的温床。在"双重体制"并存的情况下，计划价格（商品价格、利率、汇率、工资）都大大低于市场价格，"寻租"活动十分活跃，"权钱交换"非常流行，少数腐败分子拿计划内的物资、资金、外汇到市场上销售，一夜之间就能变成暴发户。

"双重体制"并存的益处是"得",问题是"失",究竟是"得"大于"失",还是"失"大于"得",很难计算,总的趋势是,"双重体制"并存的时间越长,所"得"就会越少,所"失"就会越多。因此,加快改革的步伐,创造条件使计划机制向市场机制靠拢,在市场机制的基础上实现两种机制的并轨,成为20世纪90年代经济改革的重要内容。

2. 经济改革的内容

经济改革的内容很多,下面对几项主要改革作些介绍。

(1) 所有制改革。如上所述,所有制是生产关系的基础,只有进行必要的所有制改革,才能建立市场经济。这项改革包括发展非国有经济,对国有经济进行改革。经过21年的改革,所有制结构发生了很大的变化,详见表1。

表1　　　　　　　所有制结构的变化　　　　　单位:%

部门与年份	国有	集体	个体	其他
工业:1985	64.9	32.1	1.9	1.2
1997	25.5	38.1	17.9	18.4
变化	-39.4	6.0	16.0	17.2
建筑业:1985	48.2	20.4	—	31.4
1997	36.3	31.5	—	32.2
变化	-11.9	11.1	—	0.8
商业:1985	65.8	26.6	—	7.6
1997	48.5	21.0	20.2	10.3
变化	-17.3	-5.6	—	2.7
投资:1985	66.1	12.9	21.0	—
1997	52.5	15.4	13.7	18.4
变化	-13.6	2.5	-7.3	—

上表的数据说明,国有工业、建筑业、商业和投资的比重都在下降,其中以工业比重下降的幅度最大,达到了39.4个百分点;国有经济的投资下降了13.6个百分点,主要是其他投资上升的结果;集体工业和建筑业的比重是上升的,但商业比重在下降,主要是个体商业1997年达到了20.2%;其他所有制包括私营、联营、股份制、外商投资、港澳台地区投资和其他投资,这个比重的上升是开放政策的结果。[1]

(2) 计划改革。从减少指令性指标开始,到基本上取消这种指标。1998年已经取消了农业生产的指令性计划,只对九种农产品实行指导性计划管理;1979年国家安排的工业生产产值占70%以上,目前只占4.6%;现在实行指令性管理的工业产品只有12种,并且是部分产品,只占产值的4.1%;1979年国家规定的商品零售价格占95%以上,目前只占7.2%。

(3) 企业改革,企业是国民经济的细胞,只有每个细胞充满生机与活力,整个经济才能蓬勃发展。目前还没有完成国有企业改革的任务,需要继续将它推向前进。

(4) 分配制度改革。在农村,实行家庭联产承包制,其中包含分配制度的改革,农民除上缴农业税、集体提成外[2],其余收入全部归个人所有;在坚持按劳分配原则的基础上,使生产要素参与分配。

(5) 自从在上海、深圳设立证券市场以来,发展很快,1998年11月底,证券品种已经达到992个,上市公司843家,

---

[1] 通过改革,各种所有制相互渗透,情况日益复杂。2005年,国有及规模以上非国有工业企业共有资金24.5万亿元,其中国有及国有控股占48.1%,私营占12.4%;在8426亿元零售商业资产中,国有占10.0%,外商占6.2%;在近9.5万亿元投资中,预算内资金占4.4%,贷款占17.3%,自筹资金占58.3%。

[2] 农业税已经取消,集体提成也已基本取消。

市场总值 21120 亿元，客户投资者 3889 万户①。少数公司还在香港、外国证券市场上市，筹措资金。

（6）财政改革。财政部门进行了税制改革，实行了以增值税为核心的征税制度，保证国家能够得到稳定的收入；中央与地方政府之间的财政关系，从统收统支变成"分灶吃饭"，后来又改成了分税制，设立了中央与地方税务机构。

（7）金融改革。中国人民银行变成了管理银行的中央银行，不再从事信贷业务；成立了工商银行、农业银行、国家开发银行、农业发展银行、外贸银行和一批集体所有制银行；银行系统不再是国家财政的出纳，而是稳定币值和物价、实行宏观调控的重要机构。

（8）外贸改革。基本上取消了国家对外贸的垄断，授予一大批企业以外贸权，正在推行外贸代理制、招标投标制；加入世界贸易组织后，正在降低关税，进一步开放国内商业、服务、电信、产权、金融、保险市场。

（9）建立宏观调控体系。根据市场经济既有"看不见的手"在调节、也有"看得见的手"在调控的理论，从直接的计划控制到逐步采用间接的调控手段，其中主要是货币政策和财政政策，银行初步建立了准备金制度，开展了再贴现率和公开市场业务的试验。

（四）经济改革的经验

改革开放 21 年来，我们在经济改革方面积累了丰富的经验，其中主要有：

---

① 2005 年上市公司 1381 家。2006—2007 年股市大发展，股民接近 1 亿。

1. 渐进式改革模式①

对中国这样一个发展中的大国来说，人口众多，经济文化不发达，人均资源有限，国情复杂，针对这种状况，采用渐进式改革模式是必要的。我国的改革从农村开始，这个突破点的选择非常正确，1978年农村人口占82%，是大头。稳住了农村，就基本上稳定了国家。农业的供应、生产、销售关系比较简单。当时化肥、电力、农药、薄膜等等农用物资由供销社供应，每个农民都会生产，当时城市农产品供不应求，凭证供应，不存在市场销售问题。家庭联产承包制极大地调动了亿万农民的生产积极性，农业连年丰收，增加了城镇居民的农产品供应，增加了轻工业的原料，增加了农民的收入，改善了他们的生活，增加了国家的积累，特别是使广大群众看到了改革的威力，在很大程度上克服了经济改革的思想障碍，实在是功不可没。1984年经济改革从农村转入城市，由于城市情况、各种利益关系十分复杂，改革的推进速度明显慢于农村。

2. 正确处理发展、改革、稳定的关系

经济发展是目的，改革是动力，稳定是条件，三者缺一不可。在安排发展与改革任务时，一定要考虑到社会所能承受的能力，不能使这些任务影响到社会的稳定。例如，如果经济增长速度过高，各种关系绷得太紧，必然出现通货膨胀，通货膨胀率过高会影响到社会的稳定；又如职工下岗人数超过就业岗位过多，使许多人失业，同样会影响到社会的稳定。但是，不能以稳定为借口，放弃发展与改革，因为只有发展与改革才能从根本上维护

---

① 俄罗斯采用急进式改革，又叫做"休克疗法"，改革成本很大，表现为经济秩序混乱，生产倒退，人民生活水平下降，国际威望受损。当经济秩序理顺后，就能获得改革收益。

社会的稳定。

3. 重新确立思想路线

这条路线的内容是：一切从实际出发，理论联系实际，实事求是，在实践中检验真理和发现真理。经过长期的探索，才使我们认识到我国处于社会主义初级阶段，在这个基础上使我们认识了"什么是社会主义、怎样建设社会主义"的根本问题。从上面所说的经济改革理论的突破可以看出，理论与实践是相互推动的，理论上的突破把改革实践推向一个新的阶段；改革实践的进步又是理论突破的思想来源。虽然在经济改革理论方面我们学习了外国的经验，但理论概括的对象主要是国内经济改革的实践，只有这样，才能防止照搬外国的模式，走有中国特色的社会主义道路。

4. 坚持基本路线

它的内容是：领导和团结全国各族人民，以经济建设为中心，坚持四项基本原则，坚持改革开放，自力更生，艰苦奋斗，为把我国建设成富强、民主、文明的社会主义现代化国家而奋斗。十分明显，离开经济建设这个中心，社会主义社会的一切发展和进步就会失去物质基础；离开四项基本原则和改革开放，经济建设就会迷失方向和失去动力。这就是"一个中心、两个基本点"的辩证统一关系。

5. 坚持经济改革的原则

如上所述，改革是经济发展的动力，其本质是随着生产力的发展，自觉地、及时地调整生产力与生产关系、经济基础和上层建筑之间不相适应的方面与环节，为生产力和各项事业的继续发展奠定基础。我国的改革是完善社会主义制度，而不是放弃这种制度。

6. 坚持对外开放

经济全球化的过程在加快，在这个大背景下，关起门来搞建设是行不通的，唯一的出路是实行开放政策，参与经济全球化的过程，把独立自主、自力更生与引进外国资金、先进技术、管理经验结合起来，把利用国内资源、开拓国内市场与利用国外资源、开拓外国市场结合起来，把发扬传统文化与学习国外文明成果结合起来，树立两种资源、两个市场、两类人才的观念，促进经济的发展。参与经济全球化必然带来各种风险，因此要保持清醒的头脑，采取相应的对策化解风险。

7. 坚持配套改革

经济系统是一个开放的、复杂的、有机的、变化的特大系统，面对这样一个系统，单项改革的效果有限，一定要实行全面的配套改革，将计划经济体制逐步转变为市场经济体制。

8. 维护世界和平

我国实行独立自主的和平外交政策，不与任何大国或军事集团结盟，不屈服于任何外来压力。目前，周边国家、地区的政治、经济、军事局势比较稳定，有利于国内建设，我们要抓住这个大好时机，集中力量加快经济和其他事业的发展。

（五）今后经济改革的任务

虽然我国改革已经进行了21年，但还有许多问题没有解决，需要今后进一步进行改革，其中主要任务是：

1. 农村改革

1998年10月，中共十五届三中全会专门讨论了农业与农村问题，就其跨世纪发展的目标和方针、在家庭承包经营的基础上建立双层经营体制、深化农产品流通体制改革、加快农业基本建设、依靠科教进步调整农业和农村经济结构等重大问题作出了决定。

2. 继续推进产权改革

中共十五大后，国有企业的股份制和股份合作制改造的进度有所加快，但远远没有完成中共十五大提出的任务，首先要完成"放小"的任务，"放小"的形式可以多种多样，但应以股份合作制为主要形式；中型企业按照资产多少分别划入大型或小型企业；大型企业产权改革的主要形式是股份制。独资国有企业原则上局限于垄断行业，逐步退出竞争领域。目前在"放小"时出现营私舞弊、化公为私等等腐败现象，这与没有正规化产权交易市场有很大的关系。今后要加强产权市场的建设和管理，使招标投标成为产权交易的基本形式。下一步产权改革还有一项任务，就是办好现在已经实行股份制改造的企业，并经过批准后允许国有股上市，对股票市场进行调控。

3. 坚持按劳分配，拓宽分配渠道，落实分配政策

为此，需要制定具体的政策措施；建立健全的累进所得税制，防止收入分配的两极分化；如何提高科学家、教师等知识劳动者的收入水平，是需要解决的问题；要下决心从根本上克服分配上的"体脑倒挂"现象；另外，提高中西部农民的收入，开辟农村市场，对于经济的持续、适度快速增长有重要意义；要正确处理国家、集体、个人之间的分配关系，要提高财政收入占 GDP 的比重，在分税制的基础上进一步划清中央与地方政府的权限。

4. 理顺"旧三会"和"新三会"的关系

所谓"旧三会"，是指党委会、职代会、工会；所谓"新三会"，是指股东会、董事会、监事会。现在提出了一些处理

这些关系的设想,例如党委书记与董事长交叉兼职;职代会选人参加董事会;职代会有议事权,股东会有决定权;董事长兼任总经理,等等,这些措施是否行得通,还要经过实践的检验。

5. 加快金融体制改革

经济系统可以分为实际系统(如工业、农业等等)和金融系统,后者对前者的调控作用日益增加。为了建立社会主义市场经济体制,一定要加快金融体制的改革,其中最重要的问题是防止金融风险,当出现这种风险时,要采取有力措施化解这种风险。在防范措施中,最重要的是加强对金融系统的监管,防止出现大规模的呆账。为了使目前国有企业从间接融资为主逐步转变为直接融资为主,需要实现制度创新,向"劳者有其股"的方向发展,也就是将居民存款的一部分分流到股市,为直接融资创造条件。劳者有其股不是要人人到交易所去炒股,应当在个人自愿参加的基础上成立大批民有民营的投资公司(基金),由它们去购买"一篮子"股票,降低投资风险,获得一定的收入。

6. 提高开放的质量,继续外贸改革,进一步扩大外贸

从 1979 年到 1997 年我国共利用外资 6540 亿美元,占世界第二位,成绩是巨大的,但也存在一些问题,突出表现在没有按照产业实行对外资的优惠,而是"一刀切",国内生产能力过剩的产业也对外资优惠,使国内企业在竞争中处于不利地位;而国内缺少的尖端技术,对外资又没有特殊的优惠政策。今后凡是国内生产能力能够满足国内市场需要的,一律不再对外资实行优惠;凡是国内缺少的尖端技术,实行优惠政策,可以用市场换技术,但要建立合资企业。

二 知识经济与经济增长方式转变

(一) 经济增长方式转变的含义、层次及其与知识经济的关系

1. 增长方式转变的含义

马克思指出:"如果生产场所扩大了,就是在外延上的扩大;如果生产资料效率提高了,就是在内含上扩大。"① 在讨论经济增长方式转变的过程中,先后提出了粗放型与集约型、投入型与效率型、速度型与效益型、数量型与质量型等等说法。如果把马克思论述中的"生产资料"改为"生产要素",上述含义有许多相同或相似的地方。换言之,经济增长有两种途径:一是在不提高生产要素质量的基础上,增加其数量,这是粗放型增长;二是在不增加生产要素数量的基础上,提高其质量,这是集约型增长。在现实经济生活中,两种增长方式总是并存的,如果经济增长主要是依靠增加生产要素数量的投入,则把它叫做粗放型增长;如果经济增长主要是依靠提高生产要素的质量,则把它叫做集约型增长。

经济增长方式与科技进步有密切的关系,在定义这种转变时有科技标准和经济标准。按照科技标准,凡是新采用的技术在水平上超过原有的技术,就是技术进步。在用经济标准衡量技术进步时,不仅要看技术水平,还要看经济效益。以一台机器为例作比较(见表2)。

在这个例子中,新技术使产量增加了1倍,节约工资1万元,但折旧基金从10万元增加到了80万元,使这家每年赢利

---

① 马克思:《马克思恩格斯全集》第24卷,人民出版社1972年版,第192页。

22万元的企业,由于采用新技术,变成了每年亏损14万元。从经济的角度来看,这个企业用新技术代替原有技术是得不偿失的。

表2　　　　　　　　新旧机器的比较　　　　　　单位:万元

	旧机器	新机器
原材料	500	1000
机器价格	100	800
折旧(10年)	10	80
工资	2	1
税收	6	12
合计(不包括机器价格)	518	1093
产量(万件)	10	20
单位产品费用(元)	51.8	54.7
单位产品价格(元)	54.0	54.0
单位产品盈亏(元)	+2.2	-0.7
总盈亏(万元)	+22.0	-14.0

以前在讨论增长方式转变时,用劳动生产率作为唯一的衡量标准,这个指标提高了,说明增长方式发生了转变。这个看法不够全面,劳动生产率的提高需要物质和精神条件,拿物质条件来说,当用物质(资本)取代活劳动,可能出现三种情况:第一种情况是,假定产品数量和质量不变,如果投入的资本价值超过了资本所替代的活劳动的价值(按工资计算),单位产品的价值是上升的,经济效益就会下降(上面的例子就是这种情况)。

第二种情况是假定其他条件不变,投入的资本价值等于资本所替代的活劳动的价值，产品的价值和价格不变。

第三种情况是投入资本的价值小于它所替代的活劳动的价值，产品的价值和价格是下降的，这可以提高经济效益。

2. 经济增长方式转变的层次

如果我们放眼世界就会看到，除特殊情况外，各国都在进行经济增长方式的转变，但由于各国经济水平与素质的不同，转变的层次是不一样的，大致可以分为四个层次。

第一个层次是用蒸汽机代替手工劳动。这是第一次技术革命和产业革命的任务，但是对于发展中国家来说，至今仍没有完成这项任务。在我国农业和服务业中，还有许多手工劳动，需要几十年的时间才能完成用机器取代手工劳动。在经济增长方式这个转变时期，产品价值结构变化的总趋势是，物化劳动的比重提高，活劳动的比重下降。

第二个层次是用电动机、内燃机代替蒸汽机，这是第二次技术和产业革命的内容，例如在铁路上用电力机车、内燃机车代替蒸汽机车。在这个转变时期，技术进步不仅节约活劳动，而且节约物化劳动。在产品价值结构中，物化劳动比重的提高不再是一种趋势，生产资料生产（使用）优先增长不再是一条规律，物化与活劳动比重的变化与经济周期处于何种阶段有密切的关系。

第三个层次是以计算机、原子能为代表的高新技术，在这些技术中发展最快、经济前景看好的是电脑、新能源、新材料、激光、航天、海洋等等。

第四个层次是以生物工程和互联网为代表的现代技术，生物工程不仅将使农业和医疗发生革命性的变革，而且可以实现"工厂造人"的奇迹；人类创造网络，网络改造世界，政治、经济、军事、科技、贸易、文化、教育、医疗等等都可以上网。

虽然我国是一个发展中国家，但经济增长方式上述四个层次的转变是同时存在的，不过第一、第二个层次的转变占主流。

3. 经济增长方式与知识经济的关系

经济增长方式转变有四个层次，其中用蒸汽机代替手工劳动，用电动机、内燃机代替蒸汽机，都属于工农业生产；而以电脑、原子能为代表的第三次，以生物工程、互联网为代表的第四次技术和产业革命的内容，属于知识经济的范围。

（二）经济增长方式转变的紧迫性

我国转变增长方式是十分紧迫的，这个问题可从供给与需求两个方面来进行分析。

1. 供给方面

第一，人均资源的限制。我国人均耕地面积只占世界平均水平的33.0%，美国的24.2%，印度的38.8%；森林覆盖率只占世界平均水平的45.3%，美国的42.8%，印度的59.6%；人均草原面积只占世界平均水平的43.6%，美国的28.5%；矿产资源的情况大体如此。如果继续实行粗放型经营，投入多，产出少，自然资源是很难长期支撑的。矿产资源部宣布，"第十个五年计划"（2001—2005年）期间，国内几十种自然资源将不能满足生产的需要，除降低单位产品的消耗外，只能依靠进口。

第二，技术落后。机电行业的技术水平比发达国家落后15—20年。主要机械产品中达到20世纪70年代末80年代初国际水平的只占三分之一，达到目前国际先进水平的只占5%，主要设备都依靠进口；冶金设备比国外先进技术落后25—30年，发达国家已经淘汰了平炉炼钢，我国仍占15%，发达国家的连铸比为70%，我国只有40%；纺织行业4100多万纺锭中有四分之一需要淘汰，目前各地正在实施压锭任务。

第三，消耗高、质量差。我国能源利用率只有30％，而发达国家在50％以上；化肥利用率只有30％，而发达国家在60％以上。产品质量存在许多问题，其中假、冒、伪、劣屡禁不止。

第四，生产要素比例的限制。我国投资占GDP的比例，"八五"期间为40.0％，其中1993年高达43.3％，1996年为39.6％，1997年为38.2％。如果不提高投资效果，要支撑经济的高速增长，就要继续提高投资率，这是不可能的，为了保持国民经济的协调发展，需要适当降低投资率。要维持适度的高速增长，就要加快增长方式的转变，降低单位产出所需要的投资。虽然我国目前还有大批剩余劳动力，如果不转变增长方式，单靠增加劳动投入来维持经济的高速增长，总有一天会遇到就业人数占人口比例的限制。

第五，污染严重。我们将这个问题放到"知识经济与可持续发展"一文中去讨论。

第六，经济效益不断滑坡。独立核算工业企业每100元资金获得的利税，从1985年的24.02元下降到1997年的6.27元，下降了73.9％；每100元资金获得的利润从11.92元下降到2.68元，下降了77.5％；而1997年10月23日一年期的贷款年利率为8.64％，为利润率的3.2倍，贷款越多，亏损越大。

2. 需求方面

马克思用他自己创立的唯物辩证法，对生产（供给）与消费（需求）之间的关系进行了深刻的分析。他说，没有生产就没有消费，但是，没有消费也就没有生产，因为只有在消费中产品才成为现实的产品，消费创造出对生产的新需要，它还是生产的动力和目的。马克思的论述是非常全面、科学的，是我们研究社会需求与经济增长方式及其转变的指导思想。需求制约生产包含经济增长、增长方式和增长方式转变，也就是说，社会需求制约生产涉及经济发展的量与质两个方面。

生产的目的是为了满足社会需求,后者分为生产和消费两个方面,消费需求对经济增长方式转变的制约作用更加直接,因为经济增长必然带来居民收入的增加,居民收入与其消费之间存在密切的关系,随着收入的增加,各种消费随之增加,但人们对各种消费品的收入弹性是不同的,不同消费品的增加幅度就有区别。一般来说,生存需求由于受生理机能的限制,收入弹性要小一些,而发展与享受需求的收入弹性要大一些。随着居民消费从生存需求向发展需求的转变,再从发展需求向享受需求的进一步转变,生产结构要相应地发生变化,这种变化要求经济增长方式从低级向高级、从粗放型向集约型转变。不同的增长方式对生产投入(生产消费)是不同的,因此,消费品生产方式的转变必然导致整个生产系统的转变。

改革开放进行了 21 年,市场机制在资源配置中的作用日益扩大,社会需求是促进经济增长方式转变的最大力量,因为粗放型生产的产品没有市场,卖不出去,厂商为了生存与发展,从粗放型转变为集约型生产。

还有,发达国家正在从工业经济向知识经济转型,如果我们继续进行粗放型生产,那么我国将长期处于落后状况,在对外经济交流中所受到的损失会越来越大,大量财富将流向发达国家。

(三) 经济增长方式转变的机制

经济增长方式转变有计划机制、市场机制以及这两种机制的结合。

第一种是计划机制。苏联、东欧、中国(1978 年以前)的事实说明,计划经济意味着粗放型增长,不可能实现增长方式的转变。1972 年苏联提出了将经济增长从外延(粗放)型向内涵

（集约）型转变的任务，党和政府通过了许多决定、决议，经济学家撰写了大量的文章和专著，反复强调增长方式转变的意义。经过20多年的努力，在军事方面取得了很大的成绩，但民用方面的效果甚微。

在军事方面之所以取得成绩，是因为这个领域的规模有限，技术进步的方向明确，军事情报部门能及时掌握国外的各种信息；在军事部门个人服从组织是起码的要求，用这种手段保持利益的一致性，对研制人员采用两手政策，一是给他们提供很好的物质待遇，对完成或超额完成任务者实行重奖；二是对不能完成任务者实行重罚。在这些前提下可以制定比较周密的武器研制计划，用高度集中的计划手段集中使用各种资源，并采用军事程序保证数量与质量计划的完成。

民用技术进步要比军事技术复杂得多，部门很多，产品种类、花色、品种多种多样；面对落后的民用产业，处处需要技术进步；社会需求时刻处于变化之中，计划部门不可能掌握完全的信息，资源配置的决策经常出现失误。用于技术进步的资源被军事部门挖去了很大一部分，留给民用部门的资源十分有限。在资源紧缺的约束下，很难协调计划部门和执行计划的单位之间的利害关系，即使是正确的决策，由于利害冲突而不能实现。

还要看到，计划经济一般是供不应求的"短缺经济"，企业生产多少都能销售出去，不存在市场问题。企业是政府部门的附属物，经济核算只是一种形式，出现亏损由国家财政补贴。在这种情况下，企业对开展技术进步既无动力，又无压力。奖励是按照完成计划的程度设立的，超额完成计划越多，奖金也越多；反之，没有完成计划，就没有奖金。开展技术进步往往影响计划的完成，影响职工的收入，企业都不愿意开展这项活动。

第二是市场机制。发达国家的增长方式转变是在市场条件下完成的，是一个非常自然的变化过程，政府很少干预。随着生产的发展和人均收入的增加，个人需求发生变化，在个人消费的增加部分，用于购买食品的部分下降，用于购买非食品的部分上升；随着收入的进一步增加，居民用于购买物质产品的部分下降，用于购买服务的部分上升。

市场经济最大的特点是竞争，厂商为了赢利，总是想尽一切办法生产居民需要的产品，当产品符合居民需要时，价格较高，利润较多，各种资源流入这些企业、行业、部门、产业；而不符合居民需要的产品，价格下降，利润减少，企业出现亏损，资本家将资产出售给其他资本家，将资金转移到有需求的部门。处于不景气的企业，大力开展技术创新，加快技术进步，开发新产品满足市场的需要。在竞争的压力下，随着居民需求的升级，增长方式跟着发生转变。

需要说明的是，在1929—1933年西方国家的"大萧条"后，早已没有纯粹的市场经济，政府的干预作用明显增强。近几年来美国政府对外贸的干预，对"信息高速公路"的规划等等，都是发挥政府作用的实例。

对于发展中国家来说，一方面由于生产力落后，光靠市场机制，经济增长速度较慢，不符合它们追赶发达国家的战略。发展中国家的民间资本少，力量有限，许多应当办的事无力创办，特别是那些投资大、风险大的高新技术事业（如高能物理设施、航天事业），或者社会效益大、但直接经济效益小的事业（如义务教育），国家十分需要，但私人不愿兴办，需要政府来创办。同时，供给也能创造需求，开发一种新产品，可以打开一块市场。因此，发展中国家的经济体制都是在政府干预下的市场经济，只是在政府干预的广度和深度上存在差别。

(四) 我国经济增长方式转变的困难与有利条件

1. 经济增长方式转变的困难

(1) 传统观念的束缚。长期以来，一说到发展经济，就是上新项目，铺新摊子，实行外延型扩大再生产。要把这种观念转变过来，进行内涵型再生产，需要对干部进行长期的教育，采取有力措施引导他们转变观念。

(2) 技术水平低，改造任务重。目前我国工业技术水平比发达国家落后 20 年，要赶上发达国家的水平，不仅需要大量的投资，还需要很长的时间。

(3) 就业压力大，各地都愿意发展技术水平低、能够多吸收劳动力就业的企业与部门。

(4) 干部考核政策的失误。长期以来，我国用经济增长速度考核干部，某地增长率高，就是好干部，至于用什么手段达到高速度，从不过问。这种以速度定干部升迁的办法，是粗放型生产长期得不到扭转的重要原因之一。

(5) 改革开放以来，投资主体多元化，建设项目小型化，低水平的重复建设很多，进一步加重了粗放型增长的严重性。

2. 经济增长方式转变的有利条件

我国实行增长方式转变的有利条件是很多的，例如有党和政府的正确领导；经过 50 年的建设、特别是改革开放 21 年的发展，建立了相当完整的国民经济和工业体系，积累了大量的财力、物力，教育事业有了很大的发展，培养了大批人才；通过自主创新和从国外引进，技术水平有了很大的提高；许多干部和企业家从实际工作中深深感到，由于受资源、环境、国内外市场的制约，继续搞粗放型的扩张是没有前途的，经营观念有了较大的转变，转变经济增长方式的自觉性有了一定的提高。

(五) 加快经济增长方式转变的对策

为了加快增长方式的转变，需要采取一系列有力的对策：

第一，深化改革，特别是深化国有企业的改革，是经济增长方式转变的动力。如上所说，在计划经济条件下，普遍存在供不应求，"短缺经济"既不需要、也不可能实现增长方式的转变。在市场经济条件下，主要由市场机制配置资源，竞争是增长方式转变的巨大压力，在这种压力下，企业不转变增长方式，就面临破产的危险。

第二，财政政策。在收入政策方面，税种、税率不能干扰市场经济的运行和资源的配置，只能在这种配置的基础上进行适当的调整；适当提高折旧率，加快固定资产的更新；对企业用于技术改造的投资，实行免税；目前财政补贴的对象是住房、价格和企业亏损，在加快住房商品化、理顺价格和加快企业改革的基础上，可以大量减少这些补贴，将宝贵的资金用于基础设施建设，发展教育和科技。

第三，货币政策。对银行贷款实行窗口指导，凡是重复引进、重复建设、高耗能、高污染的项目不予贷款，或实行高利率政策；凡是技术改造，有利于促进增长方式转变的项目，实行低利率政策；1998年底银行贷款余额高达8.6万亿元以上，呆账、坏账按10%计算，也有8600多亿元，远远超过银行自有资金，需要提高贷款质量；目前居民存款高达5万多亿元，还在迅速增加，企业所需资金基本上由银行供给，居民稳拿利息，银行承担全部金融风险，因此打通居民存款与企业投资之间的直接通道，是一个非常重要又十分迫切的问题。

第四，发展教育。1997年6岁以上人口变动抽样调查数据显示，不识字或识字不多的人口占14.2%，小学文化程度占

40.7%，中学文化程度占42.2%，大专文化程度仅占2.7%。①这是我国经济粗放型增长的基础。要加快增长方式的转变，需要大力发展教育事业，逐步扫除文盲，将小学文化程度提高到中学文化程度，扩大大专教育的规模，提高这部分人口的比重。

第五，加快科技进步。一是加快科技体制改革，尽可能做到人尽其才，物尽其用；二是国家增加科技投资，提高科技资源的使用效率，杜绝一切浪费；三是认真执行科技发展"有所为、有所不为"的方针，集中兵力打歼灭战；四是采取各种办法使科技成果转化为生产力，并使其产业化；五是及时掌握国外科技进步动态，加强国际科技交流与合作。

* * *

可将1949—1978年和1979—1999年的经济增长，分为传统经济与知识经济的贡献。后20年知识创新使经济体制和经济增长方式发生了很大的变化，是造成这个时期经济高速增长的主要原因，是知识经济对整个经济增长贡献率明显提高的表现。究竟这种贡献率是多少，它在改革开放前后的变化情况如何，都是需要深入研究的问题。

(原载李京文主编《知识经济概论》，社会科学文献出版社1999年版)

---

① 统计误差为0.2%。

知识经济与产业结构

知识经济与产业结构之间存在密切的联系,一方面,产业结构的升级是知识经济发展的表现;另一方面,目前产业结构存在的问题需要依靠高科技来加以解决。

一 产业结构的演变

产业结构演变包含三项内容:一是三次产业比重的变化;二是三次产业内部的变化;三是新型产业的崛起。

(一)国外产业结构的演变

在社会需求、技术进步和其他因素的影响下,各国产业结构都是变化的,下面将几个主要国家的数据列为表1。

表1的数字说明,虽然所列的五个发达国家的产业结构在具体数字上略有不同,但总体结构是相似的,它们都是现代化的产业结构。

表1　　　　　　　几个国家产业结构的变化

国家\年份	1970	1980	1990	2004
美国				
第一产业	7.3	2.5	2.1	1.2*
第二产业	28.7	33.5	28.0	22.3*
第三产业	64.0	64.0	69.9	76.5*
日本				
第一产业	6.1	3.7	2.5	1.3*
第二产业	46.7	41.9	42.0	30.5*
第三产业	47.2	54.4	55.5	68.2*
德国				
第一产业	3.7	2.3	2.8	1.1
第二产业	55.8	48.1	49.0	26.3
第三产业	40.5	49.6	48.2	72.7
英国				
第一产业	2.9	2.2	1.9	1.0
第二产业	44.8	42.8	35.2	26.3
第三产业	52.3	55.0	62.9	72.7
法国				
第一产业		4.2	3.4	2.5
第二产业		33.8	29.2	21.7
第三产业		62.0	67.4	75.8

注：*为2003年。

（二）我国改革开放以来产业结构的演变

中共十一届三中全会上关于党的工作重心由阶级斗争转移到经济建设上来的决定，标志着我国开始了改革开放的"长征"。从计划经济体制退出历史舞台到市场经济体制的基本建成，可以分为两大阶段：第一个阶段是从市场机制的引入到这种机制与计划机制达到"平起平坐"的地位；第二个阶段是从计划机制与市场机制"平起平坐"到计划机制基本退出经济活动，经济运行在宏观调控的指引下，由市场机制配置资源，按照中央的部署，到2010年基本完成。

表2　　　　　　　　1978—1997年产业结构　　　　　　单位:%

年份 项目	第一产业	第二产业	第三产业
1978	28.1	48.2	23.7
1991	24.5	42.1	33.4
变化	-3.6	-6.1	9.7
1997	18.7	49.2	32.1
变化	-5.8	7.1	-1.3

注：1991年下面的变化是1991年数字减1978年数字得到的结果，1997年下面的变化是1997年数字减1991年数字得到的结果（下同）。

1979—1991年是改革开放的第一个时期，产业结构的变化是第一、第二产业比重下降，第三产业比重上升。这个时期资源配置发生了新的变化，投资与就业结构见表3。

在1979—1991年的13年内，生产要素配置的变化是很大的，其中投资从第一、第二产业向第三产业转移，劳动力则从第一产业向第二、第三产业转移。在这个时期，第二产业产值的比重下降了6.1个百分点，劳动力上升了4.1个百分点，说明这个产业的劳动生产率是下降的。

党的十四大决定，我国经济改革的目标模式是建立社会主义市场经济，标志着经济改革进入了一个新的阶段。在1992—1997年期间，第一产业产值与劳动力的比重都在下降，是正常的；但第三产业产值的比重下降，就业人数却在增加，出现了不正常现象。

表3　　　　　　　　　投资与就业结构　　　　　　单位:%

项目 年份	投资			就业人数		
	第一产业	第二产业	第三产业	第一产业	第二产业	第三产业
1978	10.5	58.6	30.9	70.5	17.3	12.2
1991	4.0	55.2	40.8	59.7	21.4	18.9
变化	-6.5	-3.4	9.9	-10.8	4.1	6.7
1997	1.1*	39.4*	59.5*	49.9	23.7	26.4
变化	—	—	—	-9.8	2.3	7.5

注:*为全民所有制经济。

根据表2与表3的资料,可以计算各个产业的相对劳动生产率,详见表4。

表4的数据说明:第一,在1978—1997年的20年当中,第一产业的产值比重减少了9.4个百分点,就业比重下降了20.6个百分点;第三产业产值比重上升了8.4个百分点,就业比重上升了14.2个百分点;第二、第三产业相对劳动生产率都在下降,其中第三产业下降最多(0.72个百分点),第二产业次之(0.70个百分

表4　　　　　　　　　相对劳动生产率

项目 年份	第一产业	第二产业	第三产业
1978	0.40	2.7	1.94
以第一产业为1	1	6.97	4.85
1997	0.37	2.00	1.22
以第一产业为1	1	5.62	3.30
1997—1978	-0.03	-0.70	-0.72

注:表中最后一行的数字是1997年数字减1978年数字得到的,例如第一产业:0.37-0.40=-0.03。

相对劳动生产率=产值比重/劳动力比重。例如,1978年第一产业的产值占GDP的28.1%,就业人数占全部就业人数的70.5%,0.281÷0.705=0.4;其他产业按照这个方法计算。

点），第一产业下降最少（0.03个百分点）；第三，虽然1997年第二产业以农业为1的相对劳动生产率比1978年下降了20.7%，第三产业下降了33.5%，但仍然分别为农业的5.62倍和3.3倍。一个农业劳动力转入非农业部门就业，就可以使劳动生产率提高几倍，这种就业结构效应是我国经济高速增长的巨大潜力。

三次产业内部结构的变化。改革开放21年，我国农业内部结构发生了很大的变化，如表5所示。

表5　　　　　　　农业内部结构的变化　　　　单位：%

年份\项目	农业	林业	牧业	渔业
1980	75.6	4.2	18.4	1.8
1990	64.7	4.3	25.7	5.3
1997	56.0	3.4	31.5	9.1
+，-	-19.6	-0.8	+13.1	+7.3

表5的数据说明，18年来随着计划机制作用的日益缩小，市场机制作用的不断扩大，随着城乡居民收入水平的提高，在人均食品消费结构中，对农产品的消费减少，对牧业和渔业产品的消费增加，使农业内部结构发生了很大的变化。

1980年以来，工业内部结构也发生了一些变化，详见表6。

在长达18年当中，工业内部结构变化十分缓慢，轻工业比重下降了4.2个百分点；以非农产品为原料的轻工业比重上升了3个百分点；在重工业内部，加工工业比重下降了1.2个百分点，采掘工业与原料工业分别上升了0.7、0.5个百分点。

第三产业的内部结构十分复杂，包括运输、邮电、商业、金融保险、科学、教育、文化、卫生、其他部门等等。这个产业内部结构的变化见表 7。

表 6　　　　　工业内部结构的变化　　　　　单位:%

分类＼年份	1980	1997	变化
轻工业	46.9	42.7	-4.2
以农产品为原料	68.4	65.4	-3.0
以非农产品为原料	31.6	34.6	3.0
重工业	53.1	57.3	4.2
采掘工业	11.3	12.0	0.7
原料工业	37.9	38.4	0.5
加工工业	50.8	49.6	-1.2

表 7　　　　第三产业内部结构的变化　　　　单位:%

部门名称＼年份	1990	1996	变化
运输邮电	39.5	34.2	-5.3
商业	24.4	27.2	2.8
金融保险	21.2	19.7	-1.5
科教文卫	11.2	11.0	-0.2
其他部门	3.7	7.9	4.2

在这 7 年中，邮电通信是发展最快的部门，1996 年比 1990 年增长了 5 倍，年均增长 35%；交通运输是增长较慢的部门，年均增长 6.4%，在第三产业中所占的比重下降了 5.3 个百分点；金融保险和科教文卫所占的比重下降，都不是好现象。

(三) 五次产业的划分

研究知识产业的产生与发展，需要将现有的三次产业划分变成五次产业的划分，即增加信息业和知识业。在五次产业中，需要对信息业与知识业作些说明。

信息产业的形成。由于认识的局限性，在很长一段时间内，人们把知识包含在信息当中，是经过加工的信息。最早把知识与信息的生产和传播作为产业研究的是美国经济学家马克卢普。1958年，他依据美国的统计资料，从标准的国家账目入手研究，把30个部门的信息与知识产生、加工处理和传播分为五大类，定义为知识产业，并详细地进行了测度。1962年，他发表了专著《美国的知识生产和分配》，公布了这方面的研究成果。他的著作一经问世，便在世界经济学界产生了非常大的震动。保尔丁格教授在一篇书评中称：知识产业的概念简直是一个足以把传统的经济学炸飞的炸药包。马克卢普的贡献无疑具有经济理论革命的意义，开创了经济学研究的一个新纪元。由此，经济学正式把知识产业分出来，作为一个经济部门与农业、制造业、服务业相提并论，进行专门研究，形成了一门新的经济科学——信息经济学。

继马克卢普之后，美国的另一位经济学家波拉特对信息经济又进行了充分的研究，经过极其浩繁的科学劳动，最终取得了决定性的进展，再一次把信息经济学推到一个新的高度。他不仅充分肯定并大大扩展了马克卢普的研究成果，还为信息经济的测试提供了一整套可行的理论和方法。他的研究成果是目前世界上有关信息经济最完备的文献，是这个学科的不朽之作。由于他对美国11个主要国民经济部门信息活动贡献的分析，发现信息产业发展之快、产值增长之大已大幅度超过农业、工业和服务业，已成为继农业、工业和服务业之后的又一大产业；以此为依据，他提出了一种新的宏观经济结构理论,认为宏观经济应划分为四次产业。他还将独立的信息产业和附属其他产业的信息产业定义为第一信息部门和第二信息部门。他的这一关于产业划分以及采用投入产出矩阵对信息经济发展进行计算与预测的研究成果,产生了世界性的影响,其理论很快在工业发达国家,尤其是欧洲各国得到了积极响应,例如日本松田米津在《信息社会》一书中,就直接将信息产业列为第四产业。现在,将信息产业作为第四产业的概念已逐渐被人们所接受。有些国家已将国民经济划分为四次产业,并在制定一系列加强发展第四产业的计划和规划时,采用波拉特方法对本国信息经济进行测度。

我国贺铿教授采用波拉特的方法,组织力量先后编制了1987年和1992年中国信息投入产出表,对我国的信息产业进行了比较详细的分析(详见表8)。

知识经济分为知识技术部门、直接知识部门与间接知识部门。前面说过,贝尔提出了知识技术的说法。所谓知识技术,是指劳动工具,是知识产品的重要组成部分。

表8　　　　　　　四次产业的价值构成　　　　　　单位:%

指标/年份	第一产业	第二产业	第三产业	第四产业
物质消耗				
1987	31.0	69.2	42.2	41.7
1992	34.5	71.8	53.8	55.1
1992:1987	111.3	103.8	127.5	132.1
增加值				
1987	69.0	30.8	57.8	58.3
1992	65.5	28.2	46.5	44.9
1992:1987	-5.1	-8.4	-19.6	-23.0

对任何技术都要分清生产部门和应用部门。许多人把计算机看成是信息技术的代表，这是不正确的。计算机由硬件与软件组成，目前硬件由工业生产，今后在它的制造过程中，知识的投入份额会不断增加，当知识对硬件价值的贡献率超过50％时，它就变成了知识技术。软件从一开始就是知识产物，属于知识技术。目前一台计算机硬件的价值不到其总价值的10％，软件占90％以上，因此，计算机是货真价实的知识技术。

直接知识部门是在知识经济生产要素的支持下，处理社会、企业和家庭生活方面的知识活动的部门。直接知识部门有两个基本特征：第一，生产活动的成果是知识产品；第二，生产活动的成果作为商品在市场上进行交换。按知识产品的用途可以分为两类：一类知识产品用于经济活动之中，如知识库业、咨询业的产品；另一类知识产品用于非经济活动之中，如文化娱乐业、心理咨询业的产品。而科技业、教育业、出版业的产品则有一部分用于经济活动，有一部分用于非经济活动。

间接知识部门是相对于直接知识部门而言的，它的性质与直接知识部门类似，但是它的活动组织形式附属于第一、第二、第三、第四产业。因此，间接知识部门是非知识产业生产活动中的一个环节或组成部分，其产品在非知识产业内部生产并在其内部使用，例如大中型企业需要有研究开发、职工教育等。间接知识部门与直接知识部门比较，在生产活动性质和产品用途上都无本质区别，它们的根本区别是产品的交换形式不同：间接知识部门的产品不通过市场进行交换，只供依附产业内部使用；直接知识部门的产品通过市场交换，供本产业和其他产业使用。

在非知识产业内部生产、内部使用的知识产品，一般都不独立核算。从原则上讲，测算间接知识部门的价值有两种方法。一种是按照有关直接知识部门一位知识劳动者所创造的价值进行计算。采用这种方法计算间接知识部门价值的顺序是：按照有关直接知识部门一位知识劳动者所创造的价值，乘上间接知识部门有关企业、行业、部门的知识劳动者，得到这些劳动者所创造的全部价值，然后从这些企业、行业、部门总价值中减去知识劳动者所创造的价值，就可以得到非知识劳动者所创造的价值。设非知识部门的总产值为 Y，一个知识劳动者的产值为 a，非知识部门的知识劳动者为 n，则有：$Y-a \cdot n = F$。式中，$a \cdot n$ 为非知识部门知识劳动者创造的价值，F 为这个部门体力劳动者创造的价值。

根据交易成本理论，采用这种方法可能高估知识劳动者所创造的价值，因为如果他们创造的价值达到或超过了直接知识部门劳动者的生产率，他们就会从间接知识部门转入直接知识部门。

另一种方法是根据在这些部门工作的知识人员情况来进行推算。如果采用这种方法，可按照以下顺序测算间接知识部门的规模：计算知识劳动者占职工总人数的比例，用这个比例去乘有关企业、行业、部门的总价值，就可以将总价值分为两部分。设非知识部门的总产值为 Y，劳动力人数为 L，b 为这个部门知识劳动者所占的比重，$b \cdot L = R$，R 为这个部门知识劳动者人数，平均劳动生产率为 S，所以：$Y - R \cdot S = F$。式中，$R \cdot S$ 为这个部门知识劳动者创造的价值，F 为体力劳动者创造的价值。

不难看出，采用这种方法可能低估知识劳动者所创造的价值，因为他们在单位时间所创造的价值一般高于体力劳动者。将间接知识部门人均所创造的价值，加上直接知识部门人均所创造的价值，采用算术或加权平均方法，可以算出一位知识劳动者所创造的价值。总之，究竟如何比较科学地测算间接知识部门的规模,是需要进一步研究的问题。

二 产业结构演变的原因与规律①

(一) 产业结构演变的原因

影响产业结构变化的因素是复杂的,从供给和需求两方面考察,至少包含以下几个方面,如一国的资源和自然条件、科技进步、社会需求、对外经济联系、国家体制和政策等等。在以上各种因素中,科技进步和社会需求是具有决定意义的因素,下面主要分析这两个因素对产业结构变化的影响。

第一,科技进步对产业结构变化的影响。科技进步是指由于新兴科技的发现、发明或现有科技的完善,使科技水平得到提高的过程。从长远的历史发展趋势看,科技进步是影响产业结构变化的决定性因素。

科技进步对产业结构变化的影响首先表现在新能源的不断出现,导致新产业的不断产生。例如,18、19世纪,煤炭是主要能源,由于煤炭的出现及大量使用,使纺织工业、冶金工业、交通运输业都得到了迅速发展。20世纪石油开采和提炼技术的出现,使石油的作用超过了煤炭,石油成了最重要的能源及原料,石油开采和石油化工一跃成为最重要的部门之一。由于石油的出现,导致汽车工业的飞速发展,汽车工业在许多国家成为支柱产业。由于石油的出现,交通运输发生了一次革命,公路运输的货物和人员超过了铁路运输,高速公路改变了人类的生活方式;航空工业发展很快,作用越来越大;随着知识经济的发展,航天事业将有长足的进步。目前,核能技术正在迅速发展,可以预计,

---

① 本节的写作得到了胡振华和周永文同志的帮助。

由于这种新能源的发展,世界的产业结构将产生深刻的变化。

其次,科技进步对产业结构的影响表现在新的劳动工具与劳动对象的出现,引起产业结构的一系列变化。例如,由于纺织机械的出现,使过去的手工劳动变成了机械劳动,出现了纺织工业、机器制造业,还由此引发了冶金等工业的进展。由于计算机的出现,使机械化向自动化转变,导致机械电子一体化工业的出现,计算机工业、机器人工业、航天工业等部门迅速兴起。从劳动对象来看,由于科技进步,人类不必完全依赖自然条件,可以自己合成材料,出现了新兴的合成材料工业。

最后,科技进步影响产业结构变化表现在由于科技进步创造了许多新的产品,引发了新的需求,从而形成了新的部门。例如,由于电子技术的发展,收录机、电视机等产品的出现,导致电子工业成为一个非常重要的部门;又如汽车制造技术的出现导致了一个庞大的汽车工业的出现。

在对科技进步史与产业变革史的考察中,更能清楚地看到二者的密切关系。17、18世纪,牛顿力学的建立引发了以蒸汽机、纺织机和工作母机的发明为主导的第一次技术革命,在此基础上,英国、法国、德国、美国等迅速形成了纺织业、冶金业、矿业开采、机械制造业、运输业组成的主导产业群。

1831年法拉第发现了电磁感应定律,引发了一次新的科学革命,以其为主导,从19世纪70年代开始至第二次世界大战以前,发生了第二次技术革命和产业革命。这一次技术革命在电力方面主要表现为发电机、电动机、远距离输电技术的发明,另外还有内燃机、煤化学技术等重要的发明创造。在此基础上,出现了新的主导产业,主要包括电力工业、电器制造业、化学工业、汽车工业等。以电力为主要标志的这一次技术革命,对产业革命的影响是极为深远的,直到今天,在世界产业结构中占主导地位的产业仍有一部分是这一次技术革命的产物,如汽车工业、石油化工等。

20世纪初,相对论和量子力学相继建立,40年代控制论又得以建立,这标志着又一次科学革命的到来。科学革命必然导致技术革命。第二次世界大战中,电子技术、计算机技术、核能技术相继发明,并在军事中得到运用。战后这些技术相继在民用工业中得到应用,它们与航天、高分子合成材料等技术融合在一起,形成了一批新的技术群。这个高新技术群导致了一批新的高技术产业如电子工业、计算机工业、核能工业、航天工业、高分子合成材料工业的出现。这些新兴的高技术产业虽然发展迅速,但由于上一次技术革命所引发的一些主导产业仍然在发展,因此直到20世纪70年代,高新技术产业所占比重仍较小,算不上主导产业。1973年能源危机发生后,随着传统部门的停滞,这些新兴部门发展更为迅速,正在向主导产业转化。可以预计,到下世纪初,这次科技革命引发的新兴产业将完成向主导产业转化的过程。基因与网络是另一次科技革命的标志,将会形成一批新的产业。

从上面的分析中可以看出,从科学革命到技术革命,再到产业革命,它们之间有一定的时间间距(时滞);这是因为科技成果转化、应用、发展需要时间,随着科技生产一体化,这一时间间距将会缩短,主导产业更替的周期也会缩短,不仅经济发展的速度会加快,更加重要的是会发生质的革命,即从工业经济向知识经济转变。

社会需求对产业结构变化的影响。我对这个问题已有专门论述,这里不再重复。[①]

[①] 见本文集《社会需求与增长方式转变》。

(二) 产业结构演变的规律

1. 三次产业变化的规律

在原始社会、奴隶社会和封建社会，农业是最重要的产业，占国民经济的主要部分。18世纪英国发生了工业革命，欧洲和美国相继发生了这种革命，随着时间的推移，工业比重超过了农业和服务业（第二个最高点）。但是，根据美国经济学家、诺贝尔奖获得者库兹涅茨的计算，这里存在两种情况：一种是工业的比重超过农业和服务业，属于这种情况的有：1924年联合王国农业比重为4%，工业比重为52%，服务业比重为44%；1955年三者的比重分别是5%、56%和39%。在这期间，农业比重上升了1个百分点，服务业的比重下降了5个百分点，而工业比重上升了4个百分点。另一种是服务业比重超过了农业和工业，成为第二个最高点，美国属于这种情况。例如按照当年价格计算，1869年至1879年农业比重为20%，工业比重为33%，服务业比重为47%；在1919年至1928年期间，三者的比重分别是12%、40%和48%。[①]

我国三次产业结构的变化经历了三个阶段。1952—1969年为"一、二、三"结构，在这期间，由于1958—1960年"大跃进"，工业比重一度超过农业，1961年开始调整，农业比重又超过了工业。1970—1984年为"二、一、三"结构，农业的比重高于第三产业。1985年以来，产业结构是"二、三、一"，1998年第一产业的比重是18.0%，第二产业的比重是49.2%，第三产业的比重是32.8%。今后产业结构变化的规律是第一、第二

---

① ［美］库兹涅茨：《现代经济增长》，北京经济学院出版社1989年版，第78—83页。

产业的比重下降，第三产业的比重上升，变成"三、二、一"结构，这种状况在北京、上海等地已经出现。

2. 两种再生产的协调发展

所谓两种再生产，是指物质再生产与人口再生产。我国是发展中国家，在产业结构中，工农业比例具有特别重要的意义，它们的生产过程可图示如下：

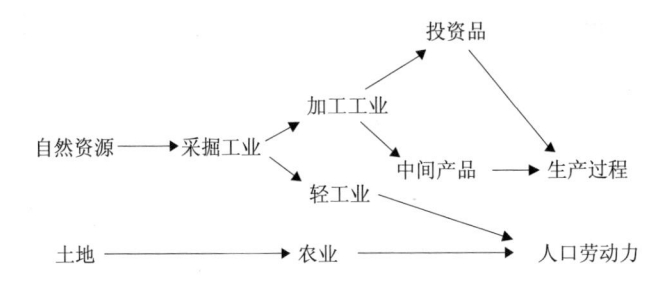

```
自然资源 → 采掘工业 → 加工工业 → 投资品
                    ↘ 中间产品 → 生产过程
                      轻工业 ↘
土地 ————————→ 农业 —————→ 人口劳动力
```

图1　工农业生产之间的关系

从生产理论来看，固定资产是投资品形成的，固定资产与中间产品是经济发展的物质要素，需要加工工业维持其再生产。劳动力是生产发展的人的因素，需要农业和轻工业提供消费品维持其再生产。两种再生产之间的资源配置必须保持一定的比例，正如马克思所说："不仅在每个商品上只使用必要的劳动时间，而且在社会总劳动时间中，也只把必要的比例量使用在不同类的商品上。……社会需要，即社会规模的使用价值，对于社会总劳动时间分别用在各个特殊生产领域的份额来说，是有决定意义的。"①

我发现，当农业与轻工业（消费资料部门）被配置的资源

---

① 马克思：《马克思恩格斯全集》第25卷，人民出版社1974年版，第716页。

很多，增长率很快，而生产资料部门被配置的资源很少，增长率很慢的时候，政府就将资源从消费资料部门调拨给生产资料部门；当出现相反的情况时，政府就将资源从生产资料部门调拨给消费资料部门。这种调拨的内在机制，表明物质再生产与人口再生产之间必须保持适当的比例关系。

如果两种再生产的关系非常协调，资源配置既能满足物质再生产的需要，又能满足人口再生产的需要，经济运行是一种"良性循环"。如果两种再生产之间的关系不协调，就可能出现两种"恶性循环"。一种是消费资料生产过多，生产资料生产过少，虽然短期内可以改善居民生活，但居民除需要消费资料外，他们还要就业，需要用生产资料装备他们，如果生产资料数量不够，质量不高，就会出现失业，劳动生产率就可能下降，最终导致消费资料生产的萎缩，出现"恶性循环"；另一种是生产资料生产过多，消费资料生产不够，这种安排只注意物的作用，忽视人的作用，居民由于消费资料供不应求，生产积极性下降，虽然生产资料数量很多，质量较高，但由于劳动者没有积极性，生产资料不能发挥作用，最终导致生产的全面萎缩，出现"恶性循环"。

3. 产业结构与经济周期的关系

它们之间是一种辩证关系。一方面，结构失衡造成经济周期的形成；另一方面，经济周期又影响结构变化。如上所述，当结构失衡时，政府采取调控措施将资源重组，恢复结构的相对均衡。从结构失衡到相对均衡，表现为一个周期。这个过程对产业结构的影响是：各个产业的"冷"、"热"程度是不同的，在经济高涨时期，当多数产业的投资多，建设周期短，投产快，出现"过热"时，有的产业由于产品性质特别、收入与价格弹性低、投资少、建设周期长、进口增加等原因，增长缓慢，甚至倒退；

相反，在经济增长下降时期，多数产业由于投资和需求减少而下降，但有些产业的投资与需求增加，仍然增长。

国内外的情况证明，虽然投资不是造成经济周期的最终原因，但对它的影响是非常明显的。在经济增长上升时期，各产业的增长率一般是按照以下顺序排列的：投资品＞耐用品＞非耐用品＞服务。

在经济增长上升时期，投资增加需要大量的投资品，随着经济增长加快，居民收入增加，耐用品销售旺盛，非耐用品和服务由于弹性小，一般增长不快。在经济增长下降时，各产业的增长率一般与经济上升时期的排列相反：服务＞非耐用品＞耐用品＞投资品。

这是因为服务、非耐用品与居民生活的关系极其密切，收入与价格弹性小，即使生产为负增长，居民仍然需要购买消费品和服务；而耐用品的收入与价格弹性大，当居民收入减少时，销售量下降；投资品与生产的关系最为密切，投资下降引起生产下降，生产下降又进一步造成投资和投资品的减少。

三 依靠知识经济调整产业结构

（一）产业结构存在的问题

虽然我国产业结构从1952年的"一、二、三"变成了1998年的"二、三、一"，但三次产业及其内部存在不少问题。

第一，目前产业结构是"二、三、一"，要变成"三、二、一"，需要做大量的工作，需要调整许多重大的经济关系。从需求的角度来看，GDP由消费、投资和净出口（出口—进口）构成，消费额除以GDP，叫做消费率，投资额除以GDP，叫做投资率。近几年来，市场需求不旺成为制约经济增长的一个十分突出的问题，其根本原因在于投资率与消费率出现了失调（详见表9）。

表9　　　　　　　　　投资率与消费率　　　　　　　单位:%

国家\年份	1970	1980	1990	2003
中国				
政府消费		14.5	12.3	15.1
居民消费		50.9	49.7	41.7
资本形成		34.9	35.2	41.0
净出口		0.3	2.8	2.2
美国				
政府消费	18.8	17.6	17.8	15.6
居民消费	63.0	63.1	66.4	70.9
资本形成	17.8	19.9	17.2	18.0
净出口	0.4	-0.6	-1.4	-4.5
日本				
政府消费	7.4	9.8	9.2	17.7
居民消费	52.3	58.8	57.7	56.9
资本形成	39.0	32.2	31.8	23.9
净出口	1.3	-0.8	1.3	1.5

1990年中国的资本形成率比美国高18.0个百分点，消费率低16.7个百分点；中国的资本形成率比日本高3.4个百分点，消费率低8.0个百分点。2003年中国的消费率又比1990年下降了5.2个百分点，资本形成率又上升了5.8个百分点。前面已经作过分析，当消费资料生产少、生产资料生产多时，经济运行不畅，会出现"恶性循环"。

第二，第一产业存在很多问题。1984年农民人均消费320.6元，城镇居民人均消费451.2元，为1:1.4；1997年分别为2073.1元和4984.2元，变成了1:2.4，充分说明农民人均收入少，增长慢。① 如果1997年农民人均消费能够达到城镇居民的水平，居民消费可增加43132亿元，为当年居民消费总额的119%。

农民收入增长缓慢的原因是多方面的，其中之一是农业资源减少。1995年底全国耕地面积9496万公顷，比1980年减少了430万公顷，年均减少29万公顷；而农业劳动力却从2.98亿增加到3.23亿，增加了2500万。由于单位面积产量的不断提高，农产品产量在增加，但是农业投入存在边际收益递减规律，越是后面增加一个单位的产量，所需投入越来越多，生产成本是连续上升的；另外，乱收费、乱摊派屡禁不止，使农民收入减少。

第三，第二产业的问题不少。表现之一是企业规模结构不合理，组织结构水平低。与国外企业集团相比，我国企业规模明显偏小，例如1996年我国有炼钢企业779家，年产量达到合理规模400万吨的只有5家；有汽车制造厂340家，总产量184万辆，平均每个工厂生产0.54万辆，而国外一家大型汽车厂一年产量在100万辆以上；有造纸厂1600余家，达到最小合理规模的只占8%；有洗衣机厂130多家，达到最小合理规模的只占6.9%。

我国企业不仅规模小，而且是"大而全"、"小而全"，按照小农经济的思想，追求生产、服务自成体系，万事不求人，专业化、协作水平低。例如我国锻造专业化比重只有15%，发达国家为75%；我国热处理专业化比重只有20%，发达国家为70%；我国铸造专业化比重只有30%，发达国家为80%；我国电镀专业化比重只有40%，发达国家为90%，等等。

---

① 2005年城乡人均消费支出之比为1:3.1。

盲目建设、重复建设屡禁不止,导致一些部门的生产能力过剩,地区产业结构趋同。例如,根据全国第三次工业普查的资料,机床、印染布、货车等生产能力的最低利用率仅为10%左右,发电设备、微型计算机、照相胶卷、电影胶卷等设备的利用率在25%以下,日用铝制品、空调器、复印机、农药、化学肥料、微波炉等设备的利用率在38%以下,等等,同时数控机床、电子元件、机电一体化等高水平的制造能力又严重不足。地区产业结构趋同的问题十分突出,据有关资料显示,东部与中部产业结构相似率高达93.5%,中部与西部高达97.9%。

经济效益下滑,亏损严重。1985年每100元销售收入的利润为11.92元,1997年下降到了2.68元,减少了77.5%;1980年国有独立核算工业企业亏损34.3亿元,赢利585.4亿元,亏盈比为1:17.1;1997年亏损831.0亿元,赢利427.8亿元,亏盈比为1:0.51。1978—1997年国有独立核算工业企业总共亏损约5000亿元。如果把国家的税收看成是国有资产的"租金",那么1995年亏损639.6亿元,赢利665.6亿元,基本上是盈亏相抵,1996—1998年变成了盈不抵亏,1998年亏损1023.3亿元,赢利490.4亿元,需要用"租金"来补贴532.9亿元。换言之,1996年后国有独立核算工业企业处于"亏本经营"的状态。[①]

建筑业的问题更加严重,一个项目投资往往变成"唐僧肉",有关单位都想吃一口,通过层层转包、层层剥皮,最后不仅在资金方面大大超过工程预算,而且偷工减料,粗制滥造,致使许多项目变成了"豆腐渣"工程。

[①] 2005年国有及国有控股工业企业的资金利润率为5.5%,略低于一年期贷款利率5.58%(2004年10月29日)。

(二) 产业政策

所谓产业政策，是指"政府为了实现某种经济和社会目的，以全产业为直接对象，通过对全产业的保护、扶植、调整和完善，积极或消极参与某个产业或企业的生产、营业、交易活动，以及直接或间接干预商品、服务、金融等的市场形成和市场机制的政策的总称"①。产业政策的基本特点不是政府干预需求，而是干预供给。

1. 产业政策理论

西方发达国家的产业结构，是在市场机制的作用下自发形成的。对发展中国家来说，光靠市场机制来调整产业结构，速度太慢，不能满足这些国家赶超发达国家的要求。从经济学说史来看，德国李斯特创立的历史学派，是产业政策的思想渊源。

产业政策的提出与市场缺陷有密切的关系，虽然市场机制在资源配置上有优势，但也存在缺陷，主要表现在：

（1）市场机制在配置资源时是自发进行的，这种配置的好坏要在事后才知道，如果资源配置的情况不好，事后采取补救措施，也会造成损失与浪费。

（2）过度竞争。竞争是市场经济的灵魂，但过度竞争不利于资源的合理配置，例如在自然垄断部门，过度进入造成资本的闲置；在衰退部门，过度进入与竞争会加快这些部门的衰退；对于中小企业来说，如果过度进入与竞争，会使它们在低技术条件下陷入过度倾轧，迫使企业破产，职工失业。

（3）过度垄断。过度垄断的结果是极少数特大型公司操纵

---

① ［日］下河边淳主编：《现代日本经济事典》，中国社会科学出版社1982年版，第192页。

市场，减少产量，抬高价格，使消费者吃亏；人为地压低价格，不许其他企业进入它们所控制的领域，强迫中小企业接受它们制定的价格，使这些企业亏损甚至破产。

（4）公共产品。这些产品在效用上不可分割，在消费上具有共享性，除信息与知识产品外，还有国防、警察、消防、公园等等，这些产品一般不能形成市场价格。基础科学研究成果具有共享性，属于公共产品，需要国家投资进行研究。

（5）外部效应。它是指某个经济主体的行为不经过市场而对其他经济主体产生额外的效果，例如一条道路的开通使路边地价上涨。如果外部效应是有利的，则称为正效应；反之，则称为负效应。

（6）风险问题。有些产业的投资风险大，非国有经济不敢问津，往往投资不足，需要政府直接投资，或在不同程度上承担风险，促进这些产业的发展。

（7）高新技术。高新技术是知识经济的重要组成部分，但许多高新技术的研制、开发需要大量的投资，而且风险很大，非国有经济无力研制与开发，例如航天技术，在开始阶段需要国家投资研制、开发，等到具有商业利益时，可移交给非国有企业经营。

（8）公平问题。市场竞争强调效率，不顾及公平，如果让市场机制自发地发挥作用，必然出现两极分化，影响社会稳定。政府要实行累进所得税、遗产税和财政转移支付制度，在不断提高效率的基础上维护社会公平。

以上分析说明，市场机制不是十全十美的，需要政府采取各种政策进行干预，其中产业政策占有非常重要的地位。

2. 政策手段与政策

为了实施产业政策，日本提出了五项政策手段：一是补助金和税收优惠政策。为了保护和扶植特定产业，促进设备投资，或为了达到节能等特定的目的，由政府提供补助金，或允许加快折旧，把各种储备金列为损失以减轻税负。

二是政策金融。对政策上需要支援的民间特定投资计划或产业，规定最优惠的商业贷款利率，或以相当长的贷款期限提供政府贷款。日本输出入银行负责向民间企业的进出口和海外投资提供资金，日本开发银行负责对大型企业提供设备资金贷款，中小企业金库负责向中小企业提供设备和流动资金贷款。我国在金融改革中，成立了国家开发银行、农业发展银行、外贸银行，开展与日本相似的业务，但还没有为中小企业提供贷款的专门金融机构。

三是限制进口措施。为了保护国内幼稚产业，国家利用进口许可证、进口额度、关税等政策限制，不进口或少进口与幼稚产业相同的产品。

四是限制过度垄断。前面说过，由于经济全球化，发达国家都放松了反垄断的力度。过去把所有垄断集团都看成是不利于资源最优配置和阻碍技术进步，事实上，垄断公司分为两类：一类把利用垄断地位获得的超额利润用于消费，这类垄断公司不利于技术进步；另一类垄断公司把全部或大部分超额利润用于技术进步，这种垄断公司对科技发展是有利的。垄断企业的性质不同，需要采取不同的政策。

五是行政指导。这是指政府机构对企业进行行政指导，即"劝告"，其中包括官员对民间企业提出指示、建议、希望、通知和意见等等。我国与日本不同，政府机构对企业不是指导，而是直接干预，这个问题需要依靠产权改革和政府机构改革来解决。

日本还把产业政策具体分为结构政策、资源政策、技术政策、经济合作政策、中小企业政策和地区政策。

结构政策主要有三项内容：第一，使知识产业发挥主导作用，例如根据《特定机械信息产业振兴临时措施法》，采取了金融措施；第二，由于石油涨价的冲击，使一些产业陷入了萧条，根据《特定萧条产业安定临时措施法》，帮助这些产业报废过剩设备，调整结构或转产；第三，鼓励信息与知识产品的出口，进口国内生产力处于劣势的设备。

在资源政策方面，政府和民间共同努力，减少资源和能源的消耗；增加石油投资，在国外开发石油；为了保证石油的正常供应，与产油国直接进行贸易；在国内储存足够的石油。

在技术政策方面，凡是比欧美落后的领域，都要努力赶上，甚至超过；为了利用太阳能和地热能，制定了"太阳计划"，为了开发能源，还制定了"月光计划"。

经济合作政策。20世纪60年代设立了海外经济协力基金，为开展国际经济合作提供资金。一个国家受资源等等的限制，不可能样样都搞，而应当扬长避短，发挥优势，通过经济合作，互通有无。

中小企业政策。在任何国家，中小企业数目占企业总数的绝大部分，它们在吸收劳动就业、发展经济、满足各种不同需求方面具有不可替代的优势，对它们采取扶植政策是非常必要的。

地区政策。我国在这方面存在的问题很多，其中以东部与中西部经济发展的差距拉大、地区产业结构趋同最为突出。学者提出了解决这些问题的两种办法：一种办法强调计划机制的作用，要求中央政府大幅度增加对中西部的投资。中西部的投资效益低于东部，增加对中西部的投资，会降低投资效果和经济增长；同时，中央政府的投资有限，靠这种投资来拉动中西部的经济增长，是杯水车薪，发挥不了多大的作用。另一种办法强调市场机制的作用,让生产要素在全国自由流动,具体来说,是让中西部的劳动力和资金流向东部,当中西部的工资和投资回报率高于东部时,生产要素将从东部流向中西部。这种观点虽然有一定的道理,但需要很长的时间才能解决地区差别问题。在以上两种办法的基础上,提出了第三种办法,即在市场机制充分发挥作用的基础上,中央和东部地区在力所能及的范围内援助中西部的经济发展。

(三) 调整产业结构的政策思考

依靠知识经济调整产业结构,一方面是大力发展知识企业,用高科技改造传统产业;另一方面是实现制度、组织、管理创新。在调整产业结构时,要正确处理以下问题:

(1) 实行工业化、信息化、知识化并举的方针。目前我国处于工业化的中期,还需要几十年才能完成这项艰巨的任务,但又不能对扑面而来的信息化和知识化不闻不问,应在三者之间合理地配置资源,使它们相互促进,共同发展。

(2) 促进三次产业的协调发展,从目前的"二、三、一"变成"三、二、一"。如上所述,调整投资率与消费率之间的比例,是三次产业协调发展的重要问题。

(3) 在第一产业方面,长期坚持家庭联产承包经营制度,在这个基础上逐步建立和完善双层经营模式,解决家庭经济规模过小、不能获得规模效益的问题。在这种模式中,家庭是第一层,在它们的上面建立产前、产中、产后服务机构,发挥规模效益的作用。进一步搞活农产品流通,建立开放、统一、竞争、有序的农产品市场体系;继续发展乡镇企业,安排农民就业,提高他们的生活水平,促进全国经济的增长。

(4) 在第二产业方面,首先是要根据十六大的决议,在股份制和股份合作制的基础上，加快国有企业改革，落实产权。有的学者认为，农村改革进展顺利，是因为有改革的利益主体（农民），他们从改革中获得了很大的利益，成为推动改革的动力；城市改革进展缓慢，是由于没有形成改革的利益主体，"劳者有其股"是改革的方向。第二，要不断加强管理。产权与管理之间存在双重关系：一方面管理依赖产权，产权不落实，外无压力，内无动力，管理是上不去的，前面所列的企业亏损情况，充分说明了这个道理；另一方面管理又具有相对的独立性，在产权问题解决后，还要继续加强管理，随着管理的完善，可以巩固产权关系。第三，按照产权清晰、权责明确、政企分开、管理科学的原则，将改革与改造、改组、加强管理（"三改一加强"）结合起来，建立现代企业制度。第四，在产业组织上，既要组建跨部门、跨地区、跨所有制的大型、特大型集团，逐步形成跨国公司，又要重视中小企业的发展，发挥其灵活易变的优势。第五，扩大和完善资本市场，除股市外，还要扩大和完善资产拍卖市场，通过招标投标，实现资产重组。

（5）无论从满足生产、消费需求来看，还是从缓解就业压力来看，都需要第三产业有一个大的发展。所谓经济状况从资源约束型向市场约束型转变，主要是指物质生产，第三产业市场远远没有饱和，还有巨大的发展前景，特别需要指出的是，扩大服务领域，改进服务质量，可以促进物质产品的销售。第三产业的门类很多，要加快第三产业的增长速度，需要采取一系列政策，例如提高居民人均收入，加快城市特别是小城镇的建设，发展生产性服务业，特别要推进金融、保险业的发展与改革，发展国内外旅游事业，扩大和完善儿童、老年与妇女的服务事业，等等。在目前的产业分类中，教育与科技属于第三产业，这两个部门与知识经济的关系极为密切。目前家长愿意向教育投资，教育的意义很大,是知识经济发展的基础。因此,大力发展科技与教育事业,不仅是当务之急,而且也将形成新的经济增长点。

[原载张守一主编《知识经济概论》(第一版),中央广播电视大学出版社1999年、2001年、2003年版]

知识经济与可持续发展

企业需要可持续发展，部门与地区需要可持续发展，国家需要可持续发展，世界需要可持续发展，因此它是人类面临的一个全球性的重大课题，关系到整个人类的未来和希望。知识经济是实现可持续发展的根本保证，发展知识经济是人类的唯一出路。本文就地球不堪重负，可持续发展的含义、由来与内容，依靠知识经济实现可持续发展等问题作些分析。

一　地球不堪重负

人类只有一个地球，在可预见的将来，地球仍然是人类生活的唯一家园。由于人类对自身和地球的错误认识以及政策失误，导致人口剧增，趋于爆炸；资源过度消耗，趋于枯竭；环境污染日益严重，生态严重失衡，使地球在不堪重负下"呻吟"。

全球在资源、环境等各方面存在的问题，也是中国的问题，其中一些问题甚至超过了世界平均水平。

（1）环境污染。全国有监测的1200多条河流中，已经有850多条受到污染，1991年以来，水污染以10%的速度增加。

我国湖泊、水库、部分地区地下水和部分近岸海域受到不同程度的污染,七大水系的污染情况见表1。

表1　　　　　1996年水系污染状况　　　　单位:%

水系\标准	一、二类标准	三类标准	四、五类标准
长江	38.8	33.4	27.5
黄河	8.2	26.4	65.4
珠江	49.5	31.2	19.4
淮河	17.5	31.2	51.2
松花江、辽河	2.9	24.3	72.8
海河	39.7	19.2	41.4
浙江、福建	40.7	31.8	27.5
内陆	63.5	25.4	11.1

表1的数据说明,1996年松花江、辽河三、四类水质已经达到了72.8%,黄河达到了65.4%,淮河达到了51.2%,其他河流都受到不同程度的污染。

城市空气污染十分严重,1988年4月17日我国几个大城市不同空气质量级别出现的频率(%)见表2。

北京作为中国的首都,优质良好空气状况均为零,被国外有的媒体称为世界污染最严重的城市之一,有损我国的形象和人民健康。目前北京正在大力治理环境,有望使地变绿,使水变清,使天变蓝。空气情况较好的城市有大连、合肥、厦门等等。此外,工业废渣累计堆放量已达66.4亿吨,占地5.5万公顷,其中5%为危险物,全国三分之二的城市被垃圾包围。

(2)沙漠化。荒漠化面积262.2万平方公里,占国土面积的27.3%，荒漠化地区居住1.7亿人口，涉及18个省区、471个县；荒漠化面积不断扩大，已形成黄河流域、松辽流域、海河流域、长江流域、珠江流域、淮河流域和沿海地区几大水土流失区，其中黄河上游水土流失面积7.5万平方公里，占流域总面积的51%，每年流入龙羊峡水库的流沙量384万立方米，对水库运行构成严重威胁。

表2　　　　　　　　　　空气质量

城市＼程度	良好	轻度污染	中度污染	重度污染
北京	0	53.33	46.67	0
天津	6.25	81.25	12.00	0
石家庄	0	93.33	6.67	0
太原	0	6.67	60.00	33.33
沈阳	6.25	62.50	31.25	0
长春	6.67	86.67	6.67	0
郑州	0	73.33	26.67	0
广州	6.25	43.75	50.00	0
长沙	25.00	68.75	6.25	0

（3）自然灾害严重。对地球的破坏和给人类带来的灾害可分为大气圈变异、水圈变异、岩石圈变异、生物圈变异和人类活动引起的自然灾害。可以将上述变异分为三大类：一是自然力量；二是人为因素；三是自然与人为因素共同作用。地震、火山等灾害是自然因素引起的；而人口、环境、生态、资源枯竭、物种灭绝、厄尔尼诺与拉尼娜现象等问题，主要是人为因素造成的；气候、海洋、洪水、森林、农作物等灾害是自然与人为因素

共同作用的结果。长期以来，我国走的是非持续发展道路，造成气候异常，后者给农业造成了巨大的损失，成灾面积见表3。

表3　　　　　　　　　农业成灾面积　　　　　　　单位：万亩

年份 项目	旱灾	水灾
1950	618	7065
1960	24255	7462
1980	21261	9105
1990	11708	8407
1995	10401	7630

从表3的数据可以看出，我国旱灾比水灾严重。据统计，从1949年到1994年（不包括1968—1977年），我国因自然灾害共死亡25万多人，1976年唐山大地震死亡24.2万人。

（4）缺水。我国资源分布不均，南方多，北方少，8000万农民缺少饮用水，300座城市（占全部城市60%）缺水，缺水量58亿立方米。华北、沿海地区的地下水严重超采，地基下陷，建筑物被毁。

中国社会科学院环境与发展研究中心1993年的一项研究成果表明，环境破坏使我国每年要付出很大的代价，其中大气污染的经济损失483.5亿元，水污染568.4亿元，废渣污染33.2亿元，合计1085.1亿元；生态破坏的经济代价是：森林584.3亿元，草原123.5亿元，农田516.3亿元，水资源132.4亿元，人受灾害1013.0亿元，合计2369.5亿元；环境与生态破坏的总代价3445.6亿元，占GNP的10.0%。也有人估计经济损失占GNP

的 7.5%,最高估计的损失达到了 15.6%。①

二 可持续发展的含义、由来和内容

(一) 可持续发展的由来

1968 年"罗马俱乐部"提出的《增长的极限》报告,引起了各国对人口、经济、环境、资源的关注,标志着可持续发展讨论的开始。

"罗马俱乐部"关于经济零增长②的看法,对发达国家特别是对发展中国家来说,是脱离实际的,也是有害的。一个停滞的社会没有进步,没有活力,一个人的获得只能意味着另一个人的损失,整个社会将呈现严重的自我倾轧和自相残杀,社会将陷入无休止的动荡。

不难看出,这种观点低估了人类重新认识自然、认识自身的能力,低估了科技进步的力量和制度、组织、管理、政策创新的意义。例如,面对人口增长过快的问题,中国从 20 世纪 80 年代实行计划生育,使出生率下降,从 1965 年的 3.8%降到了 1998 年的 0.95%,少生了几亿人口。1970—1995 年,我国人口的增长速度比巴基斯坦低 54.8%,比尼日利亚低 50.0%,比孟加拉低 39.9%,比印度低 36.4%,等等③。科技进步是推动经济发展和社会进步的永动机;制度、组织、管理、政策创新,将为人类解决各种问题找到出路。

1972 年 6 月,联合国在斯德哥尔摩召开人类环境问题大会,

---

① 2005 年环境污染造成的直接经济损失超过 1 万亿元,占当年 GDP 的 5.7%。
② 所谓经济零增长,是指生产成果全部用于消费,没有积累,没有投资,经济增长率为零。
③ 2005 年我国人口自然增长率为 0.59%。

有113个国家出席。在这次会议上，发达国家与发展中国家就可持续发展发生了严重的对立，发达国家关心污染、人口过剩、自然保护，发展中国家关心贫困问题，如饥荒、疾病、文盲、失业，提出了"贫困是最大的污染者"的口号，认为强调可持续发展是发达国家阻止发展中国家赶上它们的阴谋。

这两类国家在可持续发展问题上的立场存在很大的差距，发展中国家认为，既然只有一个地球，为何要维持发达国家的一部分人待在"头等舱"内，而发展中国家的大部分人待在二等、三等、四等舱内，全人类要生存，就要平等地生存。巴西一位教授计算，发达国家在工业化的过程中排放了大量的二氧化碳，发展中国家要达到它们的数字，需要2147年！发达国家持相反的看法，他们主张共同生存，不要计较平等。

1983年，联合国秘书长任命挪威前首相布伦特夫人担任世界环境与发展委员会主席，负责制定"全球的变革日程"，提出长期环境对策，特别是提出了在经济和社会处于不同阶段的国家之间进行合作的方法。这个委员会提出了《我们共同的未来》报告，被1987年2月在东京召开的世界环境与发展会议第八次会议通过。报告分为三部分：共同的问题、共同的挑战、共同的努力，强调要走一条新的发展道路，要求发达国家改正以前形成的破坏资源、污染环境的发展模式，形成新的发展模式；发展中国家不要模仿发达国家的旧模式，采用新的发展模式，这是人类对传统工业化反思后得出的理性认识。

1992年6月，联合国在巴西里约热内卢召开环境与发展大会，有183个国家与国际组织参加，会议通过了《里约环境与发展宣言》、《21世纪议程》以及《关于森林问题的原则声明》，签署了《气候变化框架公约》和《生物多样性公约》。

(二) 可持续发展的含义

所谓可持续发展，是指满足当代人的需要又不损害子孙后代满足其需求能力的发展。这个定义十分抽象，目前对它的理解已经超过 100 个，有人戏称，对"可持续发展"定义的讨论肯定是可持续的。例如，1991 年联合国和世界野生生物基金提出的定义是：在生存不超出维持生态系统涵容能力的情况下，改善人类的生活质量。1992 年美国世界资源研究所的定义是：可持续发展要建立极少废料和污染物的工艺和技术系统。1992 年世界银行认为，可持续发展是指建立在成本效益比较和审慎的经济分析基础上的发展和环境政策，加强环境保护，从而导致福利的增加和可持续水平的提高。

1995 年国际系统工程研究所学术会议对可持续发展确定了五大要素：环境与经济是紧密联系的；代际公平；代内公平；一方面要提高生活质量，另一方面要维护生态环境；公众参与。这五大要素都是对现在流行观念的挑战。在传统观念中，看不到经济与环境之间的联系，只讲发展经济，不讲环境保护，造成了它们之间的尖锐对立，这里第一个要素就是经济与环境是紧密联系的，提出了同过去相反的观念；与此相联系，提出了提高生活质量与维护生态环境之间的关系，本来，广义的生活质量就包含维护生态环境的要求；在传统观念中，只注意当代人提高生活水平，不顾后代人的死活，这里提出了代际公平的原则，无疑是一大进步；代内公平是针对国际与国内不公平而言的，国际不公平突出表现为南北差距的不断拉大，国内不公平是阶级、阶层之间收入水平的不断扩大，不努力缩小这两个差距，就不可能有持续发展；可持续发展涉及每个人的利益，公众参与是关键因素之一，没有广大群众的参与，可持续发展将是一句空话。

可持续发展是一个由生态、经济、社会组成的"三维复合系统",其内部是协调一致的,其中生态持续是基础,经济持续是条件,社会持续是目的。[①] 社会持续实际上是人口繁衍的持续,人类的生存与发展既离不开经济,也离不开生态环境。

因此,可持续发展包括两方面的意义:一方面是发展,人类需要发展,只有不断地发展才能给人们提供越来越好的生活,保证人们展望未来时看到的是更为美好的前景;另一方面是发展的可持续性,就是说,发展必须可持续地进行,不应超过一定的限制,例如环境污染的程度。由此可见,可持续发展包含两个关键要素:动力和限制。

可持续发展的动力分为两种:一种是物质动力,另一种是精神动力。物质动力是指能源。历史上火的使用是人类发展的一个关键,早期人类驱赶野兽,烧烤食物,生活上离不开它,而冶金以及相应的各种各样手工业的兴起也离不开它,如何获得火种并让火熊熊燃烧成为人类科技史上的一个伟大创举,人类首先采用自然界中的木材作为能量的来源,解决了早期的发展问题。随着人类生活领域的扩大和火的作用的提高,木材的数量和能量密度不能满足人们的要求,人们找到了煤炭作为新的能源。电的发现和使用是人类发展的又一个里程碑,工业革命是在电的基础上大规模展开的,煤炭作为电力的主要来源发挥了重要的作用,而后人们又找到了石油这种比煤炭能量密度更高的能源,我们现在生存的社会主要是由煤炭和石油这两种能源驱动的,这两种能源是不可再生的,而且储量有限,但开发量很大,这两种能源总有一天会枯竭,因此寻找新的替代能源成了人类面临的一个紧迫问题。

---

① 郑易生、钱薏红:《深度忧患》,今日中国出版社1998年版,第49页。

可持续发展的精神动力,是指人们设计和制造新产品的能力。一般来说,人类对物质产品的相对需求是逐步减少的,而对知识产品的相对需求是不断增加的。在考察可持续发展的时候,有时忽视了来自需求方面的动力,而是侧重于供给方面,但没有需求的供给是无效的供给,这是经济系统运动的客观规律。只有不断创新,才能不断地将人们潜在的、有时甚至是没有意识到的需求转化为人们愿意付出一定代价而获得的有效需求,从而使得经济系统无论从质还是从量上都能不断地向前发展。

可持续发展需要满足的限制主要是环境,但是长期以来,人们对经济活动必然产生负效应没有认识,工业经济不顾环境条件盲目发展,造成了我们在上面列出的各种恶果,使得人们反思从前所走的道路,反思的结果是人类今后要走依靠知识经济实现可持续发展的道路,多生产"绿色食品",增加"再生资源",发展"无烟工业"等等。

(三) 成绩与问题

1997年6月,联合国召开了第十九次特别大会,总结了1992年以来所取得的成绩,其中主要有:许多国家报告了他们建立国家协调机制以及各自可持续发展战略;预防气候变暖、保护生物多样化和防治荒漠化的三个国际公约开始生效;对臭氧层保护议定书的执行已经进入第10年,发达国家基本上淘汰了氟利昂制造技术;在再生能源方面取得了很大的成绩,地热、风能、光电系统等开发有很大进展;1990—1994年世界安全饮用水增加了4.7亿吨;可持续发展思想进一步深入人心,环境领域的国际立法、多层次多渠道的国际合作不断增加。

但是,问题仍然很多,发展中国家有四分之一的人生活在绝对贫困水平;发达国家向发展中国家提供资金和转让技术,不仅没有增加,反而在倒退;二氧化碳排放量继续增加,从1992年的75亿吨增加到1996年的80亿吨;虽然森林砍伐量有所减少,但森林的损失仍在继续;世界三分之一的人生活在水资源不足的地区;荒漠化在继续扩大;等等。

(四)《中国21世纪议程》

1992年6月,联合国在巴西里约热内卢召开了环境与发展大会,会议通过的《21世纪议程》要求各国必须发展和执行综合的、有制裁力的和有效的法律和条例,而这些法律和条例必须根据周密的社会、生态、经济和科学原则来制定。

由当时的国家计委和国家科委牵头,制定了《中国21世纪议程——中国21世纪人口、环境与发展白皮书》(简称《中国21世纪议程》)。《中国21世纪议程》共20章,分为可持续发展总体战略、经济可持续发展战略、社会可持续发展战略、资源合理利用与环境保护四大部分,1994年经国务院批准后,已经实施了多年[①]。

中国在可持续发展问题上的原则立场是:经济发展必须与环境相协调;保护环境是全人类的共同任务,但经济发达国家负有更大的责任;加强国际合作以尊重国家主权为基础;保护环境和发展离不开世界的和平与稳定;处理环境问题应当兼顾各国现实的实际利益和世界的长远利益。

《中国21世纪议程》指出,国家保护整个生命支撑系统和生态系统的完整性,保护生物多样性;解决水土流失和荒漠化等重大生态环境问题;保护自然资源,保持资源的可持续供给能

---

① 2007年6月4日,中国公布了应对气候变化国家方案,承诺采取一系列节能减排措施。

力,避免侵犯脆弱的生态系统;发展森林和改善城乡生态环境;预防和控制环境破坏和污染,积极治理和恢复已遭破坏和污染的环境;同时积极参与保护全球环境、生态方面的国际合作活动。

《中国21世纪议程》对2000年提出了具体的任务和目标,为了实现这些目标,提出了10项对策:以经济建设为中心,深化改革开放,加速社会主义市场体制的建立;加强可持续发展能力建设,特别是规范社会、经济可持续发展行为的政策体系、法律法规体系、战略目标体系的建设;实行计划生育,提高人口素质,控制人口数量,改善人口结构;因地制宜,有步骤地推广可持续农业技术;重点开发清洁煤炭技术,大力发展可再生和清洁能源;调整产业结构和布局;大力推广清洁生产技术,提高效率;加速"小康住宅建设";推广重大环境污染控制技术与装备的应用;加强对水资源的保护和污水处理,保护、扩大植被资源,努力提高土地生产力,减少自然灾害。

我国政府是重视环境保护的,将它列为基本国策之一,在经济高速增长的条件下,在一定程度上扼制了环境的恶化。林业部门正在建立五大防护林体系:1978年开始建设华北、东北、西北三大防护林带,已造林605.5公顷;长江中上游防护林带,准备花30—40年,增加森林面积2000万公顷;1988年开始建设沿海防护林带。1986年开始建设太行山绿化工程,平原绿化工程进行了近10年,初步营造出世界最大的农田防护林带。此外,还在建设四大林业基地:用材和防护林基地、南方速生林基地、特种经济林基地和果树生产基地。1998年政府决定,将长江和松花江上游的木材公司改为植树造林队伍。

在节能方面取得了一定的成绩,单位GNP的能源消耗逐年下降,从1980年万元产值13.0吨标准煤下降到1988年的9.8吨,减少了24.6%;重点耗能产品的能源消耗下降了三分之二,每年节约能源0.2亿吨标准煤。

"八五"期间（1991—1995年），综合治理水土流失面积17.5万平方公里，投资42亿元，一批重点治理的小流域，水土流失减少了70%以上；已经建立了2000多处生态农业试点，各种自然保护区已达800多个。

1996年，第八届全国人民代表大会第四次会议通过了《关于国民经济和社会发展"九五"（1996—2000年）计划和2010年远景目标纲要》，其中在环境保护方面是实施"332"工程，重点治理淮河、海河、辽河，治理太湖、巢湖、滇池和两域，即酸雨污染区和二氧化碳控制区。

三 依靠知识经济实现可持续发展

(一) 观念创新

观念创新属于知识经济的范围。为了实现可持续发展，观念创新具有非常重要的意义。另一方面，实现可持续发展，要求转变许多观念，其中主要有：

改变人与自然关系的观念。在原始社会，生产力水平很低，人对自然几乎没有什么破坏，两者之间十分协调。在农业社会特别是工业社会，人显示出"万物之灵"的本性，对自然进行大规模开发，他们把自然看成是人类顺从的"奴仆"，可以任意索取，又不会遭到自然的报复。历史已经证明，这是完全错误的观念。依靠知识经济实现可持续发展，发展生产不仅不能污染环境，破坏生态，而且还能恢复已经被破坏的环境和生态。例如，植树造林有许多好处，可以增加植被面积，增加森林资源；可以吸收二氧化碳，增加氧气，发挥"地球之肺"的作用，降低温室效应，弥补臭氧层的损耗；可以增加土壤中水的含量，防止水土流失，避免洪灾，减少因缺水所带来的损失，调节气温；将不毛之地变成旅游地区；可以保护野生动物，维护生物多样化；等等。

在农业社会特别是在工业时代，人们认为自然资源取之不尽，用之不竭。前面已经指出，自然资源是有限的，如果不依靠科技进步，许多资源在几十年或十几年内就会枯竭。依靠知识经济实现可持续发展，要从根本上改变对自然资源的观念，一定要依靠科技进步来发展生产。依靠科技进步，单位资源可以生产出许多倍的产品，使现在不是资源的东西变成资源，如"海水变成油"、"石头变成金"等等。

改变生产模式的观念。目前发展中国家的生产基本上是粗放型的，以高投入为代价增加产品的数量，以为只要生产出来，就能销售出去。这种观念的错误不仅不符合自然资源有限的状况，而且也不符合国内外市场的变化。随着居民收入水平的提高，他们在满足生存需求之后，日益强调产品的花色品种和质量，因此要加快经济增长方式从粗放型向集约型的转变。

改变环境观念。当人们的知识很少或无知时，他们不了解环境污染的危害性，喝被污染的水，吃被污染的饭菜，吸被污染的空气；他们为了眼前的经济利益，不惜以污染环境、破坏生态为代价来发展经济。依靠知识经济实现可持续发展，必须彻底改变对环境、生态的看法。环境污染危害人的生命，当发展经济与保护环境发生矛盾时，要把保护环境放在首位，宁可牺牲一些经济利益，也要保护环境，维持生态平衡。我国为了治理淮河、太湖、滇池的污染，下决心关闭污染环境的小工厂，但成效不大，还要继续努力。

改变"先污染、后治理"的观念。这种观念在西方国家十分流行，它们在行动上也是这样做的，其中英国伦敦发生的毒雾杀人,就是典型事例。现在人们认识到,"先污染、后治理"所花费的成本很大,有些污染无法彻底治理,甚至无法治理。我国吸取西方国家的教训,提出了"建设与环保并重"的方针,把它列为一项基本国策,投资包括环保经费。从前面所列的事实来看,我国环境问题仍然比较严重,需要进一步加大保护和治理的力度。

改变消费观念。到目前为止,人们把消费局限于物质产品,消费范围很窄。其实,人的消费除物质产品外,还包括环境、空气,后面这些要素对保持身体健康具有非常重要的意义。如果把个人消费局限于吃好的,穿好的,使用高档耐用消费品,住宽敞的房子,出门乘汽车,而环境污染使人生病,以至死亡,那么物质享受就失去了意义。依靠知识经济实现可持续发展,一定要改变消费观念,扩大消费范围,以提高生活质量为最重要的标准。

转变教育观念。过去把教育看成是消费支出,不受重视;其实,教育是人力资本投资,回报率很高。各类教育机构和教师不仅要向学生传播科技知识,还要传播环保知识,增强他们的环保意识,除本人自觉地保护环境外,还能与污染环境的人和事作斗争。

(二) 政策创新

人类之所以走上一条非持续发展的道路,与政策失误有极大的关系。长期以来,人们对资源和环境不计成本,无偿使用。正是这种错误的理论和政策,导致了自然资源的过度开采,破坏了生态;正是这种错误的理论和政策,导致了环境污染日益严重。

我国在可持续发展政策方面的失误是很多的,下面举几个例子:

"有水快流"。20 世纪 80 年代,一位中央领导人提出了"有水快流"的政策，意思是尽快开发各种自然资源，加快经济增长速度。我国人均自然资源本来不多，在这种错误政策的指导下，各地迅速出现了乱采乱挖的局面，使自然资源遭到了严重的破坏。

"苏南模式"。江苏的经济主要是依靠乡镇企业发展起来的，其中苏南地区发展最快，理论家将这个地区的经济发展概括为"苏南模式"，在各地推广，乡镇企业数目的增加情况见表4。

表4　　　　　乡镇企业数目　　　　　单位：万个

年份 省份	1985	1997	1997：1985（倍）
江苏	9.8	86.5	8.82
湖南	11.3	204.4	18.09
山东	24.2	175.5	7.25
湖北	11.3	164.6	14.56
四川	12.6	112.9	8.96
云南	1.7	108.7	63.94

乡镇企业的大发展是我国经济建设的一大奇迹，在安排农民就业、提高其生活水平、促进国家经济发展等等方面发挥了巨大的作用，但由于劳动力素质不高，资金短缺，技术落后，往往污染环境。在总结苏南经济发展时，只看到了它的成绩，忽视了它对环境的污染，存在很大的片面性。推广"苏南模式"的结果，虽然促进了经济的增长，也加剧了环境污染。

当我国看到人口增长过快、环境污染严重时，采取了罚款的办法。这种办法虽然起了某些作用，但也有很大的负效应。少数计划生育部门对超生超育实行罚款，超计划生育越多，其收入也越多；同样，少数环保部门通过罚款可以增加收入，污染越多，其收入也越多。这些部门增加收入后，不仅可以增加奖金，公款吃喝，公费旅游，还可以修建办公大楼。当罚款改由银行代收后，这些部门的工作人员感到失去了"激励"，对超计划生育和环境污染睁一眼、闭一眼。这涉及人事制度，这些部门凡是努力工作、成绩优秀者，给予奖励；对不称职者，实行淘汰。

黄河断流。1972年黄河出现断流，从最初一二十天发展到1996年的136天，从断流310公里发展到683公里，从每年4月断流提前到2月，使这条"母亲河"变成了季节河流。黄河断流的原因，一是受厄尔尼诺和温室效应的影响，降雨量减少；二是上游用水过度，使中下游断流。黄河用水量从20世纪50年代的22亿立方米增加到90年代的330亿立方米，增长了14倍。1995年引黄灌溉面积3500万亩，引黄取水工程122座，设计能力400亿立方米，超过黄河370亿立方米的供水能力。黄河上游居住的人口只占全流域的10%，用水量达到了50%。正如有人所说的，抗日战争时期，保卫黄河是同日本侵略者作斗争，现在保卫黄河，是同我们自己作斗争。

用乱开、乱砍扶贫。为了让贫困地区的农民尽快脱贫，地方干部鼓励农民乱开荒地、乱砍树木致富，结果破坏了生态环境，减少了森林和草地面积。林业部门开办木材公司。许多林业部门一方面负责植树造林，管理林业；另一方面又开办了很多木材公司，大砍大伐林木，由于砍伐量大于种植量，使木材储量下降。后来推行退耕还林、退耕还草政策，情况有所好转。

断流也好，缺水也好，说到底都是政策问题。从节水的角度来看，应当开发、推广节水技术，但农业用水的价格很低，农民乐意采用"不要技术"的漫灌，在这种价格政策下，节水技术是不可能推广应用的。只有当节水技术所节约用水的收益大于采用节水技术的成本时，这种技术才能得到推广应用。同样，由于水价太低，水库管理单位的收入很少，使其没有资金去修理水库和水渠，水利设施不能发挥应有的作用。还有，如果水管理人员的收入不同水的利用挂钩，他们对管理水利设施没有积极性，就会造成水资源的浪费。

从长远来看，依靠知识经济实现可持续发展，需要制定相应的战略和政策，形成一种新的文化，开发出既能满足人类物质需要的产品又不污染环境的技术。特别需要改变目前的商品和服务价格，制定相应的法律、税则、规定、补贴和指标体系。例如，按照现行的核算体系，只有砍倒的树木才计算价值，算入 GDP。用环境税全部或部分地代替个人和公司所得税，对保护环境具有十分重大的意义，一些发达国家采用这种政策，已经收到了很好的效果。拿出版业来说，出版公司可以选择木材做原料、用氯漂白纸浆，使用有害的油墨，由于污染环境，受到重罚；它们也可以使用不需要漂白的再生纸张和无污染的油墨，在税收上给予优惠。

如上所述，由于资源与环境无偿使用，不仅造成了资源浪费和环境污染，而且使资源开发与环保投资没有回报，只能依靠财政拨款。但财政收入是有限的，因此这两大部门经常感到资金不足。依靠知识经济实现可持续发展，必须改变这种体制和政策，实行资源和环境有偿使用，在这些方面的投资，其回报率不能低于社会平均资金利润率。有了这种政策，资源和环境就可以吸引大量的民间投资，它们将变成两个重要的产业。

我国政府制定了许多环境保护政策。1973 年在召开第一届全国环境保护会议时，就提出了以下政策：全面规划，合理布局，综合利用，化害为利，依靠群众，大家动手，保护环境，造福人民。制定了"三同时制度"，即污染防治设施要与生产主体工程同时设计，同时施工，同时投产。制定了"排污收费制度"，其中大部分收费以拨款或贷款方式用于补助企业的污染防治，20%用于环保系统自身建设。除这些制度外，还制定了环境影响经济评价制度，环境保护目标责任制度，城市环境综合整治定量考核制度，排污许可证制度，污染集中控制，限期治理制度。1979年颁布了《环境保护法》。应该说我国环境保护的法律、政策已经不少，但问题出在权大于法，有法不依，执法不严，违法不究，使法律与政策在不同程度上失去了作用。这方面最明显的例子是太湖达标活动。国务院规定1999年1月1日零点太湖达标，为此做了大量的工作，当年1月基本上达到了排放标准；2月由于春节，许多企业没有生产，维持了排放标准；3—4月企业开足马力生产，污水排放量又恢复到了达标以前的水平，使达标活动没有收到应有的效果。①

（三）技术创新

为了实现可持续发展，需要进行技术创新。美国世界资源研究所提出了对可持续发展有重要意义的12项技术群，它们是：能源获取技术，例如光电源技术、地热能源、太阳热电和核裂变技术；能源储存技术，例如电池技术、超导技术、储氢、储热和燃料电池技术；专门的能源末端使用技术，例如交通领域、建筑房屋的能源使用技术；农业生物技术；替代与精细农业技术；制造模拟、监测和控制技术；催化剂技术；分离技术；精密制作技术；材料技术；信息技术；避孕技术。

对我国来说，除使用上述环保技术外，一定要控制人口，特

---

① 2007年5月，太湖水被污染，使无锡市的自来水发臭。由于采取许多紧急措施，才使问题得到初步解决。

别是在贫困地区,要下决心打破"越穷越生、越生越穷"的恶性循环,扫除文盲,提高教育水平和人口素质;推广高效新型的避孕药具,使育龄妇女能够经常获得有关避孕知识、避孕药具和技术的服务,使计划生育、妇幼保健人员增加新的知识和掌握新的技术;在技术示范的基础上推广比较先进的农业技术,建立一批生态经济区。

1997年,我国煤炭占能源消费总量的73.5%,是环境污染最重要的因素。煤炭的物理洗选可脱除60%以上的灰分和50%以上的黄铁矿硫;化学洗选可脱除90%以上的黄铁矿硫和95%以上的灰分。成型煤比散煤的热效率可提高一倍,二氧化碳可减少40%—60%;炉窑燃烧可节约煤炭15%,烟尘减少50%—60%,二氧化碳减少40%—50%;节能技术很多,如余热回收利用技术,其中包括热电联产技术、热泵技术、热管技术,此外还有高效率、低污染锅炉。在农村推广以沼气、煤炭和电力为燃料,可以减少农民对植被的破坏。

在固体废物方面,可以采用重金属和废物回收利用技术,推广有害废物安全填埋场和焚烧厂技术;建立电镀工业废物最小量化、含铬废物资源化、有害废物安全填埋和焚烧、塑料废物回收利用等示范中心。建立低放射性废物和高放射废物处理中心、核技术应用废物存放库,采用废物分类、减容、焚烧、固化设备。人是一个大污染源,制造大量的垃圾,但是垃圾经过无害化、高温化处理后可以变成再生资源,例如变成农业肥料。

[原载张守一主编《知识经济概论》(第一版),中央广播电视大学出版社1999年、2001年、2003年版]

知识产品的使用价值与价值

像工农业产品一样,知识产品也有使用价值与价值,而且它们是研究知识经济的基础,本文就这方面的问题作些讨论。

一 知识产品的使用价值

马克思指出:"物的有用性使物成为使用价值。……不论财富的社会形式如何,使用价值总是构成财富的物质内容。"① 作为使用价值,商品首先有质的差别。我们知道,不同质的东西是不能相加的,例如煤炭不能与钢材相加,这使使用价值的分配遇到了一个难题,我们将在后面讨论这个问题。

需要指出的是,一物的有用性(属性)越多,其使用价值也越多。例如粮食可以作为种子,用它可以制作成主食来充饥,也可以用它来制造点心、醋、酱油,还可以用它制作饲料,饲养牲畜,等等。还要指出的是,我们在研究知识产品时,既要分析硬知识产品的使用价值,更要讨论软知识产品的使用价值。

---

① 《马克思恩格斯全集》第23卷,人民出版社1972年版,第48页。

使用价值的作用分为正负两类。上面所说的粮食的使用价值，都是正面作用。使用价值的高低有主观与客观的不同评价。例如粮食能够充饥，是人类生存的第一需要，客观上其使用价值是很高的；但当粮食富裕、甚至过剩时，人们在主观上往往对它的使用价值评价不高，甚至看得一钱不值；一旦出现粮荒威胁到人类的生存时，粮食的使用价值立即上升到所有使用价值的首位，社会就会出现对粮食的争夺、抢购。使用价值的负面作用多种多样，例如黄色作品毒害青少年，危害极大。许多使用价值同时具有正负两方面的作用，例如防腐剂有利于食物的储藏，但防腐剂大都对身体有害；农药可以使农作物免遭病虫害，但残留在农产品上的农药对人的身体不利；鸦片是一种制药的原料，但吸毒却给个人、家庭乃至国家带来巨大损失，如果放任自流，将危及到民族的存亡。

营养成分本身没有副作用，但若使用不当，也会产生不良影响。例如，营养学家针对不同国家、民族、地区，为儿童、青少年、中年人和老年人制定了合理的营养摄取量标准，但美、日、英、法、德、澳、丹、苏等国的居民过量摄取营养成分，出现营养过剩，导致许多疾病的增多。改革开放以来，我国部分居民也出现了营养过剩现象，这值得高度重视。

使用价值存在自然共生现象，例如石油经常与盐、钾、碘、锂、氦等共生，这些物质各有自己的使用价值，但在盐、钾、碘、锂、氦等从石油中分离出来之前，它们只具有潜在的使用价值。换言之，如果在把盐、钾、碘、锂、氦等从石油中提炼出来以前就将石油烧掉，那它的共生物质就不能发挥作用。

科学技术是分离使用价值的唯一手段，从石油中提炼盐、钾、碘、锂、氦等需要依靠科学技术；又如，煤炭是一种燃料，由于科技进步，从煤炭中提炼出苯、甲苯、萘、酚等数百种产品，它们各有自己的使用价值，以它们为原料，可以生产出染料、香料、糖精、药品等，这些产品本身又各自有使用价值，从中我们可以看出使用价值的"链式反应"①。

使用价值的组合是很有意义的，例如为了工作和生活的需要，过去你出差可能要携带以下物品：（1）BP 机、移动电话，用于通讯联络；（2）手表，用于掌握时间；（3）笔记本电脑，用于游戏和上网；（4）衣食住行方面的生活必备品。你的旅行包一定很笨重，给旅行生活带来不便。现在市场上具有通信功能、寻呼功能、时间显示功能、闹钟功能、游戏功能以及上网功能的新型移动电话，将几种商品的功能（使用价值）组合到一起，为消费者带来了极大的方便。

我们知道，使用价值是具体劳动生产的，马克思说："这种生产活动是由它的目的、操作方式、对象、手段和结果决定的。"② 对这句话有两种理解：一是同时以上述五种标准来划分具体劳动的类型；二是按照五种标准中的一种分别来划分具体劳动的类型。具体劳动多种多样，千差万别，看来第二种理解更具有说服力。

使用价值的生产既要有硬件，也要有软件。硬件是指劳动力、劳动工具和劳动对象。知识产品生产的硬件与工业生产存在原则区别，劳动力由体力劳动变成了人力资本与智力资本；劳动工具由机械化变成了自动化、智能化；劳动对象由农副产品、钢铁、水泥、木材等等，变成了电子元件、生物细胞、化学制剂、纳米材料等等。软件是指决策、计划、工艺流程、生产指挥、组

---

① 一种物质具有多种使用价值，往往还含有多种成分，是循环经济综合利用资源的依据，它建立在知识经济的基础之上，是从后者派生出来的。

② 《马克思恩格斯全集》第 23 卷，人民出版社 1972 年版，第 55 页。

织程序、技术规范、质量标准等等，它们在知识产品生产中的作用比在工业生产中的作用大得多。

伴随着人类从农业社会进入工业社会，再进入知识社会，使用价值跟着发生变化：一是结构的变化。在工农业社会，科技含量少的使用价值占主要部分，在知识社会，科技含量多的使用价值占主要部分。二是载体的变化。在工农业社会，使用价值基本上是以物质为载体，而在知识社会，除物质载体外，以数字为载体的使用价值不断增加。三是创新速度的变化，在工农业社会，使用价值创新和更新的速度都比较缓慢，而知识社会的特点是创新与更新的速度不断加快。

我把知识产品分为四类，它们各有自己的使用价值。科学研究成果的作用是认识世界，经典力学、相对论、量子力学、微电子论、自动控制论等等成果在认识世界中发挥了和正在发挥着极其巨大而深远的作用与影响，没有这些科学成果，人类就不可能对自然、社会和思维有今天这样深刻的认识，掌握如此多的客观规律性。

高新技术及其产品的作用是改造世界。信息技术、生物技术、材料技术、新能源、航天技术、海洋技术、环保技术等既是知识经济的物质基础，也是这种经济的重要标志。利用这些高新技术既能生产出满足生产需要的产品，又能生产出满足消费需要的产品。

文化产品的作用是满足精神需要，例如读小说、看画展、听音乐、学雕刻等，都是这种需要的表现。

知识服务业的作用是全面的，有些能满足物质需要，有些能满足精神需要。例如，咨询服务的内容既可能是物质生产方面的问题，也可能是精神生活方面的问题。

西方经济学家不使用使用价值这一概念，而采用效用概念。

所谓效用,是指人们在消费物质或劳务时所感受到的满足,效用的大小取决于人的主观评价。效用理论包含以下三个要点:一是物品或劳务具有满足人类欲望的性能,例如食品可以充饥。二是人类对物品或劳务性能的认识和利用存在一定差别,一种物品或劳务可能对一个人有用,对另一个人可能无用,反之亦然;一种物品或劳务可能对一个人的效用大,对另一个人的效用可能小,反之亦然。三是欲望与效用之间存在密切的关系,随着物品或劳务的增加,欲望不断得到满足,同样一件物品或劳务的效用呈下降的趋势。

西方经济学家把效用分为基数与序数两种。基数效用论者认为,物品或劳务的效用可用基数(1,2,3,……)来衡量其大小。例如,对一个消费者来说,一件衣服的效用是8个单位,而一个面包的效用是4个单位,不同物品或劳务的效用可以加减。有些西方经济学家指出,效用是指个人的偏好,后者是心理活动,无法计量,因此基数效用论难以成立,一个消费者不能对不同物品或劳务的效用作出数量评价,不同物品或劳务的效用不能加减,但可以按照它们对消费者的重要性进行排序,第一、第二、第三、……,这就是序数效用论。

设 Δq 代表商品数量的增量,Δu 代表效用的增量,则边际效用(MU)为:

$$MU = \Delta u / \Delta q \qquad (1)$$

在极限的情况下有:

$$MU = \mathrm{d}u/\mathrm{d}q = \lim_{\Delta q \to 0} \Delta u/\Delta q \qquad (2)$$

在上式中,如果 Δu 不变,随着 Δq 的不断增加,MU 会不断减少。这就是说,随着商品的增加,同样一件商品的效用呈下降的趋势。西方经济学家认为,边际效用是衡量商品价值的尺度,商品的价值与其稀缺程度成反比,商品的数量越多,其价值越小,反之亦然。随着所消费商品数量的增加,该种商品对消费者的效用是递减的,表现为边际效用递减规律。

在某些情况下,知识产品的效用是可以替代的。例如一位大学教师讲一门课程,既可以用甲教授撰写的教材,也可以用乙教授撰写的教材。当用甲教授撰写的教材时,效用函数是:

$$U_1 = U_1(Z_1, Z_2, \cdots, Z_j, \cdots, Z_n, M) \quad (3)$$

式中,$(Z_1, Z_2, \cdots, Z_j, \cdots, Z_n)$为知识的投入;$M$为物质、能量的投入。

现在用知识Z_k代替Z_j($Z_k \neq Z_j$),得到新的效用函数:

$$U_2 = U_2(Z_1, Z_2, \cdots, Z_k, \cdots, Z_n, M) \quad (4)$$

在知识效用的替代中,$U_1 = U_2$是特例,$U_1 < U_2$或$U_1 > U_2$则是常态。即使$Z_k > Z_j$,通过知识效用的组合,既有可能出现$U_1 > U_2$,也有可能出现$U_1 < U_2$。虽然知识可以相互替代,但不存在边际替代率,因为知识Z_k或Z_j都是唯一的,不可能连续增加,也不可能连续减少。

马克思主义经典作家使用过效用概念,例如马克思说:商品的出现,使"物满足直接需要的效用和物用于交换的效用的分离固定下来了"[①]。在这段论述中,马克思区分了使用价值的效用和交换价值的效用,可见,在他看来,效用是一个十分广泛的概念。他又说:"服务无非是某种使用价值发挥效用,而不管这种使用价值是商品还是劳动。"[②] 在这段论述中,他把效用从物质生产领域推广到了服务领域。恩格斯设想过:当将来价值消失后,"社会也必须知道,每一种消费品的生产需要多少劳动。它必须按照生产资料,其中特别是劳动力,来安排生产计划。各种

---

① 《马克思恩格斯全集》第23卷,人民出版社1972年版,第106页。
② 同上书,第218页。

消费品的效用（它们被相互衡量并和制造它们所必需的劳动量相比较）最后决定这一计划"①。在马克思、恩格斯看来，不仅资本主义经济中存在效用，甚至在将来的共产主义经济中，效用将取代价值，成为制定生产计划最重要的依据。消费品效用被相互衡量，不是指给消费品排定基数效用，而是确定其序数效用。

物品或劳务的潜在效用与实现效用是两个不同的概念。潜在效用是指物品或劳务所包含的全部效用，实现效用是指潜在效用在一定时间内所实现的程度。例如农业施用化肥，增产的效用只是潜在效用的一部分，只有当潜在效用全部实现时，两者才相等。

在工业经济中，废品没有使用价值，知识经济也有废品，那些奉行"天下文章一大抄"的文人墨客，在报刊上发表毫无新意的文章和作品，出版毫无新意的著作，实际上都是在生产废品。

虽然马克思和恩格斯分析过效用概念，但后来的马克思主义经济学家把它看成是人与自然的关系，不属于经济学的研究范围，没有对它进行深入的讨论。

二 知识价值论

（一）研究知识价值论的意义

知识产品的价值论（简称知识价值论）是知识经济学最复杂的问题之一，是这门学科的核心与基石，研究它的意义主要有：

第一，理论意义重大。与体力劳动创造普通商品的价值相

---

① 《马克思恩格斯选集》第3卷，人民出版社1972年版，第348页。

比，主要由脑力劳动或新型劳动创造的知识产品的价值，有许多不同的特殊性，只有研究这些特殊性，才能为知识经济学奠定扎实的基础。知识价值论至今还有许多问题困扰着我们，只有通过深入的研究、讨论，搞清楚这些问题，才能促进知识经济学的不断发展。

第二，与经济利益关系密切。对于个人、企业、地区、部门、国家来说，知识价值与它们的经济利益之间存在着密切的关系。我们知道，高新技术包含的知识，像所有知识产品一样具有共享性。知识创新需要投入大量的人力、物力和财力，但通过知识创新所取得的成果别人一看就懂，一学就会，如果政府对知识产权不加以保护，就会失去对知识创新的激励，这项关系到民族兴衰、国家存亡的伟业，就会逐步萎缩下去。① 知识产权保护的理论基础是知识价值论。

第三，资源配置的杠杆。马克思指出，"按一定比例分配劳动的必要性，决不可能被社会生产的一定形式所取消，而可能改变的只是它的表现形式"②。这就是说，不管社会形式如何，在个人、企业、地区、部门、国家之间，在知识产品生产、传播、交换、利用之间按比例分配社会劳动，是一个永恒的话题。在市场经济条件下，资源配置需要通过价值杠杆进行，舍此没有别的途径。

第四，进行经济核算的基础。不把知识产品的价值分析清楚，就不可能去讨论它们的价格、成本、利润等等，从而不可能对知识经济进行核算，分析它的经济效益。只有对知识经济经营

---

① 创新成果除产权保护外，还有以下保护措施：对创新成果保密；技术领先，别人不能模仿；掌握先进技术，生产成本低，处于竞争优势；服务做得好，广告投入多。

② 《马克思恩格斯选集》第4卷，人民出版社1972年版，第368页。

的盈亏进行深入的分析，才能知道知识产品在生产、传播、交换和利用各个环节的运行情况，知道个人、企业、地区、部门、国家经营知识经济的收支状况，政府才能根据实际情况制定相应的政策，促进知识经济的发展。

（二）两种对立的价值论

由于存在劳动价值论和生产要素论两种对立的价值论，在讨论知识价值论时就有一个遵循什么理论路线的问题。

1. 劳动价值论

马克思在继承和发展古典政治经济学的基础上，深刻地论述了劳动价值论，其要点是：

第一，商品具有二重性，既有使用价值，又有价值。

第二，劳动具有二重性，具体劳动的具体形式各种各样，生产不同质的使用价值；抽象劳动是无差别的人类劳动的凝结，创造价值。

第三，一种商品，不是消耗的劳动越多价值就越大，其价值取决于社会必要劳动时间，即在现有的社会正常的生产条件下，在社会平均的劳动熟练程度和劳动强度下制造某种使用价值所需要的劳动时间。

第四，价值是商品的实体，体现人与人之间的生产关系，商品在买卖时，价值表现为一种使用价值同另一种使用价值相交换的量的关系或比例，即交换价值。

第五，劳动力是一种特殊的商品，劳动时间划分为必要劳动时间与剩余劳动时间两部分，必要劳动时间生产劳动者及其家庭成员生存与发展所需要的消费品；剩余劳动时间无偿地为资本家创造剩余价值。资本家通过延长劳动时间所增加的剩余价值，称为绝对剩余价值；资本家通过提高劳动强度所增加的剩余价值，称为相对剩余价值。

第六，马克思的价值公式是：

$$Y = C + V + M \tag{5}$$

式中，C 表示转移价值；V 表示可变资本，即劳动报酬（工资）；M 表示剩余价值。

劳动价值论的核心和灵魂是，具体劳动在生产过程中将生产资料的价值转移到商品上，保存下来，物化劳动（C）不创造价值，新价值（$V+M$）是活劳动创造的，劳动是创造价值的唯一源泉。

2. 生产要素论

生产要素论是1803年法国经济学家萨伊在《政治经济学概论》一书中提出的，他说，"单凭勤劳，是不足以把价值赋予事物的"，"资本必须同劳动一道共同工作，而它在实际上也是这样，这种共同作用就是我所称的资本的生产作用"；"当一块田地经过耕耘和播种以后，除了在这个操作中所使用的科学和劳动，除了利用以前创造的价值，……还有土壤、空气、雨水和阳光发生作用的过程，在这方面人类并不参与其事，但在收获季节将要得到的新产品的创造中，这个过程却是一道参与的。我称这个过程为自然要素的生产作用"；"付给土地的贷与的价格，称为地租"[①]。

虽然萨伊提出了资本创造利润、劳动创造工资、土地创造地租的三位一体公式，但没有研究利润、工资和地租的数量界限问题。这个问题是美国经济学家克拉克在《财富的分配》一书中，利用边际生产率论解决的（1899年），这就是：

[①] 季陶达主编：《资产阶级庸俗政治经济学选辑》，商务印书馆1964年版，第100—103页。

工资 = 劳动的边际产品

地租 = 土地的边际产品

其他生产要素以此类推。① 式中：

边际产品 = 边际产量 × 产品价格

生产要素论的核心和灵魂，是劳动、资本、土地（或其他生产要素）共同创造商品的价值，并按照这些生产要素的边际生产率进行分配，各得其所。正如马克思所说：三位一体公式是"符合统治阶级的利益的，因为它宣布统治阶级的收入源泉具有自然的必然性和永恒的合理性，并把这个观点推崇为教条"②。

（三）脑力劳动创造价值

美国学者奈斯比特在《大趋势》一书中说"在工业经济初期诞生的'马克思的劳动价值理论'，必须为新的知识价值理论所取代"，这个说法是不对的。人的劳动分为体力与脑力两种，普通产品的价值主要是体力劳动生产的，但包含脑力劳动，知识产品的价值主要是脑力劳动或新型劳动创造的，也包含体力劳动。

马克思说："资本主义生产方式的特点，恰恰在于它把各种不同的劳动，因而也把脑力劳动和体力劳动……分离开来，分配给不同的人。但是，这一点并不妨碍物质产品是所有这些人的共同劳动的产品"。③ 这段论述不仅说明马克思主张脑力劳动创造价值，体力劳动与脑力劳动相结合的新型劳动同样创造价值。

脑力劳动能够创造价值的最好说明，是比尔·盖茨成为当今

---

① ［美］萨缪尔森：《经济学》（中册），商务印书馆1981年版，第230页。
② 《马克思恩格斯全集》第25卷，人民出版社1974年版，第939页。
③ 《马克思恩格斯全集》第26卷（I），人民出版社1972年版，第444页。

世界的首富，他没有金矿和油井，其致富的秘诀是能够想出点子，并能把点子通过编码变成计算机软件，被许多国家和用户使用。他除了有软件创新能力外，还有管理才能，使微软成为一家欣欣向荣的公司。

知识能够创造价值与财富的理论依据，一是能节约资源、资本和劳动。以同样数量的资源、资本和劳动，如果采用高新技术生产，就能生产出比原先多几倍、十几倍、几十倍的产品，这里增加的几倍、十几倍、几十倍产品，就是知识所创造的价值与财富；二是能把不是资源的东西转变为资源，突出的事例是用石英生产芯片；三是采用化学和生物技术可以制造出自然界没有的物品和物种，例如塑料、转基因食品、克隆物种等。

以上分析说明，在知识经济时代，个人、企业、国家创造财富，不是像工业经济时代那样主要依靠物质资本、体力劳动和物质资源的投入，而是主要依靠脑力劳动或新型劳动的投入，主要依靠知识创新。

早在1867年马克思就指出，生产力的……发展，归根到底总是来源于发挥着作用的劳动的社会性质，来源于社会内部的分工，来源于智力劳动特别是自然科学的发展。在当今世界，不仅包括技术科学在内的自然科学能够促进生产力的发展，社会科学、软科学、文学艺术也能发挥这种作用。

马克思生活在工业化初期，那时体力劳动占主导地位，现在我们研究知识产品的价值论，一方面要继承劳动价值论，另一方面要发展这一理论，这主要表现在：

第一，从分析体力劳动为主变成分析知识劳动（脑力劳动或新型劳动）为主。与体力劳动相比，知识劳动存在许多特点，例如体力劳动适合于集中劳动，而知识劳动适合于分散劳动；监工可以提高体力劳动的效率，但他们对知识劳动者不能发挥这种作用；体力劳动的劳动时间和强度都可以计量，基本上能够做到按劳分配，而知识劳动的成果与其劳动时间一般不成比例，知识劳动的强度也很难计量；体力劳动者在企业上班，完成工作任务后回家休息；知识劳动者既可以在企业思考问题，也可以在家里考虑问题，知识劳动者为企业、为本人劳动的时间界限是模糊的。

第二，在知识经济时代，知识是最主要的生产要素，是推动经济增长的主要动力。舒尔茨认为，所谓人力资本，就是通过教育和培训在劳动者身上所形成的特定劳动能力。

第三，研究知识价值论不能局限于硬知识产品生产领域，还要把分析的视野扩大到软知识产品生产领域，扩大到科学研究、知识服务业和文化产业。

第四，与一般普通产品相比，知识产品的价值存在许多特点。例如知识创新的成本大，有些大公司由于在知识与技术创新上投入过多而陷入困境，甚至破产。后来的公司总结前人失败的经验教训，投入少量的人力、物力、财力就能取得巨大的成就。创新的成本高，而复印（复制）创新成果的成本很小。如上所说，普通商品的价值是由社会平均劳动时间决定的，对于唯一型的知识产品来说，其价值是由个人劳动时间决定的。

（四）知识产品价值的计量

在知识产品的生产中，信息与知识的投入占有十分重要的地位。在研究知识产品价值时，需要将过去劳动的投入分为两部分，一部分是物质消耗，另一部分是信息与知识的投入。知识产品价值的构成如下：

$$\text{知识产品的价值} = \{C_1 + \Sigma (C_2^i + V_2^i + M_2^i) r_i + V + M\} R \quad (6)$$

式中，C_1 表示知识产品的物质消耗；$C_2^i + V_2^i + M_2^i$ 表示第 i 种信息与知识所包含的价值量；V 表示各种劳动报酬；M 表示剩余价值；r_i 表示知识生产者对信息与知识的利用程度；R 表示知识产品一种价值占全部价值的比例（%）。

在知识产品价值的计算公式中要列出 R 一项，是因为知识产品的价值具有多维性，一种知识产品有多种用途、多种价值，如政治价值、经济价值、社会价值、伦理价值、美学价值、法律价值等等。如果我们只研究知识产品的经济价值，不涉及其他价值，则 $R=1$。

在上面计算知识产品价值的公式中，$\Sigma\,(C_2^i + V_2^i + M_2^i)$ 是信息与知识的价值，它们在使用的过程中既不被消灭，也不发生有形磨损，一次投入可以反复使用，[①] 但信息与知识的载体在使用过程中会发生有形和无形磨损，需要计量消耗量。这是一种物化劳动，按照马克思的劳动价值论，它们不创造新的价值，只是通过具体劳动把自己的价值转移到产品上去，保存下来。

r_i 是知识生产者对信息与知识的利用率，这是一个非常重要的参数，因人而异，大致可以分为三种情况：第一种是大科学家，他们不仅拥有丰富的信息与知识，而且对这些信息与知识的利用率很高，创造出重大的、甚至是划时代的科技与文化成果。第二种是大多数知识分子，他们拥有一定的信息和知识，对它们的利用率一般，对科技进步和文化事业能够作出一些贡献。第三种情况又分为两个亚种，有些人拥有比较丰富的信息与知识，但其利用率很低；有些人的信息与知识少，其利用率也不高，这两种人很难在科技与文化研究中作出多少贡献。

$V+M$ 是脑力劳动或新型劳动创造的新价值，其中 V 是必要

---

① 信息与知识存在无形损耗，因内容老化而失去使用价值与价值。

劳动，生产必要产品；M 是剩余劳动，创造剩余价值。大量事实说明，脑力劳动或新型劳动的必要劳动与剩余劳动比率（M/V）大大高于体力劳动。第二次世界大战结束以来，发达国家经济的知识化进程在不断加快，脑力劳动或新型劳动的这个比率（M/V）有提高的趋势，它使企业利润和政府财政收入不断增加，从而政府和企业可以把其中一部分用于社会福利事业（医疗保险、失业保险、社会救济），这是第二次世界大战结束以来发达国家社会较为稳定的秘诀之一。

三 知识产品使用价值与价值的分配

上面分析了知识产品使用价值与价值的生产问题，这里接着要探讨它们的分配问题。

(一) 知识产品使用价值的分配

使用价值的分配是一个新问题。马克思主义经济学把使用价值说成是人与自然的关系，不属于经济学研究的范围；西方经济学虽然对效用进行了许多研究，论证了效用递减规律，但没有直接讨论过效用的分配，更没有论及决定效用分配的因素和分配的结果。由于这个原因，这里我只简要地讨论下面几个问题：

1. 决定使用价值分配的因素

一个人在知识产品的分配中能够得到多少使用价值，主要取决于以下几个因素：

第一，求知欲望。求知欲望可能与先天因素有关，但后天因素是主要的。在其他条件相同的情况下，求知欲望越是强烈，一个人在知识产品的分配中就能获得越多的知识，反之亦然。求知欲望的实现需要条件，一个人没有解决温饱，他的求知欲望就很难实现,但家庭因素不是绝对的。我们在实际生活中可以看到,有些人的家庭条件很好,但他们没有求知欲望,或求知欲不强烈,学习成绩不好;另外一些人的家庭条件不好,深知学习的机会来之不易,求知欲望强烈,学习成绩好。

第二,智商。不同人的智商是不同的,有些人的智商高,有些人的智商低,这是客观事实。例如爱因斯坦的大脑比一般人的大脑大,他比一般人聪明也是毫无疑问的。智商像求知欲望一样,有天生的一面,但更重要的是后天的开发。智商+勤奋=天才。在这个公式中,一个人有智商而无勤奋,就绝对不可能成为天才。

第三,环境条件。政治与社会稳定,经济繁荣,重视知识产权保护,珍重人才等大环境十分有利于知识产品使用价值的分配。这里主要讨论决定知识产品分配的小环境,如教师(知识传播者)的素质以及他们的学识水平与敬业精神等等。教师素质高、学识水平高,学生(知识接受者)获得的知识就多,所以有"名师出高徒"或"青出于蓝而胜于蓝"的说法;教师的教学思想、观念、教学手段与方法,要能融知识分配与创新于一体,采取"引导学生自学、启发学生提问"的讨论式教学方式,帮助学生获得更多的知识,并且能够灵活地应用这些知识,分析和解决实际问题,创造出新的知识。

第四,经济条件。在社会主义市场经济条件下,知识产品使用价值的分配与经济条件有着密切的关系。国家法律规定,义务教育是免费的,但在许多地方学校乱收费的现象十分普遍。如果一个家庭没有解决温饱问题,这个家庭的儿童就不能上学,他(她)们就失去了掌握知识的机会,就不能在知识产品使用价值的分配中获得他(她)受过义务教育后应当获得的那一部分。至于上高级中学特别是上大学,没有经济条件就更是无从谈起,而大学毕业已经成为掌握高级知识的起码条件。虽然现在国家采取了一些办法帮助贫困家庭的子女上大学,但这些办法都是在创造经济条件帮助他们上大学。知识产品具有共享性,人人可以上网学习,但没有计算机或网上终端就不能上网。何况有经济价值的知识,受到知识产权法的保护,你不交付一定的费用就不能得到你想要获得的知识。

第五,专业分工。对知识产品使用价值的分配来说,专业化具有十分重要的意义。在古代,由于知识不多,自然哲学家都是全才。在知识"爆炸"的今天,不可能再有全才,所谓综合人才或复合人才,也只是了解几个专业的知识。专业分工对知识分配的意义在于:一个人不必学习所有的知识,只需集中主要精力学习与本专业有关的知识,这就可以大大缩短学习时间,把其他时间用于知识创新。但这里的专业不是指传统的专业概念,而是指"宽口径、厚基础"的新专业概念。由于知识的无限性和个人生命的有限性这对矛盾是客观存在的,同时学习还有排他性,在同一时间内学习这种知识,就不能学习那种知识,学习的机会成本是很大的。今天,任何一个专业的基础知识不仅很多,而且更新很快,知识产品的分配会跟着发生变化。另外,许多普通劳动者不需要高深的科技知识,将这些知识免费送给他们,由于看不懂,也毫无意义。知识产品的分配与已有知识水平有很大的关系。据调查,在环球网的用户中,工作直接与电脑有关的占30.24%,在教育领域工作的占24.48%,专业人员占20.61%,管理人员占9.95%。从有知识到有更多的知识,是一种良性循环。

2. 使用价值分配的结果

上面已经指出,作为使用价值,商品首先有质的差别。前面说过,不同质的东西是不能相加的,这使使用价值的分配遇到了一个难题。有没有办法测算使用价值分配的结果呢？知识是具体的，针对某种知识开展抽样调查，可以大致了解个人对这种知识的掌握程度，假定许多人掌握这种知识的程度相同（质的同一性），在这个基础上可以得到企业、地区、部门、国家掌握这种知识的人数。对所有的具体知识开展这样的抽样调查，就可以知道在某个时期知识使用价值的分配结果。

知识产品在分配过程中是"各取所需"的。现在来深入地分析一下这个问题。以一小时的教课为例，假定教学内容对全班学生是100％需要的（含潜在需要），当一小时教学结束时，吸收教学内容达90％以上的，只占少数；吸收教学内容在60％以下的也是少数。换言之，知识潜在需求实现的程度是"两头小、中间大"。推而广之，一个学期、一个学习等级和各个学习等级（托儿所、幼儿园、小学、中学、大学），使用价值的分配都是这种状况。

3. 使用价值分配的效率

首先是直接测量使用价值分配的效率，测量的标准是该获得某种知识的人得到了那种知识，说明知识分配的效率高、效果好；该获得某种知识的人没有得到那种知识，或不该获得那种知识的人得到了那种知识，说明这种分配的效率不高、效果不好。其次，使用价值分配效率的高低，最终要依靠知识产品的利用来检验。通过知识产品的利用，如果社会开发出来的新产品多，科技进步和经济增长快，文化事业日益繁荣，说明使用价值的分配效率高，反之亦然。

4. 使用价值分配的后果

如果使用价值分配得合理，其必然后果是个人、企业、地区、部门、国家的共同富裕，这是世界走向"大同"的最高境界；现在我们距离这种境界还有很大的距离，实际情况往往是

"富者愈富、贫者愈贫"。前面我们已经指出，随着知识经济时代的到来，发达国家与发展中国家的差距可能进一步拉大，出现"体脑分工的现象"，发达国家用大脑从事生产，而发展中国家用体力从事生产，如果出现这种可怕的状况，后者就会长期甚至永远被发达国家统治。

（二）知识产品价值的分配

1. 按劳分配原则

前面已经指出，知识产品和普通产品有两点本质区别：一是后者具有排他性，我用你就不能用，而前者具有共享性，我用不妨碍你用；二是普通产品是有限的，软知识产品是无限的。根据普通产品的排他性、有限性，在社会主义社会，它们只能按劳分配。马克思指出："劳动时间……是计量生产者个人在共同劳动中所占份额的尺度，因而也是计量生产者个人在共同产品的个人消费部分中所占份额的尺度。"① 他又说："他以一种形式给予社会的劳动量，又以另一种形式全部领回来。"②

知识产品分为有经济价值和无经济价值两类。对于生产出有经济价值的知识生产者，投入的体力与智力劳动越多，创造的价值就越大，根据按劳分配原则应给予他较高的报酬。对于生产没有经济价值的知识生产者，由于这些产品有科学价值，能够推动社会前进，能为人类进步作出贡献，因此同样应当按照按劳分配的原则给生产者以较高的报酬。

2. 知识（技术）参与分配的原则

目前对这个问题有两种理论解释。按照马克思主义的经济理

---

① 《马克思恩格斯全集》第 23 卷，人民出版社 1972 年版，第 96 页。
② 《马克思恩格斯选集》第 3 卷，人民出版社 1972 年版，第 11 页。

论，技术是物化劳动，而物化劳动不创造价值，只有活劳动是价值之源，从价值的角度来看，技术不应参与分配。但从使用价值的角度来看，物化劳动是生产要素之一，技术能在生产知识产品使用价值的过程中发挥作用，因此应当参与分配。① 按照西方经济学理论，土地、资本、劳动都是生产要素，共同创造价值，技术属于物质资本，是新价值的源泉之一，既然技术能够创造价值，它参与价值分配就是顺理成章的事情。目前我国理论界正在就这两种经济理论进行激烈的争论。虽然以上两种经济理论正在争论，但争论双方有一个共识：谁拥有的知识越多，谁从分配中得到的知识也越多，这是一个良性循环过程。

(三) 知识产品使用价值与价值分配之间的关系

通过以上分析我们发现，在微观经济领域，使用价值的分配跟着价值分配走。在分析经济条件对使用价值分配的制约作用时，我们已经说明了这个道理。

在宏观经济领域，知识产品价值的分配取决于使用价值。马克思说："社会需要，即社会规模的使用价值，对于社会总劳动时间分别用在各个特殊生产领域的份额来说，是有决定意义的。……社会在一定生产条件下，只能把它的总劳动时间中这样多的劳动时间用在这样一种产品上。"② 在这段论述中，马克思除强调社会规模的使用价值在社会总劳动时间的分配中具有决定意义外，还提出了一个理论问题。上面我们说过，使用价值是不同质的，具体劳动也是不同质的，那么怎么会有社会规模的使用

---

① 在马克思主义经济学看来，这种理论是说不通的，因为总产出（$C+V+M$）不是分配的对象，能够分配的是新价值（$V+M$）。正如马克思所说：在社会总产品分配之前，要扣除"用来补偿消费掉的生产资料的部分"。

② 《马克思恩格斯全集》第25卷，人民出版社1974年版，第716—717页。

价值和社会总劳动时间呢？在统计学中，为了解决这个复杂的理论问题，可以把按不变（可比）价格计算的产值，说成是使用价值；按现行价格计算的产值，说成是价值。如果采取这种理论，那我们就可以解决上面的难题。把具体劳动生产的产品按不变价格计算产值后，就可以按个人、企业、地区、部门、国家分配使用价值。按不变价格计算的单位产值的生产使用了多少劳动时间，可以核算出来，在这个基础上可以得到社会总劳动时间。

在知识社会，需要在硬知识经济与软知识经济之间分配劳动时间，还需要在两种经济内部的各行业、各地区、各部门之间合理地分配劳动时间。前面已经指出，知识生产具有很大的随机性，为了保持协调发展，知识社会需要储备一定的软硬知识产品，以便出现技术难关阻碍社会进步时，组织力量攻关，及时排除这种障碍。

（四）使用价值与价值的再分配

知识产品除有分配过程外，还有再分配过程。知识产品使用价值与价值是统一的，它们的再分配是同时进行的。在知识产品的再分配过程中，教师发挥着重要的作用，他们从自己的老师那里学来知识，然后再传播给学生，在传授过程中，教师不仅发挥了知识倍增效应，而且许多人还创造出新的知识。知识产品再分配的具体表现为：人们在学习方面的相互帮助，就是一种知识再分配过程。知识产品在企事业单位之间的再分配，在我国主要表现为人才流动，如工程师、技术员从国有企业流向"三资"企业、私有企业、乡镇企业；教师在学校之间流动。知识产品在地区之间的再分配是经常进行的，例如我国政府动员知识青年到中西部就业，后进地区的知识人才向沿海地区流动。后进地区如何千方百计地留住人才，比从上级或其他地区得到一些物资、资金的援助更加重要。发展中国家的人才向发达国家流动，使后者在知识产品再分配中得到很大的利益，这种状况的后果，比它们与发展中国家在贸易上的不平等交易的后果更加严重。众所周知，目前国际竞争本质上是科技竞争，是人才竞争，在这种竞争中，发展中国家处于不利地位，发展中国家花费大量资源辛辛苦苦培养的人才，流向了发达国家，提高了后者的竞争力，这本质上是发展中国家帮助对方来打败自己。在建立国际政治、经济新秩序时，世界各国需要从根本上解决这个问题。

四　知识产品的费用—效用分析

投入与产出之间存在两种关系：一是投入与产出都可以用货币计量，它们之间存在可约性，这类问题属于知识产品价值论研究的范畴；二是投入可用货币计量，但产出不能用货币计量，这类问题属于费用—效用分析的范畴。

（一）费用—效用分析的由来

1667 年，英国的威廉·配第在伦敦发现，防治瘟疫的公共卫生事业取得了 1∶84 的费用—效用率。近 300 年后，1965 年美国工兵部队将费用—效用分析用于水资源工程的前景评价上。20 世纪 60 年代美国约翰逊总统提出了"大社会计划"，使规划、程序和预算系统以及计划的定量评价方法风行一时，但其内容仅局限于确定计划的主要效用，对效用进行货币评价，综合各项费用，对费用和效用进行简单的运算，而没有考虑二级与三级效用、涉外效用、货币的折算以及不能用货币进行费用—效用分析的问题。

在分析费用时，要区分消耗与垫支，这两个概念的区别是由固定资产的占用与折旧造成的。在生产过程中，固定资产被全部占用，只能用于生产这种产品，不能同时用于生产另一种产品，而转移到产品上去的价值，等于有形损耗或无形损耗所造成的损失，即折旧额。消耗概念只包含固定资产的折旧，而垫支概念包含全部被占用的固定资产。

在知识创新过程中，智力劳动也被全部占用，用于创新这种知识，就不能用于创新其他知识，知识创新是这样，知识产品的生产也是这样。

总的来说，知识产品的效用是满足人类的物质与精神需要。在我划分的四类知识产品中，不能转化为技术的科学研究成果、部分知识服务业和文化产品满足人类的精神需要；而能够转化为技术的科学研究成果、高新技术产品和部分知识服务业满足人类的物质需要。

(二) 开展知识产品费用—效用分析的必要性

在知识经济中，开展费用—效用分析的必要性是：

第一，市场缺陷。政府主办的公用事业，往往无偿地提供给居民使用，没有市场价格估算它们的效用。例如，政府拨款开办的义务教育，投入的人力、物力、财力是清楚的，但如何计量义务教育的效用，却是一个十分复杂的问题。义务教育可以使居民增加知识、提高素质、增加收入，作用十分明显，但相同的义务教育对不同的个人所产生的效用差异很大，这种效用不容易计量。

第二，一些知识产品的正面效用不能用货币估量。在美国，发表学术论文不仅没有稿费，而且要给杂志编辑交纳审稿费。在中国，有的杂志社对发表的论文按照每千字几十元到几百元不等的标准付给作者稿费，也有的杂志社不仅不付稿费，还要收取版面费。学者发表论文后拿到的稿费，并不等于这篇论文的效用；

他发表论文不拿稿费,还需交纳审稿费或版面费,对他来说是有效用的,如何计量这种效用,还需要研究。

第三,知识产品的负效用很难用货币计量。例如,报刊上发表的许多文章和出版的一些著作毫无新意,人们阅读这些文章和著作完全是浪费时间,浪费时间就是浪费生命,如何估量知识产品负效用所造成的损失,是至今没有解决的问题。

第四,知识产品的共享性不能用货币估量。例如,一位科学家通过电视课堂讲解的科学知识,人人可听可看,究竟有多少人在听在看,每个学习者增加了多少知识,效用有多大,很难用货币表现出来。

第五,知识产品的零效用。例如,科学实验的失败,投入实验的人力、物力、财力可以计量,但获得的效用为零(获得的教训存而不论)。又如,由于受历史条件和社会环境的限制,一些知识产品的效用不能被社会承认,从而不能用货币计量。

需要指出的是,目前对一些具有划时代意义的知识产品,如马克思的《资本论》、爱因斯坦的相对论、陈景润的"哥德巴赫猜想"证明等等,因为其价值或效用不可估量,还不能开展费用—效用分析。

(三) 知识产品效用的计量

在知识经济中,效用不能用货币表现,向理论研究提出了挑战。虽然问题十分复杂,但是在某些情况下,可以应用下面介绍的几种方法计量知识产品的效用:

1. 直接计算法

例如某大学一年级的一个班有 30 名学生,当甲教授执教高等数学时,7 名一般生平均获得了 65 分,15 名中等生平均获得了 75 分,8 名优等生平均获得了 85 分;如果让乙教授执教,一

般生的平均成绩为 60 分,中等生为 80 分,优等生为 90 分。这个班高等数学的平均成绩为:

甲教授

$(7 \times 65 + 15 \times 75 + 8 \times 85)/30 \approx 75$(分)

乙教授

$(7 \times 60 + 15 \times 80 + 8 \times 90)/30 = 78$(分)

如果甲乙教授的工资相等,学校领导重视学生在高等数学方面所取得的分数,就会让乙教授执教;如果甲教授授课的报酬为 1500 元,单位费用得到的平均分数(效用)为:$75/1500 = 0.05$;乙教授授课的报酬为 2000 元,单位费用得到的分数为:$78/2000 = 0.039$。如果学校的经费有限,领导又重视单位费用所获得的效用(分数),那学校就会请甲教授执教。

2. 机会成本法

这个方法分为两种情况。一种情况是完全信息条件下的机会成本,即投资者在把一定资源用于两种以上的、能够获得一定收益的知识创新活动时,了解所有的情况。由于资源有限,投资者只能选择其中的一项知识创新活动,虽然他一定是选择效用最高的创新活动,但他同时也失去了其他创新活动的机会。

不完全信息条件下的机会成本,是指投资者有一定的资源,但他只了解知识创新活动在投入与产出方面的局部信息,也就是说,他选择的方案是局部最优的,不可能是全局最优的。虽然这位投资者是风险爱好者,但由于信息不完全,使他没有选择风险大、收益也大的知识创新项目,而是选择了风险小、收益也小的方案。由于信息不完全,投资者在知识创新中选择了投资大、效用(收益)小的项目,出现了亏损,浪费了资源。

3. 计分法

例如,在唱歌、舞蹈或某些体育比赛中,由专家组成评委,给每个参赛者打分,去掉一个最高分和一个最低分,将汇总的分数除以打分的专家人数,就是某个参赛者的得分。

4. 拍卖法

对于唯一型知识产品,如文物、书画作品、名人用过的物品等,通过拍卖可以将其效用用货币表现出来。

随着人们对知识经济研究的深入,对知识产品效用进行计量的方法将会更多、更新、更好。当知识产品的效用通过直接或间接方法计算出来后,我们就可以将它与费用进行比较,开展费用—效用分析。

[原载张守一等主编《知识经济概论》(第二版),中央广播电视大学出版社2004年、2006年版]

知识经济的发展战略、管理与政策

一 知识经济的发展战略

(一) 经济发展战略

在工业经济占主导的时期,知识经济只是它的一种成分,在讨论知识经济的发展战略之前,需要先分析经济发展战略。

1. 经济发展战略的由来及其变化

"战略"一词最早用于战争。毛泽东说:"凡属带有要照顾各方面和各阶段的性质的,都是战争的全局。……研究带全局性的战争指导规律,是战略学的任务。"① 西方发达国家的经济发展,是依靠市场机制的作用,自发地发展起来的,没有"经济发展战略"的说法。第二次世界大战结束后,殖民体系瓦解,亚洲、非洲、拉丁美洲成立了一大批新的国家,在它们赢得政治独立后,如何发展经济、赢得经济上的独立,就成为一个重大的、迫切需要解决的问题。在这个背景下,许多西方经济学家开始研究这个重大的新问题。自从1958年美国赫希曼的《经济发

---

① 《毛泽东选集》(一卷本),人民出版社1969年版,第159页。

展战略》一书出版后,西方经济学家研究经济发展战略一时形成了热潮,发表了许多论文,出版了很多著作。

究竟什么是经济发展战略,它包含有什么内容?美国学者金德伯格认为,经济发展战略一般被理解为增进物质福利(特别是低收入的人群),消除普遍贫穷及与之相联系的文盲、疾病、儿童死亡,投入产出的结构变化,增加工作年龄人口中的就业比例,建立不为少数特权者所独占的经济组织形式,广大人群参与经济和其他方面的决策以增进其福利。按照他的观点,经济发展战略包括四项内容:一是增进福利;二是普遍就业;三是分配平等;四是经济民主。

研究发展中国家的经济发展战略是从西方学者开始的,后来发展中国家的许多学者参与研究,并前后经历了三个阶段。

第一阶段是提出超越战略,即设想发展中国家在一定时期内,按照人均国内生产总值(GDP)或国民收入,超越发达国家,措施是提高积累率,加快工业发展速度,实现工业化。一些发展中国家实行这个战略的效果不好,出现了较高的通货膨胀率,失业比较严重,收入分配不均,社会两极分化。

第二阶段,一些学者在总结超越战略优缺点的基础上,提出了改良的或变通的发展战略,即在强调发展工业的同时,注重发展农业,进行绿色革命;注意收入分配问题,防止两极分化;强调独立自主,改进外贸结构,等等。虽然变通战略在某些方面改进了超越战略,但仍不理想,一些发展中国家的二元结构(先进的城市与落后的农村)的差距不但没有缩小,反而在扩大;人口增长过快,生产余额(剩余价值)几乎全部被新增的人口吃掉,投资很少,经济增长缓慢;大批农民涌入城市,造成失业人员增加,社会秩序混乱,等等。

第三个阶段提出的战略,是以满足人们的基本需求为目标的。从提出这个战略以来,已有20余年,实际情况分为三类:一是许多亚洲国家、地区的经济建设取得了很大的成绩,居民生活普遍改善,成为新型工业化国家(地区),国际地位明显提高;二是一些发展中国家的经济在发展,同时也存在不少困难;三是一些国家的政局不稳,甚至发生战争,生产、生活不是前进,而是倒退。发展中国家经过半个多世纪的发展变化,国家之间出现了两极分化。同时,这些国家内部也出现了两极分化,一方面是少数富人的财富越积越多;另一方面是穷人的人数增加,人均财富不断减少,生活困难。

关于经济发展战略还有一个问题,即总战略与分战略的关系。一个国家在一定时期内,应当只有一个总战略。这个观点来自哲学,毛泽东指出:"任何过程如果有多数矛盾存在的话,其中必定有一种是主要的,起着领导的、决定的作用,其他则处于次要和服从的地位。因此,研究任何过程,如果是存在着两个以上矛盾的复杂过程的话,就要用全力找出它的主要矛盾。捉住这个主要矛盾,一切问题就迎刃而解了。"[1] 按照这个观点,一个国家在一定时期内,各种矛盾是一个系统结构,主要矛盾只有一个,解决这个主要矛盾的总战略也只有一个,下面可以有几个次要战略,在每个次要战略的下面可以有几个分战略。

一些学者在讨论我国今后的战略时,并列出了许多战略,例如在一本研究我国发展战略的著作中,并列出工业发展战略、农业发展战略、能源发展战略、交通运输发展战略、技术发展战略、企业规模结构战略、生产力地区布局战略、城市发展战略、人口发展战略、就业战略、外贸发展战略、利用外资战略等等。不难看出,在这些发展战略的上面,应当有一个总的发展战略。

---

[1] 《毛泽东著作选读》(上册),人民出版社1986年版,第162页。

有人在讨论发展战略时,并列稳定与渐进发展战略、经济发展的持久战略、适度高速发展战略、高度开发战略、科技兴国和教育兴国战略、开放型自然资源开发战略。通过分析可以看出,稳定、渐进、持久战、适度高速,都与经济增长有关,而它是在发展战略的指导下确定的;高度开放、开放型自然资源开发可以看成是实现发展战略的手段。有人在讨论知识经济的发展战略时,并列科教兴国战略、可持续发展战略、网络化战略、经济全球化战略、人才竞争战略、商务电子化战略、知识产权化战略、企业发展战略、大众传媒发展战略、国家安全战略、国家发展战略等11项战略。其实,多战略等于无战略,正如毛泽东所指出的:不懂得找出主要矛盾的方法,"结果如堕烟海,找不到中心,也就找不到解决矛盾的方法"①。

2. 经济发展战略的本质与特点

经济发展受客观因素的制约,如果经济运行完全由市场机制调节,不受人为因素的干扰,就没有经济发展战略。如果经济运行在市场机制的基础上,充分发挥主观能动性,制定和执行一定的路线、方针、政策,对它进行调控,尽可能达到理想的结果,这就是经济发展战略的本质。

经济发展战略具有以下特点:

第一,客观性。经济发展战略一定要符合客观实际,不能从主观愿望出发,制定脱离实际的战略。我国在这方面有许多经验教训,"大跃进"、"洋冒进",都是发展战略脱离实际的表现。改革开放以来经济建设能够取得成功,是因为发展战略比较符合实际,特别关注发展、改革、稳定之间的关系。经济发展战略的客观性,是其科学性的基本依据。

---

① 《毛泽东著作选读》(上册),人民出版社1986年版,第162页。

第二，根本性。这是指经济发展战略不是解决个别的具体问题，而是估量生产要素和发展条件，确定发展目标，划分达到目标的阶段，实现目标需要采取的力量部署和重大政策的配套。

第三，全局性。这是指把经济看做一个大系统，从全局的角度研究经济的生产、分配、交换和利用，在企业、行业、部门、地区合理配置资源，促进经济的发展。全局性也就是综合性。

第四，长期性。总战略不关心每月、每季的发展情况，而是关心未来中期、特别是长期问题。长期性使经济发展战略带有预见性。每月或每季经济发展出了问题，也要及时解决，但它一般属于战术研究的范围。

第五，针对性。各个国家的国情不同，发展阶段不同，所取得的经济成绩不同，存在的问题也不同，因此每个国家都是制定针对本国具体情况的发展战略。

第六，相对稳定性。经济发展战略的长期性，要求它具有相对的稳定性，而后者取决于它的科学性，一个不科学的战略是不稳定的。对于已经制定的经济发展战略，不能朝令夕改，变动频繁，使各级干部和人民群众无所适从。同样，不能把已经制定的战略变成"偶像"，神圣不可侵犯，应该根据变化的情况及时地进行必要的修改，避免犯战略性错误。

3. 制定经济发展战略的依据

制定经济发展战略的基本依据是调查、分析国情。我们在制定经济发展战略时，一定要考虑到我国将长期处于社会主义初级阶段，不能从主观愿望出发，不能从某个外国模式出发，而要从我国的实际情况出发。

国情包括许多内容，其中主要有：目前国际局势十分复杂，既有缓和的一面，又有紧张的一面，强权政治、霸权主义盛行，世界很不安宁，我们在把主要资源放在经济建设的同时，还需要加强国防建设。高科技发展迅速，将改变21世纪的面貌。网络化正在促进经济的全球化，"地球村"正在形成。

就人口状况而言，我国人口众多是基本国情。由于实行计划生育政策，人口自然增长率在下降，但人口总数仍在增加。人口多，劳动力就多，与发达国家相比，中国经济尚欠发达，规模偏小，特别是第三产业落后，形成了就业压力很大的局面。

国土资源是人类生存与发展的基地，是经济建设的物质基础，它包括土地、水面以及地上地下、水上水下的各种生物、矿物资源与地理条件。

经济发展的现状是继续前进的阵地，经过50余年特别是改革开放20余年的建设，我国经济实力有了很大的提高，人民生活普遍改善，但是粗放型经济增长模式仍占主导地位，消耗高，质量差，供求结构局部扭曲，经济效益不够理想，这些都是我国需要在21世纪解决的问题。

以上事实说明，虽然改革开放以来我国科技、文化水平和国际竞争力有了很大的提高，但与发达国家相比，差距仍然很大。

4. 经济发展战略的内容

经济发展战略一般包含战略目标、战略重点和发展阶段，其中战略目标包括发展生产力，提高人民生活水平，保障经济、军事、文化安全。党的十六大报告明确指出，21世纪前20年，我国要集中精力全面建设小康社会，具体目标是在优化结构和提高效益的基础上，争取2020年GDP比2000年翻两番。

为了实现上述经济发展战略，党的十六大提出了许多措施，其中主要有：

第一，坚持以信息化带动工业化，以工业化促进信息化，走出一条科技含量高、经济效益好、资源消耗低、环境污染少、人力资源优势得到充分发挥的新型工业化道路。

第二，继续进行国有企业改革，积极推行股份制，发展混合所有制经济，在中央和省、市（地）设立国有资产管理机构。集体经济是公有制经济的重要组成部分，对共同富裕能发挥重要作用。加快发展非公有制经济（个体、私营），能够调动各方面的积极性，增加就业，促进生产力的发展。

第三，加强基础研究和高技术研究，推进关键技术创新和系统集成，实现技术跨越式发展。加速科技成果向现实生产力的转化，推进国家创新体系建设，保护知识产权。

第四，推进产业结构的战略性调整，形成以高新技术产业为先导、基础产业和制造业为支撑、服务业全面发展的产业格局。正确处理高新技术产业与传统产业，资金密集型、技术密集型和劳动密集型产业，虚拟经济与实体经济之间的关系。

第五，深化分配制度改革，完善按劳分配，坚持效率优先、兼顾公平。初次分配注重效率，再分配注重公平。完善社会保障体系建设，以共同富裕为目标，保持社会稳定。

第六，充分发挥市场机制的作用，健全宏观调控体系。推进资本市场的改革开放，发展产权、土地、劳动力、技术等市场。政府的职能是经济调节、市场监管、社会管理和公共服务，完善国家计划与财政政策、货币政策等相互配合的宏观调控体系。

第七，提高人民生活水平和质量，是经济建设的最终目的，要拓宽消费领域，优化消费结构，满足人们多样化的物质、文化需求。

第八，适应经济全球化和加入世贸组织的新形势，在更大范围、更广领域、更高层次上参与国际经济合作与竞争，充分利用国际、国内两个市场，优化资源配置，拓宽发展空间，以开放促改革、促发展。

（二）科教兴国战略

科教兴国战略的重要目标，是促进我国知识经济的发展，妥善处理人口、经济、资源、环境与生态之间的关系。

1. 科教兴国战略的重要性

科教兴国战略是知识经济的发展战略。这个战略抓住了我国的主要矛盾，随着这个矛盾的解决，采取其他相应的措施，其他矛盾将迎刃而解。因此，科教兴国战略是兴国之本、强国之道、富国之源，是真正解决根本性、全局性和长期性问题的钥匙。振兴中华靠科教、文化和管理，科教、文化和管理靠人才，人才靠教育，这是颠扑不破的真理。中国的矛盾是人均自然资源和物质资本较少，人力资源较多，通过发展教育与科技，我们可以很快地增加智力资本和人力资本，解决上述矛盾，这就是科教可以兴国的真理。

如果对前面列出的发展知识经济的几种战略分析一下就可以看出，科教兴国是发展知识经济的总战略，其他都是次战略和分战略。这是因为：

第一，人才竞争战略一是要靠教育培养人才；二是要落实人才政策，千方百计地吸引人才，为人才创造优越的工作与生活条件，尊重人才，重用人才，奖励人才，培训人才。人才竞争还包括同外国争夺人才，要在这场竞争中取胜，主要依靠落实人才政策。

第二，实施国家发展战略与企业发展战略，最根本的途径是依靠教育，依靠人才。如果教育不发达，就没有制定国家与企业发展战略的人才，即使能够制定出科学的发展战略，如果没有教育源源不断地向国家与企业输送人才，如果国家与企业不重视人才，不加快科技进步，不发展文化，制定的发展战略也必定落空。

第三，我国要参与经济全球化，从根本上说，也要依靠教育，依靠科技，依靠文化。如果我国不发展教育，不重视科技与文化，就只能依靠体力劳动生产初级产品，用它们去参与经济全球化，从发达国家大量进口高科技产品，这种交易是不平等的。如果让这种局面长期保持下去，中国就永远没有赶上发达国家的那一天。同样，国家安全涉及军事、经济、文化，只有在这些方面取得快速的进展，才能战胜敌人；而这些方面的快速发展，离不开教育，离不开人才，离不开科技，离不开文化；保卫国家安全要依靠全国人民，在当今高科技时代，保卫国家安全特别需要各种人才。

第四，上面说过，发展战略是一个系统，分为总战略、次战略、分战略，像网络化战略、知识产权化战略，都是从属于科教兴国战略的。因为如果没有高科技，没有计算机、光纤和卫星，就不能实现网络化，即使从国外购进这些设备建成网络后，如果教育不发达，各个方面都很落后，无人上网，网络将成为摆设。至于商务电子化战略、大众媒体发展战略，是网络之下的分战略，将它们与科教兴国战略并列，混淆了主次。

不过，科教兴国战略比发展知识经济的范围要大，它们之间的关系如图1所示。

这个示意图一方面能够较好地说明教育、人才、科技和管理（知识经济）、经济和社会之间的关系；另一方面，对示意图不能机械地理解，既要看到从圈内向圈外的逐步扩散，又要看到各个圆圈之间的相互影响，例如发展教育和科技离不开经济的投入。

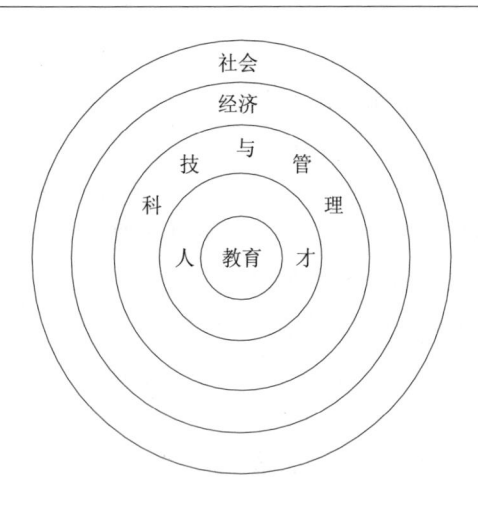

图1 科教兴国与知识经济的关系

2. 实现科教兴国战略的措施

要实现科教兴国战略,首先要"国兴科教",真正把科教摆在经济、社会发展战略的中心位置,不断增加对它们的投入,提高资源的利用效率,促进它们的发展,为科教兴国打下基础。

其次,要实行产业结构前倾措施,在安排产业增长速度时,知识经济应当增长最快,使它在 GDP 中所占的比重不断提高,这就要求增加知识经济的投入,提高资源的利用效率。

再次,知识经济包括生产、传播、交换和利用部门,需要对这些部门分别采取相应的措施,促进它们的发展。还有,科教兴国是一个总战略,它发挥作用的途径有"科教兴农"、"科教兴工"、"科教兴商"、"科教兴信(息)"等等,对这些都要制定具体的措施。

最后,我国幅员辽阔,需要分地区制定发展知识经济的措施。例如北京、上海、天津、重庆和深圳等大城市集中了较多的知识经济生产要素,应当充分加以利用,使这些城市的知识经济得到较快的发展，通过它们的辐射作用，带动其他地区的发展；我国东部、中部和西部的经济发展很不平衡，东部比较发达，中部次之，西部相对落后，应当根据这种实际情况，有计划、有步骤地推进各个地区的知识经济发展。西部大开发最重要的措施是发展教育，普及科学知识，摆脱愚昧，通过以市场为导向的改革，吸引外资，加强基础设施建设，促进当地经济的发展。

根据科教兴国战略的要求，结合我国目前知识经济的发展现状，以及走新型工业化道路的情况，我认为，我国知识经济发展战略应该是"全局跟随、局部超越"。无论在经济实力还是在科技、文化实力方面，目前我国与发达国家相比，都处于"敌强我弱"的战略格局，唯一正确的做法是认真执行"有所为、有所不为"的方针，开展"持久战"，在每个局部"集中优势兵力打歼灭战"，力争取得国际领先成果，并能长期保持领先地位，迅速将研究成果转化为生产力，形成新的产业群。这就是说，在多数领域我国要采取跟随战略，减少创新成本，发挥"后发优势"；在一些有长处的局部，集中优势兵力打歼灭战，取得突破，实行跨越。局部跨越是完全可以实现的，例如在苏联（1957年10月4日）、美国（1958年1月31日）先后发射了人造地球卫星后，我国（1970年4月14日）几乎与日本（1970年2月11日）同时发射了地球卫星。随着时间的推移，我们在知识创新方面积少成多，可以逐步赶上发达国家。

二 知识经济的管理

知识管理与知识经济管理是既有联系、又有区别的两个概念，区别主要表现为管理对象不同。知识管理的对象是知识，如果单纯考察知识，只讲知识管理，可以不与经济发生联系，不涉及知识经济。知识经济管理的对象是知识经济，知识产品的生产、传播、交换和利用存在一系列经济问题，需要对它们进行管理。知识管理与知识经济管理的一致性表现在它们都与人有关，知识管理的重要内容是把隐性知识转化为显性知识，为企业所用，这就离不开做人的工作；知识经济的企业、行业、部门都有人在活动，对它们的管理，实质上是对人的管理。知识管理与知识经济管理的一致性还表现在研究的目的相同，无论是管理隐性知识还是管理显性知识，根本目的是使知识发挥作用，产生效益，特别是产生经济效益；知识经济管理的根本目的，是提高这种经济的效益，少投入（包括占用），多产出，尽可能提高投入产出比。

（一）知识经济管理的特点

传统经济管理以新古典经济学为基础，强调边际收益递减、规模效益、资源稀缺，知识经济具有与传统经济不同的特性，需要建立新的管理理论。如美国塔克商学院达韦教授指出，"管理与其说是一门科学，不如说是一门艺术。没有人能够肯定地就如何雕刻一件艺术杰作作出说明，也同样没有人能够肯定地断言哪些决策能够带来最大利润。你只能跟着感觉走"；又如伦敦商学院哈梅尔教授所言，"当今商界的危险是，竞争可能不会直接把你击倒，而是慢慢吞噬掉你的发展机会，直到你变得无足轻重"。

在知识经济时代，竞争激烈，每个企业都随时面临被挤出市场的危险，企业优势几乎会在一夜之间丧失殆尽，面对这种形势，管理人员要抛弃一切陈规陋俗，发挥创新思维，力求标新立异。名牌效应是有限的，如果不能不断地创新，它的效应会很快消失，因此判断一家公司的业绩不是看其是否在运转，在赚钱，而是要看其丧失了多少机会。

知识企业分为两类：一类是生产软知识产品的企业，如科研院所与文化单位；另一类是生产硬知识产品的企业，如高新技术生产企业。两类企业不同，需要实行不同的管理，但不同的管理也有一些共同之处，即认真挑选合适的职工，对他们经常进行职业培训，防止出现结构失业、技术失业。

知识企业的发展方向是从集中走向分散，以自我指导、自我管理的班组为基础，使它们具有高度的灵活性，通过内部网络将它们连接成为一个整体。前面已经说过，小型化是知识企业的重要特点之一，25年前，美国每5个职工就有1个受雇于前500家大公司之一，现在降到了10个职工当中不到1个，这充分说明了小型企业发展的趋势。

知识企业的职工不是按上班时间付酬，而是按生产成果等业绩付酬，具体方式有按销售额比例提成、贡献奖、利润分成等。如上所述，最好的组织形式是职工参股，使劳动与资本紧密地结合起来。

知识企业的另一个特点，是大量雇用临时工和兼职工，其中以律师、医生、管理人员最多。这种灵活的就业形式，是按照临时工的业绩付给相应的报酬，同时具有激励和自由两个优点，使许多人摆脱了长期乏味的工作，对妇女更加具有吸引力，使她们既可以照看家庭，又能工作，在两者之间保持平衡。采用这种灵活就业方式，不需要每年进行一次评估，用管理人员监督他们的劳动，一步一步进行升级考试，也不需要职工培训，临时工和兼职工根据需要自己会去接受再教育。

在知识生产企业中，管理人员将会遇到一系列难题，例如在传统企业中，职工未经允许，从企业拿走物资或资金是犯法的；但在知识生产企业中，职工的创新成果在他的脑袋内，他从企业把它带到家里，是否侵犯了企业的所有权，就很难确定。

在知识企业结构走向分散的时候，信息与知识的处理却在向集中的方向发展，原因是分散处理单位的资源有限，需要在各个单位之间进行频繁的信息与知识交换，这提高了成本，造成了浪费，而集中处理信息与知识，可以克服上述缺点，处理后的成果可以通过网络迅速地交给用户。

(二) 知识管理阶段与模式

如上所述，知识企业分为生产硬产品与软产品两类，对不同的知识企业需要采用不同的管理模式，但下面讨论的内容，对所有知识企业都是适用的。

在工业经济向知识经济的过渡时期，知识将变成资源、资本，网络的作用在不断提升，公司的财务、人力资源、法律、培训和基础设施等等，都会发生深刻的变化。

虽然各国的知识企业都在管理上不断创新，但由于国情不同，知识管理既有共同点，也存在差别。例如，在美国的制造业中，十分流行敏捷型管理。实行这种管理，要求公司能够制造针对特定市场的、以知识为基础的、以服务为导向的产品，以满足消费者个性化的需求。这种管理的目标是使顾客满意，只有将公司内部、供应商、销售商、甚至顾客的力量组织起来，才能使顾客满意。采用这种管理模式的公司，要求其团队是自组织的，团队通过并行工程或产品生产过程中的相互支持来组成，具有高度的灵活性，不仅能够跟上市场的变化，甚至能够走在市场变化的前面，引导它的发展。

在德国，流行主动型管理。这种管理模式的特点是，公司成员是共同的思想者、共同的预测者、共同的决策者、共同的负责人，每个部分都有自我优化、自我设计、自我创造、自我组织的自由，每个部分不等待上面告诉他们该做什么，而是被要求不断地自行调整以适应整体的需要，并与其他部分进行交流，在实现局部优化的同时，能使全局实现优化。这种管理模式包括企业文化、发展战略、社会信息、经济和金融、加工过程和物质流等内容。

日本推广的是整体型管理模式。1967年匈牙利人阿瑟·凯斯特勒在《机器中的幽灵》一书中使用了"holo"一词，在希腊语中，它代表整体，组织中每一个可以分辨的单位，都是由更基本的单位构成的，同时又是更大组织单位的组成部分。一个holo是指某一系统中一个具有独特性质、可以分辨的组成部分，它是由更小的部分组成的，同时又是更大整体的组成部分。由holo可以组成非常复杂的系统，并能高效率地使用资源，对内部与外部的干扰保持高度的弹性，能够适应所处环境的变化。在这种管理模式中，每个holo具有一定的自主性，在没有上一层组织的协助下，它能够在所处的特定层次上把握环境和解决问题。holo也能接收上级的协调和控制。自主性能够保持自己的稳定性，能够在干扰下生存与发展；对上级的服从能够确保更大整体的稳定性和有效运转。

(三) 知识主管

现在许多大型企业特别是跨国公司，除设立信息主管(CIO)外，都设立了知识主管（CKO），他的职能是管理知识，本质是管理创新人才。这个事实有力地证明知识不同于信息，需要对它们分别进行管理。

大型公司、跨国公司之所以要设立知识主管，首先，是因为知识是保持竞争优势的源泉，是战胜对手的法宝；其次，以前许多公司不会评价知识的作用与意义，不会管理知识，将宝贵的知识白白地送给别人，使自己遭受到巨大的损失；再次，以前许多公司不会激励员工创新知识，把注意力集中在资本、自然资源、劳动力上，不理解知识是最重要的资本，是最重要的生产要素。

知识主管的任务，是使公司每一个职工明白，知识创新是他们的共同任务；激励每个职工从事知识创新；鼓励每个职工应用知识，懂得要应用知识，先得学习知识，理解知识，有的放矢地利用知识；重新设计绩效衡量与经理评估体系；对将隐性知识转化为显性知识的人给予奖励等。

我们知道，知识分为隐性与显性两类。显性知识通过公司内部网和互联网可以实现知识共享，比较容易管理。问题是如何管理隐性知识，这些知识存在于人的大脑内，基本上不依靠电脑与网络，知识主管的任务是使它们变成共享的显性知识。隐性知识如果不用文字、语言、图形记录下来，容易失传，对个人、企业、国家都是损失。知识主管要采取各种方法使隐性知识转化为显性知识，例如鼓励有隐性知识的人将自己的知识写成备忘录、报告、电子邮件或简报，鼓励他们著书立说，发表论文，在公司内部开展共同研究、讨论，邀请有隐性知识的人作报告，等等。

知识主管要完成以上任务，本身需要具备优良的素质，例如他们应当具有创业精神与主动性，对公司的未来发展很感兴趣，善于应付各种风险；他们是公司发展的战略家，深知利用知识改造公司的巨大意义，并能设计改造方案，协助公司主要领导人将方案付诸实施；他们能与公司董事长、总经理心心相印，了解他们的意图，能在公司决策中发挥重要的作用；他们具有坚韧性，能够持之以恒，等等。

(四) 知识经济的宏观管理

这里所说的宏观，不限于国内，而是指全球。经济全球化的趋势正在不断加强，其原因有：越来越多的国家采用市场经济模式；经济发展的重心正在向发展中国家转移，其中亚洲的成绩最为明显；国际资本在寻找成本最低的地区投资，发展中国家与地区吸收了大量的外资；通信技术迅速发展，为降低通信费用创造了条件；许多国家放松了贸易管制，为商品、劳务、资本、技术的大流动扫清了障碍；随着产品、技术生产公司跨国经营范围的扩大，各种服务公司（如律师、咨询、会计、保险、广告等等）随之而来。

虽然经济国际化在加强，但各国情况的差异很大，跨国公司既要遵守不同国家的风俗习惯，还要遵守它们的自主权和法律。一家跨国公司虽然可以把分公司设立在许多国家，但要建立共同的价值观。

在知识经济的宏观管理中，美国茨维基教授提出的"网络管理"有一定的意义。它的内容是将研究所、企业、实验室、课题组和个人这些创新元素通过网络组成纵横交错的矩阵，发现、支持、组合、更新创新结点，激励创新能力，使智力资源和各种网络为新结点服务，根据创新结点的需要，置换矩阵元素和转置矩阵，把若干最活跃的创新结点组成新的子矩阵。

目前，我国工业企业进行跨国经营的很少，知识企业就更少，但21世纪这些企业会迅速增加，跨国管理将成为迫切需要解决的问题。

(五) 知识经济核算

核算属于管理范围，它对知识经济是非常重要的。虽然知识社会的资源、特别是知识资源丰富，但存在资源配置问题，需要进行核算，提高经济效益，不能浪费。

核算内容分为三个方面：一是对生产要素和基础设施进行核算；二是按照知识经济的再生产过程，即按照知识产品的生产、分配、交换、利用进行核算；三是按照知识企业、行业、部门、地区、国家进行核算。核算的中心目的是提高知识经济的效益，基本方法是将投入与产出进行比较。

在发达国家，测量知识生产投入的主要指标是：研究与开发投资、在职的工程师和技术人员数目、专利、用于技术引进的资金等等。对于文化产业，可用相似的指标进行测量。

知识可分为存量与流量。存量的核算是很复杂的，可采用的办法之一是计算研究与开发投资的累积总数，然后计算折旧。相对来说，人员存量较好计算。在测算知识流量时，可把它们分为物化与非物化两类。物化知识可用投入产出技术进行核算，基本手段是向企业开展调查。1993年欧共体对40000家制造厂商进行了调查，建立了数据库，其中包括研究与开发投资、培训、设计、市场开发、设备购置和工装准备等等，改进型和全新型产品的生产和销售，研究与开发投资的执行情况和技术协作，对妨碍和促进创新因素的看法等等。

不能转化为技术的知识是部分科学成果（另一部分可以转化为技术）。在测算知识转让的指标时，可用以下指标：大学、公共研究机构和产业合作研究项目的数目、研究方向和经费，大学、产业合办的研究中心的数目、研究方向和资金，大学、公共研究机构和产业共同申请的专利和共同出版的论文数目与专业方向，大学、公共研究所和产业人员变动情况和吸收新人员的方式，产业接触大学研究成果的数量和方式。

对私营部门可用以下指标：企业部门内的研究协作，企业对产业范围内标准化活动和非正式研究网络的参与，研究人员跨企业和跨部门的流动率,企业接触其他企业和部门研究成果的方法,在国际和国家层次上检查这些指标的国际化程度。

英国伦敦商学院哈梅尔教授通过对企业家的调查,得出了学术成果转化为经济效益的结果(见表1)。

表1　　基于现代学术研究的新创新(1975—1985年)

产业	没有现代学术研究就不可能开发出来的百分比(%)		现代学术研究对开发具有实质性帮助所追加的百分比(%)	
	产品	工艺	产品	工艺
信息处理	11	11	17	16
微电子学	6	3	3	4
化学	4	2	4	4
仪器	16	2	5	1
制药	27	29	17	8
金属	13	12	9	9
石油	1	1	1	1
平均	11	8	8	6

表1的数字不一定准确,但调查方法很有新意。通过对企业家的调查,得出了学术成果的经济价值,因为产品和工艺是有价值的,测定百分比后,不难算出学术成果的价值。其实,对于没有市场化的文化产品,通过类似的调查可以了解其经济价值。

知识传播的核算,特别是当它市场化以后,是比较容易进行的。家庭与国家对教育的投入是明确的,很好计算,产出是学生毕业人数,可以把他们就业后的工资收入看成是教育产出。学费是人力资本投资,通过比较不同受教育层次的人员的工资,可以测算人力资本投资的回报率。

知识经济的交换分为两类:一是没有市场化的知识产品,投入可以核算,虽然产出效用不能用货币表现,但只要采取前面介绍的四种方法,就可以近似地计量出产出效用,开展费用—效用分析①;二是已经市场化的知识产品,投入与产出都可以用货币计量,对它们开展经济核算是非常容易的事情。

知识产品利用的内容是将科研成果转化为应用技术,再将应用技术转化为生产力。文化产品的利用是满足人们的精神需要。在知识产品的利用中,凡是市场化的部分都容易核算;非市场化的部分,可以采用费用—效用分析,也可以通过向家庭、企业调查得到需要的数据。

对知识企业、行业、部门、地区、国家来说,企业核算是基础。有了这个基础,后面的核算不存在什么困难。知识企业分为两类:一类是以牟取经济利益为目的的,这些企业一般都实行市场化经营,对它们进行核算没有什么困难;另一类是从事公益性研究的企业,它们的投入容易核算,但产出不容易核算,除采取费用—效用分析技术外,还可以在个案调查的基础上进行推算。

知识经济的核算指标很多,从产出方面来看,有知识总存量、每年的产量、每年创造的增加值(包括折旧、工资、税收、利润)以及知识产品的质量等;从投入方面来看,有知识经济的投资、每年新增加的固定资产、固定资产总额以及每年的折旧额、流动资产以及每年的周转率和生产成本等。

以投入为分母,以产出为分子,或者反过来,以产出为分母,以投入为分子,都可以计算知识经济的效益,例如:

投资回报率 = 增加值/投资

固定资产利用效率 = 增加值/固定资产总额

劳动生产率 = 增加值/劳动人数

---

① 详见本文集《知识产品的使用价值与价值》。

劳动效率＝增加值/工资

产值利润率＝利润/增加值

成本效益＝利润/成本

固定资产利润率＝利润/固定资产

流动资产利润率＝利润/流动资金

知识利用效率＝知识创新的价值/知识投入的价值

知识经济的研究刚刚开始，很不深入，在它的核算方面还存在许多问题没有解决，有待进一步研究。

三　知识经济政策

政策是实施战略的手段。毛泽东说，"政策和策略是党的生命"[①]，这句话充分说明了政策的重大意义。知识经济是一种新型经济，更加需要依靠政策来推动其发展。知识经济政策很多，下面就一般政策、企业政策和人力资本政策作些分析。

（一）一般政策

一般政策的主要内容包括：

第一，把实施科教兴国战略列入各级政府部门、企事业单位工作的重要议事日程，并制定和执行一套政策来促进这个战略的实现。其中一项重要内容是增加教育、科技和文化投入，提高资源的利用效率，通过广泛、深入、反复的宣传教育，使每个中国人理解科教兴国战略。

第二，行政干部政策。用产值考核干部容易形成速度"攀比效应"，不重视科技进步。今后要对各级干部进行全面的考

---

① 《毛泽东选集》（一卷本），人民出版社1969年版，第1193页。

核，把技术进步和经济、社会、环境效益的考核放在重要地位。

第三，加强对地方"科技兴省"、"科技兴市"的指导，避免这些口号流于形式，这是地区政策的重要内容。根据各地的特点与优势，对知识经济的发展进行必要的分工，选准应用研究与开发研究的一些项目，集中力量攻关，取得一批成果；几个省市也可以联合起来，选准科研项目，集中力量攻关，并迅速将成果转化为生产力。

第四，提高科技园区的质量。现有的一些园区利用国家的优惠政策，搞了许多低水平的工业项目，没有也不可能发挥高科技园区的带头、示范作用。今后要严格执行高科技园区的准入标准，严格审查入园项目，要特别重视企业孵化器的建设。

第五，发挥金融系统的作用。向知识企业、高科技企业提供优惠贷款，建立风险投资基金，是金融机构义不容辞的义务。

(二) 企业政策

1. 所有制政策

知识经济分为软产品与硬产品两类，生产软知识产品的企业一般是小型企业，生产硬知识产品的企业除小型企业外，还有大型、特大型企业。不同的企业应实行不同的所有制，小型企业一般采用股份合作制形式，大型、特大型企业一般采用股份制，少数可以采取国家独资或控股形式。

2. 创新体系政策

国家知识创新体系是由国家实验室、大学、企业组成的，要建立和完善国家创新体系，需要制定和实施一系列政策，例如鼓励政策、协调政策、奖励政策等。

3. 企业优惠政策

企业是技术创新、开发、应用的主体，为了使大型企业能够发挥这种作用，我们需要深化改革，落实产权；对企业的技术创新、开发、应用给予优惠，例如对企业的高新技术投资、用高新技术生产的新产品，给予税收优惠。

4. 高科技创业优惠政策

降低高科技市场的准入标准（门槛），凡是有科研成果的人员，如果本人愿意，鼓励他们创办公司，方式可以多种多样，例如将科学家（点子）—工程师（设计）—企业家（生产、销售）融为一体，或者科（点子）—工（设计、生产）—贸由一人承担，简化各种手续，给予各种优惠。

5. 制定风险投资政策

风险投资对高新技术企业的产生与发展具有决定性意义，我们应当在这方面制定比较完整的政策，鼓励这种投资的建立与运行，充分发挥它们的作用。

（三）人力资本政策

1. 办好教育

教育是知识经济的基础，办好各种教育是促进这种经济发展的根本保证。发达国家经过200余年的建设，积累了雄厚的物质资本，我国与它们的差距很大，而我国拥有丰富的人力资源，大力发展教育是"扬长避短、发挥优势"的举措，是我国逐步赶上甚至超过发达国家的捷径。除办好基础教育外，我国还要改革高等学校的体制，鼓励社会办学，为知识经济的发展培养更多的人才；中央和地方政府都要增加教育投资；变应试教育为素质教育，培养更多的知识创新人才。

2. 鼓励先富

"让一部分人先富起来"，首先应当让科技人员富起来，而我国实际上先富起来的是倒爷、歌星、明星、私有企业主、外资企业的中方人员等，这不符合这项政策的精神。知识劳动者（科技人员、工程师和教职员工）中出现了两种情况，少数人的收入迅速增加，成了高收入者；多数人的收入低，生活上存在许多困难。这样就出现了两类矛盾：一是知识劳动者与非知识劳动者之间的矛盾；二是知识劳动者内部的矛盾。政府要制定和执行相应的政策，正确处理这些矛盾，否则，这些矛盾将对知识经济的发展和社会稳定产生不利影响。

3. 鼓励创新政策

国家要在全社会树立鼓励创新的氛围，创造宽松的学术环境，贯彻"双百"方针；为从事创新活动的人员提供各种方便，给予各种优惠；对知识、制度、组织、管理创新成果给予重奖，特别要奖励那些在核心技术上作出贡献的人员，因为这种技术是不能从国外引进的，全靠我们自主创新。

4. 网络政策

近些年来，我国十分重视网络建设，取得了很大的成绩，但光有网络建设是远远不够的，国家应当制定、实施有关政策促进网络的使用，使它在各个方面发挥作用。这方面包含许多内容，如电子商务、电子货币、远程教育、远程医疗等等，都需要制定和实施相应的政策。

［原载张守一等主编《知识经济概论》（第二版），中央广播电视大学出版社 2004 年、2006 年版］

主要论著目录

专 著

《数量经济学概论》，辽宁人民出版社1985年版。

《中国宏观经济：理论·模型·预测》（主撰），社会科学文献出版社1995年版。

《市场经济与经济预测》（主撰），社会科学文献出版社2000年版。

《知识经济概论》（第1版）（主撰），中央广播电视大学出版社1999年、2001年、2003年版。

《知识经济概论》（第2版）（主撰），中央广播电视大学出版社2004年、2006年版。

《国民经济有计划按比例发展规律概论》（合著），贵州人民出版社1981年版。

《投入产出原理及其应用》（合著），中国社会科学出版社1982年版。

《经济计量学基础知识》（合著），中国社会科学出版社1984年版。

《投入产出分析文集》（3册）（主编），中国数量经济研究会，1981年。

《宏观经济管理与数量经济学模型》（主编），中国经济出版社1990年版。

《经济计量学讲义》（主编），北京航空航天大学出版社1990年版。

《信息经济学》（主编），辽宁人民出版社1992年版。

《中美日宏观经济模型及应用》（主编），辽宁人民出版社1993年版。

《知识经济讲座》（主编），人民出版社1998年版。

《现代经济对策论》（主编），高等教育出版社1998年版。

《制胜之道——现代经济对策论》（主编），中央广播电视大学出版社1999年版。

《数量经济理论、模型、预测》（合编），能源出版社1983年版。

《投入产出法在中国的应用》（合编），山西人民出版社1984年版。

《山西综合规划经济数学模型汇编》（合编，山西省人民政府，1984年）。

《经济计量方法在中国的应用》（合编），中国展望出版社1986年版。

《中国宏观经济模型研究》（合编），安徽人民出版社1986年版。

《经济模型在国民经济管理中的作用》（合编），经济科学出版社1987年版。

《技术进步与产业结构——模型》（合编），经济科学出版社1989年版。

《数量经济学的新发展》（合编），社会科学文献出版社1991年版。

《数量经济学导论》（合编），社会科学文献出版社1998年版。

《21世纪数量经济学》（第1卷）（合编），中国统计出版社2001年版。

《21世纪数量经济学》（第2卷）（合编），重庆出版社2002年版。

《21世纪数量经济学》（第3卷）（合编），社会科学文献出版社2003年版。

《微观知识经济与管理》（合编），社会科学文献出版社2003年版。

论文、考察报告

《在经济学中应用数学方法的若干问题》，载《光明日报》1962年1月7日。

《管理体制对经济结构的影响》，载《经济研究参考资料》1979年第171期。

《围绕农业处理工业内部的关系》，载乌家培等著《常州工业发展的道路》，人民出版社1979年版。

《试论费用与效用的关系》，载《社会科学辑刊》1980年第2期。

《应用部门联系平衡模型测算物价变动的影响》，载《中国经济问题》1980年第4期。

《在计划统计工作中应用部门联系平衡表》，载《人民日报》1980年8月11日。

《用电子计算机管理国民经济》，载刘国光主编《国民经济管理改革的若干理论问题》，中国社会科学出版社1980年版。

《应用投入产出法研究国民经济综合平衡的若干理论问题》，载刘国光主编《国民经济综合平衡的若干理论问题》，中国社会科学出版社1981年版。

《试论生产资料生产的优先增长规律——与鲁济典、朱家桢同志商榷》，载《经济问题探索》1981年第1期。

《关于数量经济的三个问题》，载《晋阳学刊》1982年第3期。

《部门联系平衡原理》，载《百科知识》1982年第7期。

《关于劳动消耗投入产出模型的两个问题》，载《技术经济研究》1982年第11期。

《应用投入产出法进行经济预测的程序》，载《经济问题》1983年第1期。

《山西经济计量模型》，载《山西统计》1983年第4期。

《关于内涵扩大再生产的若干问题》，载《经济研究资料》1983年第10期。

《积累与消费比例及其优化的若干问题》，载杨坚白主编《社会主义社会国民收入的若干理论问题》，中国社会科学出版社1983年版。

《居民收入的数量分析》，载《社会科学》1984年第2期。

《"三位一体公式"批判》，载《数量经济技术经济研究》1984年第2期。

《投入产出模型在计划工作中的应用——山西投入产出模型应用情况简介》，载《数量经济技术经济研究》第3期。

《信息产业和信息经济学》，载《学习》1984年第6期。

《当前体制改革中值得重视的

《几个问题》，载《数量技术经济通讯》1984年第7期。

《乘数和加速原理在我国经济分析中的应用》，载《数量技术经济资料》1985年第2期。

《劳动生产率·工资·物价水平》，载《经济与社会发展》1985年第2期。

《关于生产函数的若干问题》，载《山西统计》1985年第6期。

《深圳计划管理体制》，载《数量技术经济资料》1985年第12期。

《横向经济联系与地区连接模型》，载《经济与社会发展》1986年第2期。

《在我国应用经济计量方法需要注意的一些问题》，载《数量经济技术经济研究》1986年第2期。

《略论我国的双重模式》，载《开发研究》1986年第3期。

《动态投入产出模型》，载《数量经济技术经济研究》1986年第3期。

《略论我国宏观经济间接调控的理论模型》，载《数量经济技术经济研究》1986年第9期。

《发展经济计量学需要组织跨学科的攻关》，载《中南财经政法大学学报》1987第4期。

《进一步发展数量经济学，努力办好中国数量经济学会》，载《数量经济技术经济研究》1988年第2期。

《略论社会主义经济的稳定机制》，载《开发研究》1988年第3期。

《应用嵌入式投入产出模型编制行业规划》，载《山西统计》1988年第6期。

《投入产出扩展模型及其应用》，载《山西统计》1988年第8期。

《"七五"计划的回顾与展望》，载《河南财经学院学报》1989年第3期。

《略论非均衡再生产理论与模型》，载《数量经济技术经济研究》1989年第6期。

《对一项长期预测的检验》，载《经济问题》1989年第11期。

《中苏四十年经济发展与近期经济改革》，载《开发研究》1990年第1期。

《软预算约束及其后果》，载《统计应用研究》1990年第1期。

《三种劳动投入产出模型》，载《山西统计》1990年第3期。

《信息经济学初探》，载《数量经济技术经济研究》1990年第5期。

《关于人均国民生产总值问题》，载《经济分析与政策建议》1990年第5期。

《更紧密地联系实际，继续创建有中国特色的数量经济学》，载《数量经济技术经济研究》1990年第8期。

《横截面生产函数研究》，载《数量经济技术经济研究》1990年第10期。

《关于投入产出技术的若干问题》，载《山西统计》1990年第10期。

《1991年中国宏观经济预测》（载内部刊物，1990年11月26日）。

《中国经济与中美经济关系》（载内部刊物，1990年第85期）。

《1991年中国宏观经济模型预测精确度的分析》，载《数量经济技术经济研究》1992年第6期。

《劳动投入产出模型》，载《数量经济技术经济研究》1992年第8期。

《1992年中国宏观经济模型预测的误差分析》，载《数量经济技术经济研究》1993年第6期。

《中国经济走向世界之我见》，载《现代国际关系》1993年第11期。

《向社会主义市场经济过渡时期的数量经济学》，载《数量经济技术经济研究》1993年第12期。

《经济模型在经济管理中的应用》，载周玉新主编《生产资料流通效益研究》，中国社会科学出版社1993年版。

《中美日经济关系的演变与展望》，载《太平洋学报》1994年第1期。

《我国产业结构演变的若干理论问题》，载《开发研究》1994年第5期。

《目前经济生活中的几个矛盾》，载《数量经济技术经济研究》1994年第6期。

《对俄罗斯休克疗法与经济危机的几点分析》，载《东欧中亚研究》1994年第6期。

《中国宏观经济运行评价系统初探》，载《经济分析与政策建议》1994年第6—7期。

《1993年经济预测的检验》，

载《数量经济技术经济研究》1994年第8期。

《我国经济周期的特殊原因与波动格局分析》,载《经济研究》1995年第4期。

《对俄罗斯经济危机和恢复前景的一些看法》,载《东欧中亚研究》1995年第4期。

《宏观经济调控的若干理论问题》,载《中国经济问题》1995年第5期。

《1994年经济预测及其检验》,载《数量经济技术经济研究》1995年第6期。

《关于集约式生产的一些理论问题》,载《经济问题》1995年第10期。

《国有企业、银行系统与居民之间资金循环的分析》,载《开发研究》1996年第3期。

《改革开放与经济增长》,载《冶金经济与管理》1996年第5期。

《1996—2020年亚太地区的经济预测和贸易自由化》(载内部刊物,1996年5月)。

《经济计量方法及其在地方财政中的应用》,载《地方财政》1996年第5—6期。

《论经济对策、非均衡、非线性与经济周期的一致性》,载《中国经济问题》1996年第6期。

《1995年经济发展回顾与预测检验》,载《数量经济技术经济研究》1996年第6期。

《就业、消费与投资的非均衡分析》,载《数量经济技术经济研究》1996年第8期。

《关于传统经济学与数量经济学融合的若干问题》,载《当代财经》1996年第8期。

《通货膨胀及其治理》,载刘国光主编《1996年中国经济形势分析与预测》,中国社会科学出版社1996年版。

《北京市经济增长与产业结构调整的定量分析》,载李京文主编《北京市经济增长与产业结构优化(1996—2010)》,社会科学文献出版社1996年版。

《经济学发展的三大阶段》,载《数量经济技术经济研究》1997年第1期。

《成就·矛盾·战略》,载《现代经济》1997年第2期。

《〈孙子兵法〉中的对策思想》,载《开发研究》1997年第3期。

《关于投入产出的理论基础问题》，载《数量经济技术经济研究》1997年第3期。

《1996年经济形势与预测检验》，载《数量经济技术经济研究》1997年第6期。

《理论经济学的一个假说》，载《经济学动态》1997年第7期。

《非均衡经济理论的三种基本类型》，载《当代财经》1997年第7期。

《知识经济初探》，载《数量经济技术经济研究》1998年第1期。

《论知识社会——纪念〈共产党宣言〉发表150周年》，载《开发研究》1998年第3期。

《知识经济呼唤企业创新》，载《冶金经济与管理》1998年第6期。

《知识·知识经济·知识产业》，载《数量经济技术经济研究》1998年第6期。

《当前经济形势与经济预测检验》，载《数量经济技术经济研究》1998年第6期。

《论经济周期产生的原因——一种新的解释》，载王洛林主编《经济周期研究》，经济科学出版社1998年版。

《知识经济的特征》，载《当代财经》1998年第11期。

《新一代模型"阿斯彭"》，载《数量经济技术经济研究》1999年第5期。

《产业结构调整的若干问题》，载《开发研究》1999年第6期。

《知识经济与两个转变》，载李京文主编《知识经济概论》，社会科学文献出版社1999年版。

《从"卖方市场"到"买方市场"的转变》，载《冶金经济与管理》2000年第2期。

《西部开发理论探索》，载《开发研究》2000年第3期。

《产业结构的战略性调整》，载《冶金经济与管理》2001年第1期。

《SWARM及其在经济研究中的应用》，载《数量经济技术经济研究》2001年第1期。

《数量经济学的发展》，载《重庆商学院学报》2001年第4期。

《提高西部地区经济效益的对策思考》，载赵公卿等主编《中国经济西进》，社会科学文献出版社2001年版。

《社会需求与经济增长方式转变》，载刘国光主编《经济增长方式转变的综合研究》（上），广东人民出版社 2001 年版。

《大力开展博弈论与实验经济学的研究》，载葛新权等主编《实验经济学：原理·方法·应用》，社会科学文献出版社 2006 年版。

《法国宏观经济模型》（考察报告），载《数量经济技术经济研究》1984 年第 6 期。

《民主德国、苏联考察报告》（考察报告），载《数量经济技术经济研究》1988 年第 10 期。

《美国就业和产业结构的变化》（考察报告），载《数量经济技术经济研究》1989 年第 7 期。

《美国经济的衰退》（考察报告），载《数量经济技术经济研究》1992 年第 7 期。

《美国经济形势与克林顿政府的经济政策》（考察报告），载《数量经济技术经济研究》1993 年第 5 期。

工具书

《经济与管理大辞典》，中国社会科学出版社 1985 年版。任数量经济学分主编，撰写大部分词条，修改其他词条。

《经济、社会与管理知识大全》，中国社会科学出版社 1989 年版。任数量经济学分主编，撰写大部分词条，修改其他词条。

《经济大辞典——数量经济学卷》，上海辞书出版社 1990 年版。任副主编，撰写总论与投入产出分析部分词条，修改部分词条。

翻译作品

《经济数学方法和模型》（合译），商务印书馆 1980 年版。

《统计预测方法》，载《数量经济技术经济译丛》1983 年第 1、2、6 期。

作者年表

张守一，男，1931年11月出生于湖南省岳阳县的一个铁路工人家庭，童年放过牛，干过农活，砍过柴，做过小生意，还挨过日本兵的打，在私塾学校念过书。

1946年9月至1948年8月，在家乡刘衡村小学读五、六年级。

1948年9月至1952年8月，在湖南省立第十一中学（现为岳阳一中）学习，新中国成立前参加过学潮，反对国民党统治；新中国成立后参加过土改、"三反五反"等社会活动，1950年加入中国新民主主义青年团（后改为共青团）。

1952年9月至1954年8月，在北京汇文中学（后改为北京二十六中学）学习，任班团支部书记。

1954年9月至1955年7月，在俄语专科学校（后改为北京外国语学院）学习政治、俄语。

1955年9月至1960年7月，在莫斯科国立经济学院学习计划经济，任本校中国学生团支部书记，1958年加入中国共产党。1959年参加了苏联科学院西伯利亚分院经济数学方法研究室编制俄罗斯莫尔多瓦自治共和国投入产出表的工作。这是苏联编制的第一张投入产出表，推动了这方面研究工作的发展。五年中经过了40多门功课的考试，全部为五分，以优等生毕业（全班40多人中只有两人获得这个称号）。

1960年8月至1982年2月，在中国科学院（1977年后为中国社会科学院）经济研究所工作，

1982年3月转入中国社会科学院数量经济与技术经济研究所工作。

1961年定为实习研究员。

1964年评为助理研究员。

1982年评为副研究员。

1986年评为研究员。

1990年被批准为博士生导师。

2006年被选为中国社会科学院名誉学部委员。

科研工作分为两种类型。第一类是承担或参与课题研究。1979—1981年协助山西省统计局编制了实物型和价值型投入产出表,在我国统计系统产生了巨大的影响。1982—1983年组织力量,研制了我国当时最大的经济模型（351个方程）,为山西能源重化工基地建设规划提交了长达20年（1980—2000年）的三个预测方案,撰写了《利用经济模型对山西综合经济规划提出重大建议》,被中国社会科学院评为优秀研究报告。

1985年数量经济与技术经济研究所承担了国家科委下达的"技术进步与产业结构问题研究"课题,同时国家计委要编制"七五"计划（1986—1990年）。为了完成这些任务,成立了课题组,由我实际负责,在我国第一次研制了以大道定理为核心的大型模型体系,提交了中期预测报告。1989年经济科学出版社出版了专著《技术进步与产业结构—模型》,它与这个课题的其他成果,获得了中国社会科学院一等奖,后又被评为国家科技进步二等奖。

1989年组织力量研制了中国宏观经济模型,在内部进行了预测试验,1990年正式开展了经济形势分析与预测工作,撰写了预测报告。以后这项工作由其他同志负责,我参加研究讨论,撰写经济分析与预测精度报告。1996年这项系列成果获得了国家科技进步二等奖。

1995年数量经济与技术经济研究所同北京市委研究室合作,承担了"北京市经济增长与产业结构优化（1996—2010年）"课题,我任课题组顾问,撰写了《北京市经济增长与产业结构优化定量分析报告》,这个课题成果获得了北京市第五届哲学社会科学一等奖。

我承担的其他一些课题,研究成果是专著。

1983年承担了国家社科基金"六五"重点课题"中国宏观经济模型理论与方法研究",1985年安徽人民出版社出版了《中国宏观经济模型研究》。

1986年承担了国家社科基金"七五"重点课题"中国宏观经济模型理论、体系与应用研究",1990年中国经济出版社出版了《宏观经济管理与数量经济学模型》。1987年承担了国家信息中心的重点课题"信息经济与软件系统研究",1992年辽宁人民出版社出版了《信息经济学》。1991年参加了国家社科基金"八五"重点课题"中国经济稳定增长的机制分析与定量研究"的工作,同时承担了中国社会科学院重点课题"非线性经济理论与模型研究",1995年社会科学文献出版社出版了这两个课题的研究成果《中国宏观经济:理论·模型·预测》。

1996年承担了国家社科基金"九五"重点课题"经济预测理论与实践研究",2000年社会科学文献出版社出版了《市场经济与经济预测》。

此外,一些课题的研究成果是内部报告,如1994年国家自然科学基金课题"新模型技术研究",1995年中国社会科学院课题"亚太地区经济合作发展中的中美日关系",1998年国家科技部课题"依靠技术进步调整产业结构"。

除承担或参加国内研究课题外,还参加过国际合作项目。1985年数量经济与技术经济研究所同澳大利亚墨尔本大学IMPACT中心合作,在澳洲召开了"经济模型在国民经济管理中的作用研讨会",1987年经济科学出版社出版了同一名称的专著。1988—1993年,数量经济与技术经济研究所同美国宾州大学、斯坦福大学合作,研制了环太平洋国家与地区宏观经济连接模型,1993年辽宁人民出版社出版了《中美日宏观经济模型及其应用》专著。

第二类科研工作是自由选题,主要成果是论文,也有学术著作,《数量经济学概论》、两本经济博弈(对策)论和四本知识经济著作,就属于这种类型。

经过多年思考,1994年提出了一个理论经济学假说,即经济博弈(对策)是因,非均衡是果,非线性、非稳定和经济周期是三种表现形式。这个假说把现代经济学的主要内容连成一体,可能对这方面的研究产生深远的影响。《中国经济问题》杂志1996年第6期发表了这项成果。

1979年我国经济学界出现了否认生产资料生产优先增长规律的观点，《经济问题探索》杂志1981年第1期发表了我写的《试论生产资料生产优先增长规律》一文，从不同角度反驳了上述观点。后来围绕这个问题写过几篇文章，指出准确的表述应该是生产资料消耗优先增长规律，因为生产资料既可以国内生产，也可以从国外进口。生产资料与消费资料的比例，本质上是物质再生产与人口再生产的关系，这个关系对社会资源的配置起着决定性的作用。虽然生产资料生产（消耗）是一个客观规律，但绝不是两大部类增长速度的差距越大越好，为了证明这个观点，我设计了一个与马克思数字模型、列宁数字模型不同的保持生产资料生产（消耗）优先增长、但两大部类增长速度差距很小的数字模型。根据传统的统计资料，不能得到两大部类的比例关系，而在投入产出表的基础上，根据产品的实际用途，可以很容易地计算出这个比例关系。制造生产资料的生产资料是国民经济武装部，不仅应当优先增长，而且应当首先现代化。实践证明，经济周期的变化是判断两大部类关系变化的重要依据，当经济高速增长时，一般表现为生产资料生产（消耗）优先增长，反之亦然；同样，根据两大部类比例关系的变化，可以看出经济周期的走势。在以机器代替手工劳动的第一种技术进步时期，生产资料生产（消耗）优先增长是一个规律，到了以新机器代替旧机器的第二种技术进步时期，它不再是一个规律。

1983年为《社会主义社会国民收入的若干理论问题》文集撰写了《积累与消费比例及其优化》一文，提出了以长期居民福利基金作为目标，对影响这个比例优化的主要因素进行了深入的分析。

我与一位助手深入分析了中美两国的统计数据，发现我国实际价格逐步向工资、成本、资本价格靠拢；1948—1981年在美国市场上起作用的，不是马克思所设想的生产价格，而是工资价格。这项成果发表在《财贸经济》1991年第7期，获得了中国经济学会的二等奖。

对什么是数量经济学，28年来没有取得一致的看法。有人认为它是一门学科，有人认为它是经济计量学，还有人认为它是现代西方经济学。《晋阳学刊》1982年第3期发表了我写的《关于数量经济学的三个问题》，认为它是马克思主义经济学的数理学派。现在我认为，它是围绕一种经济理论发展起来的、以研究经济数理与数量关系为内容的、以数学和计算机为研究手段的学科群，包括数理分析、计量分析与模拟分析。

在研究横截面生产函数时，将固定资产与劳动力分为高、中、低三个等级，估计它们的参数，假定低级生产要素没有技术进步，从高级与中级生产要素的参数值中减去低级生产要素的参数值，就是技术进步对经济增长的贡献率。这项成果以《科技投入产出模型》为题，发表在《数量经济技术经济研究》1991年第2期。

我与一位助手撰写了《我国若干宏观经济问题的定量分析》一文，发表在《数量经济技术经济研究》1993年第2期。诺贝尔经济学奖获得者萨缪尔逊在《经济分析基础》一书中，认为边际消费倾向的增长、资本边际效率的增长、货币量的增长与投资的关系是不明确的，货币量的增长与收入的关系也是不明确的，我们利用经济计量方法计算了这些关系，得出了相应的结论；在研制我国工业生产函数时，根据经济周期的波幅，把1953—1997年的数据划分为递增与速减两类，拟合了两个函数，在拟合递增函数时，将运输邮电业作为一个解释变量，参数值表明，它对工业增长的影响力大于固定资产与劳动力。

1997年数量经济与技术经济研究所邀请一位美籍华裔教授作学术报告，他利用超越生产函数得到的结论是，改革开放以来，我国技术进步对经济增长的贡献率为-2%。我与一位助手在做同类生产函数时，除考虑固定资产和劳动力外，还把外资与技术引进资金作为一个解释变量，得到同一时期技术进步对经济增长的贡献率为20.4%，比较符合实际情况。

投入产出分析是我的主要研究内容之一，先后提出了社会劳动模型、科技模型、嵌入式模型及其优化、地区间模型、应用自己改造的模型测算物价变动的影响和一种新的完全就业系数概念，增加了这门学科的内容。1990年与两位助手合作，利用我国三张投入产出表的资料，对产业结构的变动因素进行了深入的分析，在国内外第一次分析了产品替代的成本效益、部门技术变化的本部门和其他部门成本效益、联合与部门技术变化的资源效益比较、需求拉动的产出和技术变化的产出。

1997年以来，我在研究知识经济方面花了很多时间。关于信息与知识的关系，没有形成统一的看法。有人认为知识是信息的一部分，也有人持相反的看法，我主张划清它们的界线；还主张将目前的三次产业划分扩大为五次产业，即农业、工业、新口径第三产业、信息业、知识业，指出知识经济有32个特征。根据社会发展趋势可以断定，到了高级知识社会即共产主义社会，物质生产将高度自动化、智能化，所需要的劳动力越来越少，而越来越多的劳动者将从事信息活动、知识创新和现在还不知道的智力活动，那时人们从网络上获取信息和知识，绝不可能是"按需分配"，只能是"各尽所能、各取所需"。

除研究工作外，还参与撰写了经济学、管理学与数量经济学的多部词典，翻译了一些俄文图书资料。

我的社会活动主要是长期主持学会工作。1979年3月成立了中国数量经济研究会，1984年改为中国数量经济学会，我任学术秘书；1984—1987年任常务副理事长；1987—2000年任理事长；现为名誉理事长。在我任职期间，成立了一批专门和地区分会，除坚持开展分散活动外，还召开了七次全国研讨会。

学会承担的最大一件工作，是1980年在北京颐和园举办的经济计量学讲习班，邀请美国诺贝尔经济学奖获得者克莱因等七位教授讲课，为期七周，中方有近100人参加学习，为中国数量经济学的发展培训了人才。我任办公室主任，负责具体工作。1990年北京航空航天大学出版社出版了《经济计量学讲义》一书。1990年和2000年，数量经济与技术经济研究所为了纪念讲习班10周年和20周年，召开了两次国际研讨会。

作为理事长，我在学会年会上作过多次学术报告。

开展国际学术交流是一项重要任务，先后访问过法国（1984年）、澳大利亚（1985年）、美国（6次）、荷兰（1987年）、苏联与东德（1988年）、日本（1996年），接待过许多外国学者的来访。